헌법
사례
연습

허완중

박영사

머리말

　　지은이가 2016년 전남대학교 법학전문대학원에 부임하면서 처음 맡은 과목은 올해부터 '헌법사례연습'으로 바뀐 '헌법연습'이었다. 준비가 부족한 상태에서 정신없이 꾸역꾸역 강의를 이어갔던 기억이 선명하다. 그래서 다음 해(2017년) '헌법연습' 강의는 여름방학 때 나름 철저하게 준비했다. 적법요건부터 시험대비용으로 정리하고 기본권사례 풀이방법도 가능한 한 자세한 설명도 준비하고 기본권사례도 10개를 마련했다. 나름대로 자신 있게 준비한 강의였지만 역시나 아쉬움이 남았다. 다행인 것은 덕분에 변호사시험에 합격했다고 찾아온 사람이 있었다는 것이다. 어쨌든 학생들의 의견을 듣고 보완하고 사례도 몇 개 바꾸어 2018년 '헌법연습' 강의를 했다. 노력이 통했는지 생각보다 호응이 있었고, 강의내용을 책으로 내줬으면 하는 의견도 나왔다. 이번에는 합격자 발표가 나기도 전에 고맙다고 찾아온 사람이 있었다. 그러던 차에 박영사에서 출판을 맡아주겠다는 제의가 있었다. 기회라고 여기고 선뜻 제의를 받아들였다. 적법요건과 기본권사례 풀이방법은 이왕 작성된 것을 다듬고 보탰다. 사례는 기존에 작성한 것에 변호사시험 기출문제를 더하고 새로 몇 개를 더 작성하여 25개를 채웠다. 이 정도면 변호사시험을 대비하여 사례 쓰기를 연습하기에 완벽하진 않더라도 쓸 만은 할 거라고 생각한다. 이 책의 모범답안은 실제 답안지에 옮기기에는 너무 길고 자세하다. 그것은 모범답안을 그대로 외워 쓰도록 하려는 것이 아니라 각자 나름대로 소화해 자기식으로 답안지에 쓰길 바라고, 다른 책을 참고하지 않고도 학습할 수 있도록 하기 위함이다. 같은 내용을 생략이나 요약 없이 계속 그대로 쓰는 것은 모범답안마다 그 자체로 완결성을 꾀하고 반복 학습을 통해서 학습효과를 극대화하려는 의도이다.

　　이 책은 법문사에서 2000년에 출간되어 2004년 제3판 이후 절판된 김선택 선생님의 '헌법사례연습'을 이은 것이다. 지은이는 이 책으로 사례를 줄곧 공부해왔고, 연구조교로서 이 책의 개정작업에 적극 참여했다. 이러한 과정에서 선생님의 사례풀이방법을 직·간접적으로 배웠다. 이것은 지은이에게는 대단한 행운이라고 믿는다. 이 점 선생님께 깊이 감사드린다. 지은이에게 '헌법연습'을 맡겨주셔서 이 책의 토대를 마련해 주신 선배 교수 김현철 교수님과 민병로 교수님께도 감사의 말씀을 전한다. 그리고 초고를 읽고 좋은 의견을 제시해 준 전남대학교 법학전문대학원 박성은군, 양선효양, 이동준군에게도 고마움을 전하며 법학의 길에서 원하는 바를 이루길 바란다. 벌써 3권째 지은이의 책을 출판해 주시는 안종만 회장님과 처음 책을 낼 때부터 지금까지 여러모로 도와주시는 이영조 팀장님, 편집과 교정에 수고를 아끼지 않으신 한두희 대리님께도 감사드린다.

　　갚을 길 없는 은혜에 늘 감사드리는 부모님, 언제나 든든히 곁을 지켜주는 아내 박수은, 늘 기쁨과 활력을 주는 진솔, 인우, 우진에게 늘 미안하고 고맙다고 말하고 싶다.

흐르는 세월을 하나둘 아로새기는 바람에
온몸을 맡겨 추억을 되새기고 싶은 어느 날 지는 해를 보며

허 완 중

차 례

제1편 적법요건

제2편 기본권 사례 풀이

제3편 사례와 모범답안

제1편　적법요건

헌법사례연습

제1편 ‖ 적법요건

Ⅰ. 위헌법률심판

위헌법률심판 제청이 적법한지와 관련하여 ① 제청권자로서 법원, ② 대상으로서 법률(대상적격), ③ 재판의 전제성, ④ 합리적인 위헌의 의심, ⑤ 소극적 요건으로서 일사부재리원칙이 문제 된다.

1. 제청권자(제청권자로서 법원)

법원(군사법원 포함)만 법률의 위헌 여부에 대해서 헌법재판소에 위헌여부심판을 제청할 수 있다. 여기서 법원은 구체적 사건이 계속되는 해당 법원을 가리킨다.

2. 대상적격(대상으로서 법률)

원칙적으로 국회가 헌법에 정해진 입법절차에 따라 제정한 '형식적 의미의 법률'만 법원의 위헌제청 대상이 될 수 있는 법률에 해당한다. 다만, 형식적 의미의 법률은 아니나 그와 같은 효력이 있는 대통령의 긴급명령과 긴급재정·경제명령(법률대위명령)이나 국회 동의가 필요한 조약, 법률의 효력이 있는 일반적으로 승인된 국제법규도 위헌제청 대상이 될 수 있다.

위헌제청 대상이 되는 법률은 헌법재판소가 위헌법률심판을 할 때 '유효한 법률'이어야 함이 원칙이다. 그러나 법률이 폐지되어도 그 법률 시행 당시에 발생한 구체적 사건에서 국민의 기본권이 침해되고 그 침해상태가 계속되면 (법률의 성질상 더는 적용될 수 없거나 특별한 구제절차 규정이 없는 한) 폐지된 법률에 따라 재판이 진행될 수밖에 없다. 따라서 이러한 법률은 위헌법률심판 대상이 된다.

법률이 시행령·규칙 등과 결합하여 전체로서 하나의 완결된 법적 효력을 발휘하면 법률의 위임에 따른 시행령·규칙 등 하위법규범이 부수적으로 법률의 내용을 판단하는 자료가 될 수 있다. 이때도 시행령·규칙 자체에 대한 위헌심사는 법원 스스로 할 수 있어 위헌법률심판 제청대상이 될 수 없으므로, 모법인 법률을 심판대상으로 위헌법률심판 제청을 하여야 한다.

3. 재판의 전제성

재판의 전제성 요건은 ① 구체적인 사건이 법원에 계속 중이고, ② 위헌 여부가 문제 되는 법률이 해당 소송사건의 재판에 적용되는 것이며, ③ 법률의 위헌 여부에 따라서 법원이 다른 내용의 재판을 하게 되면 충족된다. 여기서 법원이 '다른 내용의 재판을 하게 되는 경우'라 함은 원칙적으로 법원이 심리 중인 (i) 해당 사건의 재판의 결론이나 주문에 어떤 영향을 주는 경우뿐 아니라, 문제가 된 법률의 위헌 여부가 비록 재판의 주문 자체에는 아무런 영향을 주지 않는다고 하더라도 (ii) 재판의 결론을 이끌어 내는 이유를 달리하는 데 관련되어 있거나 (iii) 재판의 내용과 효력에 관한 법률적 의미가 달라지는 경우도 포함된다. 다만, 헌법재판소는 최근 (ii)를 언급하지 않는다.

재판의 전제성은 법원이 위헌법률심판을 제청할 때뿐 아니라 헌법재판소의 위헌법률심판 시점에도 충족되어야 함이 원칙이다. 이때 소송은 적법한 소송이어야 한다.

심판기간 중 해당 소송사건이 종료되어 재판의 전제성이 소멸되어도 ① 헌법적 해명이 긴요히 필요하거나 ② 해당 조항으로 말미암은 기본권 침해가 반복될 우려가 있으면 헌법질서의 수호·유지를 위해서 예외적으로 본안판단을 할 수 있다.

4. 합리적인 위헌의 의심

법원이 헌법재판소에 위헌법률심판을 제청하려면 단순한 의심을 넘어선 합리적인 위헌 의심이 있을 것이 요구된다.

5. 소극적 요건으로서 일사부재리원칙

헌법재판소법 제39조는 "헌법재판소는 이미 심판을 거친 동일한 사건에 대하여는 다시 심판할 수 없다."라고 규정하여 헌법재판소 결정에 대한 일사부재리원칙을 명문으로 규정한다. 따라서 동일한 법원이 동일한 법률이나 법률조항에 대해서 사정변경이 없는데도 다시 헌법재판소에 위헌법률심판을 제청하는 것은 허용되지 아니한다.

II. 헌법재판소법 제68조 제2항에 따른 헌법소원(위헌소원심판)

위헌소원심판 청구가 적법하려면 ① 구체적인 사건이 법원에 계속 중 동 사건에 적용될 법률조항에 대한 위헌법률심판 제청을 법원에 신청하였다가 동 신청이 기각된 경우에, ② 그 당사자가 ③ 위헌법률심판 제청 신청 대상이 되었던 법률에 대하여(이상 헌법재판소법 제68조 제2항 전문) ④ 기각하는 결정을 통지받은 날부터 30일 이내에 청구하여야 하고(헌법재판소법 제69조 제2항), ⑤ 동일한 사유를 이유로 다시 위헌 제청을 한 것이 아니면서(헌법재판소법 제68조 제2항 후문) ⑥ 변호사강제주의를 준수하여야 한다. 그리고 위헌소원은 형식은 헌법소원(헌법재판소법 제25조 제3항)이지만 그 실질은 위헌법률심판이므로 ⑦ 재판의 전제성이라는 요건이 충족되어야 한다.

1. 법원의 위헌제청 신청에 대한 기각결정

헌법재판소법 제68조 제2항 전문을 따르면 법원에서 위헌제청 신청 기각결정을 받은 당사자가 헌법재판소법 제68조 제2항에 따른 헌법소원심판을 청구할 수 있다.

법원이 헌법소원심판 대상적격이 없거나 재판의 전제성이 없거나 한정위
헌 신청이라는 이유로 제청신청이 부적법하다고 결정하여도 당사자는 헌법소
원심판을 청구할 수 있다.

2. 대상적격

원칙적으로 국회가 헌법에 정해진 입법절차에 따라 제정한 '형식적 의미의
법률'만 헌법재판소법 제68조 제2항에 따른 헌법소원심판 대상이 될 수 있다.
다만, 형식적 의미의 법률은 아니나 그와 같은 효력이 있는 대통령의 긴급명령
과 긴급재정·경제명령(법률대위명령)이나 국회 동의가 필요한 조약, 법률의 효
력이 있는 일반적으로 승인된 국제법규도 헌법재판소법 제68조 제2항에 따른
헌법소원심판 대상이 될 수 있다.

3. 재판의 전제성

재판의 전제성 요건은 ① 구체적인 사건이 법원에 계속 중이고, ② 위헌
여부가 문제 되는 법률이 해당 소송사건의 재판에 적용되는 것이며, ③ 법률의
위헌 여부에 따라서 법원이 다른 내용의 재판을 하게 되면 충족된다. 여기서
법원이 '다른 내용의 재판을 하게 되는 경우'라 함은 원칙적으로 법원이 심리
중인 (ⅰ) 해당 사건 재판의 결론이나 주문에 어떤 영향을 주는 경우뿐 아니라,
문제가 된 법률의 위헌 여부가 비록 재판의 주문 자체에는 아무런 영향을 주지
않는다고 하더라도 (ⅱ) 재판의 결론을 이끌어 내는 이유를 달리하는 데 관련
되어 있거나 (ⅲ) 재판의 내용과 효력에 관한 법률적 의미가 달라지는 경우도
포함된다. 다만, 헌법재판소는 최근 (ⅱ)를 언급하지 않는다.

헌법재판소법 제68조 제2항에 따른 헌법소원에서는 해당 소송사건이 헌법
소원심판 청구로 정지되지 않으므로 헌법소원심판의 종국결정 이전에 해당 소
송사건이 종료될 수 있다. 그러나 헌법소원이 인용되면 해당 사건이 이미 확정
된 때라도 당사자는 재심을 청구할 수 있으므로(헌법재판소법 제75조 제7항), 판
결이 확정되더라도 재판의 전제성이 소멸하지 않는다.

4. 청구기간

헌법재판소법 제69조 제2항을 따르면, 헌법재판소법 제68조 제2항에 따른 헌법소원은 위헌법률심판 제청 신청에 관한 기각(각하)결정을 통지받은 날부터 30일 이내에 청구하여야 한다.

5. 변호사강제주의

헌법재판소법 제25조 제3항을 따르면 헌법소원은 당사자가 변호사 자격이 있는 때가 아닌 한 변호사를 대리인으로 선임하지 아니하면 심판 청구를 할 수 없다.

6. 반복제청신청 금지

위헌법률심판 제청을 신청하였으나 그 신청을 법원이 기각하면 해당 사건의 소송절차에서 동일한 사유를 이유로 한 위헌법률심판 제청 신청을 할 수 없다(헌법재판소법 제68조 제2항 후문). 여기서 해당 사건의 소송절차에는 상소심 소송절차는 물론 파기환송되기 전후의 소송절차도 포함된다. 이러한 반복제청신청은 ① 반복된 두 개의 위헌소원심판이 계속 중일 때 동일한 사건이 전·후 양 심판으로 반복 청구되고 나서 어느 청구에 대해서도 아직 종국결정이 내려지지 않은 때(중복제소 금지). ② 반복청구된 위헌소원심판의 선행청구와 후행청구 중 어느 청구에 대해서 헌법재판소가 종국결정을 내렸을 때(일사부재리), ③ 위헌제청 신청을 하였다가 기각결정을 받았지만, 위헌소원심판을 청구하지 않았던 당사자가 해당 사건 소송절차에서 다시 동일한 사유로 위헌제청 신청을 하였다가 기각결정을 받고 나서 위헌소원심판을 청구한 때를 아우른다.

Ⅲ. 헌법재판소법 제68조 제1항에 따른 헌법소원

헌법재판소법 제68조 제1항에 따른 헌법소원심판을 청구하려면 ① 기본권주체성(청구인능력), ② 대상적격(헌법소원심판 대상: 공권력의 행사 또는 불행사),

③ 자기관련성, ④ 현재성, ⑤ 직접성, ⑥ 보충성(헌법재판소법 제68조 제1항 단서), ⑦ 청구기간(헌법재판소법 제60조 제1항), ⑧ 권리보호이익, ⑨ 변호사강제주의(헌법재판소법 제25조 제3항), ⑩ 일사부재리(헌법재판소법 제39조)의 요건을 충족하여야 한다.

1. 청구인능력(기본권주체성)

헌법소원심판을 청구할 수 있는 사람은 헌법상 기본권주체에 국한된다(헌법재판소법 제68조 제1항). 이때 기본권주체에는 자연인만이 아니라 성질상 법인이 누릴 수 있는 기본권에 관해서는 법인도 포함된다. 그리고 대표자의 정함이 있고 독립된 사회조직체로 활동하는 비법인사단도 포함된다. 그러나 국가나 국가기관, 국가사무를 위임받은 공법인이나 그 기관은 기본권의 수범자이지 기본권주체가 아니므로 헌법소원심판을 청구할 수 없다. 그러나 예외적으로 국가에 대해서 독립성이 있고 독자적인 기구로서 해당 기본권 영역에서 개인의 기본권 실현에 이바지하면 기본권주체로서 인정된다.

2. 대상적격

헌법소원심판은 헌법에 위반되는 모든 공권력의 행사나 불행사에 대해서 청구할 수 있다. 모든 공권력의 행사나 불행사는 입법권, 집행권, 사법권을 행사하는 모든 국가기관의 적극적인 작위와 소극적인 부작위를 말하는데, 다만 법원의 재판은 여기서 제외된다(헌법재판소법 제68조 제1항).

3. 자기관련성

원칙적으로 기본권을 침해당하는 사람만 헌법소원심판을 청구할 수 있다. 제3자는 특별한 사정이 없으면 기본권 침해에 관련되었다고 볼 수 없다. 제3자인 청구인의 자기관련성을 인정할 수 있는지는 무엇보다도 법의 목적과 실질적인 규율대상, 법규정의 제한이나 금지가 제3자에게 미치는 효과나 진지함의 정도 등을 종합적으로 고려하여 판단하여야 한다.

4. 현재성

헌법소원심판이 적법하려면 원칙적으로 청구인에 대한 기본권 침해는 현재 일어난 상태일 것, 즉 현재성이 요구된다. 하지만 기본권 침해가 앞날에 발생하더라도 그 침해가 현재 확실히 예측되고 기본권구제 실효성을 기할 필요가 있으면 현재성이 인정된다(상황성숙성 이론).

5. 직접성

헌법소원심판청구인은 공권력작용으로 말미암아 직접 기본권이 침해되어야 한다. 이러한 직접성 요건은 법령소원에서 특히 중요한 의미가 있다. 기본권 침해의 직접성이란 집행행위를 통하지 아니하고 법령 자체가 직접 자유 제한, 의무 부과, 권리나 법적 지위 박탈을 일으킨다는 것을 뜻한다.

구체적 집행행위가 있다고 언제나 반드시 법령 자체에 대한 헌법소원심판 청구의 직접성이 부정되는 것은 아니다. 즉 ① 집행행위가 있어도 그 집행행위를 대상으로 하는 구제절차가 없거나 구제절차가 있더라도 권리구제 가능성이 없고, 다만 기본권 침해를 당한 청구인에게 불필요한 우회절차를 강요하는 것밖에 되지 않을 때, ② 법규범이 집행행위를 예정하더라도 법규범 내용이 집행행위 이전에 이미 국민의 권리관계를 직접 변동시키거나 국민의 법적 지위를 정하는 것이어서 국민의 권리관계가 집행행위의 유무나 내용에 따라서 좌우될 수 없을 정도로 확정된 때, ③ 헌법소원심판 대상이 되는 법령은 그 법령에 따른 다른 집행행위를 기다리지 않고 직접 국민의 기본권을 침해하는 법령이어야 하지만, 예외적으로 법령이 일의적이고 명백한 것이어서 집행기관이 심사와 재량의 여지없이 그 법령에 따라 일정한 집행행위를 하여야 할 때는 해당 법령에 대한 헌법소원심판 청구의 직접성이 인정된다.

※ 청구인적격(법적 관련성): 자기관련성 + 현재성 + 직접성

6. 보충성

헌법소원심판 청구는 다른 법률에 구제절차가 있으면 그 절차를 모두 거친 후에 청구할 수 있다(헌법재판소법 제68조 제1항 단서). 이를 헌법소원의 보충성이라고 하며, 주로 처분소원에서 문제가 된다. 여기서 구제절차는 공권력의 행사나 불행사를 직접 대상으로 하여 그 효력을 다툴 수 있는 구제절차를 말하므로, 사후적 보충적 구제수단인 손해배상청구나 손실보상청구는 구제절차에 해당하지 않는다.

법령 자체의 직접적인 기본권 침해가 문제 되면 그 법령 자체의 효력을 다투는 것을 소송물로 하여 일반 법원에 소를 제기할 길이 없어서 구제절차가 있는 때가 아니므로 보충성 요건이 적용되지 않는다.

① 헌법소원심판청구인이 그의 불이익으로 돌릴 수 없는 정당한 이유 있는 착오로 전심절차를 밟지 않은 때, ② 전심절차로 권리가 구제될 가능성이 거의 없거나 ③ 권리구제절차가 허용되는지가 객관적으로 불확실하여 전심절차 이행 가능성이 없을 때는 보충성의 예외로서 바로 헌법소원심판을 청구할 수 있다.

7. 청구기간

헌법재판소법 제68조 제1항에 따른 헌법소원심판은 기본권의 침해사유가 있음을 안 날부터 90일 이내에, 그 사유가 있는 날부터 1년 이내에 청구하여야 한다. 다만, 다른 법률에 따른 구제절차를 거친 헌법소원심판은 그 최종결정을 통지받은 날부터 30일 이내에 청구하여야 한다(헌법재판소법 제69조 제1항).

공권력의 불행사는 그 불행사가 계속되는 한 기본권 침해의 부작위가 계속되므로, 공권력의 불행사에 대한 헌법소원심판은 그 불행사가 계속되는 한 기간 제약 없이 적법하게 청구할 수 있다.

8. 권리보호이익

헌법소원제도는 국민의 기본권 침해를 구제하는 제도이다. 그러므로 그 제도 목적상 권리보호이익이 있어야 비로소 헌법소원심판을 청구할 수 있다. 그러나 헌법소원은 개인의 주관적 권리구제 기능뿐 아니라 객관적인 헌법질서 보장기능도 수행하므로 ① 주관적 권리구제에 도움이 되지 않아도 그러한 침해행위가 앞으로도 반복될 위험이 있거나 ② 해당 분쟁 해결이 헌법질서의 수호·유지를 위해서 긴요한 사항이어서 그 해명이 헌법적으로 중대한 의미를 지니면 헌법소원의 이익을 인정할 수 있다.

9. 변호사강제주의

헌법재판소법 제25조 제3항을 따르면 헌법소원은 당사자가 변호사 자격이 있는 때가 아닌 한 변호사를 대리인으로 선임하지 아니하면 심판 청구를 할 수 없다.

10. 일사부재리

헌법재판소는 이미 심판을 거친 같은 사건에 대해서는 다시 심판할 수 없다(헌법재판소법 제39조). 헌법재판소가 심판한 사건에 대해서 다시 헌법소송을 제기하거나 헌법재판소 결정에 대해 불복을 하는 헌법소송을 제기하게 되면, 이것은 헌법소송 요건을 갖추지 못한다.

Ⅳ. 권한쟁의심판

권한쟁의심판 청구가 적법하려면 ① 당사자능력(청구인능력), ② 당사자적격(청구인적격), ③ 피청구인의 처분이나 부작위의 존재, ④ 권한의 침해 또는 현저한 침해위험 가능성, ⑤ 청구기간, ⑥ 심판 청구 이익이라는 요건이 충족되어야 한다.

1. 당사자능력(청구인능력)

권한쟁의심판에서는 헌법 제111조 제1항 제4호에 따라 국가기관과 지방자치단체에 당사자능력(청구인능력)이 인정되고, 헌법재판소법 제62조는 국가기관을 '국회, 정부, 법원 및 중앙선거관리위원회'로 구체화한다. 이와 관련하여 헌법재판소법 제62조 제1항이 한정적·열거적 규정인지 아니면 예시적 규정인지를 먼저 살펴보아야 한다. 헌법 제111조 제1항 제4호가 법률유보조항을 두지 않아서 권한쟁의심판제도를 둔 입법 취지에 비추어 다른 분쟁해결방법이 없는 한 독립한 국가기관 사이의 권한쟁의심판은 인정되어야 한다. 따라서 헌법재판소법 제62조 제1항은 예시적 규정으로 보아야 한다.

예시설을 따르면, ① 헌법에 의해 설립되고 ② 헌법과 법률에 의하여 독자적인 권한을 부여받는 국가기관으로서 ③ 권한쟁의를 해결할 수 있는 적당한 기관이나 방법이 없는지를 종합적으로 고려해 권한쟁의심판의 당사자가 될 수 있는 국가기관에 해당하는지를 판단하여야 한다. 이를 따르면 국회나 정부와 같은 전체기관뿐 아니라 그 부분기관이라도 상대 당사자와 맺는 관계에서 독자적인 지위를 인정해 줄 필요가 있으면 당사자능력이 인정될 수 있다.

2. 당사자적격(청구인적격)

당사자능력(청구인능력)이 권한쟁의심판을 청구할 수 있는 일반적인 자격을 뜻하고, 당사자적격(청구인적격)은 당사자가 구체적인 사건과 맺는 법적 관련성을 일컫는다. '헌법과 법률에 따라서 부여받은 권한'이 있는 자만 그 권한의 침해를 다투며 권한쟁의심판을 청구할 수 있다. 처분이나 부작위를 한 기관으로서 법적 책임이 있는 기관만 피청구인적격이 있다.

제3자 소송담당은 권리주체가 아닌 제3자가 자신의 이름으로 권리주체를 위해서 소송을 수행할 수 있는 권능이다. 권리는 원칙적으로 권리주체가 주장하여 소송수행을 하도록 하는 것이 자기책임원칙에 부합하므로, 제3자 소송담당은 예외적으로 법률규정이 있는 때만 인정된다.

여당이 다수당인 국회는 집행부와 권한쟁의를 벌일 가능성이 적고, 다수당도 소수당의 진행 방해로 집행부와 권한쟁의를 벌이기 어려울 수 있으므로, 권한쟁의심판에서 제3자 소송담당은 다수당과 소수당을 불문하고 인정할 필요성이 있다. 즉 권한쟁의심판의 실효성을 위해서 제3자 소송담당 인정하여야 할 것이다. 그러나 헌법재판소는 다수결의 원리, 의회주의의 본질, 남용 가능성을 들어 제3자 소송담당을 인정하지 않는다.

3. 피청구인의 처분이나 부작위의 존재

권한쟁의심판을 청구할 때 피청구인의 '처분이나 부작위'가 청구인의 권한을 침해할 것이 요구된다(헌법재판소법 제61조 제2항). 여기서 처분은 모든 법적 행위뿐 아니라 단순한 사실행위, 대외적일 뿐 아니라 대내적인 행위 그리고 개별적 결정뿐 아니라 일반적 규범 정립까지도 포함한다. 입법영역에서 처분은 법률 제정과 관련된 행위뿐 아니라 제정된 법률 그 자체도 포함한다. 부작위는 단순한 사실상 부작위가 아니고 헌법상 또는 법률상 작위의무가 있는데도 이것을 이행하지 아니하는 것을 말한다.

4. 권한의 침해 또는 현저한 침해위험 가능성

권한쟁의심판에서 다툼이 되는 '권한'은 헌법이나 법률이 국가기관(지방자치단체 포함)에 부여한 독자적인 권능을 뜻한다. 권한의 '침해'는 피청구인의 위헌 또는 위법한 행위로 말미암아 청구인의 권한이 박탈당하거나 권한 일부가 잠식당하거나 권한 행사에 중대한 장애가 발생하는 것 등 청구인의 권한법질서상 지위가 불리해지는 때를 말한다. 현저한 위험은 매우 급하게 조만간 권한 침해에 이르게 될 개연성이 현저히 높은 상황을 이른다.

5. 청구기간

권한쟁의심판은 그 사유가 있음을 안 날부터 60일 이내, 그 사유가 있은 날부터 180일 이내에 청구하여야 한다(헌법재판소법 제63조 제1항).

6. 심판 청구 이익

권한쟁의심판은 비록 객관소송이더라도 국가기관과 지방자치단체 사이의 권한쟁의로써 해결하여야 할 구체적인 보호이익이 있어야 하고, 그 청구인에 대한 권한 침해 상태가 이미 종료되면 심판 청구 이익이 없어서 이에 관한 권한쟁의심판 청구는 부적법하다. 그리고 청구인이 심판 청구를 통해서 구하고자 하는 권리 보호 목적을 헌법재판소의 심판절차 없이도 달성할 수 있으면 예외적으로 심판 청구 이익은 부정될 수 있다. 다만, 청구인에 대한 권한 침해 상태가 이미 종료하여 심판 청구 이익을 인정할 수 없더라도, 같은 유형의 침해행위가 앞으로도 계속 반복될 위험이 있고, 헌법질서의 수호·유지를 위해서 이에 대한 헌법적 해명이 긴요한 사항에 대해서는 심판 청구 이익을 인정할 수 있다.

기본권 사례 풀이

헌법사례연습

제2편 ∥ 기본권 사례 풀이

Ⅰ. 기본권의 개념

기본권은 헌법에 규정되어 국가공권력이 효력을 보장하는 국민의 기본적 권리이다.

→ 따라서 개별 기본권의 헌법적 근거를 반드시 찾아야 한다. 열거된 기본 권은 해당 헌법규정을 정확하게 지적하고, 열거되지 않은 기본권은 근 거가 되는 헌법규정을 찾아 제시하여야 한다.

Ⅱ. 자유권의 위헌 심사

자유권은 '보호영역 해당 여부 – 제약(제한) 존재 여부 – 제약(제한)의 정당 성'의 3단계로 심사한다. 구체적으로 먼저 문제가 되는 행위를 중심으로 관련 되는 기본권을 모두 찾아서 그 기본권의 개념, 헌법적 근거, 보호영역을 밝히 고(열거된 기본권은 해당 헌법규정 – 해당 기본권의 개념 – 보호영역 순으로, 열거되지 않 은 기본권은 해당 기본권의 개념 – 헌법적 근거 – 보호영역 순으로 서술하는 것이 편하다), 문제가 되는 행위가 보호영역에 해당하는지를 살펴본다. 그리고 문제가 되는 행위가 제약(제한)되는지를 살펴보고, 제약(제한)이 확인되면 그 제약의 정당성 을 검토한다.

1. 기본권 경합

하나의 행위가 둘 이상의 기본권 보호영역에 해당하면 기본권 경합이 문제 된다.

→ 기본권 경합은 '보호영역 해당 여부'에서 문제가 되는 기본권이 여러 개임을 확인하고 나서(문제가 되는 행위가 둘 이상의 기본권 보호영역에 해당함을 확인하고 나서) 검토한다.

(1) 기본권 경합의 의의

기본권 경합은 한 기본권주체의 어떤 행동이 동시에 여러 기본권의 보호영역에 해당되면 발생한다.

(2) 기본권 경합의 해결방법

경합하는 어떤 기본권이 다른 기본권과 비교하여 특별한 것이거나(예를 들어 개별 자유권과 행복추구권의 관계), 어떤 기본권이 다른 기본권에 비해서 사항적·기능적 관련성이 우선하면 그 기본권이 다른 기본권에 우선하고 다른 기본권은 실익이 있는 경우에 한하여 별도로 검토될 여지가 있을 뿐이다. 문제는 일반─특별의 관계도 성립하지 아니하고, 어떤 한 기본권의 사항관련성이 두드러지지도 않을 때의 해결방법이다. 이에 관해서는 ① 사슬의 강하기는 그 가장 약한 부분에 따라서 결정된다고 하여 가장 약한 기본권의 효력만큼 보장된다고 보는 최약효력설과 ② 기본권존중사상에 바탕을 두어 효력이 더 강한 기본권이 기준이 되어야 한다는 최강효력설이 주장된다. 그러나 ③ 상호배척하는 관계에 놓이지 않는 한 다수 기본권을 원칙적으로 병렬적으로 적용하여 판단하여야 할 것이다.

헌법재판소는 기본권이 경합하여 문제가 되면 기본권 침해를 주장하는 제청신청인과 제청법원의 의도 및 기본권을 제한하는 입법자의 의도 및 기본권을 제한하는 입법자의 객관적 동기 등을 참작하여 사안과 가장 밀접한 관계가 있고 침해 정도가 큰 주된 기본권을 중심으로 그 제한의 한계를 따져보아야 한다고 판시한 바 있다.

2. 과잉금지원칙(비례성원칙)

자유권 제약(제한)의 정당성은 일반적으로 과잉금지원칙(비례성원칙)으로 심사한다.

(1) 과잉금지원칙의 개념과 내용

국가작용 중 특히 입법작용에서 과잉(입법)금지원칙은 국가가 국민의 기본권을 제한하는 내용의 입법활동을 할 때 준수하여야 할 기본원칙이나 입법활동 한계를 뜻한다. 따라서 국민의 기본권을 제한하는 입법은 그 목적이 정당하여야 하고, 방법(수단)이 적합하여야 하며, 침해의 최소성과 법익의 균형성을 갖추어야 한다. 과잉금지원칙은 헌법 제37조 제2항에서 도출된다.

(2) 목적의 정당성

목적의 정당성은 국민의 기본권을 제한하려는 입법의 목적이 헌법 및 법률의 체계상 그 정당성이 인정되어야 한다는 것이다.

→ 먼저 법률의 입법목적을 찾고 나서 확인된 입법목적이 헌법 제37조 제2항에서 제시하는 국가안전보장, 질서유지, 공공복리에 해당하는지를 검토한다.

(3) 수단의 적합성

수단의 적합성은 그 목적의 달성을 위하여 그 방법이 효과적이고 적절하여야 한다는 것이다.

→ 입법목적을 부분적으로 실현할 때도 적합성 요건은 충족된다. 따라서 수단이 입법목적을 달성하는 데 '명백하게 부적합할 때'만 적합성이 부정된다. 결국 선택된 수단이 입법목적을 달성하는 데 조금이라도 이바지한다면 수단의 적합성은 충족된다.

(4) 침해의 최소성

침해의 최소성은 입법권자가 선택한 기본권 제한의 조치가 입법목적을 달성하기 위하여 설사 적절하다고 할지라도 더 완화한 형태나 방법을 모색함으로써 기본권 제한은 필요한 최소한도에 그치도록 하여야 한다는 것이다.

→ 선택된 수단이 입법목적을 달성하는 정도를 확인하고 나서 선택된 수단과 적합성 정도가 같거나 크면서 기본권을 덜 제한하는 대체수단이 있는지를 살펴본다. 그러한 대체수단이 없을 때 침해의 최소성은 충족된다. 이때 제약의 임의성이나 필수성, 원칙 – 예외 관계, 인적·사항적 제한 가능성, 완화책 존재 여부 등을 주로 심사한다.

(5) 법익의 균형성

법익의 균형성은 그 입법을 통해서 보호하려는 공익과 침해되는 사익을 비교형량할 때 보호되는 공익이 더 커야 한다는 것이다.

→ 입법이 보호하려는 공익과 침해되는 사익을 모두 찾아서 저울 위에 놓고 판단한다. 기본권 제약(제한) 정도와 이것을 정당화하는 사유의 비중, 법익의 긴급성과 확실성, 대체 가능성 등을 종합적으로 형량하여야 한다.

Ⅲ. 평등권의 위헌 심사

1. 평등권의 의의

헌법 제11조 제1항 제1문은 "모든 국민은 법 앞에 평등하다."라고 규정한다. 이것은 일반적 평등원칙과 평등권의 근거규정으로 이해된다. 여기서 '법'은 형식적 의미의 법률만을 의미하는 것이 아니고 한 나라의 법체계를 형성하는 모든 법규범을 뜻한다. 그리고 헌법 제10조 제2문 기본적 인권을 확인하고 보장할 국가의 의무 그리고 헌법의 기본원리인 법치국가원리에 비추어 법 앞의 평등의 의미는 집행과 사법을 구속하는 '법적용의 평등'뿐 아니라 입법자까지 구속하는 '법제정의 평등'까지 포함한다(이른바 입법자구속설). 평등의 규범적 의미에 관해서는 절대적 평등으로 볼 것인지 상대적 평등으로 볼 것인지가 문제 될 수 있다. 그러나 절대적 평등은 '다른 것도 같게' 취급하여 오히려 불평등한 결과를 초래할 수 있다. 따라서 정당한 이유가 있는, 즉 합리적 근거가 있는 차별이나 불평등은 허용된다는 의미에서 '상대적 평등'으로 파악하는 것이 타당하다.

→ 평등권은 보호영역이 없어서 평등권이 주로 문제 되는 것 등과 같은 특별한 사유가 없는 한 문제 되는 여러 기본권 중에서 마지막에 검토한다.

2. 평등권의 심사구조

(1) 차별취급 존재 여부

본질적으로 같은 것을 다르게 취급하는 것은 물론 다른 것을 같게 대우하는 것도 금지된다.

비교될 수 있으려면 먼저 비교의 준거가 있어야 한다. 비교의 준거는 법적으로 다르게 다루어진 다른 사람들, 인적 집단 또는 상황을 포괄할 수 있는 공통의 상위개념이다.

(2) 차별취급을 헌법상 정당화할 수 있는지 여부

차별을 정당화할 수 있는지를 심사할 때 사용하는 기준에는 자의금지원칙과 비례성원칙이 있다. 헌법재판소 판례를 따르면 ① 헌법이 특별히 평등을 요구할 때와 ② 차별적 취급으로 말미암아 관련 기본권에 중대한 제한을 초래하게 될 때 입법자는 입법형성권이 축소되므로 상대적으로 엄격한 심사기준인 비례성심사가 적용될 수 있다.

자의심사는 차별을 정당화하는 합리적인 이유가 있는지만을 심사하므로 그에 해당하는 비교대상 사이의 사실상 차이나 입법목적(차별목적)의 발견·확인에 그치지만, 비례심사는 단순히 합리적인 이유의 존부 문제가 아니라 차별을 정당화하는 이유와 차별 사이의 상관관계에 대한 심사, 즉 비교대상 사이의 사실상 차이의 성질과 비중 또는 입법목적(차별목적)의 비중과 차별의 정도에 적정한 균형관계가 이루어져 있는지를 심사한다. 비례성원칙의 구성요소는 차별목적의 정당성(차별이 추구하는 목적이 헌법적으로 정당한 것인지), 차별수단의 적합성(차별취급이 차별목적 달성에 적합한 것인지), 차별대우의 필요성(차별취급이 차별목적 달성에 불가피한 수단인지), 법익균형성(차별목적과 수단 사이에 비례성이 있는지)이다.

Ⅳ. 기본권보호의무

1. 기본권보호의무의 의의

기본권보호의무는 기본권적 법익을 기본권주체인 사인의 위법한 침해나 침해 위험에서 보호하여야 하는 국가의 의무를 말한다. 주로 사인인 제3자의 개인의 생명이나 신체의 훼손에서 문제 된다. 이는 다른 사람 때문에 개인의 신체나 생명 등 법익이 국가의 보호의무 없이는 무력화할 정도의 상황에서만 적용될 수 있다.

2. 기본권보호의무 위반의 심사기준

국가가 국민의 생명·신체의 안전을 보호할 의무를 지더라도 국가의 보호의무를 입법자나 그에게서 위임받은 집행자가 어떻게 실현하여야 할 것인지는 원칙적으로 권력분립과 민주주의의 원칙에 따라 국민에게서 직접 민주적 정당성을 부여받고 자신의 결정에 대해서 정치적 책임을 지는 입법자의 책임범위에 속한다. 따라서 헌법재판소는 단지 제한적으로만 입법자나 그에게서 위임받은 집행자의 보호의무 이행을 심사할 수 있다. 따라서 국가가 국민의 생명·신체의 안전에 대한 보호의무를 다하지 않았는지를 헌법재판소가 심사할 때는 국가가 이를 보호하기 위해서 적어도 적절하고 효율적인 최소한의 보호조치를 취하였는지 하는 이른바 '과소보호금지원칙' 위반 여부를 기준으로 삼아, 국민의 생명·신체의 안전을 보호하기 위한 조치가 필요한 상황인데도 국가가 아무런 보호조치를 취하지 않았든지 아니면 취한 조치가 법익을 보호하기에 전적으로 부적합하거나 매우 불충분한 것임이 명백한 경우에 한하여 국가의 보호의무 위반을 확인하여야 한다.

V. 기본권 충돌

1. 기본권 충돌의 개념

기본권 충돌은 복수의 기본권주체가 국가에 대해 각기 기본권의 적용을 주장하고 국가가 양자의 기본권을 동시에 보장해 줄 수 없는 경우를 말한다.

→ 기본권 충돌은 '보호영역 해당 여부 – 제약(제한) 존재 여부 – 제약(제한)의 정당성'의 3단계 중 '제약(제한)의 정당성'에서 문제 된다.

2. 기본권 충돌의 해결기준

기본권 충돌을 해결하기 위한 방법으로 이익형량에 따른 해결방법과 실제적 조화의 원칙(규범조화적 해석)에 따른 해결방법이 제시된다.

(1) 이익형량에 따른 해결

기본권 충돌 문제를 해결하기 위해서는 충돌하는 기본권 서로 간에 이익형량이 이루어져야 한다. 이익형량에서 상하기본권 사이의 충돌과 동위기본권 사이의 충돌로 나누어 살펴보게 된다.

① 상하기본권 사이의 충돌

이때는 상위기본권 우선원칙에 따라 상위기본권에 우선적 효력을 인정하여야 한다. 인간의 존엄성, 생명권과 같은 기본권이 다른 기본권보다 상위에 있다고 하는 점에 관해서는 의심의 여지가 없으나, 이렇게 상하가 분명한 경우는 오히려 예외에 속한다.

② 동위기본권 사이의 충돌

동위기본권 사이의 충돌에서는 인격적 가치 우선(인격적 가치를 보호하기 위한 기본권에 재산적 가치를 보호하기 위한 기본권보다 우선하는 효력을 인정하는 것), 자유권 우선(자유권에 평등권보다 우선하는 효력을 인정하는 것) 등의 방법이 있다. 그러나 이도 기본권 충돌 해결에서는 제한적으로 유용한 데 불과하다.

(2) 실제적 조화의 원칙에 따른 해결

실제적 조화의 원칙은 어느 하나의 기본권을 다른 기본권에 우선시키지 아니하고 헌법의 통일성을 유지하기 위해서 충돌하는 기본권 모두가 최대한으로 그 기능과 효력을 나타낼 수 있도록 조화시켜 보장하는 방법을 찾으려는 것이다. 이익형량의 방법과 달리 기본권 안의 위계질서를 반드시 전제로 하지 않고 충돌하는 두 기본권의 효력을 함께 존중하는 방법을 찾기 위해 노력하는 데 강점이 있다. 실제적 조화의 원칙은 결국 비례성심사로 귀결된다. 이때는 침해당하였다고 주장되는 기본권을 중심으로 검토하고, 목적의 정당성은 침해주체의 기본권이 정당화하므로 일반적인 비례성심사와 달리 별도로 심사할 필요는 없다.

VI. 신뢰보호원칙

1. 소급입법의 종류

소급입법은, 신법이 이미 종료된 사실이나 법률관계에 작용하는지, 아니면 현재 진행 중인 사실이나 법률관계에 작용하는지에 따라 진정소급입법과 부진정소급입법으로 구분된다. 즉 지난날에 이미 완성된 사실이나 법률관계를 규율하는 입법형식이 진정소급입법이고, 이미 지난날에 시작되었으나 아직 완성되지 아니한 사실이나 법률관계를 규율하는 입법형식이 부진정소급입법이다.

진정소급입법은 헌법적으로 허용되지 않는 것이 원칙이고, 특단의 사정이 있는 때만 예외적으로 허용될 수 있다. 하지만 부진정소급입법은 원칙적으로 허용되지만 소급효를 요구하는 공익상 사유와 신뢰보호 요청 사이의 교량과정에서 신뢰보호 관점이 입법자의 형성권에 제한을 가한다.

2. 진정소급입법의 예외적 허용

헌법재판소는 특단의 사정이 있으면, 즉 기존 법을 변경하여야 할 공익적 필요는 심히 중대하지만, 그 법적 지위에 대한 개인의 신뢰를 보호하여야 할 필요를 상대적으로 정당화할 수 없으면 진정소급입법이 예외적으로 허용될 수 있다고 하면서 ① 국민이 소급입법을 예상할 수 있었던 때, ② 법적 상태가 불

확실하거나 혼란스러웠거나 하여 보호할 만한 신뢰 이익이 적은 때, ③ 소급입
법에 따른 당사자의 손실이 없거나 아주 경미한 때, ④ 신뢰보호 요청에 우선
하는 심히 중대한 공익상 사유가 소급입법을 정당화하는 때를 그 예로 든다.

3. 신뢰보호원칙 위배 여부

(1) 신뢰보호원칙의 의의

신뢰보호원칙은 헌법에 내재적으로 보장된 법치국가원리에서 도출되는 한
원칙으로서 국민이 국가기관이 한 결정의 정당성 또는 존속성을 신뢰하였을
때 그 신뢰가 보호받을 가치가 있는 것이면 이를 보호해 주어야 한다는 것을
말한다. 이 원칙은 법치국가원리의 한 구성요소를 이루는 당사자의 법적 생활
안정 필요(법적 안정성)에서 나오는 원칙이다.

(2) 신뢰보호원칙 위반의 판단기준

법률의 제정이나 개정 시 구법질서에 대한 당사자의 신뢰가 합리적이고도
정당하며 법률의 제정이나 개정으로 야기되는 당사자의 손해가 극심하여 새로
운 입법으로 달성하고자 하는 공익적 목적이 그러한 당사자의 신뢰 파괴를 정
당화할 수 없다면, 그러한 새 입법은 신뢰보호원칙상 허용될 수 없다. 이러한
신뢰보호원칙 위배 여부를 판단하려면, 한편으로는 침해받은 이익의 보호가치,
침해의 중한 정도, 신뢰가 손상된 정도, 신뢰침해 방법 등과 다른 한편으로는
새 입법을 통해 실현하고자 하는 공익적 목적을 종합적으로 비교·형량하여야
한다.

Ⅶ. 법률유보원칙

1. 법률유보원칙의 의의

법률유보원칙이란 행정작용은 법률에 근거하여서만 발동할 수 있다는 원
칙으로서 행정작용에 대해서 적극적으로 법적 근거가 있을 것을 요구한다.

2. 법률유보원칙의 내용

법치국가원리는 법률유보원칙, 즉 행정작용에는 국회가 제정한 형식적 법률의 근거가 요청된다는 원칙을 핵심내용으로 한다. 나아가 오늘날 법률유보원칙은 단순히 행정작용이 법률에 근거를 두기만 하면 충분한 것이 아니라 국가공동체와 그 구성원에게 기본적이고도 중요한 의미가 있는 영역, 특히 국민의 기본권 실현에 관련된 영역에서는 행정에 맡길 것이 아니라 국민의 대표자인 입법자 스스로 그 본질적 사항에 대해서 결정하여야 한다는 요구, 즉 의회유보원칙까지 내포하는 것으로 이해된다.

이때 입법자가 형식적 법률로 스스로 규율하여야 하는 사항이 어떤 것인지는 일률적으로 획정할 수 없고 구체적인 사례에서 관련된 이익이나 가치의 중요성, 규제 내지 침해의 정도와 방법 등을 고려하여 개별적으로 결정할 수 있을 뿐이나 적어도 헌법상 보장된 국민의 자유나 권리를 제한할 때는 그 제한의 본질적인 사항에 관한 한 입법자가 법률로써 스스로 규율하여야 할 것이다.

Ⅷ. 포괄위임금지원칙

1. 위임입법의 필요성

헌법은 권력분립원칙에 입각하여 국민의 권리와 의무에 관한 중요한 사항은 주권자인 국민이 선출한 대표자들로 구성되는 국회에서 법률 형식으로 결정하도록 한다. 그리고 이러한 의회주의나 법치국가원리는 입법부가 그 입법의 권한을 집행부나 사법부에 위임하는 것을 금지함을 내포한다. 그러나 현대국가에서 국민의 권리와 의무에 관한 것이라고 하여 모든 사항을 국회에서 제정한 법률만으로 규정하는 것은 불가능하다. 이는 집행 영역이 복잡·다기하여 상황변화에 따라 다양한 방식으로 적절히 대처할 필요성이 요구되지만, 국회의 입법에 대한 기술적·전문적 능력이나 시간적 적응능력에는 한계가 있기 때문이다. 따라서 경제현실 변화나 전문적 기술 발달 등에 즉응하여야 하는 세부적인 사항에 관해서는 국회가 제정한 형식적 법률보다 더 탄력성이 있는 행정입법에 이를 위임할 필요가 있다.

헌법 제40조는 "입법권은 국회에 속한다."라고 규정하면서 아울러 헌법 제75조는 "대통령은 법률에서 구체적으로 범위를 정하여 위임받은 사항과 법률을 집행하기 위하여 필요한 사항에 관하여 대통령령을 발할 수 있다."라고 규정하고, 헌법 제95조는 "국무총리 또는 행정각부의 장은 소관 사무에 관하여 법률이나 대통령령의 위임 또는 직권으로 총리령 또는 부령을 발할 수 있다."라고 규정하여 행정기관에 대한 위임입법을 인정한다.

2. 위임의 형식

법률에서 하위법령에 위임할 때는 법규명령인 대통령령이나 총리령·부령 형식으로 하여야 함이 원칙이다. 그런데 사회적 변화에 대응한 입법수요 급증과 종래 형식적 권력분립원칙으로는 현대사회에 대응할 수 없다는 기능적 권력분립론에 근거하여, 의회의 입법독점주의에서 입법중심주의로 전환하여 일정한 범위 안에서 행정입법을 허용하게 되었다. 이러한 점을 고려하여 헌법 제40조와 제75조, 제95조의 의미를 살펴보면, 헌법이 인정하는 위임입법 형식은 예시적인 것으로 보아야 한다. 법률이 행정규칙에 위임하더라도 그 행정규칙은 위임된 사항만을 규율할 수 있다. 따라서 이렇게 보아도 국회입법원칙과 상치되지도 않는다. 다만, 형식 선택에서 규율의 밀도와 규율 영역의 특성이 개별적으로 고찰되어야 할 것이다.

그런데 입법자에게 상세한 규율이 불가능한 것으로 보이는 영역이라면 집행부에게 필요한 보충을 할 책임이 인정되고, 극히 전문적인 식견에 좌우되는 영역에서는 행정기관 구체화의 우위가 불가피하게 있을 수 있다. 법규명령에 대해서는 행정절차법은 입법예고, 예고된 입법안에 대한 의견제출 기회, 공청회 개최 등의 제도를 둔다. 그러나 고시나 훈령 등 행정규칙을 제정·개정·폐지함에 관해서는 아무런 규정을 두지 아니한다. 그리고 법규명령은 법제처 심사를 거치고(대통령령은 국무회의에 상정되어 심의된다) 반드시 공포하여야 효력이 발생하지만, 행정규칙은 법제처 심사를 거칠 필요도 없고 공포 없이도 효력을 발생하게 된다는 점에서 차이가 있다. 따라서 법률이 입법위임을 할 때는 대통령령·총리령·부령 등 법규명령에 위임함이 바람직하고, 고시와 같은 형식으로 입법위임을 할 때는 적어도 행정규제기본법 제4조 제2항 단서에서 정한 바와 같이 법령이 전문적·기술적 사항이나 경미한 사항으로서 업무의 성질상 위임이 불가피한 사항에 한정되고, 그러한 사항이더라도 포괄위임금지원칙상 법률위임은 반드시 구체적·개별적으로 한정된 사항에 대해서 하여야 한다.

3. '법률에서 구체적으로 범위를 정하여'의 의미

입법을 위임할 때는 법률에 미리 대통령령으로 규정될 내용과 범위에 관한 기본사항을 구체적으로 규정하여 행정권의 자의적인 법률의 해석과 집행을 할 수 없도록 하여야 한다. 여기서 '구체적으로 범위를 정하여'는 의회입법과 법치국가원리를 달성하고자 하는 헌법 제75조 입법취지에 비추어 볼 때, 법률에 대통령령 등 하위법규범에 규정될 내용 및 범위의 기본사항이 가능한 한 구체적이고도 명확하게 규정되어서 누구라도 해당 법률에서 대통령령에 규정될 내용의 대강을 예측할 수 있어야 함을 뜻한다.

4. 예측 가능성 판단 기준

(1) 예측 가능성 유무는 해당 특정조항만으로 판단할 것이 아니라 관련 법률조항 전체를 유기적·체계적으로 종합판단하여야 하고, 각 대상법률의 성질에 따라 구체적·개별적으로 검토하여야 한다.

그리고 (2) 이러한 위임의 구체성·명확성의 요구 정도는 그 규율대상의 종류와 성격에 따라 달라진다. 하지만 특히 처벌법규나 조세법규와 같이 국민의 기본권을 직접 제한하거나 침해할 소지가 있는 법규에서는 구체성·명확성의 요구가 강화되어 그 위임의 요건과 범위가 일반적인 급부행정보다 더 엄격하게 제한적으로 규정되어야 하지만, 규율대상이 지극히 다양하거나 수시로 변화하는 성질의 것이면 위임의 구체성·명확성 요건을 완화하여야 할 것이다.

또한, (3) 위임조항 자체에서 위임의 구체적 범위를 명백히 규정하지 않더라도 해당 법률의 전반적 체계와 관련규정에 비추어 위임조항의 내재적인 위임의 범위나 한계를 객관적으로 분명히 확정할 수 있다면 이를 포괄적인 백지위임에 해당하는 것으로는 볼 수 없다.

IX. 명확성원칙

1. 명확성원칙의 의의

명확성원칙은 법치국가원리의 한 표현이다. 명확성원칙은 기본권을 제한하는 법규범의 내용은 명확하여야 한다는 헌법상 원칙으로서, 법률은 적용대상자가 그 규제내용을 미리 알 수 있도록 명확하게 규정하여 앞날의 행동지침으로 삼을 수 있도록 하여야 한다는 것이다. 법규범의 의미 내용에서 무엇이 금지되는 행위이고 무엇이 허용되는 행위인지를 알 수 없다면, 법적 안정성과 예측 가능성은 확보될 수 없고, 법집행 당국의 자의적 집행이 가능하게 될 것이다.

2. 명확성원칙의 판단 기준

법률의 명확성원칙은 입법자가 법률을 제정할 때 일반조항이나 불확정개념을 사용하는 것을 금지하지 않는다. 수권법률의 명확성에 대한 요구는 규율대상의 특수성, 수권법률이 당사자에게 미치는 기본권 제한의 효과에 따라 다르다. 즉 다양한 형태의 사실관계를 규율하거나 규율대상이 상황에 따라 자주 변화할 것으로 예상된다면 규율대상인 사실관계의 특성을 고려하여 명확성을 엄격하게 요구할 수 없다. 다른 한편 기본권 제한의 효과가 진지하면 할수록 수권법률의 명확성은 더욱 엄격하게 요구되어야 한다. 일반적으로 법률해석을 통해서도 행정청과 법원의 자의적인 법적용을 배제하는 기준을 얻는 것이 불가능하다면 그 수권법률은 명확성원칙에 위배된다고 보아야 한다. 명확성원칙 준수 여부는 해당 법률의 입법목적에 비추어 건전한 상식과 통상적인 법감정에 따라서 판단할 수 있고 구체적인 사건에서는 법관의 합리적 해석을 통해서 판단될 것이다. 해당 법률의 명확성 여부를 판단할 때 해당 법률의 입법목적과 다른 조항의 연관성, 합리적인 해석 가능성, 입법기술상 한계 등을 고려하여 판단하여야 할 것이다.

X. 검열금지원칙

1. 헌법 제21조 제2항 검열의 의미

헌법 제21조 제2항은 언론·출판에 대한 검열은 인정되지 아니한다고 규정한다. 여기서 말하는 검열은 그 명칭이나 형식과 관계없이 실질적으로 행정권이 주체가 되어 사상이나 의견 등이 발표되기 이전에 예방적 조치로서 그 내용을 심사·선별하여 발표를 사전에 억제하는, 즉 허가받지 아니한 것의 발표를 금지하는 제도를 뜻한다. 이러한 사전검열은 법률로써도 불가능한 것으로서 절대적으로 금지된다. 언론·출판에 대해서 사전검열이 허용되면 국민 예술활동의 독창성과 창의성을 침해하여 정신생활에 미치는 위험이 클 뿐 아니라 행정기관이 집권자에게 불리한 내용의 표현을 사전에 억제함으로써 이른바 관제의견이나 지배자에게 무해한 여론만이 허용되는 결과를 초래할 염려가 있으므로 헌법이 절대적으로 금지한다.

→ 검열금지원칙은 오로지 언론·출판의 자유에서만 문제 된다. 따라서 검열원칙 위반 여부를 검토하기 전에 반드시 언론·출판의 자유가 문제된다는 것이 확인되어야 한다.

2. 헌법 제21조 제2항 검열의 요건

검열금지원칙은 모든 형태의 사전적인 규제를 금지하지 않고, 의사표현 발표 여부가 오로지 행정권의 허가에 달려있는 사전심사만을 금지한다. 그리고 ① 일반적으로 허가를 받기 위한 표현물의 제출의무, ② 행정권이 주체가 된 사전심사절차, ③ 허가를 받지 아니한 의사표현 금지와 ④ 심사절차를 관철할 수 있는 강제수단 등의 요건을 갖춘 경우에만 검열에 해당한다.

XI. 집회허가금지원칙

헌법 제21조 제2항은 "언론·출판에 대한 허가나 검열과 집회·결사에 대한 허가는 인정되지 아니한다."라고 규정하여 집회에 대한 허가 금지를 명시한다. 이것은 집회에 대한 허가제를 절대적으로 금지하겠다는 헌법적 결단이다. 따라서 집회의 자유도 제한될 수 있지만, '허가' 방식으로 집회의 자유를 제한하는 것은 헌법적으로 허용되지 않는다.

헌법 제21조 제2항에서 금지하는 '허가'는 행정권이 주체가 되어 집회 이전에 예방적 조치로서 집회의 내용·시간·장소 등을 사전심사하여 일반적인 집회금지를 특정한 경우에 해제함으로써 집회를 할 수 있게 하는 제도, 즉 허가를 받지 아니한 집회를 금지하는 제도를 의미한다. 하지만 입법자가 법률로써 일반적으로 집회를 제한하는 것은 헌법상 '사전허가금지'에 해당하지 않는다.

XII. 본질적 내용 침해 금지

1. 본질적 내용 침해 금지의 의의

헌법 제37조 제2항 후단은 기본권을 제한할 때 본질적인 내용을 침해할 수 없다고 규정한다. 입법자는 기본권을 제한하여 기본권을 사실상 공동화할 수 있으므로 이 규정은 이러한 공동화에 대한 방지규정으로서 의의가 있다.

2. 본질적 내용 침해 금지의 대상

기본권의 본질내용보장 판단 대상은 개인에게 개별적으로 부여하는 주관적 권리내용이라는 주관설(개별설)과 기본권의 이중성을 근거로 어떤 기본권이 그 본질내용까지 침해되었다고 하려면 공동체에서 해당 기본권의 보장의의가 형해화하는 단계에 이르러야 한다는 객관설(일반설)이 대립한다. 기본권 침해 여부는 해당 기본권을 원용하는 주체를 중심으로 개별적으로 판단하여야 하므로 주관설을 따라야 할 것이다.

3. 본질적 내용 침해 금지의 내용

본질내용보장 내용과 관련하여 절대설과 상대설 그리고 절충설이 대립한다. 헌법재판소는 "헌법에서 부여한 기본권을 법률로 그 범위를 제한할 수는 있으되, 제한하여야 할 현실적 필요성이 아무리 큰 것이고 또 강조될 것이라 하더라도 기본권을 근본적으로 잃게 하는 본질적 내용을 침해하는 기본권 제한 입법은 허용되지 아니한다."라고 하여 절대설을 취하기도 하고, "사형이 비례의 원칙에 따라서 최소한 동등한 가치가 있는 다른 생명 또는 그에 못지 아니한 공공의 이익을 보호하기 위한 불가피성이 충족되는 예외적인 경우에만 적용되는 한 그것이 비록 생명을 빼앗는 형벌이라 하더라도 헌법 제37조 제2항 단서에 위반되는 것으로 볼 수 없다."라고 하여 상대설을 취하기도 하여 때에 따라 다른 견해를 취한다. 상대설은 그 내용이 실질적으로 비례성원칙과 같은 것으로, 헌법 제37조 제2항에서 본질내용을 침해하여서는 안 된다고 별도로 규정한 취지가 무의미해지므로 기본권 제약(제한)에서도 침해할 수 없는 일정한 한계가 있다고 보는 절대설이 타당하다.

제3편 | 사례와 모범답안

헌법사례연습

사례 1 ‖ 사형제도

甲은 2회에 걸쳐 4명을 살해하고 그 중 3명의 여성을 추행한 범죄사실로 구속기소되어, 1심인 광주지방법원 순천지원에서 형법 제250조 제1항, '성폭력범죄의 처벌 및 피해자보호 등에 관한 법률' 제10조 제1항 등이 적용되어 사형을 선고받고 나서 광주고등법원에 항소하였다. 甲은 항소심 재판 계속 중 형법 제250조 제1항, 사형제도를 규정한 형법 제41조 제1호 등에 대해서 위헌법률심판 제청을 신청하였다. 광주고등법원은 형법 제41조 중 '1. 사형 2. 징역' 부분, 형법 제42조(무기금고, 유기징역, 유기금고 부분 제외), 형법 제72조 제1항(무기금고, 유기징역, 유기금고 부분 제외), 형법 제250조 제1항 중 '사형, 무기의 징역에 처한다.'라는 부분, '성폭력범죄의 처벌 및 피해자보호 등에 관한 법률' 제10조 제1항 중 '사형 또는 무기징역에 처한다.'라는 부분이 각 위헌이라고 의심할 만한 상당한 이유가 있다며 헌법재판소에 위헌법률심판을 제청하였다.

1. 광주고등법원의 위헌법률심판 제청은 적법한가?
2. 사형제도는 생명권을 침해하는가?
3. 사형제도는 인간의 존엄과 가치를 규정한 헌법 제10조에 위배되는가?
4. 헌법은 사형제도를 명문으로 인정하는가?

〈목 차〉

Ⅰ. 위헌법률심판 제청의 적법 여부

1. 문제의 소재

광주고등법원의 위헌법률심판 제청이 적법한지와 관련하여 ① 제청권자로서 법원, ② 대상으로서 법률(대상적격), ③ 재판의 전제성, ④ 합리적인 위헌의 의심, ⑤ 소극적 요건으로서 일사부재리원칙 등이 문제 된다.

2. 제청권자로서 법원

법원(군사법원 포함)만이 법률의 위헌 여부에 대하여 헌법재판소에 위헌법률심판을 제청할 수 있다. 여기서 법원은 구체적 사건이 계속된 해당 법원을 뜻한다.

사안에서 제청한 광주고등법원은 甲에 대한 항소심을 담당하므로 제청권자에 해당한다

3. 대상으로서 법률(대상적격)

원칙적으로 국회가 헌법이 정한 입법절차에 따라 제정한 '형식적 의미의 법률'만 법원의 위헌제청 대상이 될 수 있는 법률에 해당한다. 다만, 형식적 의미의 법률은 아니나 그와 같은 효력이 있는 대통령의 긴급명령, 긴급재정·경제명령(법률대위명령)이나 국회 동의가 필요한 조약, 법률의 효력이 있는 일반적으로 승인된 국제법규도 위헌제청 대상이 될 수 있다.

사안에서 문제가 되는 형법 제41조, 제42조, 제250조 제1항, '성폭력범죄의 처벌 및 피해자보호 등에 관한 법률' 제10조 제1항은 형식적 의미의 법률이므로 대상적격이 있다.

4. 재판의 전제성

재판의 전제성 요건은 ① 구체적인 사건이 법원에 계속 중이고, ② 위헌 여부가 문제 되는 법률이 해당 소송사건의 재판에 적용되는 것이며, ③ 법률의

위헌 여부에 따라서 법원이 다른 내용의 재판을 하게 되면 충족된다.

여기서 법원이 '다른 내용의 재판을 하게 되는 경우'라 함은 원칙적으로 법원이 심리 중인 (ⅰ) 해당 사건 재판의 결론이나 주문에 어떤 영향을 주는 경우뿐 아니라, 문제가 된 법률의 위헌 여부가 비록 재판의 주문 자체에는 아무런 영향을 주지 않는다고 하더라도 (ⅱ) 재판의 결론을 이끌어 내는 이유를 달리하는 데 관련되어 있거나 (ⅲ) 재판의 내용과 효력에 관한 법률적 의미가 달라지는 경우도 포함된다. 다만, 헌법재판소는 최근 (ⅱ)를 언급하지 않는다.

甲은 형법 제250조 제1항, '성폭력범죄의 처벌 및 피해자보호 등에 관한 법률' 제10조 제1항 등 위반 여부에 관한 항소심이 광주고등법원에 계속 중이고, 해당 법률조항들에 따라서 형벌의 종류가 결정되므로 해당 법률조항들은 해당 항소심에 적용된다. 그리고 甲은 해당 법률조항들에 따라서 형벌의 종류가 결정되는데(사형이라는 형벌을 받을 수 있는데), 해당 법률조항들이 헌법에 위반된다는 사정이 있으면(그리하여 헌법재판소가 위헌결정을 하여 효력을 상실하면) 사형이라는 형벌을 받지 않게 된다. 이는 재판의 결론이 달라지는 경우로서 법원이 다른 내용의 재판을 하게 되는 경우라고 할 것이다. 따라서 재판의 전제성은 인정된다.

5. 합리적인 위헌의 의심

법원이 헌법재판소에 위헌법률심판을 제청하려면 단순한 의심을 넘어선 합리적인 위헌 의심이 있을 것이 요구된다.

사안에서는 사형제도의 위헌 여부와 관련하여서는 끊임없이 논란이 계속되었으므로 합리적인 위헌 의심이 있다고 볼 수 있다.

6. 소극적 요건으로서 일사부재리원칙

헌법재판소법 제39조는 "헌법재판소는 이미 심판을 거친 동일한 사건에 대하여는 다시 심판할 수 없다."라고 규정하여 헌법재판소 결정에 관한 일사부재리원칙을 명문으로 규정한다. 따라서 동일한 법원이 동일한 법률 또는 법률조항에 대하여 사정변경이 없는데도 다시 헌법재판소에 위헌법률심판을 제청하는 것은 허용되지 아니한다.

사안에서는 이미 심판을 거친 동일한 사건인지에 관해서는 언급된 바가 없으므로 충족된 것으로 보인다.

7. 결론

광주고등법원의 위헌법률심판 제청은 위헌법률심판 제청의 적법요건을 모두 충족하여 적법하다.

II. 사형제도의 생명권 침해 여부

1. 문제의 소재

사형제도가 생명권을 침해하여 위헌인지가 문제 된다. 이와 관련하여 생명권이 절대적 권리인지 여부, 과잉금지원칙 위배 여부, 본질내용 침해 금지 여부 그리고 국가의 생명보호의무 위반 여부가 문제 된다.

2. 생명권의 의의

생명권을 통해서 보호되는 생명은 죽음에 대칭되는 인간의 생존('살아 있음') 그 자체를 뜻한다. 생명권이란 먼저 생명에 대한 모든 형태의 국가적 침해를 방어하는 권리를 그 내용으로 한다. 국가가 생명 유지 여부에 관한 결정을 내릴 수 없을 뿐 아니라 생명을 국가목적을 위한 수단으로 사용하는 것을 금지한다. 그리고 생명권은 그 주체 스스로 자신의 생명을 자유로이 처분할 권능은 포함하지 아니한다. 나아가 생명권은 생명에 대한 국가의 보호의무를 그 내용으로 한다.

생명권이 헌법상 권리(기본권)라는 점에 관해서는 이설이 없다. 그러나 헌법에 명문화되지 않은 관계로 그 헌법적 근거가 무엇인지 문제 된다. 헌법재판소는 헌법에 명문 규정이 없더라도 인간의 생존본능과 존재목적에 바탕을 둔 선험적이고 자연법적인 권리로서 헌법에 규정된 모든 기본권의 전제로서 기능하는 기본권 중의 기본권이라고 한다. 일단 생명권은 헌법에 명문규정을 둔 열거된 권리에 속하지 않으므로 헌법 제37조 제1항의 헌법에 열거되지 아니한 권리로 보지 않을 수 없다. 헌법에 열거되지 아니한 권리를 인정하는 실질적 기준으로서 인간의 존엄과 가치를 드는 견해, 행복추구권을 드는 견해가 나뉘나, 생명권은 생명이라는 법익이 인간의 존재 자체와 밀접 불가분하게 연결되므로 인간의 존엄과 가치와 행복추구권 양자가 모두 실질적 근거가 되는 것으로 보아야 한다. 따라서 생명권은 헌법 제10조 제1문 전단의 인간의 존엄과 가치와 후단의 행복추구권, 제37조 제1항의 헌법에 열거되지 아니한 권리조항을 헌법적 근거로 한다.

　　사형제도는 국가가 형벌권 행사를 통해서 국민의 생명권을 박탈하는 것으로 생명권을 제약(제한)한다.

3. 생명권이 절대적 권리인지 여부

　　"생명권은 선험적이고 자연법적인 권리로서 이를 박탈할 수 없다. 헌법상 기본권인 인간의 생명권으로서 법률상의 의미를 조영한다고 하더라도, 인간의 생명권은 사람의 생존본능과 존재목적 그리고 고유한 존재가치에 바탕을 두고 있으므로 이는 선험적이고 자연법적인 권리일 수밖에 없다."라는 헌법재판소 소수의견이 있다. 이에 따르면 생명은 절대적 가치이어서 법적 평가를 통해서 반가치판단을 하거나 박탈할 수 있는 성질의 것이 아니다. 그러나 생명권을 실정법인 헌법상 기본권의 하나로 인정한다면, 모든 기본권을 법률상 제한할 수 있도록 규정한 헌법 제37조 제2항의 일반적 기본권제한근거에 따른 제한을 받는다고 볼 수밖에 없다. 따라서 문제는 사형제도가 생명권 제한의 한계를 일탈하였는지이다. 생명권은 헌법 제10조와 제37조 제1항을 통해서 보호되는 자유권적 기본권이므로 생명권 제한은 다른 기본권과 마찬가지로 헌법 제37조 제2항의 기본권제한입법의 한계 안에서 가능할 것이므로 과잉금지원칙과 본질내용침해금지원칙에 반하지 않아야 한다.

4. 과잉금지원칙 위반 여부

(1) 과잉금지원칙의 개념과 내용

국가작용 중 특히 입법작용에서 과잉(입법)금지원칙은 국가가 국민의 기본권을 제한하는 내용의 입법활동을 할 때 준수하여야 할 기본원칙이나 입법활동 한계를 뜻한다. 따라서 국민의 기본권을 제한하는 입법은 그 목적이 정당하여야 하고, 방법(수단)이 적합하여야 하며, 침해의 최소성과 법익의 균형성을 갖추어야 한다. 과잉금지원칙은 헌법 제37조 제2항에서 도출된다.

(2) 목적의 정당성

국민의 기본권을 제한하는 입법은 그 목적이 헌법과 법률의 체계 안에서 정당성을 인정받을 수 있어야 한다. 이때 정당성이란 그 자체의 목적이 정당하여야 할 뿐 아니라 헌법에 규정된 다른 헌법이념·헌법원리와도 배치되어서는 안 된다는 것을 뜻한다.

사형제도의 입법목적으로는 범죄에 대한 응보, 일반예방, 사회방위 등을 들 수 있다. 이러한 입법목적이 질서유지, 공공복리를 위해서 필요한 경우에 해당한다고 보아 입법목적의 정당성을 긍정하는 견해도 있다. 그러나 ① 사형제도는 인간의 존엄과 가치(헌법 제10조)라는 헌법 제1의 구성원리에 어긋난다. 사형은 사형수를 처형함으로써 사형수 이외의 자들에 대해서 위하력을 발휘함으로써 일반예방적 효과는 거둘 수 있을지도 모른다. 그러나 이러한 일반예방만을 지향하는(지향할 수밖에 없는) 사형에서 사형수는 자기목적이 아니라 오로지 국가행위의 수단으로 전락한다. 주체성을 상실하고 수단화한 인간은 그의 존엄과 가치를 침해받는다. ② 사형은 국가의 존립기반인 개인의 생명을 박탈하는 제도인데, 이는 국가 이전의 단계부터 국가를 창설하여 그 국가에 권력을 부여한 국민이 자기 생명의 처분권을 국가에 위임하였다는 것이 되는데 이는 기대할 수 없는 논리로 국민주권원리(헌법 제1조 제2항)와 모순된다. 그리고 ③ 사형은 범죄자에 대한 개선 가능성을 포기한 형벌이므로 그 자체가 형벌이면서도 형벌 목적의 하나인 특별예방, 즉 범죄인의 개선·교화의 목적을 완전히 배제하는 것이어서 헌법질서 안에서 정당성을 인정받을 수 있는 형벌이 아니다. 특별예방 배제를 동시적으로 그것도 필연적으로 수반하는 일반예방 자체는 형벌의 목적으로서 정당성을 인정받기 어렵다. 따라서 사형제도의 입법목적은 헌법의 더 중요한 목적에 반하여 헌법체계 안에서 이미 정당성을 결여한다.

(3) 수단의 적합성

국민의 기본권을 제한하는 입법을 할 때 법률에 규정된 기본권 제한 방법은 입법목적을 달성하기 위한 방법으로서 효과적이고 적절한 것이어야 한다.

① 사형제도도 일종의 형벌이고 형벌의 궁극적 목표는 범죄인의 개선·교화인데 사람의 생명을 박탈하는 사형은 범죄자에 대한 개선 가능성을 포기하는 형벌일 수밖에 없어 형벌의 수단으로서 사형은 수단의 적합성도 충족하지 못한다. ② 사형의 위하력이나 일방예방효과에 관해서도 많은 연구가 있었으나, 그 효과가 검증되기보다는 오히려 연구결과 대부분이 이를 부정하는 근거가 될 수 있었다는 점에서 사형은 일반예방이라는 입법목적 달성에도 그리 효과적인 수단은 아닌 것으로 판명되었다. ③ 사형은, 재판은 불완전한 인간이 하는 심판이므로 오판 가능성이 언제나 있는데도 오판이 시정되기 전에 사형이 집행되면 후일 오판임이 판명되어도 이를 시정할 방법이 없다는 치명적인 결함이 있는 수단이다. 이러한 점에 비추어 볼 때 사형제도는 효과적이고 적절한 형벌이라고 할 수 없다.

(4) 침해의 최소성

입법자가 선택한 기본권 제한조치가 설사 입법목적을 달성하기 위해서 적절한 것일지라도 그 밖의 더 완화한 수단이나 방법을 모색함으로써 그 제한을 필요최소한의 것이 되게 하여야 한다.

사형의 목적인 응보·일반예방·사회방위 등은 사형보다 가벼운 형벌인 무기징역을 통해서도 충분히 달성할 수 있다. 따라서 사형은 피해의 최소성 원칙에 반한다.

(5) 법익의 균형성

어떤 행위를 규제함으로써 초래되는 사적 불이익과 그 행위를 방치함으로써 초래되는 공적 불이익을 비교하여 규제함으로써 초래되는 공익이 크거나 적어도 양자 사이에 균형이 유지되어야 한다.

사형이 응보목적에 봉사한다는 측면에서 볼 때, 생명은 그 자체로서 절대적 가치가 있으므로 헌법상 최고가치인 개인의 존엄이라는 가치 이외에 어떠한 법익이라도 생명가치를 배제할 만큼 우위에 있는 것은 찾을 수 없다. 그리고 사형이 일반예방 목적에 봉사한다는 측면에서 볼 때, 사형이 예정된 지극히 한정된 중대한 범죄를 저지를 가능성이 있는 극소수의 사람에 대한 위하효과와 일반 국민 대다수의 응보적 복수감정 및 비인도주의적 정서 유지나 촉진이라는 효과를 비교해 볼 때 현저히 균형을 잃은 것이다. 따라서 법익의 균형성도 충족되지 못한다.

(6) 결론

사형제도는 목적의 정당성, 수단의 적합성, 침해의 최소성, 법익의 균형성을 모두 충족하지 못하여 과잉금지원칙에 위배된다.

5. 본질내용침해금지 위반 여부

헌법 제37조 제2항 후단은 기본권을 제한할 때 본질적인 내용을 침해할 수 없다고 규정한다. 입법자는 기본권을 제한하여 기본권을 사실상 공동화할 수 있으므로 이 규정은 이러한 공동화에 대한 방지규정으로서 의의가 있다.

여기서 본질내용보장 대상과 관련하여 기본권의 본질내용보장 판단 대상은 개인에게 개별적으로 부여하는 주관적 권리내용이라는 주관설(개별설)과 기본권의 이중성을 근거로 어떤 기본권이 그 본질내용까지 침해되었다고 하려면 공동체에서 해당 기본권의 보장의의가 형해화하는 단계에 이르러야 한다는 객관설(일반설)이 대립한다. 기본권 침해 여부는 해당 기본권을 원용하는 주체를 중심으로 개별적으로 판단하여야 하므로 주관설을 따라야 할 것이다.

그리고 본질내용보장 내용과 관련하여 절대설과 상대설 그리고 절충설이 대립한다. 헌법재판소는 "헌법에서 부여한 기본권을 법률로 그 범위를 제한할 수는 있으되, 제한하여야 할 현실적 필요성이 아무리 큰 것이고 또 강조될 것이라 하더라도 기본권을 근본적으로 잃게 하는 본질적 내용을 침해하는 기본권 제한 입법은 허용되지 아니한다."라고 하여 절대설을 취하기도 하고, "사형이 비례의 원칙에 따라서 최소한 동등한 가치가 있는 다른 생명 또는 그에 못 지아니한 공공의 이익을 보호하기 위한 불가피성이 충족되는 예외적인 경우에만 적용되는 한 그것이 비록 생명을 빼앗는 형벌이라 하더라도 헌법 제37조 제2항 단서에 위반되는 것으로 볼 수 없다."라고 하여 상대설을 취하기도 하여 때에 따라 다른 견해를 취한다. 상대설은 그 내용이 실질적으로 비례성원칙과 같은 것으로, 헌법 제37조 제2항에서 본질내용을 침해하여서는 안 된다고 별도로 규정한 취지가 무의미해지므로 기본권 제약(제한)에서도 침해할 수 없는 일정한 한계가 있다고 보는 절대설이 타당하다.

사안과 관련하여 기본권의 본질내용에 관해서 객관설이나 상대설을 따른다면 아직 본질내용이 침해된 것은 아니라고 말할 여지가 있겠으나, 여기서는 주관설과 절대설을 따라 판단해보건대 생명권의 본질은 생명 그 자체이므로 이의 제한은 곧 생명권의 본질내용을 침해한다. 따라서 사형제도는 생명권의 본질내용을 침해하는 것으로서 헌법에 위반된다.

6. 국가의 생명보호의무 위반

헌법 제10조 제2문은 "국가는 개인이 가지는 불가침의 기본적 인권을 확인하고 이를 보장할 의무를 진다."라고 규정하여 국가의 일반적 기본권보장의무를 규정한다. 이 조항은 헌법 제30조의 "타인의 범죄행위로 인하여 생명·신체에 대한 피해를 받은 국민은 법률이 정하는 바에 의하여 국가로부터 구조를 받을 수 있다."라는 조항과 더불어 국민의 생명에 대한 국가의 특별한 보호의무를 규정한 것으로 이해된다.

형벌의 한 종류로서 사형은 그 대상인 범죄자를 영원히 사회에서 격리시키기 위하여 그의 생명이라는 법익을 박탈하는 제도이다. 만약 사형집행 후 오판으로 밝혀지면 이미 침해된 생명 법익은 원천적으로 회복할 수 없다. 그런데 재판은 인식능력이나 판단능력에서 완전할 수 없는 인간이 운영하는 것이고, 아무리 성실하게 재판에 임하더라도 오판 가능성을 완전히 배제할 수 없다. 역사적으로 살펴봐도 사형의 확정판결을 받은 사람이 무죄로 밝혀지는 일이 적지 않았다. 형사보상법 제4조 제3항이 "사형집행에 대한 보상금은 집행전 구금에 대한 보상금 외에 3천만원 이내에서 모든 사정을 고려하여 법원이 상당하다고 인정하는 액을 가산보상한다."라고 규정하는 것은 이미 국가 스스로 오판가능성을 시인하는 것이기도 하다. 나아가 사형판결을 받고 집행되는 사람은 성장기에 아무런 사회적 혜택을 받지 못하였고, 범행 후에도 자력이 없어 충분한 법률적 조력을 받지 못하는 이른바 사회적 약자에 속하는 사람들이 대부분임이 밝혀졌다. 이는 사형이라는 형벌 운용에서 적정한 법 운용이 이루어지고 있지 못한 것이 아닌지 하는 의문을 불러 일으킨다. 사정이 이런데도 사형제도를 존치시키고, 더 나아가 형법과 군형법에 광범위하게 사형을 법정형으로 규정하는 것은 국가가 국민 개인의 생명보호의무를 제대로 이행하는 것이라고 보기 어렵다. 요컨대 생명을 보호하여야 할 국가가 오히려 국민 개인의 생명을 박탈하는 것은 국가의 생명보호의무에 위반된다.

7. 결론

사형제도는 과잉금지원칙에 위반될 뿐 아니라 생명박탈로 생명권의 본질내용을 침해하고, 회복할 수 없는 형벌 부과를 가능하게 함으로써 국가의 생명보호의무에도 위반되어 생명권을 침해한다.

Ⅲ. 사형제도의 헌법 제10조 위배 여부

1. 문제의 소재

사형제도가 사형수와 사형제도 운영관계자의 인간의 존엄과 가치를 침해하는지가 문제 된다.

2. 인간의 존엄과 가치의 의의

헌법 제10조 제1문 전단은 "모든 국민은 인간으로서의 존엄과 가치를 가지며"라고 규정하여 인간의 존엄성을 보장한다. 인간의 존엄성이란 모든 개개의 인간이 '단지 인간이라는 (종에 속한다는) 이유만으로' 인간으로 구성된 법공동체 안에서 인정받는 주체로서 가지는 기본적 지위, 즉 인격주체성을 말한다.

인간의 존엄성규정은 한편으로 객관적 (헌법) 원리의 성격이 있고, 다른 한편으로 주관적 권리의 성격이 있다. 전자의 성격을 인정하는 것에는 이견이 없다. 그러나 후자의 성격을 인정할 수 있는지를 둘러싸고 견해가 대립된다. 헌법재판소는 인간의 존엄과 가치에서 인격권이라는 (개별) 기본권을 인정한다. 인간의 존엄성은 개개 인간이 인격체로서 법공동체의 주체임을 인정받는다는 것을 말한다. 이러한 인간이 인격주체성이 있다면 스스로 인격주체성을 주장할 주관적 권리도 있어야 하는 것이 논리적인 귀결이다.

3. 사형수의 인간의 존엄과 가치 침해 여부

사형을 형벌의 한 종류로서 규정하고 선고·집행하는 주된 근거는 그 위하력을 통한 일반예방효과라고 주장된다. 즉 사형은 사형수를 처형함으로써 사형을 법정형으로 규정한 범죄행위를 할지도 모르는 자들에 대하여 위하력을 발휘함으로써 일반예방적 효과를 거둘 수 있다는 것이다. 사형은 사형을 당하는 당사자에게는 아무런 의미를 가지지 못하고 오로지 다른 사람의 범행 방지라는 일반예방이나 사회방위만을 지향할 수밖에 없는 형벌이다. 따라서 사형에서 사형수는 자기 목적이 아니라 오로지 국가의 형사정책적 수단으로 전락한다. 주체성을 상실하고 수단화한 인간은 헌법 제10조 제1문 전단에 보장된 존엄과 가치를 침해받는다.

4. 사형제도 운영관계자의 인간의 존엄과 가치 침해 여부

사형은 형사재판에서 법관이 선고하고, 법무부 장관 명령으로(형사소송법 제463조), 검사와 검찰청서기관, 교도소장 또는 구치소장이나 그 대리자가 참여하여(형사소송법 제467조), 형무소 안에서 교수하여 집행한다(형법 제66조).

사형에서는 사형수뿐 아니고 직업적인 이유로 이에 관여하는 법관이라든지 검사, 교도관 등이 있게 된다. 이들도 자유의지에 반하여 사형을 선고하고 집행에 관여하게 됨으로써 자신들의 존엄과 가치 침해를 면할 수 없다.

5. 결론

형벌의 한 종류로서 사형을 인정하게 되면, 사형을 당하게 되는 범죄인의 인간의 존엄과 가치와 사형제도 운영에 관계되는 자들의 인간의 존엄과 가치가 침해된다.

Ⅳ. 사형제도의 헌법적 근거

1. 문제의 소재

헌법 제12조 제1항 제2문은 "… 법률과 적법한 절차에 의하지 아니하고는 처벌을 … 받지 아니한다."라고 규정하고, 헌법 제110조 제4항 단서는 사형을 선고하면 비상계엄 아래 단심 군사재판을 할 수 없도록 하여서, 이들 규정을 근거로 헌법이 형벌의 일종으로 사형을 전제하거나 간접적으로 인정하는 것으로 볼 수 있는지가 문제 된다.

2. 헌법 제12조 제1항 제2문과 사형제도

헌법 제12조 제1항 제2문은 형벌의 종류를 구체적으로 정하지 않고 법률로 형벌 부과가 가능한 것으로 정하는 것으로 보여 어떠한 종류의 형벌을 정할 것인지는 입법자에게 맡긴 것처럼 보인다.

그러나 헌법 제12조 제1항 제2문은 형벌을 법률로 정할 것(죄형법정주의)만을 규정하는 것이 아니라 반드시 적법절차에 따라서 형벌이 부과되어야 함도 규정한다. 여기서 적법절차원칙은 절차적 적법성과 실체적 적법성을 모두 뜻하는 것으로, 법률이 정한 형벌도 적법절차에 합치하려면 그 형벌 내용이 정당하고 합리적이어야 한다.

그런데 사형제도는 인간의 존엄과 가치를 침해할 뿐 아니라 비례성원칙에 위반되고 생명권의 본질적 내용을 침해하여서 정당성·합리성이 없으므로 적법절차에 어긋나는 형벌규정이다. 따라서 헌법 제12조 제1항 제2문이 사형제도를 인정하는 간접적 근거가 될 수 없다.

3. 헌법 제110조 제4항 단서와 사형제도

헌법 제110조 제4항 단서는 사형을 선고하면 비상계엄 아래 단심 군사재판을 할 수 없도록 한다. 헌법재판소는 이 규정에 적극적으로 의미를 부여하면서 사형제도의 합헌성을 뒷받침하는 논거로 든다.

그러나 헌법 제110조 제4항 단서는 사형제도가 법률 차원에서 하나의 형벌제도로 인정된다는 법적 상황을 전제로 사형 선고가 갖는 기본권 침해의 심각성에 비추어 비상계엄 아래 군사재판이 일정한 범죄에 대해서 단심제로 이루어질 수 있도록 한 본문 규정에 대한 예외를 설정하는 것에 불과하다. 즉 다른 조항과 맺는 관계를 전체적으로 검토하면 오히려 사형에 대해서 헌법이 소극적·회의적인 태도를 표명하고 단심 군사재판 범위를 제한하려는 데 주된 목적이 있다고 해석하여야 한다.

결국 헌법 제110조 제4항 단서는 소극적으로 사형제도 도입 가능성을 허용하는 데 불과하다. 따라서 헌법 제110조 제4항 단서를 '비상계엄 아래 군사재판'에서 특정한 범죄를 제외하면 사형을 헌법이 허용하는 근거로 삼기 어렵다.

4. 결론

헌법 제12조 제1항 제2문과 제110조 제4항 단서는 사형을 간접적으로 인정하는 것으로 볼 수 없다. 따라서 헌법에서 사형제도를 정당화하는 명문 근거를 찾을 수 없다.

사례 2 ‖ 낙태죄

甲은 산부인과 의사이다. 甲은 69회에 걸쳐 부녀의 촉탁이나 승낙을 받아 낙태하게 하였다는 공소사실(업무상승낙낙태)로 기소되었다. 甲은 제1심 재판 계속 중, 주위적으로 형법 제269조 제1항(이하 '자기낙태죄 조항')과 제270조 제1항(이하 '의사낙태죄 조항')이 헌법에 위반되고, 예비적으로 위 조항들의 낙태 객체를 임신 3개월 이내의 태아까지 포함하여 해석하는 것은 헌법에 위반된다고 주장하면서 위헌법률심판 제청을 신청하였다. 그러나 광주지방법원은 2017. 1. 25. 이러한 신청을 기각하였다. 이에 甲은 2017. 2. 8. 위 조항들에 대해서 같은 취지로 헌법재판소에 헌법소원심판을 청구하였다. 이에 관해서 헌법재판소는 어떠한 결정을 내려야 하는가?

〈목 차〉

헌재 2019. 4. 11. 2017헌바127 참조

Ⅰ. 적법요건 충족 여부

1. 문제의 소재

헌법재판소법 제68조 제2항에 따른 헌법소원심판 청구가 적법하려면, ① 구체적인 사건이 법원에 계속 중 동 사건에 적용될 법률조항에 대한 위헌법률심판 제청을 법원에 신청하였다가 동 신청이 기각된 경우에, ② 그 당사자가 ③ 위헌법률심판 제청 신청 대상이 되었던 법률에 대하여 ④ 기각하는 결정을 통지받은 날부터 30일 이내에 청구하여야 한다. 그리고 위헌소원은 형식은 헌법소원이지만 그 실질은 위헌법률심판이므로 ⑤ 재판의 전제성이라는 요건이 요청된다. 또한, ⑥ 변호사강제주의와 ⑦ 반복제청신청 금지도 충족하여야 한다.

사안에서는 甲이 재판 계속 중 형법 제269조 제1항과 제270조 제1항에 대한 위헌법률심판 제청을 신청하였다가 기각 당하자 헌법재판소에 해당 법률조항에 대한 헌법소원심판을 청구하였으므로, 재판의 전제성 요건 충족 여부와 청구기간 준수 여부, 변호사강제주의 준수 여부, 반복제청신청 금지 위반 여부가 문제 된다.

2. 재판의 전제성 충족 여부

재판의 전제성 요건은 ① 구체적인 사건이 법원에 계속 중이고, ② 위헌 여부가 문제 되는 법률이 해당 소송사건의 재판에 적용되는 것이며, ③ 법률의 위헌 여부에 따라서 법원이 다른 내용의 재판을 하게 되면 충족된다.

여기서 법원이 '다른 내용의 재판을 하게 되는 경우'라 함은 원칙적으로 법원이 심리 중인 (ⅰ) 해당 사건 재판의 결론이나 주문에 어떤 영향을 주는 경우뿐 아니라, 문제가 된 법률의 위헌 여부가 비록 재판의 주문 자체에는 아무런 영향을 주지 않는다고 하더라도 (ⅱ) 재판의 결론을 이끌어 내는 이유를 달리하는 데 관련되어 있거나 (ⅲ) 재판의 내용과 효력에 관한 법률적 의미가 달라지는 경우도 포함된다. 다만, 헌법재판소는 최근 (ⅱ)를 언급하지 않는다.

사안에서 甲은 업무상승낙낙태죄로 공소 제기되었고 甲에 대한 심리가 광주지방법원에 계속 중이다. 그리고 甲이 청구한 헌법소원심판 대상인 형법 제269조 제1항과 제270조 제1항은 유죄의 근거이므로 해당 사건에 적용되는 법률이고, 헌법재판소의 위헌 여부 판단에 따라 甲에 대한 유무죄 판단이 달라진다. 따라서 재판의 전제성 요건은 충족된다.

3. 청구기간 준수 여부

헌법재판소법 제68조 제2항에 따른 헌법소원심판은 위헌법률심판 제청을 신청하였다가 기각되면 청구할 수 있다. 이때 기각된 날, 즉 제청 신청에 대한 기각결정을 통지받은 날부터 30일 이내에 청구하여야 한다(헌법재판소법 제69조 제2항).

사안에서 甲은 2017. 1. 25. 제청 신청이 기각되자 30일 이내인 2017. 2. 8.에 헌법재판소에 헌법소원심판을 청구하였다. 따라서 청구기간은 준수되었다.

4. 변호사강제주의 준수 여부

헌법재판소법 제25조 제3항을 따르면 헌법소원은 당사자가 변호사 자격이 있는 때가 아닌 한 변호사를 대리인으로 선임하지 아니하면 심판 청구를 할 수 없다.

사안에서는 甲이 변호사 자격이 있는지와 및 변호사를 대리인으로 선임하였는지를 확인할 수 없다.

5. 반복제청신청 금지 위반 여부

위헌여부심판 제청을 신청하였으나 그 신청을 법원이 기각하면 해당 사건의 소송절차에서 동일한 사유를 이유로 한 위헌여부심판 제청 신청을 할 수 없다(헌법재판소법 제68조 제2항 후문). 여기서 해당 사건의 소송절차에는 상소심 소송절차는 물론 파기환송되기 전후의 소송절차도 포함된다.

이 헌법소원심판을 청구하는 사건에 관해서는 이에 관한 언급이 없어 이전에 위헌여부심판 제청을 한 적이 없는 것으로 보인다.

6. 결론

甲이 변호사 자격이 있거나 변호사를 대리인으로 선임하였다면, 재판의 전제성과 청구기간을 비롯한 다른 모든 적법요건을 충족하여 甲의 헌법소원심판 청구는 적법하다.

II. 자기낙태죄 조항에 관한 판단

1. 제한되는 기본권

(1) 문제의 소재

사안에서 자기낙태죄 조항이 자기결정권을 제약하는지가 문제 된다.

(2) 자기결정권 제약 여부

헌법 제10조 제1문이 보호하는 인간의 존엄성에서 일반적 인격권이 보장된다. 여기서 개인의 자기결정권이 파생된다. 자기결정권은 인간의 존엄성을 실현하기 위한 수단으로서 인간이 자신의 생활영역에서 인격의 발현과 삶의 방식에 관한 근본적인 결정을 자율적으로 내릴 수 있는 권리다. 자기결정권에는 여성이 그의 존엄한 인격권을 바탕으로 하여 자율적으로 자신의 생활영역을 형성해 나갈 수 있는 권리가 포함된다. 여기에는 임신한 여성이 자신의 신체를 임신상태로 유지하여 출산할 것인지에 관해서 결정할 수 있는 권리가 포함된다.

자기낙태죄 조항은 모자보건법이 정한 일정한 예외를 제외하고는 임신기간 전체를 통틀어 모든 낙태를 전면적·일률적으로 금지하고, 이를 위반하면 형벌을 부과하도록 정함으로써 임신한 여성에게 임신의 유지·출산을 강제하여, 임신한 여성의 자기결정권을 제약한다.

2. 임신한 여성의 자기결정권 침해 여부

(1) 태아의 생명권과 국가의 생명보호의무

생명권을 통해서 보호되는 생명은 죽음에 대칭되는 인간의 생존('살아 있음') 그 자체를 뜻한다. 생명권이란 먼저 생명에 대한 모든 형태의 국가적 침해를 방어하는 권리를 그 내용으로 한다. 국가가 생명 유지 여부에 관한 결정을 내릴 수 없을 뿐 아니라 생명을 국가목적을 위한 수단으로 사용하는 것을 금지한다. 그리고 생명권은 그 주체 스스로 자신의 생명을 자유로이 처분할 권능은 포함하지 아니한다. 나아가 생명권은 생명에 대한 국가의 보호의무를 그 내용으로 한다(헌법 제10조 제2문).

생명권이 헌법상 권리(기본권)라는 점에 관해서는 이설이 없다. 그러나 헌법에 명문화되지 않은 관계로 그 헌법적 근거가 무엇인지 문제 된다. 헌법재판소는 헌법에 명문 규정이 없더라도 인간의 생존본능과 존재목적에 바탕을 둔 선험적이고 자연법적인 권리로서 헌법에 규정된 모든 기본권의 전제로서 기능하는 기본권 중의 기본권이라고 한다. 일단 생명권은 헌법에 명문규정을 둔 열거된 권리에 속하지 않으므로 헌법 제37조 제1항의 헌법에 열거되지 아니한 권리로 보지 않을 수 없다. 헌법에 열거되지 아니한 권리를 인정하는 실질적 기준으로서 인간의 존엄과 가치를 드는 견해, 행복추구권을 드는 견해가 나뉘나, 생명권은 생명이라는 법익이 인간의 존재 자체와 밀접 불가분하게 연결되므로 인간의 존엄과 가치와 행복추구권 양자가 모두 실질적 근거가 되는 것으로 보아야 한다. 따라서 생명권은 헌법 제10조 제1문 전단의 인간의 존엄과 가치와 후단의 행복추구권, 제37조 제1항의 헌법에 열거되지 아니한 권리조항을 헌법적 근거로 한다.

모든 인간은 헌법상 생명권의 주체가 되고, 형성 중의 생명인 태아에게도 생명에 대한 권리가 인정되어야 한다. 태아가 비록 그 생명 유지를 위해서 모에게 의존하여야 하지만, 그 자체로 모와 별개의 생명체이고, 특별한 사정이 없는 한, 인간으로 성장할 가능성이 크기 때문이다. 따라서 태아도 헌법상 생명권의 주체가 되고, 국가는 헌법 제10조 제2문에 따라 태아의 생명을 보호할 의무가 있다.

(2) 심사기준

여기서 임신한 여성의 자기결정권과 태아의 생명권이 충돌하는데, 입법자는 형법과 모자보건법을 통해서 이러한 충돌을 해결한다. 기본권 충돌을 입법적으로 해결하면 그 합헌성 여부에 관한 심사방법이 문제 된다. 즉 기본권 충돌을 일반법리에 따라 심사하여야 하는지, 헌법 제37조 제2항에 따라 심사해야 하는지 아니면 양자를 함께 심사하여야 하는지가 문제 된다. 기본권 충돌의 일반법리에 따른 심사도 비례성심사를 주로 하고, 헌법 제37조 제2항에 따른 심사도 결국 비례성심사로서, 심사기준이 헌법 제37조 제2항에 따른 공익인지 아니면 다른 기본권과 그 밖의 헌법적 법익인지에 따른 차이가 있을 뿐이다. 그리고 기본권 충돌이 문제가 되면 헌법 제37조 제2항에 따른 비례성심사도 전형적인 모습이 아니라 기본권 충돌의 성격에 맞게 수정되어야 할 텐데, 그 내용은 결국 실제적 조화의 원칙에 따른 비례성심사가 될 수밖에 없을 것이다. 이러한 점에서 양자의 비례성심사는 결국 같다고 볼 수 있다. 또한, 이익형량에 따른 해결이 문제 되는 때는 일방의 기본권이 절대적 우위가 있어야 한다. 이러한 때는 일방의 기본권이 존엄권이나 생명권처럼 보호영역 전체가 본질적 내용이거나 문제가 되는 부분이 개별 기본권의 본질적 내용에 해당할 때이다. 따라서 이러한 내용은 헌법 제37조 제2항의 본질적 내용 침해 금지에 포섭될 수 있다. 이러한 점에 비추어 기본권 충돌의 성격에 맞게 수정된 헌법 제37조 제2항의 내용은 기본권 충돌의 해결방식에 따른 내용과 같다고 볼 수 있다. 따라서 기본권 충돌을 해결하는 법률의 위헌심사는 기본권 충돌의 성격을 충분히 고려한다는 전제 아래 일반 법률처럼 헌법 제37조 제2항에 따라서 이루어지는 것으로 충분하다. 헌법재판소도 자기낙태죄 조항의 존재와 역할을 간과한 채 임신한 여성의 자기결정권과 태아의 생명권의 직접적인 충돌을 해결하여야 하는 사안으로 보는 것은 적절하지 않다고 하면서, 이 사안은 국가가 태아의 생명 보호를 위해 확정적으로 만들어 놓은 자기낙태죄 조항이 임신한 여성의 자기결정권을 제한하는 것이 과잉금지원칙에 위배되어 위헌인지에 관한 것이라고 한다.

(3) 과잉금지원칙의 개념과 내용

국가작용 중 특히 입법작용에서 과잉(입법)금지원칙은 국가가 국민의 기본권을 제한하는 내용의 입법활동을 할 때 준수하여야 할 기본원칙이나 입법활동 한계를 뜻한다. 따라서 국민의 기본권을 제한하는 입법은 그 목적이 정당하여야 하고, 방법(수단)이 적합하여야 하며, 침해의 최소성과 법익의 균형성을 갖추어야 한다. 과잉금지원칙은 헌법 제37조 제2항에서 도출된다.

(4) 목적의 정당성

목적의 정당성은 국민의 기본권을 제한하려는 입법의 목적이 헌법 및 법률의 체계상 그 정당성이 인정되어야 한다는 것이다.

자기낙태죄 조항은 태아의 생명을 보호하기 위한 것으로서 그 입법목적은 정당하다.

(5) 수단의 적합성

수단의 적합성은 그 목적 달성을 위하여 그 방법이 효과적이고 적절하여야 한다는 것이다.

임신한 여성의 낙태를 형사처벌하는 것은 매우 강력한 제재이므로, 낙태를 방지하는 데 효과적인 수단이다. 따라서 수단의 적합성도 인정된다.

(6) 침해의 최소성

침해의 최소성은 입법권자가 선택한 기본권 제한의 조치가 입법목적을 달성하기 위하여 설사 적절하다고 할지라도 더 완화한 형태나 방법을 모색함으로써 기본권의 제한은 필요한 최소한도에 그치도록 하여야 한다는 것이다.

① 임신·출산·육아는 여성의 삶에 근본적이고 결정적인 영향을 미칠 수 있는 중요한 문제이다. 따라서 임신한 여성이 임신을 유지 또는 종결할 것인지를 결정하는 것은 스스로 선택한 인생관·사회관을 바탕으로 자신이 처한 신체적·심리적·사회적·경제적 상황에 대한 깊은 고민을 한 결과를 반영하는 전인적(全人的) 결정이다. ② 국가가 생명을 보호하는 입법적 조치를 취할 때 인간 생명의 발달단계에 따라 그 보호정도나 보호수단을 달리하는 것은 불가능하지 않다. 산부인과 학계에 따르면 현 시점에서 최선의 의료기술과 의료 인력이 뒷

받침될 경우 태아는 마지막 생리기간의 첫날부터 기산하여 22주 내외부터 독자적인 생존이 가능하다고 한다. 이처럼 태아가 모체를 떠난 상태에서 독자적인 생존을 할 수 있는 때는, 그렇지 않은 때와 비교할 때 훨씬 인간에 근접한 상태에 도달하였다고 볼 수 있다. ③ 한편 자기결정권이 보장되려면 임신한 여성이 임신 유지와 출산 여부에 관해서 전인적 결정을 하고 그 결정을 실행할 때 충분한 시간이 확보되어야 한다. 즉 여성이 임신 사실을 인지하고, 자신을 둘러싼 사회적·경제적 상황 및 그 변경 가능 여부를 파악하며, 국가의 임신·출산·육아 지원정책에 관한 정보를 수집하고, 주변의 상담과 조언을 얻어 숙고한 끝에, 만약 낙태하겠다고 결정하면 낙태 수술을 할 병원을 찾아 검사를 거쳐 실제로 수술을 완료하기까지 필요한 기간이 충분히 보장되어야 한다. 이러한 점들을 고려하면, 태아가 모체를 떠난 상태에서 독자적으로 생존할 수 있는 시점인 임신 22주 내외에 도달하기 전이면서 동시에 임신 유지와 출산 여부에 관한 자기결정권을 행사하기에 충분한 시간이 보장되는 시기(이하 착상 시부터 이 시기까지를 '결정가능기간'이라 한다)까지의 낙태에 관해서는 국가가 생명 보호의 수단과 정도를 달리 정할 수 있다.

　① 임신한 여성의 안위는 태아의 안위와 깊은 관계가 있고, 태아의 생명 보호를 위해 임신한 여성의 협력이 필요하다는 점을 고려하면, 태아의 생명을 보호한다는 언명은 임신한 여성의 신체적·사회적 보호를 포함할 때 실질적인 의미가 있을 수 있다. 원치 않는 임신을 예방하고 낙태를 감소시킬 수 있는 사회적·제도적 여건을 마련하는 것 등 사전적·사후적 조치를 종합적으로 투입하는 것이 태아의 생명 보호를 위한 실효성 있는 수단이 될 수 있다. ② 낙태갈등 상황에서 형벌의 위하가 임신한 여성의 임신종결 여부 결정에 미치는 영향이 제한적이라는 사정과 실제로 형사처벌되는 사례도 매우 드물다는 현실에 비추어 보면, 자기낙태죄 조항이 낙태갈등 상황에서 태아의 생명을 실효적으로 보호하지 못한다. ③ 모자보건법이 정한 일정한 예외에 해당하지 않으면 모든 낙태가 전면적·일률적으로 범죄행위로 규율되어 낙태에 관한 상담이나 교육이 불가능하고, 낙태에 관한 정확한 정보가 충분히 제공될 수 없다. 낙태 수술과정에서 의료 사고나 후유증 등이 발생해도 법적 구제를 받기가 어려우며, 비싼

수술비를 감당하여야 하므로 미성년자나 저소득층 여성들이 적절한 시기에 수술을 받기 쉽지 않다. 그리고 자기낙태죄 조항은 헤어진 상대 남성의 복수나 괴롭힘의 수단, 가사·민사 분쟁의 압박수단 등으로 악용되기도 한다. ④ 모자보건법상 정당화사유에는 다양하고 광범위한 사회적·경제적 사유에 따른 낙태갈등 상황이 전혀 포섭되지 않는다. ⑤ 자기낙태죄 조항으로 말미암아 임신한 여성은 임신 유지로 말미암은 신체적·심리적 부담, 출산과정에 수반되는 신체적 고통·위험을 감내하도록 강제당할 뿐 아니라 이에 더하여 다양하고 광범위한 사회적·경제적 고통까지도 겪을 것을 강제당하는 결과에 이르게 된다. ⑥ 자기낙태죄 조항은 모자보건법에서 정한 사유에 해당하지 않는다면 결정가능기간 중에 다양하고 광범위한 사회적·경제적 사유를 이유로 낙태갈등 상황을 겪는 때까지도 예외 없이 전면적·일률적으로 임신의 유지 및 출산을 강제하고, 이를 위반하면 형사처벌한다. 따라서 자기낙태죄 조항은 입법목적을 달성하기 위하여 필요한 최소한의 정도를 넘어 임신한 여성의 자기결정권을 제한하여 침해의 최소성을 갖추지 못한다.

(7) 법익균형성

법익균형성은 그 입법을 통해서 보호하려는 공익과 침해되는 사익을 비교형량할 때 보호되는 공익이 더 커야 한다는 것이다.

자기낙태죄 조항이 달성하고자 하는 태아의 생명 보호라는 공익은 중요한 공익이나, 결정가능기간 중 다양하고 광범위한 사회적·경제적 사유를 이유로 낙태갈등 상황을 겪는 때까지도 낙태를 금지하고 형사처벌하는 것이 태아의 생명 보호라는 공익에 이바지하는 실효성이나 정도가 그다지 크다고 볼 수 없다. 반면 자기낙태죄 조항에 따른 형사처벌로 말미암아 임신한 여성의 자기결정권이 제한되는 정도는 매우 크다. 결국 입법자는 자기낙태죄 조항을 형성할 때 태아의 생명 보호와 임신한 여성의 자기결정권의 실제적 조화와 균형을 이루려는 노력을 충분히 하지 아니하여 태아의 생명 보호라는 공익에 대해서만 일방적이고 절대적인 우위를 부여함으로써 공익과 사익의 적정한 균형관계를 달성하지 못하였다.

(8) 소결

자기낙태죄 조항은 침해의 최소성과 법익균형성을 충족하지 못하므로 과잉금지원칙을 위반하여 임신한 여성의 자기결정권을 침해한다.

Ⅲ. 의사낙태죄 조항에 관한 판단

자기낙태죄 조항이 모자보건법에서 정한 사유에 해당하지 않는다면, 결정가능기간 중에 다양하고 광범위한 사회적·경제적 사유로 말미암아 낙태갈등 상황을 겪는 때까지도 예외 없이 임신한 여성에게 임신의 유지와 출산을 강제하고, 이를 위반하여 낙태하면 형사처벌한다는 점에서 위헌이므로 같은 목표를 실현하기 위해서 임신한 여성이 촉탁이나 승낙을 받아 낙태하게 한 의사를 처벌하는 의사낙태죄 조항도 같은 이유에서 위헌이다.

Ⅳ. 헌법불합치결정의 필요성

자기낙태죄 조항과 의사낙태죄 조항의 위헌성은 모자보건법에서 정한 사유에 해당하지 않으면, 결정가능기간 중에 다양하고 광범위한 사회적·경제적 사유로 말미암아 낙태갈등 상황을 겪는 때까지도 예외 없이 전면적·일률적으로 임신의 유지와 출산을 강제하고, 이를 위반하여 낙태하면 형사처벌함으로써 임신한 여성의 자기결정권을 과도하게 침해한다는 점에 있다. 그리고 태아의 생명을 보호하기 위해서 낙태를 금지하고 형사처벌하는 것 자체가 모든 경우에 헌법에 위반되는 것은 아니다.

그런데 자기낙태죄 조항과 의사낙태죄 조항에 대해서 각각 단순위헌결정을 하면 임신기간 전체에 걸쳐 한 모든 낙태를 처벌할 수 없게 됨으로써 용인하기 어려운 법적 공백이 생긴다. 더욱이 입법자는 이러한 조항들의 위헌적 상태를 제거하기 위해 낙태의 형사처벌에 관한 규율을 형성할 때, 결정가능기간을 어떻게 정하고 결정가능기간의 종기를 언제까지로 할 것인지, 태아의 생명보호와 임신한 여성의 자기결정권 실현을 최적화할 수 있는 해법을 마련하기 위해 결정가능기간 중 일정한 시기까지는 사회적·경제적 사유에 대한 확인을 요구하지 않을 것인지까지를 포함하여 결정가능기간과 사회적·경제적 사유를 구체적으로 어떻게 조합할 것인지, 상담요건이나 숙려기간 등과 같은 일정한 절차적 요건을 추가할 것인지 등에 관해서 일정한 한계 안에서 입법재량이 있다.

따라서 자기낙태죄 조항과 의사낙태죄 조항에 대해서 단순위헌결정을 하는 대신 각각 헌법불합치결정을 내려야 한다. 다만, 헌법재판소는 이때 입법자의 개선입법이 이루어질 때까지 계속 적용을 명하는 것이 타당하다고 한다. 하지만 위헌성이 확인된 형벌조항을 적용하는 것은 죄형법정주의 중 적정성원칙에 위반된다. 여기서 개선법률은 낙태죄의 구성요건을 축소하거나 정당화사유를 확대하는 것이다. 이러한 개선법률에 따라서 처벌되는 낙태행위는 위헌성이 확인된 자기낙태죄 조항과 의사낙태죄 조항이 그러한 행위가 형사처벌을 통해서 금지된다는 것을 그 행위 이전에 이미 알려서 당사자의 예측 가능성이 보장된다. 따라서 이러한 개선법률에 따라서 법률개선 시점 사이의 행위나 헌법불합치결정 선고 시점 이전의 행위가 처벌된다고 하여도 죄형법정주의 중 형벌불소급원칙에 위반되지 않는다. 이러한 점에서 헌법재판소는 헌법불합치결정을 내리면서 자기낙태죄 조항과 의사낙태죄 조항의 적용을 중지하여야 한다. 그러나 헌법재판소는 입법자의 개선입법이 이루어질 때까지 자가낙태죄 조항과 의사낙태죄 조항의 계속 적용을 명하는 헌법불합치결정을 내렸다.

V. 결론

헌법재판소는 형법 제269조 제1항과 제270조 제1항이 임신한 여성의 자기결정권을 침해하여 헌법에 합치하지 않는다는 헌법불합치결정을 내리면서 해당 조항들의 적용을 입법자가 법률을 개선할 때까지 중지시켜야 한다.

사례 3 ‖ 간통죄

甲은 간통죄로 기소되어 1심에서 유죄판결을 받고 항소하고 나서「구 형법」제241조 제1항에 대한 위헌법률심판 제청을 신청하였다. 그러나 그 신청이 2014. 3. 13. 기각되자 甲은 2014. 3. 20. 헌법재판소에 헌법소원심판을 청구하였다.

1. 甲의 헌법소원심판 청구는 적법한가?
2. 「구 형법」제241조 제1항이 제한하는 기본권은 무엇인가?
3. 「구 형법」제241조 제1항은 과잉금지원칙에 위배되는가?
4. 「구 형법」제241조 제1항에서 책임과 형벌 사이의 적절한 비례관계가 지켜지는가?

참조조문

「구 형법」
제241조(간통) ① 배우자있는 자가 간통한 때에는 2년 이하의 징역에 처한다. 그와 상간한 자도 같다.
② 전항의 죄는 배우자의 고소가 있어야 논한다. 단 배우자가 간통을 종용 또는 유서한 때에는 고소할 수 없다.

<목 차>

헌재 2015. 2. 26. 2009헌바17등 참조

Ⅰ. 헌법소원심판 청구의 적법 여부

1. 문제의 소재

헌법재판소법 제68조 제2항에 따른 헌법소원심판 청구가 적법하려면, ① 구체적인 사건이 법원에 계속 중 동 사건에 적용될 법률조항에 대한 위헌법률심판 제청을 법원에 신청하였다가 동 신청이 기각된 경우에, ② 그 당사자가 ③ 위헌법률심판 제청 신청 대상이 되었던 법률에 대하여 ④ 기각하는 결정을 통지받은 날부터 30일 이내에 청구하여야 한다. 그리고 위헌소원은 형식은 헌법소원이지만 그 실질은 위헌법률심판이므로 ⑤ 재판의 전제성이라는 요건이 요청된다. 또한, ⑥ 변호사강제주의와 ⑦ 반복제청신청 금지도 충족하여야 한다.

사안에서는 甲이 재판 계속 중 구 형법 제241조 제1항에 대한 위헌법률심판 제청을 신청하였다가 기각 당하자 헌법재판소에 해당 법률조항에 대한 헌법소원심판을 청구하였으므로, 재판의 전제성 요건 충족 여부와 청구기간 준수 여부, 변호사강제주의 준수 여부, 반복제청신청 금지 위반 여부가 문제 된다.

2. 재판의 전제성 충족 여부

재판의 전제성 요건은 ① 구체적인 사건이 법원에 계속 중이고, ② 위헌 여부가 문제 되는 법률이 해당 소송사건의 재판에 적용되는 것이며, ③ 법률의 위헌 여부에 따라서 법원이 다른 내용의 재판을 하게 되면 충족된다.

여기서 법원이 '다른 내용의 재판을 하게 되는 경우'라 함은 원칙적으로 법원이 심리 중인 (ⅰ) 해당 사건 재판의 결론이나 주문에 어떤 영향을 주는 경우뿐 아니라, 문제가 된 법률의 위헌 여부가 비록 재판의 주문 자체에는 아무런 영향을 주지 않는다고 하더라도 (ⅱ) 재판의 결론을 이끌어 내는 이유를 달리하는 데 관련되어 있거나 (ⅲ) 재판의 내용과 효력에 관한 법률적 의미가 달라지는 경우도 포함된다. 다만, 헌법재판소는 최근 (ⅱ)를 언급하지 않는다.

사안에서 甲은 간통죄로 공소 제기되었고 甲에 대한 심리가 항소심에 계속 중이다. 그리고 甲이 청구한 헌법소원심판 대상인 구 형법 제241조 제1항은 유죄의 근거이므로 해당 사건에 적용되는 법률이고, 헌법재판소의 위헌 여부 판단에 따라 甲에 대한 유무죄 판단이 달라진다. 따라서 재판의 전제성 요건은 충족된다.

3. 청구기간 준수 여부

헌법재판소법 제68조 제2항에 따른 헌법소원심판은 위헌법률심판 제청을 신청하였다가 기각되면 청구할 수 있다. 이때 기각된 날, 즉 제청 신청에 대한 기각결정을 통지받은 날부터 30일 이내에 청구하여야 한다(헌법재판소법 제69조 제2항).

사안에서 甲은 2014. 3. 13. 제청 신청이 기각되자 30일 이내인 2014. 3. 20.에 헌법재판소에 헌법소원심판을 청구하였다. 따라서 청구기간은 준수되었다.

4. 변호사강제주의 준수 여부

헌법재판소법 제25조 제3항을 따르면 헌법소원은 당사자가 변호사 자격이 있는 때가 아닌 한 변호사를 대리인으로 선임하지 아니하면 심판 청구를 할 수 없다.

사안에서는 甲이 변호사 자격이 있는지와 및 변호사를 대리인으로 선임하였는지를 확인할 수 없다.

5. 반복제청신청 금지 위반 여부

위헌여부심판 제청을 신청하였으나 그 신청을 법원이 기각하면 해당 사건의 소송절차에서 동일한 사유를 이유로 한 위헌여부심판 제청 신청을 할 수 없다(헌법재판소법 제68조 제2항 후문). 여기서 해당 사건의 소송절차에는 상소심 소송절차는 물론 파기환송되기 전후의 소송절차도 포함된다.

이 헌법소원심판을 청구하는 사건에 관해서는 이에 관한 언급이 없어 이전에 위헌여부심판 제청을 한 적이 없는 것으로 보인다.

6. 결론

甲이 변호사 자격이 있거나 변호사를 대리인으로 선임하였다면, 재판의 전제성과 청구기간을 비롯한 다른 모든 적법요건을 충족하여 甲의 헌법소원심판 청구는 적법하다.

Ⅱ. 제한되는 기본권

1. 문제의 소재

사안에서 형법 제241조 제1항이 甲의 성적 자기결정권과 사생활의 비밀과 자유를 제한하는지가 문제 된다.

2. 성적 자기결정권

헌법 제10조는 개인의 인격권과 행복추구권을 보장한다. 인격권과 행복추구권은 개인의 자기운명결정권을 전제로 한다. 이 자기운명결정권에는 성행위 여부와 그 상대방을 결정할 수 있는 성적 자기결정권도 포함된다.

형법 제241조 제1항은 배우자 이외의 사람과 하는 성행위를 처벌함으로써 성행위 상대방을 한정하므로 甲의 성적 자기결정권을 제한한다.

3. 사생활의 비밀과 자유

헌법 제17조는 "모든 국민은 사생활의 비밀과 자유를 침해받지 아니한다." 라고 규정하여 사생활의 비밀과 자유를 기본권으로 보장한다. 여기서 사생활의 비밀과 자유란 소극적으로는 인격적 존재로서 인간이 사생활의 내용·명예·신용 등을 침해받지 아니할 것, 적극적으로는 자신이 원하는 자유로운 사생활을 영위할 수 있는 것을 말한다. 사생활의 비밀과 자유는 ① 사생활을 공개당하지 않을 '사생활의 비밀의 불가침', ② 사생활의 자유로운 형성과 전개를 방해받지 않을 '사생활의 자유의 불가침', ③ 자신에 관한 정보를 자유로이 열람·정정·사용중지·삭제를 요구할 수 있는 '자기정보관리통제권'을 내용으로 한다.

형법 제241조 제1항은 개인의 성생활이라는 내밀한 사적 생활영역에서 하는 행위를 제한하므로, 사생활의 비밀과 자유를 제한한다.

4. 기본권 경합

(1) 기본권 경합의 의의

기본권 경합이란 한 기본권주체의 어떤 행동이 동시에 여러 기본권의 보호영역에 해당되면 발생한다.

사안에서 형법 제241조 제1항은 甲의 성적 자기결정권과 사생활의 비밀과 자유를 동시에 제한하므로 기본권 경합이 발생한다.

(2) 해결방법

경합하는 어떤 기본권이 다른 기본권에 비하여 특별한 것이거나(예를 들어 개별 자유권과 행복추구권의 관계), 어떤 기본권이 다른 기본권에 비해서 사항적·기능적 관련성이 우선하면 그 기본권이 다른 기본권에 우선하고 다른 기본권은 실익이 있는 경우에 한하여 별도로 검토될 여지가 있을 뿐이다. 문제는 일반-특별의 관계도 성립하지 아니하고, 어떤 한 기본권의 사항관련성이 두드러지지도 않을 때의 해결방법이다. 이에 관해서는 ① 사슬의 강하기는 그 가장 약한 부분에 따라서 결정된다고 하여 가장 약한 기본권의 효력만큼 보장된다고 보는 최약효력설과 ② 기본권존중사상에 바탕을 두어 효력이 더 강한 기본권이 기준이 되어야 한다는 최강효력설이 주장된다. 그러나 ③ 상호배척하는 관계에 놓이지 않는 한 다수 기본권을 원칙적으로 병렬적으로 적용하여 판단하여야 할 것이다.

헌법재판소는 기본권이 경합하여 문제 되면 기본권 침해를 주장하는 제청신청인과 제청법원의 의도 및 기본권을 제한하는 입법자의 객관적 동기 등을 참작하여 사안과 가장 밀접한 관계에 있고 침해 정도가 큰 주된 기본권을 중심으로 해서 그 제한의 한계를 따져보아야 한다고 판시한 바 있다.

(3) 사안에 대한 적용

성적 자기결정권과 사생활의 비밀과 자유는 일반 – 특별관계도 아니고 어느 쪽의 사항관련성이 더 크다고 보기도 어렵다. 따라서 두 기본권을 병렬적으로 살펴보아야 한다.

5. 결론

형법 제241조 제1항은 甲의 성적 자기결정권과 사생활의 비밀과 자유를 제약(제한)한다.

III. 과잉금지원칙 위배 여부

1. 문제의 소재

성적 자기결정권과 사생활의 비밀과 자유는 절대적으로 보장되는 것이 아니고, 헌법 제37조 제2항에 따라 국가안전보장, 질서유지 또는 공공복리를 위해서 필요하면 그 본질적 내용을 침해하지 않는 한도에서 법률로써 제한할 수 있다. 따라서 형법 제241조 제1항은 과잉금지원칙에 위배되어서는 아니 된다.

2. 과잉금지원칙의 개념과 내용

국가작용 중 특히 입법작용에서 과잉(입법)금지원칙은 국가가 국민의 기본권을 제한하는 내용의 입법활동을 할 때 준수하여야 할 기본원칙이나 입법활동 한계를 뜻한다. 따라서 국민의 기본권을 제한하는 입법은 그 목적이 정당하여야 하고, 방법(수단)이 적합하여야 하며, 침해의 최소성과 법익의 균형성을 갖추어야 한다. 과잉금지원칙은 헌법 제37조 제2항에서 도출된다.

3. 목적의 정당성

목적의 정당성은 국민의 기본권을 제한하려는 입법의 목적이 헌법 및 법률의 체계상 그 정당성이 인정되어야 한다는 것이다.

형법 제241조 제1항은 선량한 성풍속과 일부일처제에 기초한 혼인제도를 보호하고 부부 사이 정조의무를 지키게 하기 위한 것으로서 공공복리에 해당하여 그 입법목적의 정당성은 인정된다.

4. 수단의 적합성

수단의 적합성은 그 목적 달성을 위하여 그 방법이 효과적이고 적절하여야 한다는 것이다.

오늘날 간통죄는 간통행위자 중 극히 일부만 처벌될 뿐 아니라 잠재적 범죄자를 양산하여 그들의 기본권을 제한할 뿐이지, 혼인제도와 정조의무를 보호하기 위한 실효성을 잃었다. 혼인과 가정의 유지는 당사자의 자유로운 의지와 애정에 맡겨야지, 형벌을 통하여 타율적으로 강제될 수 없다. 그러므로 심판대상조항이 일부일처제의 혼인제도와 가정질서를 보호한다는 목적을 달성하는 데 적절하고 실효성 있는 수단이라고 할 수 없다.

5. 침해의 최소성

침해의 최소성은 입법권자가 선택한 기본권 제한의 조치가 입법목적을 달성하기 위하여 설사 적절하다고 할지라도 더 완화한 형태나 방법을 모색함으로써 기본권 제한은 필요한 최소한도에 그치도록 하여야 한다는 것이다.

사회 구조 및 결혼과 성에 관한 국민의 의식이 바뀌고, 성적 자기결정권을 더 중요시하는 인식이 확산됨에 따라 간통행위를 국가가 형벌로 다스리는 것이 적정한지에 관해서는 이제 더는 국민 인식이 일치한다고 보기 어렵다. 그리고 비록 비도덕적인 행위라고 할지라도 본질적으로 개인의 사생활에 속하고 사회에 끼치는 해악이 그다지 크지 않거나 구체적 법익에 대한 명백한 침해가 없으면 국가권력이 개입해서는 안 된다는 것이 현대 형법의 추세여서 전세계

적으로 간통죄는 폐지되고 있다. 또한, 간통죄의 보호법익인 혼인과 가정의 유
지는 당사자의 자유로운 의지와 애정에 맡겨야지, 형벌을 통하여 타율적으로
강제될 수 없고, 현재 간통으로 처벌되는 비율이 매우 낮으며, 간통행위에 대
한 사회적 비난 역시 상당한 수준으로 낮아져 간통죄는 행위규제규범으로서
기능을 잃어가고, 형사정책상 일반예방 및 특별예방의 효과를 거두기도 어렵게
되었다. 부부 사이 정조의무 및 여성 배우자의 보호는 간통한 배우자를 상대로
한 재판상 이혼 청구, 손해배상청구 등 민사상 제도를 통해서 더 효과적으로
달성될 수 있고, 오히려 간통죄가 유책 정도가 훨씬 큰 배우자의 이혼수단으로
이용되거나 일시 탈선한 가정주부 등을 공갈하는 수단으로 악용되고 있기도
하다. 따라서 선량한 성풍속 및 일부일처제에 기초한 혼인제도를 보호하고 부
부 사이 정조의무를 지키게 하고자 간통행위를 처벌하는 형법 제241조 제1항
은 침해의 최소성을 갖추지 못하였다.

6. 법익균형성

법익균형성은 그 입법을 통해서 보호하려는 공익과 침해되는 사익을 비교
형량할 때 보호되는 공익이 더 커야 한다는 것이다.

형법 제241조 제1항으로 달성하려는 일부일처제에 기초한 혼인제도와 부
부 사이 정조의무 보호라는 공익이 더는 형법 제241조 제1항을 통해서 달성될
것으로 보기 어렵다. 하지만 형법 제241조 제1항은 개인의 내밀한 성생활의 영
역을 형벌 대상으로 삼음으로써 국민의 성적 자기결정권과 사생활의 비밀과
자유라는 기본권을 지나치게 제약(제한)한다. 결국 형법 제241조 제1항은 법익
의 균형성도 상실하였다.

7. 소결

형법 제241조 제1항은 수단의 적합성은 물론 침해의 최소성과 법익균형성
을 충족하지 못하여 과잉금지원칙을 위배한다.

Ⅳ. 책임과 형벌 사이의 적절한 비례관계

1. 문제의 소재

형법 제241조 제1항은 간통행위에 대해서 징역형만 법정형으로 규정한다. 이러한 법정형 규정이 간통행위에 따른 책임과 적절한 비례 관계에 있는지가 문제 된다.

2. 입법형성의 자유와 형벌의 비례성

법정형의 종류와 범위 선택 문제는 그 범죄의 죄질과 보호법익에 관한 고려뿐 아니라 우리의 역사와 문화, 입법 당시의 시대적 상황, 국민 일반의 가치관 내지 법감정 그리고 범죄예방을 위한 형사정책적 측면 등 여러 가지 요소를 종합적으로 고려하여 입법자가 결정할 사항으로서 입법형성의 자유가 인정된다.

하지만 법정형을 정할 때 죄질과 그에 따른 행위자의 책임 사이에 적절한 비례관계가 지켜져야 한다는 것은 법치국가원리상 당연한 이치이다. 그러므로 입법형성의 자유에도 일정한 한계가 따른다. 법률로 법정형을 정할 때도 인간의 존엄과 가치를 존중하고 보호하여야 함은 물론, 헌법 제37조 제2항이 규정하는 과잉입법금지 정신에 따라 형벌개별화 원칙이 적용될 수 있는 범위의 법정형을 설정하여야 하며, 형벌이 죄질과 책임에 상응하도록 적절한 비례성을 유지하여야 한다.

3. 형법 제241조 제1항에서 책임과 형벌 사이의 비례성

형법 제241조 제1항은 간통행위에 대해서 자유형인 징역형만 선택할 수 있도록 규정한다. 어떤 범죄행위에 대해서 자유형만 부과하도록 하는 것을 정당화하려면, 그 범죄행위의 죄질과 불법성이 매우 무거워 징역형보다 가벼운 재산형 등 다른 형벌을 부과하는 것이 적절하지 않고, 자유형만 부과하더라도 구체적인 사례에서 행위자가 책임을 초과하는 형벌을 선고받지 않으리라는 점이 합리적으로 예측될 수 있어야 한다. 형법상 성풍속에 관한 죄 중 오직 간통죄만 다른 선택형 없이 징역형만 법정형으로 규정된다. 성풍속에 관한 죄 중 가장 무거운 징역형을 부과할 수 있는 음행매개죄도 벌금형을 선택할 수 있도록 되어 있는 점에 비추어 보면, 입법자는 간통행위를 징역형보다 가벼운 선택형을 부과하여서는 안 될 정도로 위법성이 크고 범죄유형의 폭도 다양하지 않은 범죄행위라고 판단한 것으로 보인다.

그러나 간통 및 상간행위에는 행위의 태양에 따라 죄질이 현저하게 다른 수많은 경우가 있다. 배우자에 대한 정조의무를 저버린 의도적 범행이 있을 수 있지만, 혼인관계가 사실상 해소된 상태에서 새로운 가정을 이룬 것이 범행에 이르는 결과가 될 수도 있다. 의도적이고 반복적인 범행이 있지만, 우발적이고 일회적인 일탈도 흔히 있다. 특히 간통을 저지른 사람과 그 배우자의 혼인관계가 사실상 파탄에 이른 것으로 믿고 상간한 미혼인 행위자는 그 법적 책임성이 일반적 간통과 질적으로 다르다고 평가하여야 한다. 이렇듯 구체적 사례에 따라 책임의 편차가 매우 넓을 것이라는 것은 일반적으로 충분히 예측 가능하다.

그런데도 형법 제241조 제1항이 간통 및 상간행위에 대해서 선택의 여지 없이 반드시 징역형으로만 응징하도록 규정하는 것은, 형벌의 본질상 인정되는 응보적 성격을 감안하더라도 행위자의 책임과 이에 따르는 형벌 사이에 균형을 잃은 것이다. 이로 말미암아 실무상 수사 및 재판의 과정에서 구체적 사례에 따른 적절한 법운용이 어렵고, 법관의 양형재량권도 크게 제한된다. 현실적으로도 건전한 성도덕이나 가정을 지키기 위한 것이 아니라 처벌에 대한 공포감을 이용하여 금품을 받아 내거나 과도한 위자료를 지급받는 수단으로 간통고소가 악용되는 사례가 적지 않게 나타난다. 이처럼 제도의 본뜻에 어긋난 남용 사례가 발생하는 것도 법정형을 오로지 징역형만으로 한정하는 것에서 기인하는 바 크다.

범죄에 따라서는 행위 유형에 관계없이 징역형만으로 무겁게 처벌하여야 할 필요성이 있을 수 있다. 그러나 다양한 유형의 간통행위에 대해서 일률적으로 징역형만 부과하도록 하는 것은 범죄와 이에 따른 형벌 사이에 균형을 잃은 것이다. 간통행위는 재판상 이혼사유가 될 뿐 아니라 민사상 불법행위로서 손해배상 책임을 면할 수 없는데, 이러한 민사상 제재수단 이외에 반드시 징역형으로만 응징하여야 한다는 것은 현재 법감정에 맞지 않는다. 간통죄의 존폐문제를 둘러싼 형사정책적·입법적 논쟁이 계속되고 이미 여러 나라에서 간통죄를 폐지한 것은 간통죄에 대한 법감정이 입법 당시와는 질적으로 바뀌었음을 증명한다.

그리고 형법 제241조 제1항은 법정형 상한을 징역 2년으로 규정한다. 따라서 간통죄로 유죄가 인정되면 집행유예나 선고유예를 선고받지 않는 한 대부분 단기자유형을 선고받게 된다. 그런데 단기자유형은 낙인 효과와 집행 과정에서 악성 감염 등 많은 문제점이 있지만, 교정효과는 기대하기 어려워 이를 폐지하거나 개선하여야 한다는 지적이 끊이지 않는다.

결국 다양한 유형으로 각각의 죄질이 서로 다른 간통행위에 대해서 일률적으로 단기의 징역형만 부과하도록 규정하는 형법 제241조 제1항은 범죄와 형벌 사이의 균형을 잃어 실질적인 법치국가원리에 어긋나고, 국민의 법감정은 물론 국제적인 입법 추세에도 맞지 않는다. 따라서 형법 제241조 제1항은 모든 간통 및 상간행위에 대하여 2년 이하의 징역에 처하도록 규정하여 구체적 사안의 개별성과 특수성을 고려할 수 있는 가능성을 배제 또는 제한하므로, 책임과 형벌 사이의 비례원칙에도 위배된다.

4. 결론

형법 제241조 제1항은 범죄와 형벌 사이의 균형을 잃어 책임과 형벌 사이의 비례원칙에 위배된다.

사례 4 ‖ 지문채취 거부와 흡연권

만 20세인 甲과 만 17세인 乙은 2015. 6. 14. 23 : 50경 담배를 피우지 못하도록 표시된 인터넷 컴퓨터게임시설제공업소(일명 'PC방')에서 함께 담배를 피우며 게임을 하고 있었다. 경찰관 A는 PC방을 순찰하던 중 학생처럼 보이는 甲과 乙을 발견하고 담배 피우는 것을 제지하면서 두 사람에게 신분증 제시를 요구하였다. 그러나 甲은 신분증을 제시하지 않았을 뿐 아니라, 이름과 생년월일 등 신분 확인을 위한 자료 요구에도 일절 응하지 아니하면서 경찰관 A를 향하여 키보드를 던지며 저항하였다. 이에 경찰관 A는 甲을 진정시키고 나서 甲의 동의 아래 甲과 함께 경찰서로 이동하여 甲을 공무집행방해 혐의로 입건하였다. 그리고 경찰관 A는 甲의 신원을 확인하려고 甲에게 십지(十指)지문채취를 요구하였다. 그러나 甲은 경찰관 A의 공무집행이 위법하였음을 주장하며 피의사실을 부인하면서 지문채취에 불응하였다.

같은 해 6. 16. 관할 경찰서장은 甲이 「경범죄처벌법」 제3조 제34호를 위반하였다는 이유로 관할 지방법원에 즉결심판을 청구하였다. 그리고 위 법원은 같은 날 甲에게 벌금 5만원을 선고하였다. 甲은 이에 불복하여 같은 해 6. 19. 법원에 정식재판을 청구하였다. 1심 계속 중 甲은 위 「경범죄처벌법」 제3조 제34호가 자신의 기본권을 침해한다고 주장하며 위 법원에 위헌법률심판 제청을 신청하였다. 법원은 2015. 7. 1. 위 신청을 기각하였다. 2015. 7. 6. 甲은 기각결정문을 송달받은 후, 2015. 8. 3.「경범죄처벌법」제3조 제34호가 피의사실을 부인하는 경우에 적용되는 한 위헌이라며 헌법소원심판을 청구하는 한편, 같은 날 PC방 등의 금연구역에서 흡연을 금지하는「국민건강증진법」제9조 제6항과 제34조 제3항이 자신의 기본권을 침해한다며 위헌확인을 구하는 헌법소원심판을 청구하였다.

1.「경범죄처벌법」제3조 제34호에 관한 甲의 헌법소원심판 청구는 적법한가?
2.「경범죄처벌법」제3조 제34호를 따라서 지문채취 거부행위를 처벌하는 것이 甲의 기본권을 침해하는가?
3.「국민건강증진법」제9조 제6항과 제34조 제3항에 관한 甲의 헌법소원심판 청구는 적법한가?
4.「국민건강증진법」상 금연구역에서의 흡연금지 규정이 甲의 기본권을 침해하는가?

참조조문

※ 아래 법령은 각 처분 당시 적용된 것으로 가상의 것이다.

「경범죄처벌법」

제3조(경범죄의 종류) ① 다음 각 호의 어느 하나에 해당하는 사람은 10만 원 이하의 벌금, 구류 또는 과료(科料)의 형으로 처벌한다.

　34. (지문채취 불응) 범죄 피의자로 입건된 사람의 신원을 지문조사 외의 다른 방법으로는 확인할 수 없어 경찰공무원이나 검사가 지문을 채취하려고 할 때에 정당한 이유없이 이를 거부한 사람

「국민건강증진법」

제9조(금연을 위한 조치) ④ 다음 각 호의 공중이 이용하는 시설의 소유자·점유자 또는 관리자는 해당 시설의 전체를 금연구역으로 지정하여야 한다. 이 경우 금연구역을 알리는 표지와 흡연자를 위한 흡연실을 설치할 수 있으며, 금연구역을 알리는 표지와 흡연실을 설치하는 기준·방법 등은 보건복지부령으로 정한다.

　23.「게임산업진흥에 관한 법률」에 따른 청소년게임제공업소, 일반게임제공업소, 인터넷컴퓨터게임시설제공업소 및 복합유통게임제공업소

⑥ 누구든지 제4항 및 제5항에 따라 지정된 금연구역에서 흡연하여서는 아니 된다.

제34조(과태료) ③ 제9조 제6항을 위반하여 금연구역에서 흡연을 한 자에게는 10만 원 이하의 과태료를 부과한다.

〈목 차〉

I. 「경범죄처벌법」 제3조 제34호에 관한 甲의 청구 적법 여부

1. 문제의 소재

「경범죄처벌법」 제3조 제34호에 관한 甲의 헌법소원심판 청구는 헌법재판소법 제68조 제2항에 따른 것으로 적법요건으로는 ① 심판청구권자, ② 대상적격(법률), ③ 법원의 위헌제청 신청에 대한 기각결정, ④ 재판의 전제성, ⑤ 청구기간, ⑥ 변호사강제주의, ⑦ 일사부재리 등이 요구된다. 사안에서는 ① 요건은 甲이 제청 신청을 한 사람이어서 그리고 ② 요건은 다투는 대상이 형식적 법률(조항)이므로 의문의 여지가 없고 ⑦ 요건은 이전에 청구한 적이 없는 것으로 보여 사안과 관계가 없으므로, 나머지 요건에 관하여 검토한다. 그리고 사안에서 甲은 「경범죄처벌법」 제3조 제34호 자체가 아니라 '「경범죄처벌법」 제3조 제34호가 피의사실을 부인하는 경우에 적용되는 한 위헌'이라는 한정위헌결정을 구하는 헌법소원심판을 청구하였다. 따라서 이러한 청구의 적법 여부도 살펴본다.

2. 헌법재판소법 제68조 제2항에 따른 헌법소원심판 청구의 요건 충족 여부

(1) 법원의 위헌제청 신청에 대한 기각(각하)결정

헌법재판소법 제68조 제2항 전문의 규정에 따르면 법원에서 위헌제청 신청 기각결정을 받은 당사자가 동법 조항에 따른 헌법소원심판을 청구할 수 있는바, 사안에서 甲은 2015. 7. 6. 기각결정문을 송달받았으므로 법원의 위헌제청신청 기각결정이 있었다.

(2) 재판의 전제성

재판의 전제성이라 함은, 첫째, 구체적인 사건이 법원에 적법하게 계속 중이어야 하고, 둘째, 위헌 여부가 문제 되는 법률이 해당 소송사건의 재판에 적용되는 것이어야 하며, 셋째, 그 법률이 헌법에 위반되는지에 따라 해당 사건을 담당하는 법원이 다른 내용의 재판을 하게 되는 경우, 즉 법원이 심리 중인 해당 사건 재판의 결론이나 주문에 어떤 영향을 주거나 문제가 된 법률의 위헌 여부가 비록 재판 주문 자체에는 아무런 영향을 주지 않더라도 재판의 결론을 이끌어내는 이유를 달리하는 데 관련되거나 재판의 내용과 효력에 관한 법률적 의미가 달라지는 경우를 말한다.

사안에서 甲은 1심 계속 중 「경범죄처벌법」 제3조 제34호가 자신의 기본권을 침해한다고 주장하며 위 법원에 위헌법률심판 제청 신청을 하였고, 甲은 이 조항을 위반하였다는 이유로 법원에서 재판을 받고 있으므로 이 조항은 해당 사건에 적용되는 법률이며, 이 조항에 대해서 위헌결정이 내려지면 甲은 무죄판결을 받을 수 있으므로 다른 내용의 재판을 하는 때에 해당한다. 따라서 「경범죄처벌법」 제3조 제34호에 대한 甲의 헌법소원심판 청구는 재판의 전제성이 인정된다.

(3) 청구기간

헌법재판소법 제69조 제2항을 따르면, 헌법재판소법 제68조 제2항에 따른 헌법소원은 위헌여부심판 제청 신청 기각(각하)결정을 통지받은 날부터 30일 이내에 청구하여야 하는바, 사안에서 甲은 2015. 7. 6. 기각결정문을 송달받고 나서 30일 이내인 2015. 8. 3. 헌법소원심판을 청구하였으므로 청구기간을 준수하였다.

(4) 변호사강제주의

헌법재판소법 제25조 제3항을 따르면 헌법소원은 당사자가 변호사의 자격이 있는 경우가 아닌 한 변호사를 대리인으로 선임하지 아니하면 심판청구를 할 수 없는바, 사안에서 甲이 변호사 자격이 있는지와 및 변호사를 대리인으로 선임하였는지를 확인할 수 없다.

(5) 소결

甲이 변호사 자격이 있거나 변호사를 대리인으로 선임하였다면, 다른 요건은 모두 충족하므로 「경범죄처벌법」 제3조 제34호에 관한 甲의 헌법소원심판 청구는 헌법재판소법 제68조 제2항에 따른 적법요건을 충족한다.

3. 한정위헌청구 허용 여부

(1) 종래 판례

종래 헌법재판소는 헌법재판소법 제68조 제2항에 따른 헌법소원심판 대상은 '법률'이지 '법률의 해석'이 아니므로 법률조항 자체의 위헌판단을 구하는 것이 아니라 '법률의 해석'을 다투는 한정위헌청구는 원칙적으로 부적법하고, 다만 ① 법률조항 자체의 불명확성을 다투는 것으로 볼 수 있는 경우, ② 심판대상규정에 대한 일정한 해석이 상당기간에 걸쳐 형성·집적되어 법원의 해석을 통해서 구체화한 심판대상규정이 위헌성을 지닌 경우, ③ 위 두 가지 경우에 해당되지는 않지만 법률조항 자체에 대한 위헌 다툼으로 볼 수 있는 경우에는 예외적으로 한정위헌청구를 허용하였다. 대법원도 이러한 헌법재판소 견해에 동조한다.

(2) 변경된 판례

최근 헌법재판소는 법률의 의미는 결국 개별·구체화한 법률해석을 통해서 확인되는 것이므로 법률과 법률의 해석을 구별할 수 없고, 재판의 전제가 된 법률에 대한 규범통제는 해석을 통해서 구체화한 법률의 의미와 내용에 대한 헌법적 통제로서 헌법재판소의 고유한 권한이며, 헌법합치적 법률해석의 원칙상 법률조항 중 위헌성이 있는 부분에 한정하여 위헌결정을 하는 것은 입법권에 대한 자제와 존중으로서 당연하고 불가피한 결론이므로, 이러한 한정위헌결정을 구하는 한정위헌청구는 원칙적으로 적법하다는 견해로 판례를 변경하였다. 그러면서도 재판소원을 금지하는 헌법재판소법 제68조 제1항 취지에 비추어, 개별·구체적 사건에서 단순히 법률조항의 포섭이나 적용의 문제를 다투거나 의미 있는 헌법문제에 대한 주장 없이 단지 재판결과를 다투는 헌법소원심판 청구는 여전히 허용되지 않는다고 한다.

(3) 사안 검토

법률 자체와 그에 대한 해석은 이론적으로 구별될 수는 있으나 실무에서는 법률의 해석이 법률의 이름으로 적용되므로 구별할 수 없고, 헌법재판소 결정은 청구에 대한 대답이므로 한정위헌결정이 허용된다면 이러한 결정을 구하는 청구는 당연히 허용되어야 하므로 한정위헌청구는 허용된다고 보아야 할 것이다. 헌법재판소가 예외적으로 한정위헌청구를 허용하지 않는다고 본 것은 법률해석의 위헌성을 다투는 것이 아니라 재판 자체를 다투는 것으로서 본질적으로 한정위헌청구로 볼 수 없는 것이다.

사안에서 甲은「경범죄처벌법」제3조 제34호가 피의사실을 부인하는 경우에 적용되는 한 위헌이라고 주장한다. 이것은 개별·구체적 사건에서 단순히 법률조항의 포섭이나 적용 문제를 다투거나 의미 있는 헌법문제에 대한 주장 없이 단지 재판결과를 다투는 청구가 아니라「경범죄처벌법」제3조 제34호의 구체화한 의미나 내용이 기본권을 침해하여 위헌이라고 다투는 것이다. 따라서 이러한 甲의 청구는 허용된다.

4. 결론

甲이 변호사 자격이 있거나 변호사를 대리인으로 선임하였다면, 헌법재판소법 제68조 제2항이 요구하는 다른 요건을 모두 충족하고 한정위헌청구는 허용되므로「경범죄처벌법」제3조 제34호에 관한 甲의 헌법소원심판 청구는 적법하다.

II. 「경범죄처벌법」상 지문채취 거부행위 처벌에 따른 甲의 기본권 침해 여부

1. 문제의 소재

「경범죄처벌법」제3조 제34호를 따라서 지문채취 거부행위를 처벌하는 것이 제약하는 기본권이 무엇이고, 그러한 기본권 제약을 헌법적으로 정당화할 수 있는지가 문제 된다.

2. 제약되는 기본권

(1) 신체의 자유

헌법 제12조 제1항 제1문은 "모든 국민은 신체의 자유를 가진다."라고 규정하여 신체의 자유를 보장한다. 신체의 자유는 신체적 거동의 자유를 말한다. 신체의 자유는 신체의 각 부분을 움직이거나 어디든지 원하는 장소로 이동할 수 있는 적극적 자유와 신체의 각 부분을 움직이지 않거나 현재 있는 장소에 머물거나 원하지 않는 장소로 이동하지 않을 소극적 자유로 구성된다.

사안에서 지문채취는 신체 일부인 손을 움직여야 가능한 것이므로 지문채취 거부를 형사처벌하여 지문채취를 간접강제하는 것은 신체의 자유를 제약한다.

(2) 개인정보자기결정권

개인정보자기결정권(자기정보통제관리권)은 자신에 관한 정보가 언제 누구에게 어느 범위까지 알려지고 이용되도록 할 것인지를 그 정보주체가 스스로 결정할 수 있는 권리이다. 즉 정보주체가 개인정보의 공개와 이용에 관하여 스스로 결정할 권리를 말한다. 개인정보자기결정권은 인간의 존엄과 가치, 행복추구권을 규정한 헌법 제10조 제1문에서 도출되는 일반적 인격권 및 헌법 제17조의 사생활의 비밀과 자유를 근거로 한다. 개인정보자기결정권의 보호대상이 되는 개인정보는 개인의 신체, 신념, 사회적 지위, 신분 등과 같이 개인의 인격주체성을 특징짓는 사항으로서 그 개인의 동일성을 식별할 수 있게 하는 일체의 정보라고 할 수 있고, 반드시 개인의 내밀한 영역이나 사사(私事)의 영역에 속하는 정보에 국한되지 않고 공적 생활에서 형성되었거나 이미 공개된 개인정보까지 포함한다. 그리고 그러한 개인정보를 대상으로 한 조사·수집·보관·처리·이용 등의 행위는 모두 원칙적으로 개인정보자기결정권에 대한 제약에 해당한다.

개인의 고유성과 동일성을 나타내는 지문은 그 정보주체를 다른 사람에게서 식별가능하게 하는 개인정보이다. 따라서 이러한 지문 채취를 간접강제하는 것은 개인정보자기통제권을 제약한다.

(3) 일반적 행동자유권

일반적 행동자유권은 자신이 하고 싶은 일을 적극적으로 자유롭게 할 수 있는 자유는 물론 소극적으로 자신이 원하지 않는 행위를 하지 않을 부작위의 자유를 포괄한다. 일반적 행동자유권은 헌법 제10조 행복추구권에서 도출된다.

자신이 하기 싫은 일인 지문 채취를 간접강제하는 것은 자신이 원하지 않는 행위를 할 자유를 강제하는 것으로서 일반적 행동자유권을 제약한다.

(4) 소결

먼저 일반적 행동자유권은 개별 자유권과 일반-특별관계에 있어서 개별 자유권과 경합하면 별도로 문제 되지 않는다. 다음으로 여기서 지문 채취는 수사의 일환으로서 이러한 행위를 강제하는 것이 직접 문제가 되는 것이지 이러한 강제로 말미암아 얻는 지문이라는 정보는 이러한 행위 강제에 따른 결과물이다. 이러한 점에서 개인정보자기결정권보다 신체의 자유가 더 사항관련성이 크다고 볼 수 있다. 따라서 「경범죄처벌법」 제3조 제34호를 따라서 지문채취 거부행위를 처벌하는 것과 관련하여서는 신체의 자유 침해 여부가 문제 된다.

3. 적법절차원칙 위반 여부

(1) 적법절차원칙의 의의와 내용

헌법 제12조 제1항 후문과 제3항 전문은 각각 "누구든지 … 법률과 적법절차에 의하지 아니하고는 처벌·보안처분 또는 강제노역을 받지 아니한다."와 "체포·구속·압수 또는 수색할 때에는 적법한 절차에 따라 검사의 신청에 의하여 법관이 발부한 영장을 제시하여야 한다."라고 규정하여 적법절차원칙을 명시한다. 적법절차원칙은 법률이 정한 형식적 절차와 실체적 내용이 모두 합리성과 정당성을 갖춘 적정한 것이어야 한다는 실질적 의미가 있다.

(2) 적벌절차원칙의 적용범위

헌법 제12조 제1항과 제3항에서 규정하는 '처벌·보안처분 또는 강제노역·영장발부'는 적법절차원칙의 적용대상을 한정적으로 열거한 것이 아니라 예시한 것에 불과하다. 따라서 본인에게 불이익이 되는 일체의 제재가 이에 해당한

다. 헌법재판소도 적법절차원칙은 헌법조항에 규정된 형사절차상 제한된 범위
안에서만 적용되는 것이 아니라 국가작용으로서 기본권 제한과 관련되든 관련
되지 않든 모든 입법작용과 행정작용에도 광범위하게 적용된다고 한다.

(3) 적법절차원칙과 과잉금지원칙의 관계

적법절차원칙이 법률의 위헌 여부에 관한 심사기준으로 작용하면, 특히
형사소송절차에서는 법률에 따른 형벌권 행사라고 할지라도 신체의 자유의 본
질적 내용을 침해하지 않아야 할 뿐 아니라 비례성원칙이나 과잉금지원칙에
반하지 아니하는 한도 안에서만 그 적정성과 합헌성이 인정된다는 의미가 있
다. 따라서 「경범죄처벌법」 제3조 제34호의 적법절차원칙 위반은 피의자로 입
건되어 신문을 받는 자들에게 인적 사항에 대한 자료를 수집하는 수사기관에
협력할 것을 처벌로서 강제하는 것과 나아가 이를 거부하면 벌금, 과료, 구류
의 처벌을 하는 것이 비례성원칙이나 과잉금지원칙에 위반되는지에 따라 결정
된다.

(4) 소결

「경범죄처벌법」 제3조 제34호가 적법절차원칙에 위반되는지는 과잉금지원
칙 위반에 따라 결정된다.

4. 영장주의 위반 여부

(1) 영장주의의 의의

헌법 제12조 제3항은 "체포·구속·압수 또는 수색을 할 때에는 적법한 절
차에 따라 검사의 신청에 의하여 법관이 발부한 영장을 제시하여야 한다."라고
규정하여 적법절차원칙과 함께 영장주의를 밝힌다. 영장주의는 수사기관이 형
사절차에서 체포·구속·압수 또는 수색을 할 때는 적법한 절차에 따라 검사 신
청에 따라서 법관이 발부한 영장을 제시하여야 한다는 것이다. 영장주의는 수
사기관의 체포와 구속 등의 남용을 방지하려는 것이다.

(2) 영장주의 적용 범위

영장주의 적용 범위와 관련하여 '신체에 대한 직접적이고 현실적인 강제력

이 행사되는 경우'로 보는 물리적 강제력설과 신체에 대해 직접 강제력을 행사하는 경우뿐 아니라 상대방에게 의무를 부담하게 하거나 실질적으로 법익이나 기본권을 제한하는 처분을 포함하는 간접적·심리적 강제력설이 대립한다. 헌법재판소는 물리적 강제력설을 취한다.

간접적·심리적 강제력설이 신체의 자유 보장에 유리하다. 하지만 수사절차에서 발생하는 의무 부담이나 기본권 제한은 그 범위가 광범위하여 명확한 기준을 제시해 주지도 않고 모든 의무 부담이나 기본권 제한을 법관이 발부한 영장에 따르도록 하는 것은 가능하지도 않다. 따라서 물리적 강제력설이 타당하다.

(3) 사안에 대한 적용

「경범죄처벌법」 제3조 제34호는 수사기관이 직접 물리적 강제력을 행사하여 피의자에게 강제로 지문을 찍도록 하는 것을 허용하는 규정이 아니고 형벌에 따른 불이익을 부과함으로써 심리적·간접적으로 지문채취를 강요한다. 그러므로 피의자가 본인 판단에 따라 수용 여부를 결정한다는 점에서 궁극적으로 당사자의 자발적 협조가 필수적임을 전제하므로 물리력을 동원하여 강제로 이루어지는 때와 질적으로 차이가 있다. 따라서 「경범죄처벌법」 제3조 제34호에 따른 지문채취 강요는 영장주의에 따라야 할 강제처분이 아니다. 그리고 수사상 필요로 수사기관이 지문채취를 직접 강제하려면 반드시 법관이 발부한 영장에 따라야 한다. 그러므로 영장주의는 여전히 유지된다. 따라서 「경범죄처벌법」 제3조 제34호는 영장주의를 위반하지 않는다.

5. 과잉금지원칙 위반 여부

(1) 과잉금지원칙의 개념과 내용

국가작용 중 특히 입법작용에서 과잉(입법)금지원칙은 국가가 국민의 기본권을 제한하는 내용의 입법활동을 할 때 준수하여야 할 기본원칙이나 입법활동 한계를 뜻한다. 따라서 국민의 기본권을 제한하는 입법은 그 목적이 정당하여야 하고, 방법(수단)이 적합하여야 하며, 침해의 최소성과 법익의 균형성을 갖추어야 한다. 과잉금지원칙은 헌법 제37조 제2항에서 도출된다.

(2) 목적의 정당성

목적의 정당성은 국민의 기본권을 제한하려는 입법의 목적이 헌법 및 법률의 체계상 그 정당성이 인정되어야 한다는 것이다.

「경범죄처벌법」 제3조 제34호는 피의자의 신원확인을 원활하게 하고 수사활동에 지장이 없도록 함으로써 형사사법의 적정운영이라는 공공복리를 위한 것으로서 목적의 정당성이 인정된다.

(3) 수단의 적합성

수단의 적합성은 그 목적의 달성을 위하여 그 방법이 효과적이고 적절하여야 한다는 것이다.

「경범죄처벌법」 제3조 제34호에 따른 지문채취는 신원확인을 위한 경제적이고 간편하면서도 확실성이 높은 방법이므로 수단의 적합성도 인정된다.

(4) 침해의 최소성

침해의 최소성은 입법권자가 선택한 기본권 제한의 조치가 입법목적을 달성하기 위하여 설사 적절하다고 할지라도 더 완화한 형태나 방법을 모색함으로써 기본권의 제한은 필요한 최소한도에 그치도록 하여야 한다는 것이다.

「경범죄처벌법」 제3조 제34호는 지문채취의 실효성을 확보하려고 간접적으로 이를 강제하고, 그것도 다른 방법으로 신원을 확인할 수 없는 때에 보충적으로만 적용하도록 할 뿐이다. 게다가 위반자에게 부과되는 10만원 이하의 벌금, 구류 또는 과료는 우리 형벌 체계상 자유형과 재산형에서 가장 가벼운 형에 해당한다. 따라서 「경범죄처벌법」 제3조 제34호는 침해의 최소성도 갖추고 있다.

(5) 법익의 균형성

법익의 균형성은 그 입법을 통해서 보호하려는 공익과 침해되는 사익을 비교형량할 때 보호되는 공익이 더 커야 한다는 것이다.

지문채취는 짧은 시간에 이루어지고 반복 가능성이 희박하고 개인의 신체나 은밀한 부분에 피해가 없다. 반면 지문은 피의자 신원을 확인하는 효과적인 수단일 뿐 아니라 수사절차에서 범인을 검거하는 데 중요한 역할을 하고, 처벌

내용도 형법상 제재로서는 최소한에 해당한다. 원활한 피의자의 신원확인과 수사활동 보장이라는 공익에 비해서 기본권 제한 정도는 그다지 크다고 보기 어렵다. 그러므로 「경범죄처벌법」 제3조 제34호는 법익의 균형성도 충족한다.

(6) 소결

「경범죄처벌법」 제3조 제34호는 과잉금지원칙의 모든 요건을 충족하여 과잉금지원칙에 위반되지 않는다. 따라서 「경범죄처벌법」 제3조 제34호는 적법절차원칙도 위반하지 않는다.

6. 결론

「경범죄처벌법」 제3조 제34호는 영장주의와 적법절차원칙 그리고 과잉금지원칙을 위반하지 않으므로 甲의 기본권을 침해하지 않는다.

Ⅲ. 「국민건강증진법」 제9조 제6항과 제34조 제3항에 관한 甲의 헌법소원심판 청구 적법 여부

1. 문제의 소재

「국민건강증진법」 제9조 제6항과 제34조 제3항에 관한 甲의 헌법소원심판은 헌법재판소법 제68조 제1항에 근거한다. 헌법재판소법 제68조 제1항에 따른 헌법소원의 적법요건으로는 기본권주체성, 대상적격(헌법소원대상성), 자기관련성, 현재성, 직접성, 보충성, 청구기간, 권리보호이익, 변호사강제주의, 일사부재리 등이 요구된다. 따라서 甲의 헌법소원심판 청구가 이러한 요건을 갖추었는지를 살펴보아야 한다.

2. 기본권주체성

헌법소원심판을 청구할 수 있는 사람은 헌법상 기본권주체에 국한된다(헌법재판소법 제68조 제1항). 甲은 자연인으로서 기본권주체성은 긍정된다.

3. 대상적격

헌법재판소법에는 독일 연방재판소법(제93조, 제95조)과 같이 법률이 헌법소원 대상이 된다는 규정은 없다. 하지만 헌법재판소법 제68조 제1항 본문에 규정된 공권력 가운데는 입법권도 당연히 포함되므로 법률에 대한 헌법소원도 가능하다. 따라서 「국민건강증진법」 제9조 제6항과 제34조 제3항은 헌법소원 대상이 된다.

4. 자기관련성

원칙적으로 기본권을 침해당하는 사람만 헌법소원심판을 청구할 수 있다. 제3자는 특별한 사정이 없는 한 기본권침해에 관련되었다고 볼 수 없다. 사안에서 甲은 「국민건강증진법」 제9조 제6항과 제34조 제3항에 따라 PC방 등의 금연구역에서 흡연을 할 수 없으므로 자기관련성이 인정된다.

5. 현재성

헌법소원심판이 적법하려면 원칙적으로 청구인에 대한 기본권 침해는 현재 일어난 상태일 것, 즉 현재성이 요구된다. 하지만 기본권 침해가 앞날에 발생하더라도 그 침해가 현재 확실히 예측되고 기본권구제 실효성을 기할 필요가 있으면 현재성이 인정된다(상황성숙성 이론). 사안에서 甲은 「국민건강증진법」 제9조 제6항과 제34조 제3항에 따라 현재 PC방 등의 금연구역에서 흡연을 할 수 없으므로 현재성이 인정된다.

6. 직접성

헌법소원의 청구인은 공권력작용으로 말미암아 직접적으로 기본권이 침해되어야 하는바, 이 직접성의 요건은 법령소원에서 특히 중요한 의미를 가진다. 여기서 말하는 기본권침해의 직접성이란 집행행위를 통하지 아니하고 법령 자체에 따라서 통해서 자유 제한, 의무 부과, 권리나 법적 지위의 박탈이 생긴 경우를 뜻한다.

사안에서 「국민건강증진법」 제9조 제6항은 인터넷 컴퓨터게임시설제공업소에서 흡연을 금지하고, 같은 법 제34조 제3항은 이것을 위반하여 금연구역에서 흡연을 한 사람에게는 10만 원 이하의 과태료를 부과하여, 구체적 집행행위를 통하지 아니하고 그 자체로 직접 청구인의 흡연권을 제한한다. 따라서 직접성이 인정된다.

7. 보충성

헌법소원심판 청구는 다른 법률에 구제절차가 있으면 그 절차를 모두 거친 후에 청구할 수 있다(헌법재판소법 제68조 제1항 제1항 단서). 그런데 법령의 효력을 직접 다툴 수 있는 구제절차는 달리 없다. 따라서 법률조항을 대상으로 한 이 사건 헌법소원에서 보충성원칙은 문제가 되지 않는다.

8. 청구기간

헌법재판소법 제68조 제1항에 따른 헌법소원심판은 기본권의 침해사유가 있음을 안 날부터 90일 이내에, 그 사유가 있는 날부터 1년 이내에 청구하여야 한다(헌법재판소법 제69조 제1항). 사안에서 甲은 「국민건강증진법」 제9조 제6항과 제34조 제3항에 따라서 2015. 6. 14. PC방에서 담배 피우는 것을 제지당하였고, 이로부터 90일 이내인 2015. 8. 3. 헌법재판소에 헌법소원심판 청구를 하였으므로 청구기간을 준수하였다.

9. 권리보호이익

헌법소원제도는 국민의 기본권침해를 구제하는 제도이다. 그러므로 그 제도 목적상 권리보호이익이 있어야 비로소 헌법소원심판을 청구할 수 있다. 사안에서 甲은 「국민건강증진법」 제9조 제6항과 제34조 제3항이 위헌으로 선언되면 PC방 등의 금연구역에서 흡연을 할 수 있으므로 권리보호이익이 있다.

10. 변호사강제주의

헌법재판소법 제25조 제3항을 따르면 헌법소원은 당사자가 변호사 자격이 있는 때가 아닌 한 변호사를 대리인으로 선임하지 아니하면 심판청구를 할 수 없다. 사안에서는 甲이 변호사 자격이 있는지와 변호사를 대리인으로 선임하였는지를 확인할 수 없다.

11. 일사부재리

헌법재판소는 이미 심판을 거친 같은 사건에 대해서는 다시 심판할 수 없다(헌법재판소법 제39조). 헌법재판소가 심판한 사건에 대해서 다시 헌법소송을 제기하거나 헌법재판소 결정에 대해 불복을 하는 헌법소송을 제기하게 되면, 이것은 헌법소송 요건을 갖추지 못한다. 그러나 이 헌법소원심판을 청구하는 사건에 관해서는 이전에 헌법재판소가 심판한 적이 없어서 일사부재리에 어긋나지 않는다.

12. 결론

「국민건강증진법」 제9조 제6항과 제34조 제3항에 관한 甲의 헌법소원심판청구는 甲이 변호사 자격이 있거나 변호사를 대리인으로 선임하였다면, 다른 요건은 모두 충족하므로 적법하다.

Ⅳ. 「국민건강증진법」상 금연구역에서 흡연금지 규정의 甲의 기본권 침해 여부

1. 문제의 소재

「국민건강증진법」상 금연구역에서 흡연을 금지하는 규정이 甲의 기본권을 침해하는지와 관련하여 제약되는 기본권이 무엇인지 그리고 그러한 제약을 정당화할 수 있는지가 문제 된다.

2. 흡연권 침해 여부

(1) 흡연권의 의의와 근거

사람은 자유롭게 흡연할 권리가 있고, 이것을 흡연권이라고 한다. 흡연권은 인간의 존엄과 행복추구권을 규정한 헌법 제10조와 사생활의 자유를 규정한 헌법 제17조에 근거한다.

흡연권에는 장소에 상관없이 흡연할 권리가 포함된다. 그런데 「국민건강증진법」상 금연구역에서 흡연을 금지하는 규정은 흡연할 장소를 제한한다. 따라서 甲의 흡연권은 「국민건강증진법」상 금연구역에서 흡연을 금지하는 규정으로 말미암아 제한된다.

(2) 기본권 충돌에 따른 심사

① 혐연권과 충돌

흡연자들에게 흡연권이 인정되는 것처럼 비흡연자들에게는 흡연을 하지 아니할 권리나 흡연에서 자유로울 권리가 인정되는데, 이것을 혐연권이라고 한다. 혐연권은 흡연권과 마찬가지로 헌법 제17조와 헌법 제10조에서 헌법적 근거를 찾을 수 있다. 나아가 흡연이 흡연자는 물론 간접흡연에 노출되는 비흡연자들의 건강과 생명도 위협한다는 점에서 혐연권은 헌법이 보장하는 건강권과 생명권에도 근거한다.

기본권 충돌은 복수의 기본권주체가 국가에 대해서 각기 기본권 적용을 주장하고 국가가 양자의 기본권을 동시에 보장해 줄 수 없는 경우를 말한다. 흡연자가 비흡연자에게 아무런 영향을 미치지 않는 방법으로 흡연을 하면 기본권 충돌이 일어나지 않는다. 그러나 흡연자와 비흡연자가 함께 생활하는 공간에서 흡연하면 필연적으로 흡연자의 흡연권과 비흡연자의 혐연권이 충돌한다.

사안에서 「국민건강증진법」상 금연구역에서 흡연을 금지하는 규정은 금연구역에서 혐연권을 보장하기 위해서 흡연권을 제약한다. 따라서 이러한 해결방법을 헌법적으로 정당화할 수 있는지가 문제 된다.

② 기본권 충돌의 해결기준

기본권 충돌을 해결하기 위한 방법으로는 이익형량에 따른 방법과 실제적 조화의 원칙(규범조화적 해석)에 따른 방법이 제시된다. 헌법의 통일성 유지 관점에서 실제적 조화의 방법이 타당하나 이로써 모든 문제를 다 해결할 수 없으므로 두 방법을 모두 동원할 필요가 있다. 헌법재판소도 두 가지 방법을 병용한다.

흡연권은 사생활의 자유를 실질적 핵으로 하고, 혐연권은 사생활의 자유뿐 아니라 생명권에까지 연결되는 것이므로 혐연권이 흡연권보다 상위의 기본권이라고 할 수 있다. 이처럼 상하의 위계질서가 있는 기본권끼리 충돌하면 상위기본권우선의 원칙에 따라 하위기본권이 제한될 수 있다. 따라서 결국 흡연권은 혐연권을 침해하지 않는 한에서 인정되어야 한다.

③ 소결

흡연권과 혐연권이 충돌할 때 상위기본권 우선의 원칙에 따라 혐연권을 보장하기 위해서 흡연권을 제한할 수 있으므로, 「국민건강증진법」상 금연구역에서 흡연을 금지하는 규정은 흡연권을 침해하지 않는다. 이러한 점에서 「국민건강증진법」상 금연구역에서 흡연을 금지하는 규정은 흡연권과 혐연권의 충돌에 근거를 둔다.

(3) 공공복리를 위한 제한

흡연은 비흡연자들 개개인의 기본권을 침해할 뿐 아니라 흡연자 자신을 포함한 국민의 건강을 해치고 공기를 오염시켜 환경을 해친다는 점에서 개개인의 사익을 넘어서는 국민 공동의 공공복리에 관계된다. 따라서 공공복리를 위해서 개인의 자유와 권리를 제한할 수 있도록 한 헌법 제37조 제2항에 따라 흡연행위를 법률로써 제한할 수 있다. 나아가 국민은 헌법 제36조 제3항이 규정한 보건권에 기하여 국가가 흡연을 규제하도록 요구할 권리가 있으므로, 흡연에 대한 제한은 국가의 의무라고까지 할 수 있다. 이러한 점에서 「국민건강증진법」상 금연구역에서 흡연을 금지하는 규정은 공공복리에 근거를 둔다.

(4) 과잉금지원칙 위반 여부

입법작용이 국민의 기본권을 제한할 때는 헌법 제37조 제2항에 따라서 국민의 기본권을 제한하려는 입법의 목적이 헌법 및 법률의 체계상 그 정당성이 인정되어야 하고(목적의 정당성), 그 목적의 달성을 위하여 그 방법이 효과적이고 적절하여야 하며(방법의 적정성), 입법권자가 선택한 기본권 제한의 조치가 입법목적 달성을 위하여 설사 적절하다고 할지라도 더 완화한 형태나 방법을 모색함으로써 기본권의 제한은 필요한 최소한도에 그치도록 하여야 하고(피해의 최소성), 그 입법을 통해서 보호하려는 공익과 침해되는 사익을 비교형량할 때 보호되는 공익이 더 커야한다(법익의 균형성)는 과잉금지원칙 내지 비례성원칙이 지켜져야 한다.

「국민건강증진법」상 금연구역에서 흡연을 금지하는 규정은 국민의 건강을 보호하기 위한 것으로서(국민건강증진법 제1조 및 국민건강증진법시행규칙 제1조 참조) 목적의 정당성을 인정할 수 있고, 흡연자와 비흡연자가 생활을 공유하는 곳에서 일정한 내용의 금연구역을 설정하는 것은 위 목적의 달성에 이바지하여 방법의 적정성도 인정할 수 있다. 그리고 「국민건강증진법」상 금연구역에서 흡연을 금지하는 규정이 일부 시설에 대해서는 시설 전체를 금연구역으로 지정하도록 하였다. 하지만 이러한 시설은 세포와 신체조직이 아직 성숙하는 단계에 있는 어린이나 청소년이 담배로 말미암은 폐해가 심각하다는 점을 고려하여 규정한 보육시설과 초·중등교육법에 규정된 학교의 교사 및 치료를 위하여 절대적인 안정과 건강한 환경이 요구되는 의료기관, 보건소·보건의료원·보건지소에 한한다는 점, 시설 일부를 금연구역으로 지정하여야 하는 시설도 모두 여러 공중이 회합하는 장소로서 금역구역을 지정할 필요성이 큰 시설이라는 점 등에 비추어 보면, 흡연자들의 흡연권을 최소한도로 침해한다고 할 수 있다. 또한, 「국민건강증진법」상 금연구역에서 흡연을 금지하는 규정으로 달성하려는 공익(국민의 건강)이 제한되는 사익(흡연권)보다 크므로 법익의 균형성도 인정된다.

따라서 「국민건강증진법」상 금연구역에서 흡연을 금지하는 규정은 과잉금지원칙에 위반되지 않는다.

(5) 소결

「국민건강증진법」상 금연구역에서 흡연을 금지하는 규정은 흡연권과 혐연 권의 충돌과 공공복리을 근거로 甲의 흡연권을 제약하지만, 상위기본권 우선의 원칙에 따라서 그리고 과잉금지원칙을 충족하므로 甲의 흡연권을 침해하지 않 는다.

3. 평등권 침해 여부

(1) 평등권의 의의와 근거

헌법 제11조 제1항 제1문은 "모든 국민은 법 앞에 평등하다."라고 규정한 다. 여기서 법률은 형식적 의미의 법률만을 의미하지 아니하고 한 나라의 법체 계를 형성하는 모든 법규범을 말한다. 그리고 헌법 제10조 제2문 국가의 기본 권보장의무규정과 헌법상 실질적 법치국가원리에 비추어 법 앞의 평등의 의미 에는 법적용상 평등뿐 아니라 법내용의 평등도 포함되어서 입법자도 구속된다 (이른바 입법자구속설). 평등의 규범적 의미는 합리적 근거가 있는 차별은 허용된 다는 의미에서 상대적 평등으로 파악된다. 평등은 비교를 전제하므로 비교가 가능할 때 비로소 평등이 문제 된다. 따라서 평등권 침해 여부는 비교대상이 있어야 비로소 문제 삼을 수 있다.

(2) 평등권 침해의 심사구조

평등권 침해 여부는 차별 확인과 헌법적 정당화 여부라는 2단계로 심사된 다. 즉 먼저 불평등한 취급이 있는지를 심사하고, 그것이 존재한다면 그러한 불평등을 정당화할 만한 합리적 사유(근거)가 있는지를 심사한다.

(3) 차별 존재 여부

「국민건강증진법」상 금연구역에서 흡연을 금지하는 규정은 비흡연자의 이 익을 도모하지만, 흡연자의 권리는 제한하여서 비흡연자와 흡연자를 달리 취급 한다. 따라서 흡연자와 흡연자의 차별이 존재한다.

(4) 차별취급을 헌법상 정당화할 수 있는지 여부

차별을 정당화할 수 있는지를 심사할 때 사용하는 기준에는 자의금지원칙과 비례성원칙이 있다. 헌법재판소 판례를 따르면 ① 헌법이 특별히 평등을 요구할 때와 ② 차별적 취급으로 말미암아 관련 기본권에 중대한 제한을 초래하게 될 때 입법자는 입법형성권이 축소되므로 상대적으로 엄격한 심사기준인 비례성심사가 적용될 수 있다고 한다.

비흡연자들과 흡연자들의 차별을 금지하는 헌법규정을 찾을 수 없고, 비흡연자들은 금연구역 이외에서는 흡연을 할 수 있어서 중대한 제한이 있다고 보기 어렵다. 따라서 「국민건강증진법」상 금연구역에서 흡연을 금지하는 규정의 평등권 침해 여부는 자의금지원칙에 따라서 심사하여야 한다. 「국민건강증진법」상 금연구역에서 흡연을 금지하는 규정은 국민의 건강과 혐연권을 보장하려고 흡연권을 제한하는 것으로서 그 제한에 합리적인 이유가 있다.

(5) 소결

「국민건강증진법」상 금연구역에서 흡연을 금지하는 규정은 비흡연자들과 흡연자들을 차별하기는 하지만, 합리적인 이유가 있어서 甲의 평등권을 침해하지 않는다.

4. 결론

「국민건강증진법」상 금연구역에서 흡연을 금지하는 규정은 甲의 흡연권과 평등권을 침해하지 않는다.

사례 5 ‖ 학교설치조례

[제7회 변호사시험]

A도 교육청 교육감 甲은 교육의 경제적 효율성을 제고하고 인구절벽이라는 시대상황을 정책에 반영하기 위하여, ① 전체 재학생수가 10명 미만인 초등학교의 경우 인근 학교와의 적극적인 통·폐합을 추진하고, ② 전체 재학생수가 3명 미만인 경우에는 해당 학교를 폐지하기 위한 작업을 준비하였다. 또한 A도의회는 2016. 12. 20. 'A도 학교설치 조례' 제2조의 [별표 1] 란 중 "다동초등학교"란을 삭제하는 내용의 'A도 학교설치조례 개정안'을 의결하였다. 이 조례는 2016. 12. 31. 공포되었고, 이 조례에 대해서는 어떠한 재의요구도 없었다.

한편 A도 도지사 乙은 도내 교육 행정의 최종적 권한은 지방자치단체인 A도가 보유하는 것이고, 위 조례가 현재로서는 시기상조임을 지적하며 문제를 제기하였다. 위 조례 공포 후 乙은 2017. 1. 8. A도 교육청에 대하여 '재학생 10명 미만 재적 초등학교의 폐지에 관한 업무 추진 실태'에 관한 감사실시계획을 통보하였다. 이에 교육감 甲은 A도의 감사계획 통보는 甲의 학교폐지에 관한 권한을 침해하였다고 주장하면서, 2017. 2. 28. 헌법재판소에 A도를 상대로 권한쟁의심판을 청구하였다.

다른 한편 A도의 도민인 다동초등학교의 학부모 丙과 丙의 자녀인 丁은 2017. 1. 10. 위 조례에 대하여 통학조건의 변화로 인한 기본권 침해를 주장하며 헌법소원심판을 청구하였다.

1. 丙과 丁이 청구한 헌법소원심판의 적법성에 대하여 판단하시오.
2. 丙과 丁의 기본권 침해 여부에 대하여 검토하시오.
3. 교육감 甲의 권한쟁의심판청구의 적법성에 대하여 판단하시오.

참조조문

※ 아래의 법령은 가상의 것임을 전제로 한다.

「지방교육자치에 관한 법률」
제2조(교육·학예사무의 관장) 지방자치단체의 교육·과학·기술·체육 그 밖의 학예(이하 "교육·학예"라 한다)에 관한 사무는 특별시·광역시 및 도(이하 "시·도"라 한다)의 사무로 한다.
제3조(「지방자치법」과의 관계) 지방자치단체의 교육·학예에 관한 사무를 관장하는 기관의 설치와 그 조직 및 운영 등에 관하여 이 법에서 규정한 사항을 제외하고는 그 성질에 반하지 않는 한 「지방자치법」의 관련 규정을 준용한다. 이 경우 "지방자치단체의 장" 또는 "시·도지사"는 "교육감"으로, "지방자치단체의 사무"는 "지방자치단체의 교육·학예에 관한 사무"로, "자치사무"는 "교육·학예에 관한 자치사무"로, "행정안전부장관"·"주무부장관" 및 "중앙행정기관의 장"은 "교육부장관"으로 본다.
제18조(교육감) ① 시·도의 교육·학예에 관한 사무의 집행기관으로 시·도에 교육감을 둔다.
② 교육감은 교육·학예에 관한 소관 사무로 인한 소송이나 재산의 등기 등에 대하여 당해 시·도를 대표한다.
제19조(국가행정사무의 위임) 국가행정사무 중 시·도에 위임하여 시행하는 사무로서 교육·학예에 관한 사무는 교육감에게 위임하여 행한다. 다만, 법령에 다른 규정이 있는 경우에는 그러하지 아니하다.
제20조(관장사무) 교육감은 교육·학예에 관한 다음 각 호의 사항에 관한 사무를 관장한다.
  1. 조례안의 작성 및 제출에 관한 사항
  2. 예산안의 편성 및 제출에 관한 사항
  3. 결산서의 작성 및 제출에 관한 사항
  4. 교육규칙의 제정에 관한 사항
  5. 학교, 그 밖의 교육기관의 설치·이전 및 폐지에 관한 사항
  6. 교육과정의 운영에 관한 사항

「초·중등교육법시행령」

제15조(취학아동명부의 작성 등) ① 읍·면·동의 장은 매년 10월 1일 현재 그 관내에 거
주하는 자로서 그 해 1월 1일부터 12월 31일까지 연령이 만 6세에 달하는 자를 조사
하여 그 해 10월 31일까지 취학아동명부를 작성하여야 한다. 이 경우 제3항에 따라 만
6세가 되는 날이 속하는 해에 입학연기를 신청하여 취학아동명부에서 제외된 자는 포
함하여야 한다.

② 취학아동의 조사 및 명부작성에 관하여 필요한 사항은 교육감이 정한다.

개정된 「A도 학교설치 조례」

제2조 ① A도 내 도립초등학교는 [별표 1]과 같이 설치한다.

[별표 1]의 내용

A도 내 도립초등학교

(개정 전)	(개정 후)
A도 B군	A도 B군
1. 가동 초등학교 2. 나동 초등학교 3. 다동 초등학교	1. 가동 초등학교 2. 나동 초등학교 3. (삭제)

※ 별도의 부칙은 없음

〈목 차〉

I. 헌법소원심판 적법 여부

1. 문제의 소재

'A도 학교설치 조례'에 대한 丙과 丁의 헌법소원심판 청구가 적법하려면 ① 기본권주체성(청구인능력), ② 대상적격(헌법소원심판 대상: 공권력의 행사 또는 불행사), ③ 자기관련성, ④ 현재성, ⑤ 직접성, ⑥ 보충성(헌법재판소법 제68조 제1항 단서), ⑦ 청구기간(헌법재판소법 제60조 제1항), ⑧ 권리보호이익, ⑨ 변호사강제주의(헌법재판소법 제25조 제3항), ⑩ 일사부재리(헌법재판소법 제39조)의 요건을 충족하여야 한다.

2. 청구인능력

헌법소원심판을 청구할 수 있는 사람은 헌법상 기본권주체에 국한된다(헌법재판소법 제68조 제1항). 이때 기본권주체에는 자연인만이 아니라 성질상 법인이 누릴 수 있는 기본권에 관해서는 법인도 포함된다. 그리고 대표자의 정함이 있고 독립된 사회조직체로 활동하는 비법인사단도 포함된다. 국가나 국가기관, 국가사무를 위임받은 공법인이나 그 기관은 기본권의 수범자이지 기본권주체가 아니므로 헌법소원심판을 청구할 수 없다. 그러나 예외적으로 국가에 대해서 독립성이 있고 독자적인 기구로서 해당 기본권 영역에서 개인의 기본권 실현에 이바지하면 기본권주체로서 인정된다.

사안에서 학부모 丙과 그 자녀인 丙은 모두 자연인으로서 기본권주체성이 인정되어 청구인능력이 있다.

3. 대상적격

헌법소원심판은 헌법에 위반되는 모든 공권력의 행사나 불행사에 대해서 청구할 수 있다. 모든 공권력의 행사나 불행사는 입법권, 집행권, 사법권을 행사하는 모든 국가기관의 적극적인 작위와 소극적인 부작위를 말하는데, 다만 법원의 재판은 여기서 제외된다(헌법재판소법 제68조 제1항).

조례제정행위는 지방자치단체의 자치입법권 행사로서 입법권에 해당하여 공권력에 속한다. 그런데 헌법 제107조 제2항에 따라서 조례를 포함한 명령·규칙의 위헌 여부가 재판의 전제가 되면 그에 대한 위헌심사권은 법원의 권한이다. 그러나 명령·규칙의 위헌 여부가 재판의 전제가 되지 않으면 헌법재판소가 그에 대한 위헌 여부를 심사한다. 사안에서 'A도 학교설치 조례'의 위헌 여부는 재판의 전제가 되지 않으므로 헌법소원심판 대상이 되는 공권력에 해당한다.

4. 자기관련성

자기관련성은 공권력 작용으로 말미암아 청구인 '자신의 기본권'이 법적으로 침해될 가능성이 있어야 한다는 것이다. 따라서 원칙적으로 공권력의 행사나 불행사의 직접 상대방에게만 자기관련성이 인정된다. 다만, 공권력 작용의 직접 상대방이 아닌 제3자라도 공권력 작용이 그 제3자의 기본권을 직접적이고 법적으로 침해하면 그 제3자에게도 예외적으로 자기관련성이 인정된다.

사안에서 'A도 학교설치 조례'는 학생 丁과 학부모 丙을 직접 상대방으로 하는 것이 아니라 '다동초등학교' 폐지를 내용으로 한다. 그러나 '다동초등학교'가 폐지되면 학생 丁은 자신이 다닐 학교선택권을, 학부모 丙은 자녀가 다닐 학교선택권을 직접 법적으로 침해받으므로 자기관련성이 인정된다.

5. 현재성

헌법소원심판이 적법하려면 원칙적으로 청구인에 대한 기본권 침해는 현재 일어난 상태일 것, 즉 현재성이 요구된다. 하지만 기본권 침해가 앞날에 발생하더라도 그 침해가 현재 확실히 예측되고 기본권구제 실효성을 기할 필요가 있으면 현재성이 인정된다(상황성숙성 이론).

사안에서 학교 폐지는 지방의회의 조례 의결과 그 공포로써 효력이 발생하여 완결된다. 즉 'A도 학교설치 조례'에는 특별한 규정이 없으므로 공포된 2016. 12. 31.부터 20일이 지나면 '다동초등학교'는 폐지된다(지방자치법 제26조 제8항). 즉 2017. 1. 21.에 'A도 학교설치 조례'는 아직 효력이 발생하지 않았다.

따라서 헌법소원심판 청구를 청구한 2017. 1. 10.에는 '다동초등학교'는 아직 폐지되지 않았다. 그러나 조례가 일반적 효력을 발생하기 전이라도 공포되어 있고, 그로 말미암아 사실상 위험성이 이미 발생하면, 기본권 침해를 받은 자에게 회복불능이거나 중대한 손해 발생을 피하기 위해서 예외적으로 침해의 현재성이 인정된다.

사안에서는 'A도 학교설치 조례'가 이미 공포되고, 이 조례가 효력을 발생하면 '다동초등학교'는 즉시 폐지되어 회복할 수 없는 중대한 손해가 발생할 것이 분명하므로 丙과 丁의 기본권 침해의 현재성은 예외적으로 인정된다.

6. 직접성

헌법소원심판 청구인은 공권력작용으로 말미암아 직접 기본권이 침해되어야 한다. 이러한 직접성 요건은 법령소원에서 특히 중요한 의미가 있다. 기본권 침해의 직접성이란 집행행위를 통하지 아니하고 법령 자체에 따라서 자유 제한, 의무 부과, 권리나 법적 지위 박탈이 생긴 경우를 뜻한다.

사안에서 'A도 학교설치 조례'는 집행행위 매개 없이 '다동초등학교'를 폐지함으로써 학생 丁의 학교선택권과 학부모 丙의 자녀가 다닐 학교선택권이 직접 침해되므로 직접성 요건을 충족한다.

7. 보충성

헌법소원심판 청구는 다른 법률에 구제절차가 있으면 그 절차를 모두 거친 후에 청구할 수 있다(헌법재판소법 제68조 제1항 단서). 이를 헌법소원의 보충성이라고 하며, 주로 처분소원에서 문제가 된다. 여기서 구제절차는 공권력의 행사나 불행사를 직접 대상으로 하여 그 효력을 다툴 수 있는 구제절차를 말하므로, 사후적·보충적 구제수단인 손해배상청구나 손실보상청구는 구제절차에 해당하지 않는다.

법령 자체의 직접적인 기본권 침해가 문제 되면 그 법령 자체의 효력을 다투는 것을 소송물로 하여 일반 법원에 소를 제기할 길이 없어서 구제절차가 있는 때가 아니므로 보충성 요건이 적용되지 않는다.

① 헌법소원심판청구인이 그의 불이익으로 돌릴 수 없는 정당한 이유 있는 착오로 전심절차를 밟지 않은 때, ② 전심절차로 권리가 구제될 가능성이 거의 없거나 ③ 권리구제절차가 허용되는지가 객관적으로 불확실하여 전심절차 이행 가능성이 없을 때는 보충성의 예외로서 바로 헌법소원심판을 청구할 수 있다.

'A도 학교설치 조례'는 이른바 처분적 조례로서 항고소송 대상이 되는지가 객관적으로 불확실하여 전심절차 이행 가능성이 없으므로 보충성의 예외로서 이에 대해서 바로 헌법소원심판을 청구할 수 있다.

8. 청구기간

헌법재판소법 제68조 제1항에 따른 헌법소원심판은 기본권의 침해사유가 있음을 안 날부터 90일 이내에, 그 사유가 있는 날부터 1년 이내에 청구하여야 한다. 다만, 다른 법률에 따른 구제절차를 거친 헌법소원심판은 그 최종결정을 통지받은 날부터 30일 이내에 청구하여야 한다(헌법재판소법 제69조 제1항).

사안에서 'A도 학교설치 조례'는 2017. 1. 21.에 효력을 발생하므로 청구시점에는 아직 기본권 침해가 없으나 앞날에 확실히 기본권 침해가 예측되므로 미리 앞당겨 현재의 법적 관련성을 인정한 것이므로 청구기간 도과 문제가 발생할 여지가 없다.

9. 권리보호이익

헌법소원제도는 국민의 기본권 침해를 구제하는 제도이다. 그러므로 그 제도 목적상 권리보호이익이 있어야 비로소 헌법소원심판을 청구할 수 있다. 그러나 헌법소원은 개인의 주관적 권리구제 기능뿐 아니라 객관적인 헌법질서 보장기능도 수행하므로 ① 주관적 권리구제에 도움이 되지 않아도 그러한 침해행위가 앞으로도 반복될 위험이 있거나 ② 해당 분쟁 해결이 헌법질서의 수호·유지를 위해서 긴요한 사항이어서 그 해명이 헌법적으로 중대한 의미를 지니면 헌법소원의 이익을 인정할 수 있다.

사안에서 헌법재판소가 'A도 학교설치 조례'를 위헌이라고 선언하면 그 효력이 상실되어 '다동초등학교'는 폐지되지 않아서 丙과 丁의 학교선택권은 회복될 것이므로 권리보호이익이 인정된다.

10. 변호사강제주의

헌법재판소법 제25조 제3항을 따르면 헌법소원은 당사자가 변호사 자격이 있는 때가 아닌 한 변호사를 대리인으로 선임하지 아니하면 심판청구를 할 수 없다.

사안에서는 甲이 변호사 자격이 있는지와 및 변호사를 대리인으로 선임하였는지를 확인할 수 없다.

11. 일사부재리

헌법재판소는 이미 심판을 거친 같은 사건에 대해서는 다시 심판할 수 없다(헌법재판소법 제39조). 헌법재판소가 심판한 사건에 대해서 다시 헌법소송을 제기하거나 헌법재판소 결정에 대해 불복을 하는 헌법소송을 제기하게 되면, 이것은 헌법소송 요건을 갖추지 못한다.

그러나 이 헌법소원심판을 청구하는 사건에 관해서는 이전에 헌법재판소가 심판한 것이 드러나지 않으므로 일사부재리원칙을 충족한 것으로 보인다.

12. 결론

丙이 변호사 자격이 있거나 변호사를 대리인으로 선임하였다면, 'A도 학교설치 조례'에 대한 丙과 丁의 헌법소원심판 청구는 다른 적법요건을 모두 충족하여 적법하다.

II. 기본권 침해 여부

1. 문제의 소재

사안에서 먼저 'A도 학교설치 조례'가 제한하는 기본권이 무엇인지, 다음

으로 법률이 아닌 조례로 기본권을 제한할 수 있는지, 끝으로 헌법 제37조 제2
항의 과잉금지원칙과 헌법 제11조 평등원칙을 위반하는지가 문제 된다.

2. 문제 되는 기본권

(1) 학생 丁의 학교선택권

헌법 제10조가 보장하는 행복추구권은 일반적인 행동의 자유와 인격의 자
유로운 발현권을 포함한다. 학생은 교육을 받을 때 자신의 인격, 특히 성향이
나 능력을 자유롭게 발현할 수 있는 권리가 있다. 학생은 인격 발전을 위해서
어느 정도는 부모와 학교의 교사 등 다른 사람의 결정을 필요로 하는 인격체이
지만, 부모와 국가에 의한 교육의 단순한 대상이 아닌 독자적인 인격체이며,
그의 인격은 성인과 마찬가지로 보호되어야 하기 때문이다. 따라서 헌법은 국
가의 교육권한과 부모의 교육권의 범주 안에서 학생에게도 자신의 교육에 관
하여 스스로 결정할 권리, 즉 자유롭게 교육을 받을 권리를 부여하고, 학생은
국가의 간섭을 받지 아니하고 자신의 능력과 개성, 적성에 맞는 학교를 자유롭
게 선택할 권리가 있다.

'A도 학교설치 조례'는 학생 丁이 현재 다니는 '다동초등학교'를 폐지하여
학생 丁이 '다동초등학교'를 다니지 못하게 함으로써 丁의 학교선택권을 제약
(제한)한다.

(2) 학부모 丙의 자녀학교선택권

'부모의 자녀에 대한 교육권'은 비록 헌법에 명문으로 규정되지는 아니하
지만, 이는 모든 인간이 국적과 관계없이 누리는 양도할 수 없는 불가침의 인
권으로서 혼인과 가족생활을 보장하는 헌법 제36조 제1항, 행복추구권을 보장
하는 헌법 제10조 및 "국민의 자유와 권리는 헌법에 열거되지 아니한 이유로
경시되지 아니한다."라고 규정하는 헌법 제37조 제1항에서 나오는 중요한 기본
권이다. 이러한 부모의 자녀교육권은 학교 영역에서는 부모가 자녀의 개성과
능력을 고려하여 자녀의 학교교육에 관한 전반적 계획을 세운다는 것에 기초
하고, 자녀 개성의 자유로운 발현을 위하여 그에 상응한 교육과정을 선택할 권
리, 즉 자녀의 교육진로에 관한 결정권 내지는 자녀가 다닐 학교를 선택하는

권리로 구체화한다.

'A도 학교설치 조례'는 학생 丁이 현재 다니는 '다동초등학교'를 폐지하여 학부모 丙의 자녀학교선택권을 제약(제한)한다.

(3) 교육을 받을 권리나 의무교육을 받을 권리

헌법 제31조 제3항은 "모든 국민은 능력에 따라 균등하게 교육을 받을 권리를 가진다."라고 규정하여 국민의 교육을 받을 권리를 기본권으로 보장한다. 교육을 받을 권리는 교육을 받을 수 있도록 국가의 적극적인 배려를 요구할 수 있는 권리이다. 그리고 헌법 제31조 제2항과 제3항에서는 무상의 의무교육을 규정한다.

특정한 학교를 선택할 권리가 교육을 받을 권리나 무상의 의무교육을 받을 권리의 내용은 아니고, 丁이 현재 다니는 '다동초등학교'를 폐지한다고 하여 丁이 다른 초등학교에서 교육받을 기회까지 박탈되거나 무상의 초등교육을 받을 권리가 부정되는 것도 아니다. 따라서 'A도 학교설치 조례'가 학생 丁의 교육을 받을 권리나 의무교육을 받을 권리를 제한하지 않는다.

(4) 평등권

헌법 제11조 제1항 제1문은 "모든 국민은 법 앞에 평등하다."라고 규정한다. 여기서 법률은 형식적 의미의 법률만을 의미하지 아니하고 한 나라의 법체계를 형성하는 모든 법규범을 말한다. 그리고 헌법 제10조 제2문 국가의 기본권보장의무규정과 헌법상 실질적 법치국가원리에 비추어 법 앞의 평등의 의미에는 법적용상 평등뿐 아니라 법내용의 평등도 포함되어서 입법자도 구속된다(이른바 입법자구속설). 평등의 규범적 의미는 합리적 근거가 있는 차별은 허용된다는 의미에서 상대적 평등으로 파악된다.

사안에서 'A도 학교설치 조례'는 전체 재학생수가 많고 적음을 기준으로 전체 재학생수가 10명 미만인 학교인 '다동초등학교'를 폐지한다. 이것은 전체 재학생수에 따라 초등학교를 차별하는 것으로 차별에 해당한다. 이에 따라서 '다동초등학교'에 다니는 학생 丁과 학부모 丙의 평등권이 제약(제한)된다.

(5) 소결

'A도 학교설치 조례'는 학생 丁의 학교를 선택할 권리와 학부모 丙의 자녀 학교선택권 그리고 丁과 丙의 평등권을 제약(제한)한다.

3. 법률유보원칙 위배 여부

헌법 제37조 제2항은 "국민의 모든 자유와 권리는 … 법률로써 제한할 수 있으며 …"라고 하여 헌법이 보장한 기본권은 법률로써 제한할 수 있다고 규정한다. 여기서 '법률로써'는 '법률에 의하여'와 '법률에 근거하여'를 아우른다. 따라서 기본권 제한은 직접 법률에 의하거나 법률에 근거를 둔 법규명령이나 조례에 따라서만 가능하다.

'A도 학교설치 조례'는 지방자치법 제22조, 제26조, 제39조 제1항 제1호, 제144조 제1항과 제2항, '지방교육자치에 관한 법률' 제2조와 제3조 등에 위임 근거가 있다. 따라서 'A도 학교설치 조례'에 따른 丙과 丁의 기본권 제약(제한)은 법률유보원칙에 어긋나지 않는다.

4. 과잉금지원칙 위반 여부

(1) 과잉금지원칙의 개념과 내용

국가작용 중 특히 입법작용에서 과잉(입법)금지원칙은 국가가 국민의 기본권을 제한하는 내용의 입법활동을 할 때 준수하여야 할 기본원칙이나 입법활동 한계를 뜻한다. 따라서 국민의 기본권을 제한하는 입법은 그 목적이 정당하여야 하고, 방법(수단)이 적합하여야 하며, 침해의 최소성과 법익의 균형성을 갖추어야 한다. 과잉금지원칙은 헌법 제37조 제2항에서 도출된다.

(2) 목적의 정당성

국민의 기본권을 제한하는 입법은 그 목적이 헌법과 법률의 체계 안에서 정당성을 인정받을 수 있어야 한다. 이때 정당성이란 그 자체의 목적이 정당하여야 할 뿐 아니라 헌법에 규정된 다른 헌법이념·헌법원리와도 배치되어서는 안 된다는 것을 뜻한다.

‘A도 학교설치 조례’의 입법목적은 교육의 경제적 효율성 제고와 인구절벽이라는 시대상황의 정책 반영이다. 이것은 공공복리에 해당하여 목적의 정당성이 인정된다.

(3) 수단의 적합성

국민의 기본권을 제한하는 입법을 할 때 법률에 규정된 기본권 제한의 방법은 입법목적을 달성하기 위한 방법으로서 효과적이고 적절한 것이어야 한다.

전체 재학생수가 10명 미만인 초등학교를 폐지하는 것은 교육의 경제적 효율성 제고와 인구절벽이라는 시대상황의 정책 반영이라는 입법목적 달성에 이바지하므로 수단의 적합성도 인정된다.

(4) 침해의 최소성

입법자가 선택한 기본권 제한조치가 설사 입법목적을 달성하기 위해서 적절한 것일지라도 그 밖의 더 완화한 수단이나 방법을 모색함으로써 그 제한을 필요최소한의 것이 되게 하여야 한다.

‘다동초등학교’가 폐지되면 ‘다동초등학교’를 다니던 학생들은 더는 자신의 지역 안에서는 학교를 다닐 수 없는데 이것은 예상할 수 없었던 일일 뿐 아니라 이들을 구제할 수단이 마련되지 않아서 피해가 크다. 더구나 거주지 인근에 다닐만한 학교가 없으면 사실상 초등학교 교육을 받지 못하는 사태가 발생할 수도 있다. 그런데 ‘다동초등학교’를 즉시 폐지하는 것 이외에도 신입생을 더는 받지 않고 현재 재학생이 졸업할 때까지 기다려 자연스럽게 폐지시킬 수도 있고, 학교 운영에 필요한 교사와 예산을 줄이면서 폐지를 준비할 수도 있다. 이러한 점에서 침해의 최소성은 충족되지 않는다.

(5) 법익의 균형성

어떤 행위를 규제함으로써 초래되는 사적 불이익과 그 행위를 방치함으로써 초래되는 공적 불이익을 비교하여 규제함으로써 초래되는 공익이 크거나 적어도 양자 사이에 균형이 유지되어야 한다.

예상하지 못한 ‘다동초등학교’ 폐지로 말미암아 침해되는 사익은 크고 현실적이지만, ‘교육의 경제적 효율성 제고와 인구절벽이라는 시대상황의 정책 반영'이라는 공익은 추상적일 뿐 아니라 즉시 달성되어야 할 것이 아니다. 따라서 공익이 사익보다 크다고 볼 수 없어 법익의 균형성도 충족되지 않는다.

(6) 소결

'A도 학교설치 조례'는 침해의 최소성과 법익의 균형성을 충족하지 못하여 과잉금지원칙에 위반된다.

5. 평등권 침해 여부

차별을 정당화할 수 있는지를 심사할 때 사용하는 기준에는 자의금지원칙과 비례성원칙이 있다. 헌법재판소 판례를 따르면 ① 헌법이 특별히 평등을 요구할 때와 ② 차별적 취급으로 말미암아 관련 기본권에 중대한 제한을 초래하게 될 때 입법자는 입법형성권이 축소되므로 상대적으로 엄격한 심사기준인 비례성원칙이 적용될 수 있다고 한다.

사안에서 전체 재학생수를 기준으로 차별하는 것을 금지하는 헌법규정을 찾을 수 없어 헌법이 특별히 평등을 요구한다고 볼 수 없고, '다동초등학교'가 폐지되더라도 丁이 초등교육을 받을 수 없는 것은 아니라는 점에서 중대한 제한이 초래된다고 보기도 어렵다. 따라서 자의금지원칙에 따라 평등권 침해 여부가 심사되어야 한다. '교육의 경제적 효율성 제고와 인구절벽이라는 시대상황의 정책 반영'이라는 공익을 달성하기 위해서 '다동초등학교'를 폐지하는 것이므로 차별을 정당화하는 합리적 이유가 있다. 따라서 丁과 丙의 평등권은 침해되지 않는다.

6. 결론

'A도 학교설치 조례'는 법률에 위임 근거가 있어 법률유보원칙에 위배되지 않지만, 과잉금지원칙에 위반되어 학생 丁의 학교선택권과 丙의 자녀학교선택권을 침해한다. 그러나 차별을 정당화하는 합리적 이유가 있어 丙과 丁의 평등권을 침해되지 않는다.

Ⅲ. 권한쟁의심판 청구의 적법 여부

1. 문제의 소재

교육감 丙의 권한쟁의심판 청구가 적법하려면 ① 당사자능력, ② 당사자
적격, ③ 피청구인의 처분이나 부작위 존재, ④ 권한의 침해나 현저한 침해위
험의 가능성, ⑤ 청구기간, ⑥ 심판 청구 이익의 요건을 충족하여야 한다. 따라
서 권한쟁의심판 청구가 이러한 요건을 갖추었는지를 살펴보아야 한다.

2. 당사자능력

권한쟁의심판에서는 헌법 제111조 제1항 제4호에 따라서 국가기관과 지방
자치단체에 당사자능력이 인정된다. 헌법 제117조 제2항은 지방자치단체의 종
류를 법률로 정하도록 규정한다. 지방자치법 제2조 제1항에서는 지방자치단체
의 종류를 특별시, 광역시, 특별자치시, 도, 특별자치도와 시, 군, 구로 정한다.
헌법재판소법 제62조 제1항 제3호도 지방자치단체에 의한 권한쟁의심판의 종
류로 '특별시·광역시·특별자치시·도 또는 특별자치도'와 '시·군 또는 자치구'
를 들고 있다.

교육감은 시·도의 교육·학예에 관한 사무의 '집행기관'이지('지방교육자치에
관한 법률' 제18조 제1항), 헌법과 법률이 규정하는 지방자치단체가 아니다. 그리
고 헌법과 법률에서 규정하는 지방자치단체 '상호간'의 권한쟁의심판에서 말하
는 '상호간'은 '서로 상이한 권리주체간'을 뜻한다. 따라서 시·도의 교육·학예
에 관한 사무의 '집행기관'인 교육감과 해당 지방자치단체 사이의 내부적 분쟁
에 관련된 심판 청구는 '서로 상이한 권리주체간'의 권한쟁의심판으로 볼 수 없
다. 따라서 교육감 甲은 권한쟁의심판의 당사자능력이 없다. A도는 헌법과 법
률에서 규정하는 지방자치단체이므로 당사자능력이 인정된다.

3. 당사자적격

권한쟁의심판에서 당사자적격이 있는 정당한 당사자는 구체적인 권한 침

해나 권한 침해의 위험이 있다고 스스로 주장하여 헌법재판소 심판을 받게 된 청구인과 그 상대방이 된 피청구인이다.

청구인적격은 헌법이나 법률에 의해서 부여받은 '자신'의 권한이 침해되었거나 침해될 현저한 위험이 있을 때 헌법재판소에 권한쟁의심판을 청구하고 본안판단을 받을 적합한 자격을 말한다. 사안에서 甲이 침해되었다고 주장하는 '학교폐지에 관한 권한'은 '지방교육자치에 관한 법률' 제20조 제5항에 따라서 교육감에 부여된 권한이므로 교육감 甲의 청구인적격은 인정된다.

피청구인적격은 특정한 처분이나 부작위로 청구인의 권한을 침해하였거나 침해할 현저한 위험을 발생시킨 국가기관이나 지방자치단체를 말한다. '학교폐지에 관한 권한'을 둘러싼 다툼을 일으킨 피청구인 A도의 감사계획 통보는 지방자치법 제9조 제2항 제5호 가목에 근거하여 인정되는 자신의 권한을 행사한 것이므로 A도는 피청구인적격이 인정된다.

4. 피청구인의 처분이나 부작위 존재

헌법재판소법 제61조 제2항을 따르면, 피청구인의 '처분 또는 부작위'에 따라서 청구인의 권한이 침해될 것이 요구된다. 여기서 처분은 모든 법적 행위뿐 아니라 단순한 사실행위, 대외적일 뿐 아니라 대내적인 행위 그리고 개별적 결정뿐 아니라 일반적 규범 정립까지 포함한다.

피청구인 A도의 감사실시계획 통보는 교육감 甲에게 새로운 의무를 부과하는 것이 아니고, 교육감의 법적 지위에 어떤 변화를 주는 것도 아니다. 따라서 교육감의 법적 지위에 아무런 변화도 초래하지 않는 피청구인 A도의 감사실시계획 통보는 권한쟁의심판 대상이 되는 처분에 해당하지 않는다.

5. 권한의 침해나 현저한 침해위험의 가능성

권한쟁의심판을 청구하려면 청구인의 권한이 '침해되었거나 현저한 침해위험'이 있어야 한다(헌법재판소법 제61조 제2항). 권한의 '침해'는 피청구인의 위헌 또는 위법한 행위로 말미암아 청구인의 권한이 박탈당하거나 권한 일부가 잠식당하거나 권한 행사에 중대한 장애가 발생하는 것 등 청구인의 권한법질서상 지위가 불리해지는 때를 말한다. 현저한 위험은 매우 급하게 조만간 권한 침해에 이르게 될 개연성이 현저히 높은 상황을 이른다.

피청구인 A도의 감사실시계획 통보는 권한쟁의심판 대상이 되는 처분에 해당한다고 볼 수 없어서 교육감 甲의 권한을 침해하거나 침해할 가능성이 없다.

6. 청구기간

권한쟁의심판은 그 사유가 있음을 안 날부터 60일 이내, 그 사유가 있는 날부터 180일 이내 청구하여야 한다(헌법재판소법 제63조 제1항).

사안에서 甲은 감사실시계획을 통보받은 2017. 1. 8.부터 60일이 지나지 않은 2017. 2. 28. 권한쟁의심판을 청구하였으므로 청구기간은 준수하였다.

7. 심판 청구 이익

권한쟁의심판은 비록 객관소송이더라도 국가기관과 지방자치단체 사이의 권한쟁의로써 해결하여야 할 구체적 권리보호이익이 있어야 한다.

사안에서 A도의 감사계획 통보는 甲의 권한에 아무런 영향을 주지 않아 권한쟁의심판을 통해서 보호할 구체적 이익이 없다.

8. 결론

교육감 甲은 당사자능력이 없을 뿐 아니라 피청구인의 처분이나 부작위, 권한의 침해나 현저한 침해위험의 가능성, 심판 청구 이익이 없으므로, 교육감 甲의 권한쟁의심판 청구는 부적법하다.

사례 6 ‖ 일요일 시험과 종교의 자유

甲은 어려서부터 독실한 기독교 신자이다. 甲이 믿는 기독교는 일요일에 예배 행사 참석과 기도, 봉사 이외의 다른 업무를 일체 금지한다는 교리를 가지고 있다. 甲은 2018년 5급 공개경쟁채용(행정) 제1차에 합격하고 나서 제2차 시험일에 일요일이 포함되어 甲이 신봉하는 기독교 교리상 제2차 시험에 응시할 수 없었다. 이후 공무원의 꿈을 포기하지 못한 甲은 시험 준비를 계속하고 있다.

인사혁신처장 乙은 2019. 1. 2. 2019년도 국가공무원 공개경쟁채용시험 등 계획을 공고하였다. 여기서 5급 공개경쟁채용(행정) 제2차시험일을 6. 22.(토)부터 6. 27.(목)까지로 명시하였다. 이에 甲은 乙이 제2차 시험일에 일요일인 6. 23.을 포함하여 공고함으로써 자신의 기본권을 침해한다고 주장하면서 2019. 1. 15. 헌법재판소에 헌법소원심판을 청구하였다.

1. 甲이 청구한 헌법소원심판의 적법성에 관하여 판단하시오.
2. 2019년도 국가공무원 공개경쟁채용시험 등 계획 공고가 제약하는 甲의 기본 권을 찾으시오.
3. 2019년도 국가공무원 공개경쟁채용시험 등 계획 공고가 甲의 기본권을 침해 하는지 검토하시오.

참조조문

「공무원임용시험령」

제3조(시험실시기관 등) ① 다음 각 호의 어느 하나에 해당하는 시험은 인사혁신처장이 실시하고, 그 밖의 시험은 「공무원임용령」 제2조 제3호에 따른 소속 장관(이하 "소속 장관"이라 한다)이 「공무원임용령」 제8조에 따라 수립한 인력관리계획에 따라 실시한다. 다만, 소속 장관이 「국가공무원법」(이하 "법"이라 한다) 제28조 제2항 각 호 외의 부분 본문 및 단서에 따른 채용시험(이하 "경력경쟁채용시험등"이라 한다)을 실시하는 경우에는 그 필요성, 시험방법 등에 관하여 인사혁신처장이 정하는 바에 따라 법 제6조 제1항에 따른 중앙인사관장기관의 장과 협의를 거쳐야 한다.

1. 5급 이상 공무원의 공개경쟁채용시험 및 5급 공무원에의 승진시험

제4조(시험실시기관의 장의 직무 등) ① 시험실시기관의 장은 시험의 공고 및 시행, 합격자의 결정 및 통지, 임용후보자 명부의 작성, 그 밖에 시험실시에 필요한 사항을 관장한다.

제47조(시험의 공고) ① 시험실시기관의 장은 공개경쟁채용시험, 공개경쟁승진시험 또는 외교관후보자 선발시험을 실시하려면 다음 각 호의 사항을 모든 응시자가 알 수 있도록 시험기일 20일 전까지 일간신문, 방송 또는 인터넷, 그 밖의 효과적인 방법으로 공고하여야 한다. 다만, 공개경쟁채용시험 및 외교관후보자 선발시험의 시험 일정 등 미리 공고할 필요가 있는 사항은 시험기일 90일 전까지 공고하여야 하며, 불가피한 사유로 공고 내용을 변경할 경우에는 시험기일 7일 전까지 그 변경내용을 공고하여야 한다.

1. 법 제37조에 규정된 사항
2. 시험과목 및 배점비율
3. 합격자발표의 시기 및 방법
4. 응시원서의 교부 장소 및 접수 장소와 그 기한
5. 합격자에 대한 각종 특전 및 수혜에 관한 사항
6. 그 밖에 시험실시에 필요한 사항

〈목 차〉

헌재 2001. 9. 27. 2000헌마159 참조

Ⅰ. 헌법소원심판 적법 여부

1. 문제의 소재

2019년도 국가공무원 공개경쟁채용시험 등 계획 공고에 대한 甲의 헌법소원심판 청구가 적법하려면 ① 기본권주체성(청구인능력), ② 대상적격(헌법소원심판 대상: 공권력의 행사 또는 불행사), ③ 자기관련성, ④ 현재성, ⑤ 직접성, ⑥ 보충성(헌법재판소법 제68조 제1항 단서), ⑦ 청구기간(헌법재판소법 제60조 제1항), ⑧ 권리보호이익, ⑨ 변호사강제주의(헌법재판소법 제25조 제3항), ⑩ 일사부재리(헌법재판소법 제39조)의 요건을 충족하여야 한다.

2. 청구인능력

헌법소원심판을 청구할 수 있는 사람은 헌법상 기본권주체에 국한된다(헌법재판소법 제68조 제1항). 이때 기본권주체에는 자연인만이 아니라 성질상 법인이 누릴 수 있는 기본권에 관해서는 법인도 포함된다. 그리고 대표자의 정함이 있고 독립된 사회조직체로 활동하는 비법인사단도 포함된다. 국가나 국가기관, 국가사무를 위임받은 공법인이나 그 기관은 기본권의 수범자이지 기본권주체가 아니므로 헌법소원심판을 청구할 수 없다. 그러나 예외적으로 국가에 대해서 독립성이 있고 독자적인 기구로서 해당 기본권 영역에서 개인의 기본권 실현에 이바지하면 기본권주체로서 인정된다.

사안에서 甲은 자연인으로서 기본권주체성이 인정되어 청구인능력이 있다.

3. 대상적격

헌법소원심판은 헌법에 위반되는 모든 공권력의 행사나 불행사에 대해서 청구할 수 있다. 모든 공권력의 행사나 불행사는 입법권, 집행권, 사법권을 행사하는 모든 국가기관의 적극적인 작위와 소극적인 부작위를 말하는데, 다만 법원의 재판은 여기서 제외된다(헌법재판소법 제68조 제1항).

2019년도 국가공무원 공개경쟁채용시험 등 계획 공고는 국가공무원 공개경쟁채용시험의 실시계획을 일반에게 알리는 것을 내용으로 하는 통지행위로서 일반적으로 행정심판이나 행정쟁송의 대상이 될 수 있는 행정처분이나 공권력의 행사는 될 수 없다. 하지만 사전안내의 성격이 있는 통지행위라도 그 내용이 국민의 기본권에 직접 영향을 끼치는 내용이고 앞으로 법령의 뒷받침을 통해서 그대로 실시될 것이 틀림없을 것으로 예상될 수 있으면 그로 말미암아 직접 기본권 침해를 받게 되는 사람에게는 사실상 규범작용으로 말미암은 위험성이 이미 발생하였다고 볼 수 있어서 헌법소원심판 대상이 된다.

사안에서 시험방법과 과목은 공무원시험령에 이미 규정되어 있어서 그에 대한 공고는 이미 확정된 것을 단순히 알리는 데 지나지 않으나, 구체적인 시험일정과 장소는 2019년도 국가공무원 공개경쟁채용시험 등 계획 공고에 따라서 비로소 확정된다. 따라서 2019년도 국가공무원 공개경쟁채용시험 등 계획 공고는 헌법소원심판의 대상이 되는 공권력 행사에 해당한다.

4. 자기관련성

자기관련성은 공권력 작용으로 말미암아 청구인 '자신의 기본권'이 법적으로 침해될 가능성이 있어야 한다는 것이다. 따라서 원칙적으로 공권력의 행사나 불행사의 직접 상대방에게만 자기관련성이 인정된다. 다만, 공권력 작용의 직접 상대방이 아닌 제3자라도 공권력 작용이 그 제3자의 기본권을 직접적이고 법적으로 침해하면 그 제3자에게도 예외적으로 자기관련성이 인정된다.

사안에서 2019년도 국가공무원 공개경쟁채용시험 등 계획 공고에 따라 제2차 시험일에 일요일이 포함됨에 따라 甲은 제2차 시험에 응시할 수 없어 공무원이 될 기회를 상실한다. 따라서 甲의 자기관련성은 인정된다.

5. 현재성

헌법소원심판이 적법하려면 원칙적으로 청구인에 대한 기본권 침해는 현재 일어난 상태일 것, 즉 현재성이 요구된다. 하지만 기본권침해가 앞날에 발생하더라도 그 침해가 현재 확실히 예측되고 기본권구제 실효성을 기할 필요가 있으면 현재성이 인정된다(상황성숙성 이론).

사안에서 2019년도 국가공무원 공개경쟁채용시험 등 계획 공고에 따라 제2차 시험일이 확정되어 甲은 제2차 시험에 응시할 수 없음을 현재 확실히 예측되므로 기본권구제 실효성을 기할 필요가 있으므로 현재성도 인정된다.

6. 직접성

헌법소원심판 청구인은 공권력작용으로 말미암아 직접 기본권이 침해되어야 한다. 이러한 직접성 요건은 법령소원에서 특히 중요한 의미가 있다. 기본권 침해의 직접성이란 집행행위를 통하지 아니하고 법령 자체에 따라서 자유 제한, 의무 부과, 권리나 법적 지위 박탈이 생긴 경우를 뜻한다.

사안에서 2019년도 국가공무원 공개경쟁채용시험 등 계획 공고에 따른 제2차 시험일 확정으로 집행행위 없이 직접 甲의 기본권이 제약된다. 따라서 직접성이 충족된다.

7. 보충성

헌법소원심판 청구는 다른 법률에 구제절차가 있으면 그 절차를 모두 거친 후에 청구할 수 있다(헌법재판소법 제68조 제1항 단서). 이를 헌법소원의 보충성이라고 하며, 주로 처분소원에서 문제가 된다. 여기서 구제절차는 공권력의 행사나 불행사를 직접 대상으로 하여 그 효력을 다툴 수 있는 구제절차를 말하므로, 사후적 보충적 구제수단인 손해배상청구나 손실보상청구는 구제절차에 해당하지 않는다.

법령 자체의 직접적인 기본권 침해가 문제 되면 그 법령 자체의 효력을 다투는 것을 소송물로 하여 일반 법원에 소를 제기할 길이 없어서 구제절차가 있는 때가 아니므로 보충성요건이 적용되지 않는다.

① 헌법소원심판 청구인이 그의 불이익으로 돌릴 수 없는 정당한 이유 있는 착오로 전심절차를 밟지 않은 때, ② 전심절차로 권리가 구제될 가능성이 거의 없거나 ③ 권리구제절차가 허용되는지가 객관적으로 불확실하여 전심절차 이행 가능성이 없을 때는 보충성의 예외로서 바로 헌법소원심판을 청구할 수 있다.

2019년도 국가공무원 공개경쟁채용시험 등 계획 공고는 행정심판이나 행정소송의 대상이 되는 처분이나 공권력 행사에 해당하지 않아 이에 대해서 다툴 수 있는 구제절차가 없다. 따라서 보충성은 문제 되지 않는다.

8. 청구기간

헌법재판소법 제68조 제1항에 따른 헌법소원심판은 기본권의 침해사유가 있음을 안 날부터 90일 이내에, 그 사유가 있는 날부터 1년 이내에 청구하여야 한다. 다만, 다른 법률에 따른 구제절차를 거친 헌법소원심판은 그 최종결정을 통지받은 날부터 30일 이내에 청구하여야 한다(헌법재판소법 제69조 제1항).

사안에서 甲은 2019년도 국가공무원 공개경쟁채용시험 등 계획에 따라 시행될 제1차 시험에 붙어야 비로소 제2차 시험에 응시하지 못하게 되는 기본권 침해가 발생한다. 아직 기본권 침해가 없으나 앞날에 확실히 기본권 침해가 예측되어서 미리 현재성이 인정되어도 청구기간이 진행되지 않아 청구기간 도과 문제는 생기지 않는다.

9. 권리보호이익

헌법소원제도는 국민의 기본권 침해를 구제하는 제도이다. 그러므로 그 제도 목적상 권리보호이익이 있어야 비로소 헌법소원심판을 청구할 수 있다. 그러나 헌법소원은 개인의 주관적 권리구제 기능뿐 아니라 객관적인 헌법질서 보장기능도 수행하므로 ① 주관적 권리구제에 도움이 되지 않아도 그러한 침해행위가 앞으로도 반복될 위험이 있거나 ② 해당 분쟁 해결이 헌법질서의 수호·유지를 위해서 긴요한 사항이어서 그 해명이 헌법적으로 중대한 의미를 지니면 헌법소원의 이익을 인정할 수 있다.

사안에서 甲이 제2차 시험에 응시하려면 제1차 시험에 합격하여야 한다. 그런데 甲은 아직 제1차 시험을 치르지 않아 제2차 시험 응시 여부가 확정되지 않았다. 물론 2018년도에 5급 공개경쟁채용(행정) 제1차 시험에 합격하였으나 2018년도 제2차 시험은 이미 종료되어 甲이 다시 응시하는 것은 불가능하다. 따라서 甲은 권리보호이익이 없다. 그러나 매년 일요일을 포함하여 제2차 시험이 시행될 예정이라서 5급 공개경쟁채용시험(행정)을 준비하는 甲은 제2차 시험에 응시하기 위해서 예배행사에 빠질 수밖에 없어 甲의 기본권 침해가 반복될 위험이 있는 때에 해당하여 권리보호이익을 인정하여야 한다.

10. 변호사강제주의

헌법재판소법 제25조 제3항을 따르면 헌법소원은 당사자가 변호사 자격이 있는 때가 아닌 한 변호사를 대리인으로 선임하지 아니하면 심판청구를 할 수 없다.

사안에서는 甲이 변호사 자격이 있는지와 및 변호사를 대리인으로 선임하였는지를 확인할 수 없다.

11. 일사부재리

헌법재판소는 이미 심판을 거친 같은 사건에 대해서는 다시 심판할 수 없다(헌법재판소법 제39조). 헌법재판소가 심판한 사건에 대해서 다시 헌법소송을 제기하거나 헌법재판소 결정에 대해 불복을 하는 헌법소송을 제기하게 되면, 이것은 헌법소송 요건을 갖추지 못한다.

그러나 이 헌법소원심판을 청구하는 사건에 관해서는 이전에 헌법재판소가 심판한 것이 드러나지 않으므로 일사부재리원칙을 충족한 것으로 보인다.

12. 결론

甲이 변호사 자격이 있거나 변호사를 대리인으로 선임하였다면 2019년도 국가공무원 공개경쟁채용시험 등 계획 공고에 대한 甲의 헌법소원심판 청구는 다른 적법요건을 모두 충족하여 적법하다.

Ⅱ. 제약되는 기본권

1. 문제의 소재

사안에서 2019년도 국가공무원 공개경쟁채용시험 등 계획 공고가 甲의 종교의 자유, 공무담임권, 휴식권, 평등권을 제약하는지가 문제 된다.

2. 종교의 자유

헌법 제20조 제1항은 "모든 국민의 종교의 자유를 가진다."라고 규정하여 종교의 자유를 국민의 기본권으로 보장한다. 여기서 종교는 유한한 능력이 있는 데 불과한 인간을 지탱시켜주는 무한의 절대적·초월적 존재에 대한 내적 확신과 관련된 영역이다. 종교의 자유는 신앙을 형성하거나 가지거나 그에 따라 행동할 수 있는 적극적 종교의 자유, 종교를 믿지 않거나 특정 종교를 고백하지 않거나 신앙에 따른 행동을 하지 아니하거나 신앙에 반하는 행위를 강제당하지 아니할 소극적 종교의 자유, 종교적 목적으로 같은 신앙이 있는 사람들이 모임을 자유롭게 가질 수 있는 집단적 종교의 자유 등으로 구성된다.

甲은 자신의 신앙적 의무를 지키기 위해서 제2차 시험 응시를 포기하고 예배행사에 참여하여야 한다는 것은 제2차 시험일에 일요일을 포함하여 정한 乙의 처분이 직접 甲의 종교의 자유를 침해하는 것으로 볼 수 없다. 다만, 제2차 시험은 매년 반복하여 일요일을 포함하여 시행되면 甲은 제2차 시험에 응시하려고 예배행사에 빠지고, 일요일에 예배행사, 참여, 기도, 봉사행위 이외의 다른 업무를 금지한 교리를 위반할 수밖에 없다는 것을 현재 시점에서도 충분히 예측할 수 있다. 시험시간을 비롯하여 시험준비시간과 이동시간 등을 고려하여도 일요일에 시험을 치른다고 하여 예배행사 참석이 불가능한 것은 아니다. 다만, 일요일에 예배행사 참석과 기도, 봉사 이외의 다른 업무를 일체 금지한다는 교리에 위반하지 않으면 제2차 시험 응시가 불가능하게 되어 甲의 종교적 확신에 반하는 행위를 강요하는 결과가 되므로 종교적 행위의 자유는 제약(제한)될 수 있다.

3. 공무담임권

헌법 제25조는 "모든 국민은 법률이 정하는 바에 의하여 공무담임권을 가진다."라고 규정하여 공무담임권을 보장한다. 공무담임권은 선거직 공무원을 비롯한 모든 국가기관에 취임하여 공직을 수행할 권리를 말한다. 공무담임권의 보호영역에는 공직취임 기회의 자의적인 배제뿐 아니라 공무원 신분의 부당한 박탈이나 권한(직무)의 부당한 정지도 포함된다.

5급 공개경쟁채용(행정)은 공무원임용시험이다. 따라서 이 시험에 합격하지 못하면 공무원으로 임용될 수 없다. 그런데 甲은 자신이 신봉하는 종교의 특별한 교리를 이유로 일요일에는 예배행사 참여와 기도와 선행 이외의 다른 행위를 할 수 없다는 것이다. 누구의 불이익도 없이 모든 국민이 응시할 수 있는 시험일을 정하는 것은 애초에 불가능하다. 이러한 점에서 다수 국민의 편의를 위해서 제2차 시험일에 일요일을 포함하여 정한 乙의 공고가 특별히 甲의 시험 응시 기회를 차단한다고 볼 수 없다. 따라서 2019년도 국가공무원 공개경쟁채용시험 등 계획 공고가 甲의 공무담임권을 침해한다고 볼 수 없다.

4. 휴식권

헌법 제10조가 규정한 행복추구권은 포괄적 기본권으로서 일반적인 행동자유권과 개성의 자유로운 발현권을 포함한다. 휴식권은 이러한 행복추구권의 한 내용이다. 제2차 시험일을 일요일을 포함하여 정한 것은 甲 등에게 공무담임 기회를 제공하는 것이어서 행복추구의 한 방편이 될 수는 있어도 거꾸로 침해한다고 볼 수는 없다.

5. 평등권

헌법 제11조 제1항 제1문은 "모든 국민은 법 앞에 평등하다."라고 규정한다. 여기서 법률은 형식적 의미의 법률만을 의미하지 아니하고 한 나라의 법체계를 형성하는 모든 법규범을 말한다. 그리고 헌법 제10조 제2문 국가의 기본권보장의무규정과 헌법상 실질적 법치국가원리에 비추어 법 앞의 평등의 의미에는 법적용상 평등뿐 아니라 법내용의 평등도 포함되어서 입법자도 구속된다(이른바 입법자구속설). 평등의 규범적 의미는 합리적 근거가 있는 차별은 허용된다는 의미에서 상대적 평등으로 파악된다.

　기독교는 일요일을 종교의식일로 한다. 그런데 종교의식일인 일요일을 시험일에 포함하여 종교의식을 방해하는 것은 일요일이 아닌 다른 요일을 종교의식일로 하는 종교와 비교해서 차별받는 것으로 볼 수 있다. 이러한 점에서 일요일을 시험일에 포함하는 것은 기독교를 다른 종교와 차별하여 甲의 평등권을 제약한다고 볼 수 있다.

6. 결론

　2019년도 국가공무원 공개경쟁채용시험 등 계획 공고는 甲의 종교의 자유와 평등권을 제약한다.

Ⅲ. 기본권 침해 여부

1. 문제의 소재

　2019년도 국가공무원 공개경쟁채용시험 등 계획을 공고가 甲의 종교의 자유를 과잉금지원칙을 위반하여 침해하는지와 甲의 평등권을 자의금지원칙이나 비례성원칙에 위반하여 침해하는지가 문제 된다.

2. 종교의 자유

(1) 절대적 자유가 아닌 종교적 행위의 자유

　종교적 행위의 자유는 신앙의 자유와 달리 절대적 자유가 아니다. 따라서 헌법 제37조 제2항에 따라 제한될 수 있다.

(2) 과잉금지원칙 위반 여부

① 과잉금지원칙의 개념과 내용

국가작용 중 특히 입법작용에서 과잉(입법)금지원칙은 국가가 국민의 기본권을 제한하는 내용의 입법활동을 할 때 준수하여야 할 기본원칙이나 입법활동 한계를 뜻한다. 따라서 국민의 기본권을 제한하는 입법은 그 목적이 정당하여야 하고, 방법(수단)이 적합하여야 하며, 침해의 최소성과 법익의 균형성을 갖추어야 한다. 과잉금지원칙은 헌법 제37조 제2항에서 도출된다.

② 목적의 정당성

국민의 기본권을 제한하는 입법은 그 목적이 헌법과 법률의 체계 안에서 정당성을 인정받을 수 있어야 한다. 이때 정당성이란 그 자체의 목적이 정당하여야 할 뿐 아니라 헌법에 규정된 다른 헌법이념·헌법원리와도 배치되어서는 안 된다는 것을 뜻한다.

乙이 일요일을 포함하여 제2차시험일을 공고한 것은 다수 국민의 편의를 위한 것으로 이것은 공공복리에 해당하여 목적의 정당성을 충족한다.

③ 수단의 적합성

국민의 기본권을 제한하는 입법을 할 때 법률에 규정된 기본권 제한의 방법은 입법목적을 달성하기 위한 방법으로서 효과적이고 적절한 것이어야 한다.

대다수 국민이 쉬는 일요일을 포함하여 시험일을 정하는 것은 국민의 편의라는 입법목적을 달성하는 데 이바지하므로 수단의 적합성도 인정된다.

④ 침해의 최소성

입법자가 선택한 기본권 제한조치가 설사 입법목적을 달성하기 위해서 적절한 것일지라도 그 밖의 더 완화한 수단이나 방법을 모색함으로써 그 제한을 필요최소한의 것이 되게 하여야 한다.

5급 공개경쟁채용(행정) 제2차시험은 6일에 걸쳐 적지 않은 숫자가 응시하고, 이러한 시험관리를 위해서 많은 공무원이 필요할 뿐 아니라 대규모 응시생을 수용할 시험장소는 중·고등학교 건물을 임차하는 것 이외에 특별한 방법이 없어 평일만으로 제2차시험일을 잡기가 어려울 뿐 아니라 시험에 응시하는 직장인이나 학생 신분인 사람들은 평일만으로 시험일을 잡으면 장기간 결근, 결석하거나 휴가를 내야한다. 그리고 평일만으로 시험일을 잡으면 시험당일 문제지 수송과 수험생 입실시간이 교통혼잡시간대와 겹치게 되어 원활한 시험관리에도 상당한 지장을 가져온다. 또한, 국가공무원법 제35조가 "공개경쟁에 의한 채용시험은 동일한 자격을 가진 모든 국민에게 평등하게 공개하여야 하며 시험의 시기 및 장소는 응시자의 편의를 고려하여 결정한다."라고 규정하므로 국가에서 시행하는 시험 일정은 특정 종교가 아닌 다수의 국민이 본인의 학업·생계활동 등 일상생활에 가장 지장 없이 응시가 가능하도록 결정되어야 한다. 게다가 기독교 문화를 사회적 배경으로 하는 구미 제국과 달리 우리나라에서 일요일은 특정 종교의 종교안식일이 아니라 일반적인 공휴일로서 특정 종교의 종교활동을 배려하는 날이 아니다. 특히 시험시간과 준비시간 그리고 이동시간 등을 고려하여도 일요일에 시험을 본다고 하여 종교활동을 전혀 못하는 것도 아니다. 이러한 점에 비추어 일요일을 포함하여 제2차시험일을 잡은 것은 침해의 최소성을 충족한다.

⑤ 법익의 균형성

어떤 행위를 규제함으로써 초래되는 사적 불이익과 그 행위를 방치함으로써 초래되는 공적 불이익을 비교하여 규제함으로써 초래되는 공익이 크거나 적어도 양자 사이에 균형이 유지되어야 한다.

일요일이 일반적인 공휴일로서 특정 종교의 종교의식일과는 무관하다는 점에서 특정 종교가 이를 이용하여 종교적 행위를 하는 것은 반사적 이익에 불과하다는 점에서 제약되는 사익은 그리 크다고 보기 어렵지만, 공휴일인 일요일이 제2차 시험일에 포함되어 얻는 다수 국민의 공익은 크다는 점에서 법익의 균형성도 충족된다.

⑥ 소결

일요일을 포함하여 제2차 시험일을 잡은 것은 목적의 정당성, 수단의 적합성, 피해의 최소성, 법익의 균형성을 모두 충족하여 과잉금지원칙을 위반하지 않는다.

3. 평등권

차별을 정당화할 수 있는지를 심사할 때 사용하는 기준에는 자의금지원칙과 비례성원칙이 있다. 헌법재판소 판례를 따르면 ① 헌법이 특별히 평등을 요구할 때와 ② 차별적 취급으로 말미암아 관련 기본권에 중대한 제한을 초래하게 될 때 입법자는 입법형성권이 축소되므로 상대적으로 엄격한 심사기준인 비례성원칙이 적용될 수 있다고 한다.

특정 종교의 종교의식일을 헌법이 특별히 보호하지 않을 뿐 아니라 일요일에 시험을 본다고 하여 종교활동을 전혀 못하는 것은 아니라서 기본권이 중대하게 침해된다고 볼 수 없다. 이러한 점에서 일요일을 포함하여 제2차 시험일을 잡은 것에 따른 차별의 정당성은 자의금지원칙에 따라 심사되어야 한다.

일요일을 포함하여 제2차 시험일을 잡은 것은 다수 국민의 편의를 위한 것으로서 합리적인 이유가 있어서 자의금지원칙에 어긋나지 않는다. 따라서 평등권은 침해되지 않는다.

Ⅳ. 소결

일요일을 포함하여 제2차 시험일을 잡은 것은 과잉금지원칙에 위반되지 않아 종교의 자유를 침해하지 않고, 자의금지원칙에 위반되지 않아 평등권도 침해하지 않는다.

사례 7 ‖ 정치적 표현의 자유

[제1회 변호사시험]

고용노동부 일반직 7급 공무원인 甲은, 평소 비정규직 정책을 고수하는 A정당에 대하여 비판적인 입장을 가지고 있었다. 甲은 2011. 9. 22. 23:00경 자신의 집에서 Y인터넷포털 사이트에 있는, 자신의 블로그에 "수백만 비정규직 방치, 이대로 좋은가"라는 제목으로 "비정규직 노동자의 생존권을 외면하는 A정당을 반대한다. 비정규직 전면 철폐를 추진하는 B정당만이 비정규직 노동자의 생존권을 보장하는, 국민을 위한 참된 정당으로서 강추!!! 비정규직 철폐를 결사반대하는, A정당 소속 국회의원 乙은, 있는 자만을 대변하고 부동산투기로 축재한 부패한 정치인이다. 그런 乙이 다음 총선에 또 나오기 위해 후보자로 등록한 것은 민주주의의 수치다."라는 글을 게시하였다.

甲의 위 글이 네티즌의 폭발적인 관심과 지지를 받았고, 고용노동부장관은 甲이 특정 정당을 지지, 반대하는 행위를 함으로써 공무원에게 금지된 정치적 행위를 하였다는 이유로 甲에게 감봉 2개월의 징계처분을 하였다. 이에 甲은 징계처분에 대하여 법령에 따른 소청심사를 거쳐 취소를 구하는 행정소송을 제기하였다. 甲은 위 소송 계속 중, 국가공무원법 제78조 제1항 제1호, 제65조 제4항 및 동법 시행령 제27조 제1항 제2호, 제2항 제3호가 헌법상 표현의 자유를 침해한다고 주장하면서, 위헌법률심판제청을 신청하였으나, 2011. 11. 4. 기각당하였다. 이에 甲은 같은 달 22. 위 기각결정문을 송달받고 2011. 12. 16. 위

법령조항들에 대하여 헌법소원심판을 제기하였다.

1. 甲의 위 법령조항들에 대한 헌법소원심판청구는 적법한가?
2. 국가공무원법 제65조 제4항 및 동법 시행령 제27조 제1항 제2호, 제2항 제3
   호는 과잉금지의 원칙에 위배되어 甲의 헌법상 정치적 표현의 자유를 침해하
   는가?
3. C선거관리위원회는 甲의 위 게시글이 공직선거법 제82조의4 제2항에 위반되
   는 정보라는 이유로 동법 제82조의4 제3항, 제4항에 따라 Y인터넷포털 사이
   트 운영자에게 삭제를 요청하여 글은 삭제되었다. 甲은 동법 제82조의4 제3
   항, 제4항이 검열금지원칙에 위배된다고 주장한다. 甲의 주장의 정당성을 판
   단하시오.

참조조문

「국가공무원법 시행령」

제27조(정치적 행위) ① 법 제65조의 정치적 행위는 다음 각 호의 어느 하나에 해당하는
　정치적 목적을 가진 것을 말한다.
　1. 정당의 조직, 조직의 확장, 그 밖에 그 목적 달성을 위한 것
　2. 특정 정당 또는 정치단체를 지지하거나 반대하는 것
　3. 법률에 따른 공직선거에서 특정 후보자를 당선하게 하거나 낙선하게 하기 위한 것
　② 제1항에 규정된 정치적 행위의 한계는 제1항에 따른 정치적 목적을 가지고 다음 각
　호의 어느 하나에 해당하는 행위를 하는 것을 말한다.
　1. 시위운동을 기획·조직·지휘하거나 이에 참가하거나 원조하는 행위
　2. 정당이나 그 밖의 정치단체의 기관지인 신문과 간행물을 발행·편집·배부하거나 이
　　와 같은 행위를 원조하거나 방해하는 행위
　3. 특정 정당 또는 정치단체를 지지 또는 반대하거나 공직선거에서 특정 후보자를 지
　　지 또는 반대하는 의견을 집회나 그 밖에 여럿이 모인 장소에서 발표하거나 문서·
　　도서·신문 또는 그 밖의 간행물에 싣거나 인터넷포털 사이트의 게시판, 대화방, 블
　　로그 등에 게시하는 행위
※ 위 국가공무원법 시행령 일부 조항은 가상의 것이며 현재 시행 중임을 전제로 할 것

〈목 차〉

Ⅰ. 헌법소원심판 청구 적법 여부

1. 문제의 소재

국가공무원법 제78조 제1항 제1호, 제65조 제4항 및 동법 시행령 제27조 제1항 제2호, 제2항 제3호(이하 '이 사건 법령조항'이라고 함)에 관한 甲의 헌법소원심판 청구는 헌법재판소법 제68조 제2항에 따른 것으로 적법요건으로는 ① 심판청구권자, ② 대상적격(법률), ③ 법원의 위헌제청 신청에 대한 기각결정, ④ 재판의 전제성, ⑤ 청구기간, ⑥ 변호사강제주의, ⑦ 반복제청신청 금지 등이 요구된다. 사안에서는 ① 요건은 甲이 제청 신청을 한 사람이고, ⑦ 요건은 이전에 청구한 적이 없는 것으로 보여 사안에서 문제가 되지 않으므로, 나머지 요건에 관해서 검토한다.

2. 대상적격(법률)

원칙적으로 국회가 헌법에 정해진 입법절차에 따라 제정한 '형식적 의미의 법률'만 헌법재판소법 제68조 제2항에 따른 헌법소원심판 대상이 될 수 있다. 다만, 형식적 의미의 법률은 아니나 그와 같은 효력이 있는 대통령의 긴급명령, 긴급재정·경제명령이나 국회 동의가 필요한 조약, 법률의 효력이 있는 일반적으로 승인된 국제법규도 헌법재판소법 제68조 제2항에 따른 헌법소원심판 대상이 될 수 있다.

사안에서 甲은 국가공무원법 제78조 제1항 제1호, 제65조 제4항 및 동법 시행령 제27조 제1항 제2호, 제2항 제3호를 문제 삼는다. 국가공무원법 제78조 제1항 제1호, 제65조 제4항은 형식적 의미의 법률이다. 그러나 국가공무원법 시행령 제27조 제1항 제2호, 제2항 제3호는 대통령령이라서 법률이 아닌 명령에 해당하여 헌법재판소법 제68조 제2항에 따른 헌법소원심판 대상이 될 수 없다. 다만, 법률과 시행령·규칙 등이 결합하여 전체로서 하나의 완결된 법적 효력을 발휘하면 법률위임에 따른 시행령·규칙 등 하위법규범이 부수적으로 법률 내용을 판단하는 자료가 될 수 있다. 국가공무원법 시행령 제27조 제1항 제2호, 제2항 제3호는 국가공무원법 제65조 제4항의 위임에 따라 제정된 것으로 이를 통해서 모법의 내용을 파악할 수 있다. 이러한 점에서 국가공무원법 제78조 제1항 제1호, 제65조 제4항만 헌법소원심판 대상이 되지만, 국가공무원법 시행령 제27조 제1항 제2호, 제2항 제3호는 국가공무원법 제78조 제1항 제1호, 제65조 제4항의 내용을 판단하는 부수적인 자료가 된다.

3. 법원의 위헌제청 신청에 대한 기각(각하)결정

헌법재판소법 제68조 제2항 전문을 따르면 법원에서 위헌제청 신청 기각 결정을 받은 당사자가 동법 조항에 따른 헌법소원심판을 청구할 수 있다.

사안에서 甲은 2011. 11. 22. 기각결정문을 송달받았으므로 법원의 위헌제청 신청 기각결정이 있었다.

4. 재판의 전제성

재판의 전제성이라 함은, 첫째, 구체적인 사건이 법원에 적법하게 계속 중이어야 하고, 둘째, 위헌 여부가 문제 되는 법률이 해당 소송사건의 재판에 적용되는 것이어야 하며, 셋째, 그 법률이 헌법에 위반되는지에 따라 해당 사건을 담당하는 법원이 다른 내용의 재판을 하게 되는 경우, 즉 ① 법원이 심리 중인 해당 사건 재판의 결론이나 주문에 어떤 영향을 주거나 ② 문제가 된 법률의 위헌 여부가 비록 재판 주문 자체에는 아무런 영향을 주지 않더라도 재판의 결론을 이끌어내는 이유를 달리하는 데 관련되거나 ③ 재판의 내용과 효력에 관한 법률적 의미가 달라지는 경우를 말한다. 다만, 헌법재판소는 최근 ② 요건을 언급하지 않는다.

사안에서 甲은 징계처분에 대한 취소소송이 계속 중이고, 이 사건 법령조항에 따라 징계처분을 받았으므로 이 사건 법령조항은 해당 사건에 적용되며, 이 사건 법령조항들이 위헌으로 결정되면 징계처분에 대한 취소소송은 인용판결을 받을 수 있으므로 재판의 결론이 달라지는 경우에 해당한다. 따라서 국가공무원법 제78조 제1항 제1호, 제65조 제4항에 대한 甲의 헌법소원심판 청구는 재판의 전제성이 인정된다.

5. 청구기간

헌법재판소법 제69조 제2항을 따르면, 헌법재판소법 제68조 제2항에 따른 헌법소원은 위헌여부심판 제청 신청 기각(각하)결정을 통지받은 날부터 30일 이내에 청구하여야 한다.

사안에서 甲은 2011. 11. 22. 기각결정문을 송달받고 나서 30일 이내인 2011. 12. 16. 헌법소원심판을 청구하였으므로 청구기간을 준수하였다.

6. 변호사강제주의

헌법재판소법 제25조 제3항을 따르면 헌법소원은 당사자가 변호사의 자격이 있는 경우가 아닌 한 변호사를 대리인으로 선임하지 아니하면 심판청구를 할 수 없다.

사안에서 甲이 변호사 자격이 있는지와 및 변호사를 대리인으로 선임하였는지를 확인할 수 없다.

7. 결론

甲이 변호사 자격이 있거나 변호사를 대리인으로 선임하였다면, 국가공무원법 제78조 제1항 제1호, 제65조 제4항에 대한 甲의 헌법소원심판 청구는 적법하다. 국가공무원법 시행령 제27조 제1항 제2호, 제2항 제3호는 법률이 아니라서 이에 대한 甲의 헌법소원심판 청구는 부적법하지만, 국가공무원법 제78조 제1항 제1호, 제65조 제4항의 내용을 판단하는 부수적인 자료가 된다.

II. 과잉금지원칙 위배 여부

1. 문제의 소재

이 사건 법령조항이 과잉금지원칙에 위배되어 甲의 헌법상 정치적 표현의 자유를 침해하는지와 관련하여, 이 사건 법령조항이 甲의 정치적 표현의 자유

를 제한하는지를 먼저 확인하고 나서 과잉금지원칙에 위반하는지를 검토하여
야 한다. 이때 甲이 공무원이므로 이른바 특별권력관계와 공무원의 정치적 중
립성을 살펴보아야 한다.

2. 정치적 표현의 자유

표현의 자유는 자기의 사상이나 지식, 의견을 언어나 문자 등으로 불특
정 다수인에게 표현하는 자유를 말한다. 헌법 제21조 제1항은 "모든 국민은
언론·출판의 자유 … 를 가진다."라고 규정하여 표현의 자유를 기본권으로 보
장한다. 표현의 자유는 단순히 의사표현의 자유뿐 아니라 의사소통의 전 과정
을 보호한다. 따라서 사상이나 지식, 의견을 발표하는 자유와 정보수령자의 자
유, 정보매개자의 자유, 즉 알 권리·액세스권·반론권·언론기관 취재의 자유와
편집·편성권 및 그 내부의 자유까지 보호된다. 의사표현이나 전달의 매개체는
어떠한 형태이건 가능하며 제한이 없다. 의사의 내용은 가리지 않으므로 정치
적 표현의 자유도 표현의 자유의 하나로 보호된다.

이 사건 법령조항은 공무원이 특정 정당이나 정치단체를 지지하거나 반대
하는 의견을 인터넷포털사이트의 게시판, 대화방, 블로그 등에 게시하는 행위
를 금지한다. 이것은 공무원 甲이 정치적 의사를 표현하지 못하도록 하는 것으
로서 甲의 정치적 표현의 자유를 제약(제한)한다.

3. 공무원의 기본권 제한에 관한 특수성

(1) 이른바 특별권력관계

이른바 특별권력관계는 특별한 공법적 목적을 달성하기 위해서 필요한 범
위에서 포괄적으로 일방이 상대방을 지배하고 상대방은 복종하는 관계이다. 특
별권력관계는 ① 법률규정이나 당사자의 동의 등 특별한 법적 원인에 따라서
성립하고, ② 공법상 특정한 목적 달성에 필요한 한도 안에서 ③ 당사자의 일
방이 상대방을 포괄적으로 지배하고, 상대방이 이에 복종하는 것을 개념표지로
한다. 공무원복무관계는 이러한 개념표지에 포섭되는 전형적인 이른바 특별권
력관계이다.

전통적인 특별권력관계이론은 과거 독일 입헌주의시대에 주장된 이론으로서, 국가와 사회를 양분하고 국가권력이 사회영역에 개입할 때는 법치국가원리에 따른 한계를 인정하지만, 국가 내부영역에 속하는 것으로 간주된 이른바 특별권력관계는 군주의 지배영역으로 법치국가원리가 적용되지 않는 '법에서 자유로운 영역'이라고 하였다. 이 이론을 따르면 특별권력관계 안에서는 공권력주체가 구체적인 법률적 근거가 없을지라도 포괄적 지배권을 발동하여 상대방의 자유를 제한하고 명령·강제할 수 있다고 본다. 따라서 상대방은 기본권을 주장하거나 권리 침해를 이유로 한 사법적 구제를 청구할 수 없게 된다.

법치국가원리는 모든 국가영역에 적용되는 헌법의 기본원리이므로 이른바 특별권력관계에도 당연히 법치국가원리가 적용되어야 한다. 그러나 이른바 특별권력관계에 해당하는 영역이 엄연히 존재하고, 그러한 영역이 국가의 기본체제를 유지하는 데 긴요하다는 것을 부인할 수 없다. 그리고 이른바 특별권력관계에서 일반 국민과 국가의 관계인 일반권력관계와 다른 특수성이 있어서 달리 취급될 수밖에 없다는 점도 부인하기 어렵다. 따라서 특별권력관계를 설정하여 달성하고자 하는 공익목적과 법률규정에 따라서건 본인의 동의에 따라서건 그 관계를 형성하는 개인의 기본권 보장 사이에 합리적인 조화가 필요하다. 결국 이른바 특별권력관계 문제는 기본권주체를 제한하는 문제가 아니라 공법상 목적 달성을 위해 일반 국민에게 허용되지 아니하는 제한도 일정 정도 가능하다는 점에서 비례성심사의 엄격성을 완화하는 문제이다.

(2) 공무원의 정치적 중립성

공무원의 정치적 중립이란 정치활동 금지, 구체적으로 집권당의 영향에서 벗어난 독립과 정당에 대한 불간섭·불가담을 의미하는 소극적 중립을 말한다. 따라서 공무원은 정당 기타 정치단체 결성에 관여하거나 이에 가입할 수 없고(국가공무원법 제65조 제1항, 지방공무원법 제57조 제1항, 정당법 제1항 제1호), 선거에서 특정정당이나 특정인의 지지나 반대를 할 수 없다(국가공무원법 제65조 제2항, 지방공무원법 제57조 제2항, 국가공무원복무규정 제27조, 법원공무원규칙 제90조). 공무원의 정치적 중립성은 헌법 제7조 제2항이 직접 규정한다. 하지만 헌법 제7조 제1항도 근거가 된다. 공무원은 국민 전체의 이익을 위해서 봉사하여야 하므로, 일부 국민이나 특정 정파 혹은 정당의 이익을 위해 봉사하여서는 아니 된다. 헌법재판소는 "공무원에 대한 정치적 중립성의 필요성에 관하여, 공무원은 국민전체에 대한 봉사자이므로 중립적 위치에서 공익을 추구하고(국민전체의 봉사자설), 행정에 대한 정치의 개입을 방지함으로써 행정의 전문성과 민주성을 제고하고, 정책적 계속성과 안정성을 유지하며(정치와 행정의 분리설), 정권의 변동에도 불구하고 공무원의 신분적 안정을 기하고, 엽관제로 인한 부패·비능률 등의 폐해를 방지하며(공무원의 이익보호설), 자본주의의 발달에 따르는 사회경제적 대립의 중재자·조정자로서의 기능을 적극적으로 담당하기 위하여 요구되는 것(공적 중재자설)이라고 일반적으로 설명하고 있는바, 결국 위 각 근거를 종합적으로 고려하여 공무원의 직무의 성질상 그 직무집행의 중립성을 유지하기 위하여 필요한 것이라고 할 수 있다."라고 한다. 정치적 공무원은 정치적 이념과 주장에 기초하여 업무를 수행하는 특성이 있으므로, 정치적 중립성은 그 속성이 될 수 없다. 따라서 신분이 보장되는 좁은 뜻의 공무원, 즉 경력직 공무원에게만 정치적 중립성이 요구된다.

사안에서 甲은 고용노동부의 일반직 7급 공무원이므로 신분이 보장되는 경력직 공무원으로서 정치적 중립성이 요구된다. 따라서 직무집행의 객관성과 중립성을 보장하기 위해서 甲의 정치적 표현의 자유는 제약될 수 있다. 이러한 제약을 구체화하는 것이 이 사건 법령조항이다. 그러나 이러한 제약이 언제나 정당성이 인정되는 것은 아니고 헌법 제37조 제2항의 한계를 준수할 때만 정당성이 인정된다.

4. 과잉금지원칙 위반 여부

(1) 과잉금지원칙의 개념과 내용

국가작용 중 특히 입법작용에서 과잉금지원칙은 국가가 국민의 기본권을 제한하는 내용의 입법활동을 할 때 준수하여야 할 기본원칙이나 입법활동 한계를 뜻한다. 따라서 국민의 기본권을 제한하는 입법은 그 목적이 정당하여야 하고, 방법(수단)이 적합하여야 하며, 침해의 최소성과 법익의 균형성을 갖추어야 한다. 과잉금지원칙은 헌법 제37조 제2항에서 도출된다.

(2) 목적의 정당성

목적의 정당성은 국민의 기본권을 제한하려는 입법의 목적이 헌법 및 법률의 체계상 그 정당성이 인정되어야 한다는 것이다.

이 사건 법령조항의 입법목적은 공무원의 직무수행의 객관성과 공정성, 안정성을 보장하려는 것이다. 이것은 헌법 제7조를 구체화한 것으로서 질서유지에 해당하여 목적의 정당성이 인정된다.

(3) 수단의 적합성

수단의 적합성은 그 목적의 달성을 위하여 그 방법이 효과적이고 적절하여야 한다는 것이다.

금지되는 정치적 행위를 한 공무원에게 징계처분을 내리는 것은 입법목적 달성에 이바지하는 수단으로서 수단의 적합성을 충족한다.

(4) 침해의 최소성

침해의 최소성은 입법권자가 선택한 기본권 제한의 조치가 입법목적을 달성하기 위하여 설사 적절하다고 할지라도 더 완화한 형태나 방법을 모색함으로써 기본권 제한은 필요한 최소한도에 그치도록 하여야 한다는 것이다.

공무원의 정치적 중립성은 직무수행의 객관성과 중립성을 보장하기 위한 것이다. 따라서 직무수행의 객관성과 중립성에 문제가 되지 않는 범위 안에서는 공무원의 정치적 표현의 자유를 보장할 필요가 있다. 이러한 점에서 자신의 직무와 관련이 있는지, 자신의 지위를 이용하는지와 상관없이 일률적으로 정치적 표현을 금지하고, 공적 영역이 아닌 사적 영역으로 볼 수 있는 블로그 등에 게시하는 행위까지 금지하는 것은 과도하다고 볼 수 있다. 즉 공무원도 국민의 한 사람으로서 기본권주체라는 점에서 근무를 마친 후 공적 영역이 아닌 사적 영역으로 볼 수 있는 블로그 등에 자신의 정치적 견해를 게시한다고 하여서 직무수행의 중립성이 훼손된다고 보기 어렵다. 그리고 정치적 의사를 표현하는 시간대나 수단을 제한함으로써 입법목적을 충분히 달성할 수 있다. 이러한 점에서 이 사건 법령조항은 침해의 최소성을 충족하지 못한다.

(5) 법익의 균형성

법익의 균형성은 그 입법을 통해서 보호하려는 공익과 침해되는 사익을 비교형량할 때 보호되는 공익이 더 커야 한다는 것이다.

공무원이 특정 정당이나 정치단체를 지지하거나 반대하는 행위를 제한함으로써 확보되는 공무원의 정치적 중립성 및 공무수행 객관성 확보라는 공익이 중요한 것은 부정할 수 없지만, 공무원의 정당 가입이나 활동을 금지하는 것을 넘어 국민의 한 사람으로서 자신의 정치적 견해조차 사적 영역에서 표현할 수 없도록 금지함으로써 초래되는 공무원의 불이익은 이러한 공익보다 더 크다고 판단된다. 따라서 이 사건 법령조항은 법익의 균형성도 갖추지 못한다.

(6) 소결

이 사건 법령조항은 침해의 최소성과 법익의 균형성을 충족하지 않아 과잉금지원칙에 어긋난다.

5. 결론

국가공무원법 제65조 제4항 및 동법 시행령 27조 제1항 제2호, 제2항 제3호는 침해의 최소성과 법익의 균형성을 충족하지 않아 과잉금지원칙에 위배되어 甲의 헌법상 정치적 표현의 자유를 침해한다.

Ⅲ. 검열금지원칙 위배 여부

1. 문제의 소재

甲의 게시글에 대한 삭제요청 및 삭제행위의 근거가 되는 공직선거법 제82조의4 제3항 및 제4항(이하 '이 사건 법률조항')이 헌법 제21조 제2항의 사전검열에 해당하는지가 문제 된다.

2. 헌법 제21조 제2항 검열 금지의 의미

헌법 제21조 제2항은 언론·출판에 대한 허가나 검열은 인정되지 아니한다고 규정한다. 여기서 말하는 검열은 그 명칭이나 형식과 관계없이 실질적으로 행정권이 주체가 되어 사상이나 의견 등이 발표되기 이전에 예방적 조치로서 그 내용을 심사, 선별하여 발표를 사전에 억제하는, 즉 허가받지 아니한 것의 발표를 금지하는 제도를 뜻하고, 이러한 검열은 법률을 통해서도 불가능하다.

언론·출판에 대하여 검열이 허용되면 국민 예술활동의 독창성과 창의성을 침해하여 정신생활에 미치는 위험이 클 뿐 아니라, 행정기관이 집권자에게 불리한 내용 표현을 사전에 억제함으로써, 이른바 관제의견이나 지배자에게 무해한 여론만을 허용하는 결과를 초래할 것이다. 따라서 이러한 검열은 절대적으로 금지된다. 그런데 검열금지원칙이 모든 형태의 사전적인 규제를 금지하는 것은 아니고, 의사표현 발표 여부가 오로지 행정권의 허가에 달려있는 사전심사만을 금지한다.

헌법재판소는 헌법이 금지하는 검열의 요건으로 첫째, 일반적으로 허가를 받기 위한 표현물의 제출의무가 존재할 것, 둘째, 행정권이 주체가 된 사전심사절차가 존재할 것, 셋째, 허가를 받지 아니한 의사표현을 금지할 것, 넷째, 심사절차를 관철할 수 있는 강제수단이 존재할 것을 제시한다.

3. 게시글에 대한 삭제요청 및 삭제행위가 헌법이 금지하는 검열에 해당하는지 여부

① 의사표현에 대한 규제가 검열에 해당하려면 의사표현 이전에 심사를 받기 위해서 표현물을 제출할 의무가 있어야 한다. 그러나 이 사건 법률조항은 사전에 제출할 의무를 부과하는 것이 아니라 해당 정보가 게시된 이후 혹은 전송된 이후 공직선거법에 위반되는 내용이면 해당 정보의 삭제나 취급의 거부 등을 요청할 수 있도록 하는 규정이므로 허가를 받기 위한 표현물의 사전제출의무가 없다. 그리고 ② 사전심사절차 자체도 없어서 행정권이 주체가 된 사전심사절차 역시 없다. ③ 허가를 받지 아니한 의사표현을 금지하는 내용도 없다. 또한, ④ 이 사건 법률조항 중 공직선거법 제82조의4 제4항을 위반하면 처벌하는 공직선거법 제256조 제2항 제1호 마목은 사전심사절차를 관철하기 위

한 강제수단이 아니라 선거관리위원회 요청을 받은 인터넷 홈페이지 관리·운
영자 또는 정보통신서비스제공자의 해당 정보 삭제를 강제하기 위한 규정이다.

따라서 이 사건 법률조항에 근거하여 C선거관리위원회가 Y인터넷포털 사
이트 운영자에게 삭제를 요청하였고, 그 결과 甲의 게시글이 삭제되었다고 하
더라도 이 사건 법률조항은 표현에 대한 사후규제일 뿐이지 사전제한에 해당
하지 않는다. 그러므로 이것은 헌법이 금지하는 검열에 해당하지 않는다.

4. 결론

이 사건 법률조항은 표현에 대한 사후규제로서 검열에 해당하지 않으므로
검열금지원칙에 위배되지 않는다.

사례 8 ‖ 상업적 광고

[제6회 변호사시험]

甲과 乙은 A시에서 甲 의료기, 乙 의료기라는 상호로 의료기기 판매업을 하는 자들이다. 甲은 전립선 자극기 'J2V'를 공급받아 판매하기 위하여 "전립선에 특수한 효능, 효과로 남자의 자신감이 달라집니다."라는 문구를 사용하여 인터넷 광고를 하였다. 甲의 위 광고에 대하여 A시장은 2016. 7. 1. 甲에게 「의료기기에 관한 법률」(이하 '의료기기법'이라 함) 제24조 위반을 이유로 3개월 업무정지처분을 하였다. 甲은 2016. 7. 11. 위 업무정지처분에 대하여 관할 행정심판위원회에 행정심판을 청구하였고, 동 위원회는 2016. 8. 25. 3개월 업무정지처분을 과징금 500만 원 부과처분으로 변경할 것을 명령하는 재결을 하였으며, 위 재결서 정본은 2016. 8. 29. 甲에게 송달되었다. 그러자 A시장은 2016. 9. 12. 甲에 대한 3개월 업무정지처분을 과징금 500만 원 부과처분으로 변경하였다. 또한, 甲은 2016. 9. 1. 의료기기법 제52조를 근거로 벌금 300만 원의 약식명령을 고지 받자, 정식재판을 청구하였다.

한편, 甲의 경쟁업체인 乙은 2016. 11. 10. 전립선 자극기 'U2V'의 인터넷 광고를 하려던 차에 甲이 위 형사처벌을 받은 사실을 알게 되었다. 이에 乙은 변호사 丙을 대리인으로 선임하여, 2016. 12. 15. 사전심의를 거치지 않은 의료기기 광고를 금지하고 이를 어기면 처벌하는 의료기기법 제24조 및 제52조가 자신의 표현의 자유를 침해한다고 주장하면서, 헌법재판소에 「헌법재판소법」 제

68조 제1항에 의한 헌법소원심판을 청구하였다.

1. 乙의 헌법소원심판 청구는 적법한가?
2. 의료기기법 제24조 및 제52조는 乙의 표현의 자유를 침해하여 위헌인가?

참조조문

※ 유의사항

1. 아래 법령은 가상의 것으로, 이와 다른 내용의 현행 법령이 있다면 제시된 법령이 현행 법령에 우선하는 것으로 할 것
2. 아래 법령 중 「의료기기에 관한 법률」은 '의료기기법'으로, 「의료기기 광고 사전심의규정」은 '심의규정'으로 약칭할 수 있음

「의료기기에 관한 법률」(법률 제10000호)

제2조(정의) ① 이 법에서 "의료기기"란 사람이나 동물에게 단독 또는 조합하여 사용되는 기구·기계·장치·재료 또는 이와 유사한 제품으로서 다음 각 호의 어느 하나에 해당하는 제품을 말한다.
  1. 질병을 진단·치료·경감·처치 또는 예방할 목적으로 사용되는 제품
  2. 상해 또는 장애를 진단·치료·경감 또는 보정할 목적으로 사용되는 제품
② 이 법에서 "의료기기 취급자"란 의료기기를 업무상 취급하는 자로서 의료기기 제조업자, 의료기기 수입업자, 의료기기 수리업자, 의료기기 판매업자와 의료기기 임대업자를 말한다.

제20조(의료기기 관련단체) 의료기기 취급자는 의료기기 관련단체를 설립할 수 있다.

제24조(광고의 금지) 누구든지 제25조에 따른 심의를 받지 아니하거나 심의받은 내용과 다른 내용의 의료기기의 광고를 하여서는 아니 된다.

제25조(광고의 심의) ① 의료기기를 광고하려는 자는 미리 식품의약품안전처장의 심의를 받아야 한다.
② 식품의약품안전처장은 제1항에 따른 심의에 관한 업무를 제20조에 따라 설립된 의료기기 관련 단체에 위탁할 수 있다.
③ 제1항에 따른 심의기준, 방법 및 절차와 제2항에 따른 심의업무의 위탁 등 의료기기 광고의 심의에 필요한 사항은 식품의약품안전처장이 정한다.

제36조(허가 등의 취소와 업무의 정지 등) ① 의료기기 취급자가 제24조를 위반하여 의료기기를 광고한 경우 의료기기의 제조업자·수입업자 및 수리업자에 대하여는 식품의약품안전처장이, 판매업자 및 임대업자에 대하여는 시장·군수 또는 구청장이 허가 또

는 인증의 취소, 영업소의 폐쇄, 품목류 또는 품목의 제조·수입·판매의 금지 또는 1년
의 범위에서 그 업무의 전부 또는 일부의 정지를 명할 수 있다.

② 식품의약품안전처장, 시장·군수 또는 구청장은 의료기기 취급자가 제1항의 규정에
해당하는 경우로서 업무정지처분이 의료기기를 이용하는 자에게 심한 불편을 주거나
그 밖에 특별한 사유가 인정되는 때에는 국민건강에 해를 끼치지 아니하는 범위 안에
서 업무정지처분에 갈음하여 5천만 원 이하의 과징금을 부과할 수 있다.

제42조(경비 보조) 식품의약품안전처장, 시장·군수 또는 구청장은 국민보건 향상을 위하
여 필요하다고 인정될 때에는 제20조에 따라 설립된 의료기기 관련단체에 대하여 시
설, 운영 경비, 조사·연구 비용의 전부 또는 일부를 보조할 수 있다.

제52조(벌칙) 제24조를 위반한 자는 3년 이하의 징역 또는 3천만원 이하의 벌금에 처
한다.

부 칙

이 법은 2016년 1월 1일부터 시행한다.

「의료기기 광고 사전심의규정」(식품의약품안전처고시 제2016-1000호)

제1조(목적) 이 규정은 「의료기기에 관한 법률」 제25조 제3항에서 위임된 사항을 규정함
을 목적으로 한다.

제5조(심의신청) 신청인은 별지 제1호 서식의 의료기기 광고심의신청서(전자문서로 된
신청서를 포함한다)에 다음 각 호의 서류를 첨부하여 법 제25조 제2항에 따라 의료기
기 광고심의업무를 위탁받은 기관(이하 '심의기관'이라 한다)에 제출하여야 한다.

1. 의료기기 광고내용 1부

2. 제품설명서(필요한 경우에 한함)

제10조(심의위원회의 구성 및 운영 등) ① 심의기관은 의료기기 광고를 심의하기 위하여
심의위원회를 설치·운영한다.

② 심의위원회는 위원장과 부위원장을 포함하여 10인 이상 20인 이내로 구성하며, 위
원은 다음 각 호의 1에 해당하는 자 중에서 심의기관의 장이 식품의약품안전처장과 협
의하여 위촉한다.

1. 언론, 법률, 의료, 의료기기 및 광고와 관련한 학식과 경험이 풍부한 자

2. 시민단체나 의료기기 관련 학회 또는 단체의 장이 추천한 자

③ 위원의 임기는 1년으로 하되, 2회까지 연임할 수 있다.

④ 심의위원회에 출석한 위원에게는 심의기관이 정하는 바에 의하여 수당과 여비를 지
급할 수 있다.

제12조(보고사항) ① 심의기관의 장은 매년 광고심의와 관련된 사업계획을 연도개시 1월
전까지 식품의약품안전처장에게 보고하여야 한다.

② 심의기관의 장은 매 심의결과를 식품의약품안전처장과 관할 영업허가 또는 신고기

관에 문서(전자문서를 포함한다)로 보고하여야 한다.

부　칙

이 고시는 2016년 1월 1일부터 시행한다.

참고자료

달력

2016년 7월 ~ 2017년 2월

2016년 7월

일	월	화	수	목	금	토
					1	2
3	4	5	6	7	8	9
10	11	12	13	14	15	16
17	18	19	20	21	22	23
24/31	25	26	27	28	29	30

2016년 8월

일	월	화	수	목	금	토
	1	2	3	4	5	6
7	8	9	10	11	12	13
14	15	16	17	18	19	20
21	22	23	24	25	26	27
28	29	30	31			

2016년 9월

일	월	화	수	목	금	토
				1	2	3
4	5	6	7	8	9	10
11	12	13	14	15	16	17
18	19	20	21	22	23	24
25	26	27	28	29	30	

2016년 10월

일	월	화	수	목	금	토
						1
2	3	4	5	6	7	8
9	10	11	12	13	14	15
16	17	18	19	20	21	22
23/30	24/31	25	26	27	28	29

2016년 11월

일	월	화	수	목	금	토
		1	2	3	4	5
6	7	8	9	10	11	12
13	14	15	16	17	18	19
20	21	22	23	24	25	26
27	28	29	30			

2016년 12월

일	월	화	수	목	금	토
				1	2	3
4	5	6	7	8	9	10
11	12	13	14	15	16	17
18	19	20	21	22	23	24
25	26	27	28	29	30	31

2017년 1월

일	월	화	수	목	금	토
1	2	3	4	5	6	7
8	9	10	11	12	13	14
15	16	17	18	19	20	21
22	23	24	25	26	27	28
29	30	31				

2017년 2월

일	월	화	수	목	금	토
			1	2	3	4
5	6	7	8	9	10	11
12	13	14	15	16	17	18
19	20	21	22	23	24	25
26	27	28				

〈목 차〉

I. 헌법소원심판 적법 여부

1. 문제의 소재

의료기기법 제24조 및 제52조에 대한 乙의 헌법소원심판 청구가 적법하려면 ① 기본권주체성(청구인능력), ② 대상적격(헌법소원심판 대상: 공권력의 행사 또는 불행사), ③ 자기관련성, ④ 현재성, ⑤ 직접성, ⑥ 보충성(헌법재판소법 제68조 제1항 단서), ⑦ 청구기간(헌법재판소법 제60조 제1항), ⑧ 권리보호이익, ⑨ 변호사강제주의(헌법재판소법 제25조 제3항), ⑩ 일사부재리(헌법재판소법 제39조)의 요건을 충족하여야 한다.

2. 청구인능력

헌법소원심판을 청구할 수 있는 사람은 헌법상 기본권주체에 국한된다(헌법재판소법 제68조 제1항). 이때 기본권주체에는 자연인만이 아니라 성질상 법인이 누릴 수 있는 기본권에 관해서는 법인도 포함된다. 그리고 대표자의 정함이 있고 독립된 사회조직체로 활동하는 비법인사단도 포함된다. 국가나 국가기관, 국가사무를 위임받은 공법인이나 그 기관은 기본권의 수범자이지 기본권주체가 아니므로 헌법소원심판을 청구할 수 없다. 그러나 예외적으로 국가에 대해서 독립성이 있고 독자적인 기구로서 해당 기본권 영역에서 개인의 기본권 실현에 이바지하면 기본권주체로서 인정된다.

사안에서 乙은 자연인으로서 기본권주체성이 인정되어 청구인능력이 있다.

3. 대상적격

헌법소원심판은 헌법에 위반되는 모든 공권력의 행사나 불행사에 대해서 청구할 수 있다. 모든 공권력의 행사나 불행사는 입법권, 집행권, 사법권을 행사하는 모든 국가기관의 적극적인 작위와 소극적인 부작위를 말하는데, 다만 법원의 재판은 여기서 제외된다(헌법재판소법 제68조 제1항).

국회의 법률제정행위는 입법권 행사로서 입법권에 해당하여 공권력에 속한다. 따라서 의료기기법 제24조 및 제52조는 헌법소원심판 대상이 된다.

4. 자기관련성

자기관련성은 공권력 작용으로 말미암아 청구인 '자신의 기본권'이 법적으로 침해될 가능성이 있어야 한다는 것이다. 따라서 원칙적으로 공권력의 행사나 불행사의 직접 상대방에게만 자기관련성이 인정된다. 다만, 공권력 작용의 직접 상대방이 아닌 제3자라도 공권력 작용이 그 제3자의 기본권을 직접적이고 법적으로 침해하면 그 제3자에게도 예외적으로 자기관련성이 인정된다.

의료기기법 제24조 및 제52조는 누구든지 사전심의를 받지 않은 광고를 금지하고 이를 위반하면 형사처벌한다. 따라서 인터넷으로 의료기기를 광고하려는 乙은 의료기기법 제24조 및 제52조로 말미암아 광고에 대해서 사전심의를 받아야 하고, 그렇지 않으면 형사처벌을 받을 것이다. 따라서 乙은 의료기기법 제24조 및 제52조의 직접적인 상대방으로서 자기관련성이 있다.

5. 현재성

헌법소원심판이 적법하려면 원칙적으로 청구인에 대한 기본권 침해는 현재 일어난 상태일 것, 즉 현재성이 요구된다. 하지만 기본권 침해가 앞날에 발생하더라도 그 침해가 현재 확실히 예측되고 기본권구제 실효성을 기할 필요가 있으면 현재성이 인정된다(상황성숙성 이론).

의료기기법 제24조 및 제52조로 말미암아 乙은 현재 사전심의를 받지 않고서는 인터넷 광고를 할 수 없다. 따라서 기본권 침해의 현재성도 인정된다.

6. 직접성

헌법소원심판 청구인은 공권력작용으로 말미암아 직접 기본권이 침해되어야 한다. 이러한 직접성 요건은 법령소원에서 특히 중요한 의미가 있다. 기본권 침해의 직접성이란 집행행위를 통하지 아니하고 법령 자체에 따라서 자유 제한, 의무 부과, 권리나 법적 지위 박탈이 생긴 경우를 뜻한다.

구체적 집행행위가 있다고 언제나 반드시 법령 자체에 대한 헌법소원심판 청구의 직접성이 부정되는 것은 아니다. 즉 ① 집행행위가 있어도 그 집행행위를 대상으로 하는 구제절차가 없거나 구제절차가 있더라도 권리구제 가능성이 없고, 다만 기본권 침해를 당한 청구인에게 불필요한 우회절차를 강요하는 것밖에 되지 않을 때, ② 법규범이 집행행위를 예정하더라도 법규범 내용이 집행행위 이전에 이미 국민의 권리관계를 직접 변동시키거나 국민의 법적 지위를 정하는 것이어서 국민의 권리관계가 집행행위의 유무나 내용에 따라서 좌우될 수 없을 정도로 확정된 때, ③ 헌법소원심판 대상이 되는 법령은 그 법령에 따른 다른 집행행위를 기다리지 않고 직접 국민의 기본권을 침해하는 법령이어야 하지만, 예외적으로 법령이 일의적이고 명백한 것이어서 집행기관이 심사와 재량의 여지없이 그 법령에 따라 일정한 집행행위를 하여야 할 때는 해당 법령에 대한 헌법소원심판 청구의 직접성이 인정된다.

국민에게 일정한 행위의무나 행위금지의무를 부과하고 이를 위반할 때 제재수단으로서 형벌이나 행정벌 등을 부과할 것을 정하면, 그 형벌이나 행정벌 부과를 직접성 요건에서 말하는 집행행위라고 볼 수 없다. 국민은 별도의 집행행위를 기다릴 필요 없이 제재의 근거가 되는 법률 시행 자체로 행위금지나 행위금지의무를 직접 부담하기 때문이다. 따라서 벌칙규정 자체의 위헌성을 주장하지 않으면 벌칙규정은 기본권 침해의 직접성이 없다. 다만, 행위금지규정과 제재규정의 위헌성을 함께 주장하면, 금지규정과 제재규정 모두 직접성이 인정된다.

의료기기법 제24조는 누구든지 심의를 받지 아니한 의료기기의 광고를 할 수 없다고 규정하여, 구체적인 집행행위를 예정하지 아니하고 직접 사전심의 없는 광고를 금지한다. 이로 말미암아 乙은 직접 기본권을 침해받으므로 직접성 요건이 충족된다. 의료기기법 제52조는 의료기기법 제24조 준수를 강제하는 제재규정으로서 그 자체로는 직접성이 없으나, 행위금지규정인 의료기기법 제24조와 함께 乙이 위헌성을 주장하였으므로, 의료기기법 제24조와 함께 직접성이 인정된다.

7. 보충성

헌법소원심판 청구는 다른 법률에 구제절차가 있으면 그 절차를 모두 거친 후에 청구할 수 있다(헌법재판소법 제68조 제1항 단서). 이를 헌법소원의 보충성이라고 하며, 주로 처분소원에서 문제가 된다. 여기서 구제절차는 공권력의 행사나 불행사를 직접 대상으로 하여 그 효력을 다툴 수 있는 구제절차를 말하므로, 사후적 보충적 구제수단인 손해배상청구나 손실보상청구는 구제절차에 해당하지 않는다.

법령 자체의 직접적인 기본권 침해가 문제 되면 그 법령 자체의 효력을 다투는 것을 소송물로 하여 일반 법원에 소를 제기할 길이 없어서 구제절차가 있는 때가 아니므로 보충성 요건이 적용되지 않는다.

① 헌법소원심판청구인이 그의 불이익으로 돌릴 수 없는 정당한 이유 있는 착오로 전심절차를 밟지 않은 때, ② 전심절차로 권리가 구제될 가능성이 거의 없거나 ③ 권리구제절차가 허용되는지가 객관적으로 불확실하여 전심절차 이행 가능성이 없을 때는 보충성의 예외로서 바로 헌법소원심판을 청구할 수 있다.

법령 자체의 효력을 다투는 것을 소송물로 하여 일반 법원에 소를 제기할 길이 없어서 구제절차가 있는 때가 아니므로 보충성 요건은 문제 되지 않는다.

8. 청구기간

헌법재판소법 제68조 제1항에 따른 헌법소원심판은 기본권의 침해사유가 있음을 안 날부터 90일 이내에, 그 사유가 있는 날부터 1년 이내에 청구하여야 한다. 다만, 다른 법률에 따른 구제절차를 거친 헌법소원심판은 그 최종결정을 통지받은 날부터 30일 이내에 청구하여야 한다(헌법재판소법 제69조 제1항).

의료기기법이 2016. 1. 1. 시행되고 나서 1년이 지나지 않은 2016. 12. 15.에 乙이 헌법소원심판 청구를 하였고, 경쟁업체인 甲의 형사처벌을 받은 사실을 안 2016. 11. 10.에 기본권 침해 가능성을 알았다고 보더라도 90일이 지나지 않은 시점에 헌법소원심판을 청구하였으므로 청구기간은 준수되었다.

9. 권리보호이익

헌법소원제도는 국민의 기본권 침해를 구제하는 제도이다. 그러므로 그 제도 목적상 권리보호이익이 있어야 비로소 헌법소원심판을 청구할 수 있다. 그러나 헌법소원은 개인의 주관적 권리구제 기능뿐 아니라 객관적인 헌법질서 보장기능도 수행하므로 ① 주관적 권리구제에 도움이 되지 않아도 그러한 침해행위가 앞으로도 반복될 위험이 있거나 ② 해당 분쟁 해결이 헌법질서의 수호·유지를 위해서 긴요한 사항이어서 그 해명이 헌법적으로 중대한 의미를 지니면 헌법소원의 이익을 인정할 수 있다.

의료기기법 제24조 및 제52조가 위헌으로 선언되어 효력이 상실되면 乙은 사전심의를 받지 않고 자유롭게 의료기기 광고를 할 수 있으므로 乙의 권리보호이익은 인정된다.

10. 변호사강제주의

헌법재판소법 제25조 제3항을 따르면 헌법소원은 당사자가 변호사 자격이 있는 때가 아닌 한 변호사를 대리인으로 선임하지 아니하면 심판 청구를 할 수 없다.

사안에서 乙은 변호사 丙을 대리인으로 선임하여 헌법소원심판을 청구하였으므로, 변호사강제주의 요건은 충족하였다.

11. 일사부재리

헌법재판소는 이미 심판을 거친 같은 사건에 대해서는 다시 심판할 수 없다(헌법재판소법 제39조). 헌법재판소가 심판한 사건에 대해서 다시 헌법소송을 제기하거나 헌법재판소 결정에 대해 불복을 하는 헌법소송을 제기하게 되면, 이것은 헌법소송 요건을 갖추지 못한다.

그러나 이 헌법소원심판을 청구하는 사건에 관해서는 이전에 헌법재판소가 심판한 것이 드러나지 않으므로 일사부재리원칙을 충족한 것으로 보인다.

12. 결론

의료기기법 제24조 및 제52조에 대한 乙의 헌법소원심판 청구는 적법요건을 모두 충족하여 적법하다.

II. 표현의 자유 침해 여부

1. 문제의 소재

먼저 의료기기법 제24조 및 제52조가 표현의 자유를 제약하는지를 살펴보고 나서, 표현의 자유를 제약한다면 의료기기법 제24조 및 제52조가 사전검열금지원칙과 과잉금지원칙에 위반하여 표현의 자유를 침해하여 위헌인지를 검토하여야 한다.

2. 광고가 표현의 자유의 보호대상인지 여부

표현의 자유는 자기의 사상이나 지식, 의견을 언어나 문자 등으로 불특정 다수인에게 표현하는 자유를 말한다. 헌법 제21조 제1항은 "모든 국민은 언론·출판의 자유 … 를 가진다."라고 규정하여 표현의 자유를 기본권으로 보장한다. 표현의 자유는 단순히 의사표현의 자유뿐 아니라 의사소통의 전 과정을 보호한다. 따라서 사상이나 지식, 의견을 발표하는 자유와 정보수령자의 자유, 정보매개자의 자유, 즉 알 권리·액세스권·반론권·언론기관 취재의 자유와 편집·편성권 및 그 내부의 자유까지 보호된다. 의사표현이나 전달의 매개체는 어떠한 형태이건 가능하며 제한이 없다. 표현의 자유는 의사의 내용을 가리지 않는다. 광고가 단순히 상업적인 상품이나 서비스에 관한 사실을 알리더라도 그 내용에 공익이 포함되면 표현의 자유에 따라서 보호된다. 광고물도 사상·지식·정보 등을 불특정다수인에게 전파하므로 표현의 자유를 통한 보호를 받는다. 상업적 광고표현도 표현의 자유 보호를 받는 대상이다.

乙이 하려던 전립선 자극기 'U2V'의 인터넷 광고는 의료기기 'U2V'의 효능에 관한 정보를 널리 알려 판매를 촉진하려는 것으로 상업광고에 해당한다. 표현의 자유는 의사의 내용을 가리지 않고, 상업광고도 개인의 상품 선택을 위한 정보를 제공하는 공익이 있으므로 보호대상에 해당하며, 의사표현이나 전달의 매개체에도 제한이 없으므로 인터넷도 이러한 매개체에 해당한다. 따라서 전립선 자극기 'U2V'의 인터넷 광고를 제약하는 의료기기법 제24조 및 제52조는 표현의 자유를 제약한다.

3. 검열금지원칙 위반 여부

(1) 헌법 제21조 제2항 검열 금지의 의미

헌법 제21조 제2항은 언론·출판에 대한 검열은 인정되지 아니한다고 규정한다. 여기서 말하는 검열은 그 명칭이나 형식과 관계없이 실질적으로 행정권이 주체가 되어 사상이나 의견 등이 발표되기 이전에 예방적 조치로서 그 내용을 심사·선별하여 발표를 사전에 억제하는, 즉 허가받지 아니한 것의 발표를 금지하는 제도를 뜻한다. 이러한 검열은 법률로써도 불가능한 것으로서 절대적으로 금지된다.

언론·출판에 대해서 검열이 허용되면 국민 예술활동의 독창성과 창의성을 침해하여 정신생활에 미치는 위험이 클 뿐 아니라 행정기관이 집권자에게 불리한 내용의 표현을 사전에 억제함으로써 이른바 관제의견이나 지배자에게 무해한 여론만이 허용되는 결과를 초래할 염려가 있으므로 헌법이 절대적으로 금지한다.

그러나 검열금지원칙은 모든 형태의 사전적인 규제를 금지하지 않고, 의사표현 발표 여부가 오로지 행정권의 허가에 달려있는 사전심사만을 금지한다. 그리고 ① 일반적으로 허가를 받기 위한 표현물의 제출의무, ② 행정권이 주체가 된 사전심사절차, ③ 허가를 받지 아니한 의사표현 금지와 ④ 심사절차를 관철할 수 있는 강제수단 등의 요건을 갖춘 경우에만 검열에 해당한다.

(2) 사전심의의 검열 해당 여부

① 허가를 받기 위한 표현물의 제출의무

의료기기법 제25조 제1항은 의료기기를 광고하려는 자는 미리 식품의약품안전처장의 심의를 받도록 하고, '의료기기 광고 사전심의규정' 제5조는 의료기기 광고심의신청서에 의료기기 광고 내용에 관한 서류를 첨부하여 의료기기 광고심의 업무를 위탁받은 기관에 제출하도록 한다. 이것은 허가를 받기 위한 표현물의 제출의무에 해당한다.

② 허가를 받지 아니한 의사표현의 금지

의료기기법 제24조는 누구든지 사전심의를 받지 아니하거나 심의받은 내용과 다른 내용의 의료기기 광고를 금지한다. 이것은 허가를 받지 아니한 의사표현 금지에 해당한다.

③ 심사절차를 관철할 수 있는 강제수단

의료기기법 제52조는 사전심의를 받지 않고 의료기기를 광고하면 3년 이하의 징역 또는 3천만원 이하의 벌금의 형으로 처벌하도록 규정하여 사전심의를 받도록 강제한다. 이러한 형벌 부과는 사전심의절차를 관철하기 위한 강제수단이다.

④ 행정권이 주체가 된 사전심사절차

헌법상 검열금지원칙은 검열을 행정권이 하는 경우에 한한다. 따라서 영화의 심의 및 등급분류기관인 영상물등급위원회가 이에 해당하는지는 의문이 있을 수 있다. 그런데 여기서 영상물등급위원회가 행정기관인지는 기관 형식에 따르기보다는 그 실질에 따라 판단되어야 한다. 예를 들면 검열을 행정기관이 아닌 독립적인 위원회가 하더라도 행정권이 주체가 되어 검열절차를 형성하고 검열기관 구성에 지속적인 영향을 미칠 수 있으면 실질적으로 보아 검열기관은 행정기관이라고 보아야 한다. 그렇게 해석하지 아니한다면 검열기관 구성은 입법기술 문제이므로 정부에 행정관청이 아닌 독립된 위원회 구성을 통해서 사실상 검열을 하면서도 헌법상 검열금지원칙을 위반하였다는 비난을 면할 길을 열어주기 때문이다.

의료기기 광고에 관한 심의업무는 식품의약품안전처장 담당이고(의료기기법 제25조 제1항), 식품의약품안전처장은 의료기기 관련 단체에 위탁할 수 있으나(의료기기법 제25조 제2항) 이러한 위탁은 재량사항으로 언제든지 직접 심의할 수 있을 뿐 아니라 심의기관이 의료기기 광고를 심의하기 위해서 설치·운영하는 심의위원회 위원은 심의기관의 장이 식품의약품안전처장과 협의하여 위촉하도록 하며('의료기기 광고 사전심의규정' 제10조 제2항), 심의기준, 방법 및 절차와 심의업무의 위탁 등 의료기기 광고 심의에 필요한 사항은 식품의약품안전처장이 정한다(의료기기법 제25조 제3항). 그리고 심의기관의 장은 매년 광고심의와 관련된 사업계획을 연도개시 1월 전까지 식품의약품안전처장에게 보고하고, 심의기관의 장은 매 심의결과를 식품의약품안전처장과 관할 영업허가 또는 신고기관에 문서로 보고하여야 한다('의료기기 광고 사전심의규정' 제12조). 더하여 식품의약품안전처장, 시장·군수 또는 구청장은 국민보건 향상을 위하여 필요하다고 인정하면 의료기기 관련단체에 대하여 시설, 운영 경비, 조사·연구 비용의 전부 또는 일부를 보조할 수 있다. 이에 따라서 행정권이 의료기기 광고를 심의할 심의위원회 구성에 관여할 뿐 아니라 심의업무에 지속적으로 영향을 미칠 수 있다. 따라서 심의기관과 심의위원회는 구성 및 사전심의업무 수행에서 행정권의 영향력에서 벗어나 독립적이고 자율적인 사전심의를 한다고 보기 어렵다. 이러한 점을 고려하면 심의기관과 심의위원회는 행정기관으로 볼 수 있다.

⑤ 소결

사전심의는 실질적으로 행정권이 주체가 되어 사상이나 의견 등이 발표되기 이전에 예방적 조치로서 그 내용을 심사·선별하여 발표를 사전에 억제하는, 즉 허가받지 아니한 것의 발표를 금지하는 제도로서 사전검열에 해당한다.

4. 과잉금지원칙 위반 여부

(1) 과잉금지원칙의 개념과 내용

국가작용 중 특히 입법작용에서 과잉(입법)금지원칙은 국가가 국민의 기본권을 제한하는 내용의 입법활동을 할 때 준수하여야 할 기본원칙이나 입법활동 한계를 뜻한다. 따라서 국민의 기본권을 제한하는 입법은 그 목적이 정당하여야 하고, 방법(수단)이 적합하여야 하며, 침해의 최소성과 법익의 균형성을 갖추어야 한다. 과잉금지원칙은 헌법 제37조 제2항에서 도출된다.

(2) 목적의 정당성

국민의 기본권을 제한하는 입법은 그 목적이 헌법과 법률의 체계 안에서 정당성을 인정받을 수 있어야 한다. 이때 정당성이란 그 자체의 목적이 정당하여야 할 뿐 아니라 헌법에 규정된 다른 헌법이념·헌법원리와도 배치되어서는 안 된다는 것을 뜻한다.

의료기기법 제24조 및 제52조의 입법목적은 유해한 의료기기광고를 사전에 차단하여 의료기기에 관한 올바른 정보를 제공하여 국민의 생명권과 건강권, 알 권리 등을 보호하려는 것으로서 공공복리에 해당하여 목적의 정당성이 인정된다.

(3) 수단의 적합성

국민의 기본권을 제한하는 입법을 할 때 법률에 규정된 기본권 제한의 방법은 입법목적을 달성하기 위한 방법으로서 효과적이고 적절한 것이어야 한다.

의료기기 광고를 하기 전에 사전에 심사하여 유해한 의료기기광고를 하지 못하도록 하는 것은 입법목적 달성에 이바지하므로 수단의 적합성도 충족된다.

(4) 침해의 최소성

입법자가 선택한 기본권 제한조치가 설사 입법목적을 달성하기 위해서 적절한 것일지라도 그 밖의 더 완화한 수단이나 방법을 모색함으로써 그 제한을 필요최소한의 것이 되게 하여야 한다.

사전심의는 의료기기 광고의 부정적 측면을 제거하는 효과적인 방법이기는 하지만, 표현의 자유를 전면적으로 제한하는 치명적인 수단이다. 그리고 행정청이 지속적인 모니터링을 통해서 잘못된 의료기기 광고를 사후적으로 제거해 나가면서 일반 국민에게 올바른 정보를 제공하는 방법 등을 통해서 충분히 의료기기 광고의 부정적 측면을 제거할 수 있다. 게다가 잘못된 광고로 제공되는 정보도 판단에 필요한 여러 정보 중 하나라는 점을 고려하면 정보 사이의 경쟁을 통해서 이러한 정보가 상당부분 제거될 수도 있다. 이러한 점에서 침해의 최소성은 충족되지 않는다.

(5) 법익의 균형성

어떤 행위를 규제함으로써 초래되는 사적 불이익과 그 행위를 방치함으로써 초래되는 공적 불이익을 비교하여 규제함으로써 초래되는 공익이 크거나 적어도 양자 사이에 균형이 유지되어야 한다.

잘못된 의료기기 광고의 가능성은 크다고 보기도 어렵고, 효과적인 사후구제를 통해서도 상당부분 제거할 수 있지만, 이로 말미암은 표현의 자유 제한은 직접적이고 광범위하므로 법익의 균형성을 충족한다고 보기 어렵다.

(6) 소결

의료기기법 제24조 및 제52조는 침해의 최소성과 법익의 균형성을 충족하지 못하여 과잉금지원칙에 위반된다.

5. 결론

의료기기법 제24조 및 제52조는 검열금지원칙과 과잉금지원칙에 위반하여 乙의 표현의 자유를 침해하므로 위헌이다.

사례 9 ‖ 검열금지

甲은 '둘 하나 섹스'라는 영화의 제작·배급사 대표로서 이 영화를 상영하려고 구 영화진흥법 제21조에 따라서 영상물등급위원회에 상영등급분류신청을 하였다. 영상물등급위원회는 이 영화의 음란성 등을 문제 삼아 1999. 9. 27. 영화진흥법 제21조 제4항에 따라서 2개월의 상영등급분류보류결정을 하였고, 2개월의 보류기간이 지난 다음 제청신청인이 다시 영상물등급위원회에 상영등급분류신청을 하자, 영상물등급위원회는 1999. 12. 28. 마찬가지의 이유로 3개월의 상영등급분류보류결정을 하였는바, 이에 甲은 2000. 2. 24. 서울행정법원에 영상물등급위원회를 상대로 1999. 12. 28.자 상영등급분류보류결정 취소를 구하는 소를 제기하였다. 서울행정법원은 해당 사건을 심리하던 중 甲의 위헌제청 신청을 받아들여 헌법재판소에 영화진흥법 제21조 제4항에 대한 위헌법률심판을 제청하였다.

그리고 주식회사 乙시네마는 2005. 11. 18. 신 영화진흥법 제21조에 따라 영상물등급위원회에 '천국의 전쟁'이라는 영화에 대해서 등급분류 신청을 하였다. 영상물등급위원회는 2005. 11. 24. 이 영화 내용 중 성행위 장면이 사실적으로 여과 없이 묘사되어 있고, 전례 없이 노골적인 표현으로 판단된다는 이유로 제한상영가 등급 판정처분을 하였다. 주식회사 乙시네마는 2006. 2. 28. 서울행정법원에 이러한 처분 취소를 구하는 소를 제기하고, 2006. 5. 13. 제한상영가 등급 판정을 규정한 신 영화진흥법 제21조 제3항 제5호 및 제21조 제7항 후문 중

'제3항 제5호' 부분에 대하여 위헌제청을 신청하였으며, 법원이 이 신청을 받아들여 헌법재판소에 위헌법률심판을 제청하였다.

1. 구 영화진흥법 제21조 제4항은 검열금지원칙에 위반되어 甲의 기본권을 침해하는가?
2. 신 영화진흥법 제21조 제3항 제5호 및 제21조 제7항 후문 중 '제3항 제5호' 부분에 대한 서울행정법원의 위헌법률심판 제청은 적법한가?
3. 신 영화진흥법 제21조 제3항 제5호는 명확성원칙에 위배되는가?
4. 신 영화진흥법 제21조 제7항 후문 중 '제3항 제5호' 부분은 포괄위임금지원칙에 위배되는가?

참조조문

「구 영화진흥법」

제21조(상영등급분류) ① 영화(예고편 및 광고영화를 포함한다)는 그 상영전에 영상물등급위원회로부터 상영등급을 분류받아야 한다. 다만, 다음 각호의 1에 해당하는 영화는 그러하지 아니하다.
1. 대가를 받지 아니하고 18세이상의 특정인들에 한하여 상영하는 소형·단편영화
2. 위원회가 추천하는 영화제에서 상영하는 영화
3. 위원회가 추천하는 단체 등이 제작하여 상영하는 영화
4. 기타 문화관광부장관이 등급분류가 필요하지 아니하다고 인정하는 영화
② 제1항의 규정에 의하여 상영등급을 분류받지 아니한 영화는 이를 상영하여서는 아니된다.
④ 영상물등급위원회가 제3항의 규정에 의하여 상영등급을 분류함에 있어서 당해 영화가 다음 각호의 1에 해당된다고 인정되는 경우에는 내용검토 등을 위하여 대통령령이 정하는 바에 따라 3월 이내의 기간을 정하여 그 상영등급의 분류를 보류할 수 있다.
1. 헌법의 민주적 기본질서에 위배되거나 국가의 권위을 손상할 우려가 있을 때
2. 폭력·음란 등의 과도한 묘사로 미풍양속을 해치거나 사회질서를 문란하게 할 우려가 있을 때
3. 국제적 외교관계, 민족의 문화적 주체성 등을 훼손하여 국익을 해할 우려가 있을 때
제29조(영화상영의 제한) 문화관광부장관은 다음 각호의 1에 해당하는 영화에 대하여는 그 상영을 금지하거나 정지할 수 있다.
1. 상영등급을 분류받지 아니한 영화

제40조(벌칙) 다음 각호의 1에 해당하는 자는 2년 이하의 징역 또는 2천만원 이하의 벌금에 처한다.

　3. 제29조의 규정에 의한 상영의 금지 또는 정지명령을 이행하지 아니한 자

제41조(과태료) ① 다음 각호의 1에 해당하는 자는 5천만원 이하의 과태료에 처한다.

　2. 제21조 제2항의 규정에 위반하여 상영등급을 분류받지 아니한 영화를 상영한 자

「공연법」

제18조(구성) ① 위원회는 문화예술·영상·청소년·법률·교육·언론 등의 분야 중 대통령령으로 정하는 기관·단체가 영화·비디오 등 공연 및 게임에 관한 전문지식과 경험이 있는 자 중에서 선정한 15인을 대한민국예술원회장이 추천하고 대통령이 이를 위촉하여 구성한다.

　② 위원회의 구성방법 및 절차에 관하여 필요한 사항은 대통령령으로 정한다.

제23조(위원의 직무상 독립과 신분보장) ① 위원은 임기중 직무상 어떠한 지시나 간섭을 받지 아니한다.

　② 위원은 다음 각호의 1에 해당하는 경우를 제외하고는 그의 의사에 반하여 면직되지 아니한다.

　1. 제22조의 결격사유에 해당하는 경우

　2. 장기간의 심신상의 장애로 직무를 수행할 수 없게 된 경우

제30조(지원) 위원회의 운영에 필요한 경비는 국고에서 보조할 수 있다.

「공연법시행령」

제22조(영상물등급위원회의 구성 등) ① 법 제18조 제1항에서 "대통령령으로 정하는 기관·단체"라 함은 다음 각호의 기관·단체를 말한다.

　1. 대한민국예술원법에 의한 대한민국예술원(이하 "대한민국예술원"이라 한다)

　2. 청소년보호법에 의한 청소년보호위원회

　3. 영화진흥법에 의한 영화진흥위원회

　4. 변호사법에 의한 대한변호사협회

　5. 방송법에 의한 방송위원회

　6. 기타 공연·음반·비디오·게임 및 교육관련 법인으로서 대한민국예술원회장이 정하는 단체

「신 영화진흥법」

제21조(상영등급분류) ③ 제1항의 규정에 의한 영화의 상영등급은 다음 각 호와 같다. 다만, 예고편·광고영화 등 본편 영화 상영전에 상영되는 모든 영화는 제1호에 해당하는 경우에 한하여 상영등급을 분류받을 수 있다.

　1. "전체관람가": 모든 연령의 자가 관람할 수 있는 영화

2. "12세관람가": 12세 미만의 자는 관람할 수 없는 영화

3. "15세관람가": 15세 미만의 자는 관람할 수 없는 영화

4. "18세관람가": 18세 미만의 자(이하 "연소자"라 한다)는 관람할 수 없는 영화

5. "제한상영가": 상영 및 광고·선전에 있어서 일정한 제한이 필요한 영화

⑦ 제1항의 규정에 의한 상영등급분류의 절차 및 방법, 제3항의 규정에 의한 상영등급분류의 구체적 기준 등에 관하여 필요한 사항은 영상물등급위원회의 규정으로 정한다.

제22조(상영등급규정) ① 영상물등급위원회는 제21조의 규정에 의한 상영등급분류를 위하여 영화상영등급에 관한 규정(이하 "등급규정"이라 한다)을 제정·공포하여야 한다.

② 제1항의 등급규정에는 다음 각 호의 사항이 포함되어야 한다.

1. 헌법의 민주적 기본질서의 유지와 인권 존중에 관한 사항

2. 건전한 가정생활과 아동 및 청소년 보호에 관한 사항

3. 공중도덕 및 사회윤리 신장에 관한 사항

4. 영화상영등급분류 기준 등에 관한 사항

제39조의2(벌칙) 다음 각 호의 1에 해당하는 자는 3년 이하의 징역 또는 3천만 원 이하의 벌금에 처한다.

1. 제21조 제2항의 규정에 위반하여 상영등급을 분류받지 아니한 영화를 상영한 자

2. 제21조 제5항의 규정에 위반하여 제한상영가 영화를 관람할 수 없는 청소년 또는 고등학교에 재학중인 학생을 입장시킨 자

3. 제29조의2제1항 및 제2항의 규정에 위반하여 제한상영가 영화를 제한상영관이 아닌 곳에서 상영 또는 다른 영상물로 제작하거나 그 영상물을 상영·판매·전송·대여 또는 는 시청에 제공한 자

「영화수입추천 및 영화·비디오물 등급분류기준」

제3조(등급분류기준) ④ 18세 관람가: 18세 미만의 관람객은 관람할 수 없는 영화·비디오물

1. 주제 및 내용을 청소년(18세 미만의 자)의 일반적 지식이나 경험으로는 이해할 수 없을 것

2. 대사 및 영상에 있어서 청소년(18세 미만의 자)이 관람할 경우 유해한 영향을 미칠 수 있는 음란성·폭력성이 직접적 구체적으로 표현되어 있을 것

3. 기타 청소년(18세 미만의 자)이 관람할 경우, 정신적·육체적으로 해를 미칠 수 있는 특정한 사상·종교·풍속 등에 관한 사항이 직접적으로 표현되어 있는 것

⑤ 제한상영가: 상영 및 광고·선전에 있어서 일정한 제한이 필요한 영화로서 등급분류기준 제3조 제4항 각 호의 내용 및 표현기법이 18세 관람가 기준을 벗어나 과도하게 일반국민의 정서에 악영향을 미치거나 반사회적인 내용인 경우

〈목 차〉

헌재 2001. 8. 30. 2000헌가9; 헌재 2008. 7. 31. 2007헌가4 참조

I. 검열금지원칙 위반 여부

1. 문제의 소재

영화를 상영하기 전에 영상물등급위원회에서 상영등급을 분류 받아야 하는데, 이때 영상물등급위원회에서 상영등급 분류를 보류할 수 있다고 규정한 구 영화진흥법 제21조 제4항이 헌법 제21조 제2항의 검열금지원칙에 위반되는지가 문제 된다. 검열금지원칙 위반을 주장하려면 영화도 언론·출판의 자유에 포섭되어야 하므로, 이것을 먼저 검토하기로 한다.

2. 영화도 언론·출판의 자유 보호영역에 포섭되는지 여부

헌법 제21조는 "모든 국민은 언론·출판의 자유 … 를 가진다."라고 규정하여 언론·출판의 자유를 기본권으로 보장한다. 언론·출판의 자유는 자기의 사상·신조·지식·경험 등을 어떠한 매체를 통해서, 예를 들어 언어·문자·도형·방송·그림·사진 등으로 불특정 다수인에게 발표하는 자유를 말한다. 언론·출판의 자유는 단순히 의사표현의 자유뿐 아니라 의사소통의 전 과정을 보호한다. 따라서 사상이나 의견을 발표하는 자유, 정보수령자의 자유와 정보매개자의 자유, 즉 알 권리·엑세스권·반론권·언론기관의 취재의 자유와 편집·편성권과 그 내부의 자유까지 언론·출판의 자유로 보호된다.

의사표현의 자유는 바로 언론·출판의 자유에 속한다. 따라서 의사표현의 매개체를 의사표현을 위한 수단이라고 전제할 때, 이러한 의사표현의 매개체는 헌법 제21조 제1항이 보장하는 언론·출판의 자유 보호대상이 된다. 그리고 의사표현·전파의 자유에서 의사표현 또는 전파의 매개체는 어떠한 형태이건 가능하며 그 제한이 없다. 담화·연설·토론·연극·방송·음악·영화·가요 등과 문서·소설·시가·도화·사진·조각·서화 등 모든 형상의 의사표현이나 의사전파의 매개체를 포함한다.

　사안에서 문제가 되는 영화도 의사형성적 작용을 하는 한 의사의 표현·전파의 형식의 하나로 인정된다. 그러므로 영화가 언론·출판의 자유를 통해서 보호되는 의사표현의 매개체라는 점은 의문의 여지가 없다. 따라서 헌법 제21조 제2항에 따라 언론·출판에 적용되는 검열 금지가 영화에도 적용된다.

3. 언론·출판의 자유 제한과 검열금지원칙

(1) 언론·출판의 자유 제한의 한계로서 검열금지원칙

　영화에 대한 등급심사는 의사표현 수령자의 범위를 제한하여 의사전파의 자유를 제한하고, 나아가 등급분류 보류는 보류기간에는 사실상 영화라는 매개체를 통해서 자신의 사상 등을 표현할 수 없게 되므로 언론·출판의 자유 제약(제한)에 해당한다.

　기본권을 제한하는 법률은 입법형성권 한계 안에서 합헌적인 법률이어야 한다. 상영등급분류 보류를 규정한 구 영화진흥법 제21조 제4항은 언론·출판의 자유를 제약(제한)한다. 따라서 구 영화진흥법 제21조 제4항이 헌법상 기본권제한 한계를 준수한 것인지가 문제 된다. 그런데 헌법 제21조 제2항은 언론·출판의 자유 제한의 특별한 한계로서 검열금지원칙을 규정한다.

(2) 헌법 제21조 제2항 검열의 의미와 요건

　헌법 제21조 제2항은 언론·출판에 대한 검열은 인정되지 아니한다고 규정한다. 여기서 말하는 검열은 그 명칭이나 형식과 관계없이 실질적으로 행정권이 주체가 되어 사상이나 의견 등이 발표되기 이전에 예방적 조치로서 그 내용을 심사·선별하여 발표를 사전에 억제하는, 즉 허가받지 아니한 것의 발표를 금지하는 제도를 뜻한다. 이러한 검열은 법률로써도 불가능한 것으로서 절대적으로 금지된다.

　언론·출판에 대해서 검열이 허용되면 국민 예술활동의 독창성과 창의성을 침해하여 정신생활에 미치는 위험이 클 뿐 아니라 행정기관이 집권자에게 불리한 내용의 표현을 사전에 억제함으로써 이른바 관제의견이나 지배자에게 무해한 여론만이 허용되는 결과를 초래할 염려가 있으므로 헌법이 절대적으로 금지한다.

그러나 검열금지원칙은 모든 형태의 사전적인 규제를 금지하지 않고, 의사표현 발표 여부가 오로지 행정권의 허가에 달려있는 사전심사만을 금지한다. 그리고 ① 일반적으로 허가를 받기 위한 표현물의 제출의무, ② 행정권이 주체가 된 사전심사절차, ③ 허가를 받지 아니한 의사표현 금지와 ④ 심사절차를 관철할 수 있는 강제수단 등의 요건을 갖춘 경우에만 검열에 해당한다.

4. 등급분류보류제도가 검열에 해당하는지 여부

구 영화진흥법 제21조 제4항이 규정하는 영상물등급위원회에 따른 등급분류제도가 검열의 모든 요건을 충족하여 검열에 해당하는지를 살펴본다.

(1) 허가를 받기 위한 표현물의 제출의무

구 영화진흥법 제21조 제1항은 영화가 상영되기 위해서는 상영 전에 영상물등급위원회에서 상영등급을 분류 받아야 할 것을 규정한다. 사전등급제가 관철되려면 영화라는 표현물이 등급분류업무를 담당하는 기관에 상영 이전에 제출되어야 한다는 점은 분명하다. 따라서 구 영화진흥법 제21조 제4항이 인정하는 등급분류보류결정은 등급분류 일환으로서 이루어지므로, 등급분류보류제도는 '허가를 받기 위한 표현물의 제출의무'라는 요건을 충족시킨다.

(2) 행정권이 주체가 된 사전심사절차

헌법상 검열금지원칙은 검열을 행정권이 하는 경우에 한한다. 따라서 영화의 심의 및 등급분류기관인 영상물등급위원회가 이에 해당하는지는 의문이 있을 수 있다. 그런데 여기서 영상물등급위원회가 행정기관인지는 기관 형식에 따르기보다는 그 실질에 따라 판단되어야 한다. 예를 들면 검열을 행정기관이 아닌 독립적인 위원회가 하더라도 행정권이 주체가 되어 검열절차를 형성하고 검열기관 구성에 지속적인 영향을 미칠 수 있으면 실질적으로 보아 검열기관은 행정기관이라고 보아야 한다. 그렇게 해석하지 아니한다면 검열기관 구성은 입법기술 문제이므로 정부에 행정관청이 아닌 독립된 위원회 구성을 통해서 사실상 검열을 하면서도 헌법상 검열금지원칙을 위반하였다는 비난을 면할 길을 열어주기 때문이다.

영화에 대한 심의 및 상영등급분류업무를 담당하고 등급분류보류결정권한이 있는 영상물등급위원회도, 비록 이전의 공연윤리위원회나 한국공연예술진흥협의회와는 달리 문화관광부장관에 대한 보고나 통보의무는 없더라도, 여전히 영상물등급위원회 위원을 대통령이 위촉하고(공연법 제18조 제1항), 영상물등급위원회의 구성방법 및 절차에 관하여 필요한 사항은 대통령령으로 정하도록 하며(공연법 제18조 제2항, 공연법시행령 제22조), 국가예산 범위 안에서 영상물등급위원회 운영에 필요한 경비 보조를 받을 수 있도록 하는 점(공연법 제30조) 등에 비추어 볼 때, 행정권이 심의기관 구성에 지속적인 영향을 미칠 수 있고 행정권이 주체가 되어 검열절차를 형성한다고 볼 수 있다. 영상물등급위원회가 비록 그의 심의 및 등급분류활동에서 독립성이 보장된 기관이더라도(공연법 제23조), 그것이 검열기관인지를 판단하는 데 결정적인 것이라고는 할 수 없다. 심의기관 독립성이 보장되어야 하는 것은 단지 심의절차와 그 결과의 공정성 및 객관성을 확보하려고 모든 형태의 심의절차에 요구되는 당연한 전제일 뿐이기 때문이다. 국가가 검열절차를 입법 형태로 계획하고 의도한 이상, 비록 검열기관을 민간인들로 구성하고 그 지위의 독립성을 보장한다고 하여서 영화진흥법이 정한 등급분류보류제도의 법적 성격이 바뀌는 것은 아니다. 따라서 이러한 영상물등급위원회를 통한 등급분류보류제도는 '행정권이 주체가 된 사전심사절차'라는 요건도 충족시킨다.

(3) 허가를 받지 아니한 의사표현의 금지 및 심사절차를 관철할 수 있는 강제수단

영화진흥법을 따르면, 영화가 상영되기 위해서는 그 상영 이전에 영상물등급위원회에서 등급을 분류 받아야 하고(구 영화진흥법 제21조 제1항), 상영등급을 분류 받지 아니한 영화는 상영이 금지되며(구 영화진흥법 제21조 제2항), 만약 상영등급 분류를 받지 않은 채 영화를 상영할 경우 과태료가 부과되고(구 영화진흥법 제41조 제1항 제2호), 상영등급을 분류 받지 아니한 영화가 상영되면 문화

관광부장관이 그 상영금지 혹은 정지명령을 발할 수 있으며(구 영화진흥법 제29조 제1호), 이러한 명령을 위반하면 형벌까지 부과할 수 있다(구 영화진흥법 제40조 제3호). 이러한 영화진흥법상 내용을 살펴볼 때, 등급분류보류는 영화에 대한 심의 및 상영등급분류를 그 논리적 전제로 한다. 그러한 심의 및 상영등급분류는 의사표현 전에 이루어진다. 즉 어떤 영화가 상영되기 이전에 영상물등급위원회를 통해서 해당 영화의 심의 및 상영등급분류가 이루어지고, 이러한 과정에서 해당 영화 내용이 일정한 기준을 충족하면 상영등급분류가 보류된다. 그런데 등급분류보류 횟수 제한이 설정되지 않아서 등급분류보류기간 상한선이 없는 것과 마찬가지 효과가 발생한다. 구 영화진흥법 제21조 제4항을 따르면 3개월 이내 기간을 정하여 등급분류를 보류할 수 있다. 하지만 3개월 이내의 일정한 등급분류보류기간이 만료된 뒤에도 등급분류보류 원인이 치유되지 않는 한, 즉 영화제작자가 자진해서 문제가 되는 내용을 삭제 내지 수정하지 않는 한 무한정 등급분류가 보류될 수 있다. 이는 비록 형식적으로는 '등급분류보류'를 따르더라도, 실질적으로는 영상물등급위원회 허가를 받지 않는 한 무한정 영화를 통한 의사표현이 금지될 수 있다는 것을 뜻한다. 그리고 등급분류보류 결정은 등급분류 일환으로 이루어지므로, 결과적으로 등급분류보류가 결정된 영화에 대해서도 이러한 강제수단들이 적용된다. 따라서 영상물등급위원회를 통한 등급분류보류제도는 '허가를 받지 아니한 의사표현의 금지' 및 '심사절차를 관철할 수 있는 강제수단'이라는 요건도 충족시킨다.

(4) 소결

구 영화진흥법 제21조 제4항이 규정하는 영상물등급위원회의 등급분류보류제도는 헌법이 절대적으로 금지하는 사전검열에 해당한다.

5. 결론

구 영화진흥법 제21조 제4항이 규정하는 영상물등급위원회의 등급분류보류제도는 검열로서 헌법 21조 제2항의 검열금지원칙에 위반되어 甲의 언론·출판의 자유를 침해한다.

II. 위헌법률심판 청구 적법 여부

1. 문제의 소재

서울행정법원의 위헌법률심판 제청이 적법한지와 관련하여 제청권자로서 법원, 대상으로서 법률(대상적격), 재판의 전제성, 합리적인 위헌의 의심, 소극적 요건으로서 일사부재리원칙 등이 문제 된다.

2. 제청권자로서 법원

법원만이 법률의 위헌 여부에 대해서 헌법재판소에 위헌여부심판을 제청할 수 있다. 여기서 법원은 구체적 사건이 계속된 해당 법원을 뜻한다.

사안에서는 제청한 서울행정법원은 甲이 제기한 제한상영가 등급 판정처분 취소의 소를 담당하므로 제청권자에 해당한다.

3. 대상으로서 법률(대상적격)

원칙적으로 국회가 헌법에 정해진 입법절차에 따라 제정한 '형식적 의미의 법률'만이 법원의 위헌제청 대상이 될 수 있는 법률에 해당한다. 다만, 형식적 의미의 법률은 아니나 그와 같은 효력이 있는 대통령의 긴급명령, 긴급재정·경제명령이나 국회 동의가 필요한 조약, 법률의 효력이 있는 일반적으로 승인된 국제법규도 위헌제청 대상이 될 수 있다.

사안에서 문제가 되는 신 영화진흥법 제21조 제3항 제5호 및 제21조 제7항 후문 중 '제3항 제5호' 부분은 형식적 의미의 법률이므로 대상적격이 있다.

4. 재판의 전제성

재판의 전제성 요건은 ① 구체적인 사건이 법원에 계속 중이고, ② 위헌 여부가 문제 되는 법률이 해당 소송사건의 재판에 적용되는 것이며, ③ 법률의 위헌 여부에 따라서 법원이 다른 내용의 재판을 하게 되면 충족된다.

여기서 법원이 '다른 내용의 재판을 하게 되는 경우'라 함은 원칙적으로 법원이 심리 중인 (ⅰ) 해당 사건의 재판의 결론이나 주문에 어떤 영향을 주는 경우뿐 아니라, 문제가 된 법률의 위헌 여부가 비록 재판의 주문 자체에는 아무런 영향을 주지 않는다고 하더라도 (ⅱ) 재판의 결론을 이끌어 내는 이유를 달리하는 데 관련되어 있거나 (ⅲ) 재판의 내용과 효력에 관한 법률적 의미가 달라지는 경우도 포함된다. 다만, 헌법재판소는 최근 (ⅱ)를 언급하지 않는다.

甲은 제한상영가 등급 판정처분 취소의 소가 서울행정법원에 계속 중이고, 제한상영가등급 판정처분은 신 영화진흥법 제21조 제3항 제5호 및 제21조 제7항 후문 중 '제3항 제5호' 부분에 근거하여 내려진 것이므로 해당 법률조항들은 해당 재판에 적용된다. 그리고 甲은 해당 법률조항들이 헌법에 위반된다는 사정이 있으면(그리하여 헌법재판소가 위헌결정을 하여 효력을 상실하면) 제한상영가 등급 판정처분은 취소된다. 이는 재판의 결론이 달라지는 경우로서 법원이 다른 내용의 재판을 하게 되는 경우라고 할 것이다. 따라서 재판의 전제성은 인정된다.

5. 합리적인 위헌의 의심

법원이 헌법재판소에 위헌법률심판을 제청하려면 단순한 의심을 넘어선 합리적인 위헌 의심이 있을 것이 요구된다.

사안에서는 신 영화진흥법 제21조 제3항 제5호 및 제21조 제7항 후문 중 '제3항 제5호' 부분에 따른 제한상영가 등급 판정처분의 위헌성과 관련하여 다툼이 있으므로 합리적인 위헌 의심이 있다고 볼 수 있다.

6. 소극적 요건으로서 일사부재리원칙

헌법재판소법 제39조는 "헌법재판소는 이미 심판을 거친 동일한 사건에 대하여는 다시 심판할 수 없다."라고 규정하여 헌법재판소 결정에 대한 일사부재리원칙을 명문으로 규정한다. 따라서 동일한 법원이 동일한 법률 또는 법률조항에 대해서 사정변경이 없는데도 다시 헌법재판소에 위헌여부심판을 제청하는 것은 허용되지 아니한다.

사안에서는 이미 심판을 거친 동일한 사건인지에 관해서는 언급된 바가 없으므로 충족된 것으로 보인다.

7. 결론

서울행정지방법원의 위헌법률심판 제청은 적법요건을 모두 충족하여 적법하다.

Ⅲ. 명확성원칙 위배 여부

1. 문제의 소재

영화의 상영등급으로 제한상영가를 규정한 신 영화진흥법 제21조 제5호가 명확성원칙에 위배되는지가 문제 된다.

2. 명확성원칙의 의의

명확성원칙은 법치국가원리의 한 표현이다. 명확성원칙은 기본권을 제한하는 법규범의 내용은 명확하여야 한다는 헌법상 원칙으로서, 법률은 적용대상자가 그 규제내용을 미리 알 수 있도록 명확하게 규정하여 앞날의 행동지침으로 삼을 수 있도록 하여야 한다는 것이다. 법규범의 의미 내용에서 무엇이 금지되는 행위이고 무엇이 허용되는 행위인지를 알 수 없다면, 법적 안정성과 예측가능성은 확보될 수 없고, 법집행 당국의 자의적 집행이 가능하게 될 것이다.

이러한 명확성원칙은 모든 기본권을 제한하는 입법에 요구된다. 민주사회에서 언론·출판의 자유가 수행하는 역할과 기능에 비추어 볼 때, 불명확한 규범이 언론·출판의 자유를 규제하는 것은 헌법상 보호받는 표현에 대한 위축효과를 가져오므로, 이러한 언론·출판의 자유를 규제하는 입법에서는 특별히 중요한 의미를 지닌다. 즉 무엇이 금지되는 표현인지가 불명확하면, 자신이 하고자 하는 표현이 규제 대상이 아니라는 확신이 없는 기본권주체는 대체로 규제를 받을 것을 우려하여서 표현행위를 스스로 억제하게 될 가능성이 높아진다. 따라서 언론·출판의 자유를 규제하는 법률은 그 규제로 말미암아 보호되는 다른 표현에 대해 위축효과가 미치지 않도록 규제되는 표현의 개념을 세밀하고 명확하게 규정할 것이 헌법적으로 요구된다.

그런데 제한상영가 등급의 영화도 마찬가지로 헌법상 언론·출판의 자유를 통해서 보호를 받는 표현물인데도, 다른 등급의 영화와 비교해서 상영이나 광고 등의 면에서 제한을 받으므로 이에 해당하는 영화가 어떤 영화인지에 관해서는 법률이 명확하게 규정할 필요가 있다.

3. 명확성원칙 판단 기준

법률의 명확성원칙은 입법자가 법률을 제정할 때 일반조항이나 불확정개념을 사용하는 것을 금지하지 않는다. 수권법률의 명확성에 대한 요구는 규율대상의 특수성, 수권법률이 당사자에게 미치는 기본권 제한의 효과에 따라 다르다. 즉 다양한 형태의 사실관계를 규율하거나 규율대상이 상황에 따라 자주 변화할 것으로 예상된다면 규율대상인 사실관계의 특성을 고려하여 명확성을 엄격하게 요구할 수 없다. 다른 한편 기본권 제한의 효과가 진지하면 할수록 수권법률의 명확성은 더욱 엄격하게 요구되어야 한다. 일반적으로 법률해석을 통해서도 행정청과 법원의 자의적인 법적용을 배제하는 기준을 얻는 것이 불가능하다면 그 수권법률은 명확성원칙에 위배된다고 보아야 한다. 명확성원칙 준수 여부는 해당 법률의 입법목적에 비추어 건전한 상식과 통상적인 법감정에 따라서 판단할 수 있고 구체적인 사건에서는 법관의 합리적 해석을 통해서 판단될 것이다. 해당 법률의 명확성 여부를 판단할 때 해당 법률의 입법목적과 다른 조항의 연관성, 합리적인 해석 가능성, 입법기술상 한계 등을 고려하여 판단하여야 할 것이다.

4. 신 영화진흥법 제21조 제5호의 명확성원칙 침해 여부

신 영화진흥법 제21조 제3항 제5호는 '제한상영가' 등급의 영화를 '상영 및 광고·선전에 있어서 일정한 제한이 필요한 영화'라고 정의한다. 이 규정은 제한상영가 등급의 영화가 어떤 영화인지를 말해주기보다는 제한상영가 등급을 받은 영화가 사후에 어떠한 법률적 제한을 받는지를 기술한다. 따라서 제한상영가 영화가 어떤 영화인지는 이 규정만으로 도대체 짐작하기가 쉽지 않다. 제한상영가 영화가 어떤 내용의 영화인지를 예측할 수 있도록 하려면 이러한 등급분류판정을 받고 나서 가해지는 법률적 효과가 아니라 그 영화 자체가 어떤 내용의 영화인지에 관한 정보를 법률 규정이 제공하여야 한다. 그런데 이 규정은 그 자체로는 이에 관해서 아무런 정보도 제공하지 않는다.

다만, 이러한 규정 형식이더라도 다른 등급의 영화가 어떻게 규정되어 있는지를 종합적으로 판단하여 제한상영가 등급의 영화가 어떤 영화인지를 짐작할 수 있다면 명확성 원칙을 위반한다고 보기 어렵다. 영화의 상영등급분류 규정인 신 영화진흥법 제21조 제3항은 제한상영가 등급 이외의 다른 등급의 영화에 대해 '몇 세 미만의 자'는 관람할 수 없는 영화 등으로 규정한다. 그러나 이러한 규정을 통해서도 각각의 등급에 해당하는 영화가 어떤 영화인지 예측하는 것은 쉽지 않다.

한편, 법률 자체의 내용이 다소 미흡하더라도 다른 관련규정을 통해서 그 미흡함을 보충하여 내용을 예측할 수 있다면, 명확성원칙을 위반한다고까지 말할 수는 없다. 제한상영가 등급의 영화가 어떤 경우에 부여되는 등급의 영화인지에 관해서 그 대강의 기준이라도 법률이 정하면, 그 기준을 통해서 제한상영가 영화가 어떤 내용의 영화인지를 짐작할 수 있다. 그런 경우에는 해당 법률의 수범자가 불의의 타격을 받는 일은 발생하지 않을 것이며, 등급 판정 기관이 자의적으로 등급을 부여하는 일도 가능하지 않을 것이기 때문이다. 그런데 신 영화진흥법 제21조 제7항 후문은 등급분류의 구체적 기준에 대해 영상물등급위원회 규정에 위임하면서 단지 "… 제3항의 규정에 의한 상영등급분류의 구체적 기준 등에 관하여 필요한 사항은 영상물등급위원회의 규정으로 정한다."라고 할 뿐이어서, 그 기준에 관해서는 아무런 언급이 없다. 따라서 상영등급분류의 기준에 관해서 정하는 위임규정도 제한상영가 등급 영화의 의미를 예측하는 데 아무런 도움도 주지 못한다.

나아가 신 영화진흥법 제22조 제2항은 영화등급규정에 포함되어야 할 사항으로, 헌법의 민주적 기본질서 유지와 인권 존중에 관한 사항, 건전한 가정생활과 아동 및 청소년 보호에 관한 사항, 공중도덕 및 사회윤리 신장에 관한 사항, 영화상영 등급분류 기준 등에 관한 사항을 규정한다. 이 규정은 영화등급 분류 시 고려되어야 할 기준의 대강을 정한 것이라고 주장된다. 그러나 이 것이 전체 관람가에서 제한상영가 등급에 이르기까지 각각의 등급에서 어떻게 반영되어야 하는지에 관해서는 아무런 언급이 없다. 그러므로 이 규정으로도 제한상영가 등급의 영화가 어떤 내용의 영화인지를 알 수 없기는 마찬가지이다.

결국 신 영화진흥법 제21조 제3항 제5호 규정이나 관련 규정들로는 제한상영가 등급의 영화가 어떤 영화인지를 예측할 수 없다. 따라서 제한상영가 등급에 관해서 정하는 신 영화진흥법 제21조 제3항 제5호는 명확성원칙에 위배된다.

5. 결론

신 영화진흥법 제21조 제3항 제5호에서 제한상영가 등급의 영화가 어떤 영화인지를 예측할 수 없어서 신 영화진흥법 제21조 제3항 제5호는 명확성원칙에 위배된다.

Ⅳ. 포괄위임금지원칙 위배 여부

1. 문제의 소재

상영등급분류의 절차 및 방법, 상영등급분류의 구체적 기준 등에 관하여 필요한 사항을 영상물등급위원회 규정에 위임한 신 영화진흥법 제21조 제7항 후문 중 '제3항 제5호' 부분은 포괄위임금지원칙에 위배되는지가 문제 된다.

2. 위임입법 허용성

헌법은 권력분립원칙에 입각하여 국민의 권리와 의무에 관한 중요한 사항은 주권자인 국민이 선출한 대표자들로 구성되는 국회에서 법률 형식으로 결정하도록 한다. 그리고 이러한 의회주의나 법치국가원리는 입법부가 그 입법의 권한을 행정부나 사법부에 위임하는 것을 금지함을 내포한다. 그러나 현대국가에서 국민의 권리와 의무에 관한 것이라고 하여 모든 사항을 국회에서 제정한 법률만으로 규정하는 것은 불가능하다. 이는 행정 영역이 복잡·다기하여 상황변화에 따라 다양한 방식으로 적절히 대처할 필요성이 요구되지만, 국회의 입법에 대한 기술적·전문적 능력이나 시간적 적응능력에는 한계가 있기 때문이다. 따라서 경제현실 변화나 전문적 기술 발달 등에 즉응하여야 하는 세부적인 사항에 관해서는 국회가 제정한 형식적 법률보다 더 탄력성이 있는 행정입법에 이를 위임할 필요가 있다.

헌법 제40조는 "입법권은 국회에 속한다."라고 규정하면서 아울러 헌법 제75조는 "대통령은 법률에서 구체적으로 범위를 정하여 위임받은 사항과 법률을 집행하기 위하여 필요한 사항에 관하여 대통령령을 발할 수 있다."라고 규정하고, 헌법 제95조는 "국무총리 또는 행정각부의 장은 소관 사무에 관하여 법률이나 대통령령의 위임 또는 직권으로 총리령 또는 부령을 발할 수 있다."라고 규정하여 행정기관에 대한 위임입법을 인정한다.

3. 영상물등급위원회 규정에 대한 위임의 허용성

(1) 문제점

사안에서 신 영화진흥법 제21조 제7항 후문 중 '제3항 제5호' 부분의 위임규정은 헌법이 열거하는 대통령령이나 총리령, 부령에 상영등급분류의 구체적 기준을 위임하는 것이 아니라 영상물등급위원회 규정에 위임한다. 이와 관련하여 이러한 위임 형식이 가능한 것인지, 이러한 형식의 위임이 허용된다면 그 허용기준은 무엇인지, 예측 가능성은 담보된 구체적인 위임인지 등이 문제될 수 있다.

(2) 위임 형식에 관한 문제

신 영화진흥법상 영화 상영등급분류 기준은 국민의 표현의 자유에 지대한 영향을 주어서 이러한 기준은 원칙적으로 입법사항에 속한다. 따라서 법률에서 이를 하위법령에 위임할 때는 법규명령인 대통령령이나 총리령·부령 형식으로 하여야 함이 원칙이다.

그런데 의회의 입법독점주의에서 입법중심주의로 전환하여 일정한 범위 안에서 행정입법을 허용하게 된 동기가 사회적 변화에 대응한 입법수요 급증과 종래 형식적 권력분립원칙으로는 현대사회에 대응할 수 없다는 기능적 권력분립론에 있다는 점 등을 감안하여 헌법 제40조와 제75조 그리고 제95조의 의미를 살펴보면, 헌법이 인정하는 위임입법 형식은 예시적인 것으로 보아야 할 것이다. 법률이 행정규칙에 위임하더라도 그 행정규칙은 위임된 사항만을 규율할 수 있으므로, 이렇게 보아도 국회입법원칙과 상치되지도 않는다. 다만, 형식 선택에서 규율의 밀도와 규율 영역의 특성이 개별적으로 고찰되어야 할 것인데, 입법자에게 상세한 규율이 불가능한 것으로 보이는 영역이라면 행정부에게 필요한 보충을 할 책임이 인정되고, 극히 전문적인 식견에 좌우되는 영역에서는 행정기관 구체화의 우위가 불가피하게 있을 수 있다. 그런데 법규명령에 대해서 행정절차법은 입법예고, 예고된 입법안에 대한 의견제출 기회, 공청회 개최 등의 제도를 두나, 고시나 훈령 등 행정규칙을 제정·개정·폐지함에 관해서는 아무런 규정을 두지 아니한다. 그리고 법규명령은 법제처 심사를 거치고(대통령령은 국무회의에 상정되어 심의된다) 반드시 공포하여야 효력이 발생되지만, 행정규칙은 법제처 심사를 거칠 필요도 없고 공포 없이도 효력을 발생하게 된다는 점에서 차이가 있다. 따라서 법률이 입법위임을 할 때는 대통령령·총리령·부령 등 법규명령에 위임함이 바람직하고, 고시와 같은 형식으로 입법위임을 할 때는 적어도 행정규제기본법 제4조 제2항 단서에서 정한 바와 같이 법령이 전문적·기술적 사항이나 경미한 사항으로서 업무의 성질상 위임이 불가피한 사항에 한정되고, 그러한 사항이더라도 포괄위임금지원칙상 법률 위임은 반드시 구체적·개별적으로 한정된 사항에 대해서 하여야 한다.

(3) 영상물등급위원회 규정의 법규성 여부

영상물등급위원회 규정이 위임입법에서 허용하는 하위 법령이 되려면 먼저 영상물등급위원회가 법규명령을 발할 수 있는 행정관청이어야 한다. 영화에 대한 심의 및 상영등급 분류업무를 담당하고 등급분류 보류결정권한이 있는 영상물등급위원회는 그 위원을 대통령이 위촉하고(공연법 제18조 제1항), 영상물등급위원회의 구성방법 및 절차에 관하여 필요한 사항은 대통령령으로 정하도록 하며(공연법 제18조 제2항, 공연법시행령 제22조), 국가예산 범위 안에서 영상물 등급위원회 운영에 필요한 경비의 보조를 받을 수 있도록 하는 점(공연법 제30 조) 등에 비추어 볼 때, 영상물등급위원회는 법규명령을 발할 수 있는 행정관청 으로서 위원회이다.

영상물등급위원회가 법규명령을 발할 수 있는 행정관청이라고 할 때, 영 상물등급위원회가 제정한 규정이 법규명령의 성격을 보유하면, 신 영화진흥법 이 상영등급분류의 구체적 기준을 영상물등급위원회 규정에 위임하더라도 이 것은 위임에 요구되는 하위법령으로서 요건을 충족한다. 제한상영가 등급의 영 화는 그 상영이나 광고, 선전에서 많은 제약을 받는다. 그러므로 이러한 제한 상영가 등급의 영화를 판정하는 기준은 영화제작자 등의 기본권에 지대한 영 향을 미친다. 따라서 등급분류의 구체적 기준을 정하는 영상물등급위원회 규정 은 모법을 보충하는 법령보충적 행정규칙으로서 법규성이 인정된다.

(4) 신 영화진흥법 제21조 제7항 후문 중 '제3항 제5호' 부분의 포괄위임금 지원칙 위반 여부

먼저 제한상영가 등급분류 기준이 영상물등급위원회 규정으로 위임할 사 항인지가 문제 된다. 법률이 고시와 같은 형식으로 입법위임을 할 때는 적어도 행정규제기본법 제4조 제2항 단서에서 정한 바와 같이 법령이 전문적·기술적 사항이거나 경미한 사항으로서 위임이 불가피한 경우이어야 한다. 신 영화진흥 법 제21조 제7항 후문 중 '제3항 제5호' 부분의 위임규정에서 위임하는 사항은 제한상영가 등급분류 기준에 대한 것으로 그 내용이 도덕이나 윤리와 관련이 깊은 가치판단적인 것이어서 사회현상에 따라 급변하는 내용도 아니고, 특별히 전문성이 요구되는 것도 아니며, 그렇다고 일반인들은 알기 어려운 기술적인 사항도 아닐 뿐 아니라, 더욱이 언론·출판의 자유 제한과 관련된다는 측면에 서 보면 경미한 사항이라고도 할 수 없다. 그런데도 신 영화진흥법 제21조 제7 항 후문 중 '제3항 제5호' 부분의 위임규정은 제한상영가 등급을 포함한 영화 상영 등급분류 기준을 영상물등급위원회에 위임하므로, 이는 그 자체로서 포괄 위임금지원칙에 위반된다.

한편, 수권법률은 하위규범에서 규정될 내용의 윤곽만이라도 예측할 수 있도록 그 기본적인 사항에 대해 법률에서 구체적으로 정하여야 한다. 그러나 위임의 구체성·명확성의 요구 정도는 국민의 기본권을 직접적으로 제한하거나 침해할 소지가 있는 법규에서는 구체성·명확성의 요구가 강화되지만, 규율대상이 지극히 다양하거나 수시로 변화하는 성질의 것이면 위임의 구체성·명확성의 요건이 완화되어야 한다. 그런데 제한상영가 등급은 그 자체로 형사처벌 법규의 구성요건을 구성하지는 않는다. 그러나 신 영화진흥법 제39조의2 제2호는 제한상영가 등급의 영화를 관람할 수 없는 청소년 또는 고등학교에 재학 중인 학생을 입장시킨 사람은 3년 이하의 징역 또는 3천만 원 이하의 벌금에 처하도록 하여 처벌법규와 불가분적 관계를 형성하고, 더구나 언론·출판의 자유를 제한하는 규정이라는 점에서 위임의 구체성·명확성 정도는 강화될 것이다. 그런데 신 영화진흥법 제21조 제7항 후문 중 '제3항 제5호' 부분의 위임규정은 등급분류 기준에 관해서 아무런 언급 없이 영상물등급위원회가 그 규정으로 이를 정하도록 한다. 이것만으로는 위임 대상이 되는 것이 영화의 상영등급분류기준이라는 것 외에 무엇이 제한상영가 등급을 정하는 기준인지에 관해서는 전혀 알 수 없다. 따라서 이 위임규정은 포괄위임금지원칙을 위반한다는 의심이 든다. 다만, 포괄위임인지를 판단할 때는 수권규정 하나만을 가지고 판단하는 것이 아니라 그 입법목적이나 관련된 법조항 전체를 유기적·체계적으로 종합하여 판단하여야 하고, 위임된 사항의 성질에 따라 구체적·개별적으로 검토하여야 한다. 신 영화진흥법 제22조 제2항은 영상물등급위원회의 등급분류규정에 포함되어야 할 내용에 대해 규정한다. 이 규정은 등급분류규정에 어떤 내용들이 포함되어야 할지를 규정하지만, 정작 전체 관람가에서 제한상영가에 이르기까지 각각의 등급에서 이 규정 내용들이 어떻게 그 기준으로 작용하는지에 관해서는 전혀 언급이 없어서, 신 영화진흥법 제22조 제2항 내용으로도 제한상영가 등급 기준을 예측하는 것은 쉽지 않다. 그렇다고 제한상영가 등급을 정하는 신 영화진흥법 제21조 제3항 제5호는 상영이나 광고, 선전이 제한된다는 것 이외에 그 기준이 될 만한 구체적 내용을 포함하지 않는다. 따라서 그 자체로써 그 기준을 제시하지도 않고, 제한상영가 등급기준은 신 영화진흥법 제21조 제7항과 제22조 제1항의 위임에 따라 영상물등급위원회가 제정한 '영화수입추천 및 영화·비디오물 등급분류기준' 제3조 제5항이 "상영 및 광고·선전에 있어서 일정한 제한이 필요한 영화로서, 등급분류기준 제3조 제4항 각호의 내용 및 표현기법이 18세 관람가 기준을 벗어나 과도하게 일반국민의 정서에 악영향을 미치거나 반사회적인 내용인 경우"라고 정하는 것을 확인한 후에야 비로소 다소라도 그 내용을 알 수 있게 된다. 결국 신 영화진흥법 제21조 제7항 후문 중 '제3항 제5호' 부분의 위임규정은 위임되는 내용이 구체적으로 무엇인지 전혀 알 수 없도록 규정하여서 포괄위임금지원칙에 위반된다.

4. 결론

신 영화진흥법 제21조 제7항 후문 중 '제3항 제5호' 부분은 위임되는 내용이 구체적으로 무엇인지 전혀 알 수 없도록 규정하여서 포괄위임금지원칙에 위배된다.

사례 10 ‖ 인터넷신문

　甲은 인터넷신문 법인, 乙은 인터넷신문을 운영하는 개인사업자이다. 甲과 乙은 관할 도지사에게서 "2015. 11. 11. 개정된 '신문 등의 진흥에 관한 법률 시행령' 제2조 제1항 제1호 가목, 제4조 제2항 제3호 다목, 라목 및 부칙 제2조에 따라 2016. 11. 18.까지 취재 및 편집 인력을 5명 이상(취재 인력 3명 이상)으로 증원하고, 이를 증명할 수 있는 국민연금, 국민건강보험, 산업재해보상보험 중 1가지 이상의 가입내역 확인서를 제출하여 재등록하여야 한다. 재등록하지 않을 경우 등록이 취소될 것"이라는 취지의 통보를 받았다. 이에 甲과 乙은 2015. 12. 28. '신문 등의 진흥에 관한 법률' 제2조 제2호, 제9조 제1항 및 위 시행령 조항이 청구인들의 기본권을 침해한다고 주장하며 헌법재판소에 헌법소원심판을 청구하였다.

1. 甲과 乙의 헌법소원심판 청구는 적법한가?(대상적격, 직접성, 보충성, 청구기간만 검토하시오)
2. '신문 등의 진흥에 관한 법률'(2009. 7. 31. 법률 제9785호로 전부개정된 것) 제2조 제2호는 명확성원칙과 포괄위임금지원칙에 위배되는가?
3. 구 '신문 등의 진흥에 관한 법률'(2009. 7. 31. 법률 제9785호로 전부개정되고, 2016. 2. 3. 법률 제13968호로 개정되기 전의 것) 제9조 제1항 중 인터넷신문에 관한 부분이 허가금지원칙에 위배되는가?

4. '신문 등의 진흥에 관한 법률 시행령'(2015. 11. 11. 대통령령 제26626호로 개정된 것) 제2조 제1항 제1호 가목, 제4조 제2항 제3호 다목과 라목 및 부칙(2015. 11. 11. 대통령령 제26626호) 제2조는 과잉금지원칙을 위반하는가?

참조조문

「신문 등의 진흥에 관한 법률(2009. 7. 31. 법률 제9785호로 전부개정된 것)」

제2조 (정의) 이 법에서 사용하는 용어의 정의는 다음과 같다.

2. "인터넷신문"이란 컴퓨터 등 정보처리능력을 가진 장치와 통신망을 이용하여 정치·경제·사회·문화 등에 관한 보도·논평 및 여론·정보 등을 전파하기 위하여 간행하는 전자간행물로서 독자적 기사 생산과 지속적인 발행 등 대통령령으로 정하는 기준을 충족하는 것을 말한다.

「구 신문 등의 진흥에 관한 법률(2009. 7. 31. 법률 제9785호로 전부개정되고 2016. 2. 3. 법률 제13968호로 개정되기 전의 것)」

제9조 (등록) ① 신문을 발행하거나 인터넷신문 또는 인터넷뉴스서비스를 전자적으로 발행하려는 자는 대통령령으로 정하는 바에 따라 다음 각 호의 사항을 주사무소 소재지를 관할하는 특별시장·광역시장·도지사 또는 특별자치도지사(이하 "시·도지사"라 한다)에게 등록하여야 한다. 등록된 사항이 변경된 때에도 또한 같다. 다만, 국가 또는 지방자치단체가 발행 또는 관리하거나 법인이나 그 밖의 단체 또는 기관이 그 소속원에게 보급할 목적으로 발행하는 경우와 대통령령으로 정하는 경우에는 그러하지 아니하다.

1. 신문 및 인터넷신문의 명칭(신문 및 인터넷신문에 한정한다)
2. 인터넷뉴스서비스의 상호 및 명칭(인터넷뉴스서비스에 한정한다)
3. 종별 및 간별(신문에 한정한다)
4. 신문사업자와 신문의 발행인·편집인(외국신문의 내용을 변경하지 아니하고 국내에서 그대로 인쇄·배포하는 경우를 제외한다. 이하 같다) 및 인쇄인의 성명·생년월일·주소(신문사업자 또는 인쇄인이 법인이나 단체인 경우에는 그 명칭, 주사무소의 소재지와 그 대표자의 성명·생년월일·주소)
5. 인터넷신문사업자와 인터넷신문의 발행인 및 편집인의 성명·생년월일·주소(인터넷신문사업자가 법인이나 단체인 경우에는 그 명칭, 주사무소의 소재지와 그 대표자의 성명·생년월일·주소)
6. 인터넷뉴스서비스사업자와 기사배열책임자의 성명·생년월일·주소(인터넷뉴스서비

스사업자가 법인이나 단체인 경우에는 그 명칭, 주사무소의 소재지와 그 대표자의
　　성명·생년월일·주소)
　7. 발행소의 소재지
　8. 발행목적과 발행내용
　9. 주된 보급대상 및 보급지역(신문에 한정한다)
　10. 발행 구분(무가 또는 유가)
　11. 인터넷 홈페이지 주소 등 전자적 발행에 관한 사항

「신문 등의 진흥에 관한 법률 시행령(2015. 11. 11. 대통령령 제26626호로 개정된 것)」
제2조(인터넷신문) ① 「신문 등의 진흥에 관한 법률」(이하 "법"이라 한다) 제2조 제2호
　에서 "독자적 기사 생산과 지속적인 발행 등 대통령령으로 정하는 기준"이란 다음 각
　호의 기준을 말한다.
　1. 독자적인 기사 생산을 위한 요건으로서 다음 각 목의 요건을 모두 충족할 것
　가. 취재 인력 3명 이상을 포함하여 취재 및 편집 인력 5명 이상을 상시적으로 고용할 것
제4조(등록) ② 제1항에 따른 신청서에는 다음 각 호의 구분에 따른 서류(전자문서를 포
　함한다)를 첨부하여야 한다.
　3. 인터넷신문
　다. 취재 담당자의 국민연금, 국민건강보험 또는 산업재해보상보험의 가입사실을 확인
　할 수 있는 서류
　라. 편집 담당자의 국민연금, 국민건강보험 또는 산업재해보상보험의 가입사실을 확인
　할 수 있는 서류

「신문 등의 진흥에 관한 법률 시행령 부칙(2015. 11. 11. 대통령령 제26626호)」
제2조 (인터넷신문의 기준에 관한 경과조치) 이 영 시행 전에 법 제9조 제1항에 따라 등
　록한 인터넷신문사업자로서 제2조 제1항 제1호 가목의 개정규정에 따른 기준에 미달
　하는 자는 이 영 시행 이후 1년 이내에 제2조 제1항 제1호 가목의 개정규정에 따른 기
　준을 갖추어야 한다.

〈목 차〉

헌재 2016. 10. 27. 2015헌마1206등 참조

I. 헌법소원심판 청구 적법 여부

1. 문제의 소재

'신문 등의 진흥에 관한 법률' 제2조 제2호, 제9조 제1항 및 '신문 등의 진흥에 관한 법률 시행령' 제2조 제1항 제1호 가목, 제4조 제2항 제3호 다목, 라목 및 부칙 제2조(이하 심판대상조항)에 대한 甲과 乙의 헌법소원심판 청구가 적법하려면 ① 기본권주체성(청구인능력), ② 대상적격(헌법소원심판 대상: 공권력의 행사 또는 불행사), ③ 자기관련성, ④ 현재성, ⑤ 직접성, ⑥ 보충성(헌법재판소법 제68조 제1항 단서), ⑦ 청구기간(헌법재판소법 제60조 제1항), ⑧ 권리보호이익, ⑨ 변호사강제주의(헌법재판소법 제25조 제3항), ⑩ 일사부재리(헌법재판소법 제39조)의 요건을 충족하여야 한다. 이중 여기서는 대상적격, 직접성, 보충성, 청구기간이 문제 된다.

2. 대상적격

헌법소원심판은 헌법에 위반되는 모든 공권력의 행사나 불행사에 대해서 청구할 수 있다. 모든 공권력의 행사나 불행사는 입법권, 집행권, 사법권을 행사하는 모든 국가기관의 적극적인 작위와 소극적인 부작위를 말하는데, 다만 법원의 재판은 여기서 제외된다(헌법재판소법 제68조 제1항).

법률과 명령의 제정행위는 입법권 행사로서 입법권에 해당하여 공권력에 속한다. 따라서 심판대상조항은 헌법소원심판 대상이 된다.

3. 직접성

헌법소원심판 청구인은 공권력작용으로 말미암아 직접 기본권이 침해되어야 한다. 이러한 직접성 요건은 법령소원에서 특히 중요한 의미가 있다. 기본권 침해의 직접성이란 집행행위를 통하지 아니하고 법령 자체에 따라서 자유 제한, 의무 부과, 권리나 법적 지위 박탈이 생긴 경우를 뜻한다.

사안에서 심판대상조항은 집행행위를 기다리지 아니하고 바로 자유를 제한하고 의무를 부과한다. 따라서 직접성은 인정된다.

4. 보충성

헌법소원심판 청구는 다른 법률에 구제절차가 있으면 그 절차를 모두 거친 후에 청구할 수 있다(헌법재판소법 제68조 제1항 단서). 이를 헌법소원의 보충성이라고 하며, 주로 처분소원에서 문제가 된다. 여기서 구제절차는 공권력의 행사나 불행사를 직접 대상으로 하여 그 효력을 다툴 수 있는 구제절차를 말하므로, 사후적 보충적 구제수단인 손해배상청구나 손실보상청구는 구제절차에 해당하지 않는다.

법령 자체의 효력을 다투는 것을 소송물로 하여 일반 법원에 소를 제기할 길이 없어서 구제절차가 있는 때가 아니므로 보충성은 문제 되지 않는다.

5. 청구기간

헌법재판소법 제68조 제1항에 따른 헌법소원심판은 기본권의 침해사유가 있음을 안 날부터 90일 이내에, 그 사유가 있는 날부터 1년 이내에 청구하여야 한다. 다만, 다른 법률에 따른 구제절차를 거친 헌법소원심판은 그 최종결정을 통지받은 날부터 30일 이내에 청구하여야 한다(헌법재판소법 제69조 제1항).

甲과 乙은 신문 등의 진흥에 관한 법률 시행령'이 2015. 11. 11. 개정되고 나서 90일이 지나지 않은 2015. 12. 28.에 헌법소원심판을 청구하였으므로, 청구기간을 준수하였다.

6. 결론

심판대상조항에 대한 甲과 乙의 헌법소원심판 청구는 대상적격, 직접성, 보충성, 청구기간을 충족하여 다른 적법요건을 모두 충족한다면 적법하다.

II. 명확성원칙과 포괄위임금지원칙 위배 여부

1. 문제의 소재

'신문 등의 진흥에 관한 법률'(2009. 7. 31. 법률 제9785호로 전부개정된 것) 제2조 제2호가 인터넷신문에 관하여 모호하게 규정하여 정확한 의미를 파악할 수 없어 명확성원칙을 침해하고, 인터넷신문이 충족하여야 할 구체적 기준을 대통령령에 위임하여 포괄위임금지원칙에 위배되는지가 문제 된다.

2. 명확성원칙 위배 여부

명확성원칙은 행정부가 법률에 근거하여 국민의 자유와 재산을 제약할 때 법률이 수권범위를 명확하게 확정하여야 하고, 법원이 공권력 행사를 심사할 때는 그 심사기준으로서 충분히 명확하여야 한다는 것을 말한다. 명확성원칙은 법적 안정성을 요소로 하는 법치국가원리의 한 표현으로서 기본적으로 모든 기본권제한입법에 요구된다.

'인터넷신문'은 지면이 아닌 인터넷을 통하여 발행·배포되는 신문을 뜻하는 것임이 분명하다. 따라서 '신문 등의 진흥에 관한 법률'상 '인터넷신문'의 요건을 제2조 제2호에서 규정하지 않고 시행령에 위임하여 법률 규정만으로는 정확한 요건을 파악하기 어렵다는 것이 문제이다. 따라서 명확성원칙 위배 여부는 포괄위임금지원칙 위배 여부에 달렸다.

3. 포괄위임금지원칙 위배 여부

헌법 제37조 제2항에 따라 기본권은 '법률로써' 제한할 수 있다. 이때 '법률로써'는 '법률에 의하여'와 '법률에 근거하여'를 포괄한다. '법률에 근거하여'는 법률이 법규명령이나 조례에 기본권 제한을 위임하는 것을 뜻한다. 그러나 포괄적 위임은 입법권 자체의 포기를 뜻하므로 포괄적 위임은 할 수 없고 구체적 범위를 특정하여 위임하여야 한다.

'신문 등의 진흥에 관한 법률' 제2조 제2호는 독자적 기사 생산과 지속적

발행을 인터넷신문의 기본사항으로 명확하게 규정하고, 이에 관하여 충족하여야 할 구체적 기준을 대통령령에 위임한다. 인터넷이용률이 대단히 높고, 스마트폰 이용과 모바일 인터넷 환경이 보편화하면서 인터넷신문의 발행 및 유통 형태는 시대적·기술적 변화 상황에 따라 빠른 속도로 변한다. 이러한 현실 변화에 대응하여 유연하게 인터넷신문을 규율하기 위해서는 인터넷신문이 갖추어야 할 구체적 발행기준 등을 대통령령에 위임하여야 할 필요성이 인정된다. 인터넷신문은 종이신문과 달리 발행과 유통에 특별한 시설을 요하지 않으므로 물적 시설에 관한 기준이 필요하지는 않다. 이런 사정에 비추어 볼 때, 대통령령에 규정될 인터넷신문의 '독자적 기사 생산 및 지속적 발행'에 관한 요건은 주로 인터넷신문의 언론으로서 공공성 및 사회적 책임을 이행할 능력을 갖추기 위한 인적 기준 요건이 될 것임을 예측할 수 있다. 따라서 '신문 등의 진흥에 관한 법률' 제2조 제2호는 포괄위임금지원칙에 위배된다고 할 수 없다.

4. 소결

사안에서 '신문 등의 진흥에 관한 법률' 제2조 제2호는 명확성원칙과 포괄위임금지원칙에 위배되지 않는다.

Ⅲ. 허가금지원칙 위배 여부

1. 문제의 소재

구 '신문 등의 진흥에 관한 법률' 제9조 제1항 중 인터넷신문에 관한 부분에서 규율하는 등록이 사전허가에 해당하는지가 문제 된다.

2. 헌법 제21조 제2항에 따른 허가 금지

헌법 제21조 제1항은 모든 국민은 언론·출판의 자유를 가진다고 규정하여 언론·출판의 자유를 보장한다. 언론·출판의 자유는 자기의 사상이나 지식을 언어나 문자 등으로 불특정 다수인에게 표현하고 전달하는 자유를 말한다.

언론·출판의 자유에서 의사표현의 매개체에는 제한이 없다. 언론·출판의 자유는 자신의 의사를 표현하고 전파할 적극적 자유뿐 아니라 자기 의사를 표현하지 않거나 전파하지 않을 소극적 자유도 보장한다. 인터넷신문도 자기의 사상이나 지식을 표현하는 매개체이므로 인터넷신문을 발행하는 것도 언론·출판의 자유로서 보호된다.

헌법 제21조 제2항은 "언론·출판에 대한 허가나 검열과 집회·결사에 대한 허가는 인정되지 아니한다."라고 규정하여 언론·출판에 대한 허가금지를 명시한다. 이것은 언론·출판에 대한 허가제를 절대적으로 금지하겠다는 헌법적 결단이다. 따라서 언론·출판의 자유도 제한될 수 있지만, '허가' 방식으로 언론·출판의 자유를 제한하는 것은 헌법적으로 허용되지 않는다.

헌법 제21조 제2항에서 금지하는 '허가'는 행정권이 주체가 되어 사상이나 의견 등이 발표되기 전에 예방적 조치로 그 내용을 심사·선별하여 발표를 사전에 억제하는, 즉 허가받지 아니한 것의 발표를 금지하는 제도를 뜻한다. 허가나 검열이 허용되면 정신활동의 독창성과 창의성을 침해하여 국민 정신생활에 미치는 위험이 클 뿐 아니라, 행정기관이 집권자에게 불리한 내용의 표현을 사전에 억제함으로써 이른바 관제의견이나 지배자에게 무해한 여론만 허용되는 결과를 초래할 염려가 있으므로 헌법이 직접 그 금지를 규정한다.

여기서 허가금지 대상은 어디까지나 언론·출판 자유의 내재적 본질인 표현의 내용을 보장하는 것을 말하는 것이지, 언론·출판을 위해 필요한 물적 시설이나 언론기업의 주체인 기업인으로서의 활동까지 포함되는 것으로 볼 수는 없다. 즉 언론·출판에 대한 허가·검열금지의 취지는 정부가 표현의 내용에 관한 가치판단에 입각해서 특정 표현의 자유로운 공개와 유통을 사전 봉쇄하는 것을 금지하는 데 있으므로, 내용 규제 그 자체가 아니거나 내용 규제 효과를 초래하는 것이 아니라면 헌법이 금지하는 '허가'에는 해당되지 않는다.

구 '신문 등의 진흥에 관한 법률' 제9조 제1항 중 인터넷신문에 관한 부분은 인터넷신문의 명칭, 발행인과 편집인의 인적사항, 발행소 소재지, 발행목적과 발행내용, 발행 구분(무가 또는 유가) 등 인터넷신문의 외형적이고 객관적 사항을 제한적으로 등록하도록 한다. 한편, '신문 등의 진흥에 관한 법률 시행령'

제2조 제1항 제1호 가목은 5인 이상 취재 및 편집 인력을 고용하도록 하고, 동 시행령 제4조 제2항 제3호 다목과 라목은 취재 및 편집 담당자의 국민연금 등 가입사실 확인서류를 제출하도록 한다. 이런 조항들은 인터넷신문에 대한 인적 요건의 규제 및 확인에 관한 것으로 인터넷신문의 내용을 심사·선별하여 사전 에 통제하기 위한 규정이 아님이 명백하다. 따라서 등록조항이 헌법 제21조 제 2항에 위배된다고 볼 수 없다.

3. 소결

구 '신문 등의 진흥에 관한 법률' 제9조 제1항 중 인터넷신문에 관한 부분 은 허가금지원칙에 위배되지 않는다.

Ⅳ. 과잉금지원칙 위배 여부

1. 문제의 소재

'신문 등의 진흥에 관한 법률 시행령' 제2조 제1항 제1호 가목, 제4조 제2 항 제3호 다목과 라목 및 부칙 제2조가 인터넷신문의 상시 고용인원을 규정한 것이 과잉금지원칙을 위반하여 언론·출판의 자유를 침해하는지가 문제 된다.

2. 과잉금지원칙 위배 여부

(1) 과잉금지원칙의 개념과 내용

국가작용 중 특히 입법작용에서 과잉(입법)금지원칙은 국가가 국민의 기본 권을 제한하는 내용의 입법활동을 할 때 준수하여야 할 기본원칙 내지 입법활 동의 한계를 의미한다. 따라서 국민의 기본권을 제한하는 입법은 그 목적이 정 당하여야 하고, 방법(수단)이 적합하여야 하며, 침해의 최소성과 법익의 균형성 을 갖추어야 한다.

(2) 목적의 정당성

목적의 정당성은 국민의 기본권을 제한하려는 입법의 목적이 헌법 및 법률의 체계상 그 정당성이 인정되어야 한다는 것이다.

'신문 등의 진흥에 관한 법률 시행령' 제2조 제1항 제1호 가목은 취재 및 편집 역량을 갖춘 인터넷신문만 등록할 수 있도록 함으로써 인터넷신문의 언론으로서 신뢰성 및 사회적 책임을 제고하기 위한 것이고, '신문 등의 진흥에 관한 법률 시행령' 제4조 제2항 제3호 다목과 라목은 '신문 등의 진흥에 관한 법률 시행령' 제2조 제1항 제1호 가목의 상시 고용 인원을 국민연금 등 가입사실을 통하여 명확히 확인하기 위한 조항으로 입법목적의 정당성이 인정된다.

(3) 수단의 적합성

수단의 적합성은 그 목적의 달성을 위하여 그 방법이 효과적이고 적절하여야 한다는 것이다.

인터넷신문이 고용인원을 충분히 확보하여 취재 및 편집 분야에 종사하도록 하고, 이를 확인하기 위하여 국민연금 등 가입사실 확인서류를 제출하게 하는 것은 인터넷신문의 신뢰성 및 사회적 책임을 제고하는 데 효과적일 수 있는 방법이다. 따라서 수단의 적합성도 인정된다.

(4) 침해의 최소성

침해의 최소성은 입법권자가 선택한 기본권 제한의 조치가 입법목적을 달성하기 위하여 설사 적절하다고 할지라도 더 완화한 형태나 방법을 모색함으로써 기본권 제한은 필요한 최소한도에 그치도록 하여야 한다는 것이다.

인터넷신문의 부정확한 보도로 말미암은 폐해를 규제할 필요가 있다고 하더라도 다른 덜 제약적인 방법들이 신문법, 언론중재법 등에 이미 충분히 있다. 그런데 '신문 등의 진흥에 관한 법률 시행령' 제2조 제1항 제1호 가목, 제4조 제2항 제3호 다목과 라목에 따라 소규모 인터넷신문이 '신문 등의 진흥에 관한 법률' 적용대상에서 제외되면 '신문 등의 진흥에 관한 법률'상 언론사의 의무를 전혀 부담하지 않게 될 뿐 아니라, 언론중재법에 따른 구제절차 대상에서도 제외된다. 그리고 소규모 인터넷신문의 대표자나 임직원은 '부정청탁 및 금품등 수수의 금지에 관한 법률'상 공직자등에도 포함되지 않게 되어, 소규모 인터넷신문의 언론활동으로 말미암은 폐해를 예방하거나 이를 구제하는 법률의 테두리에서 완전히 벗어나는 결과를 초래한다.

인터넷신문이 거짓 보도나 부실한 보도 또는 공중도덕이나 사회윤리에 어긋나는 보도를 한다면 결국 독자에게서 외면 받아 퇴출될 수밖에 없다. 인터넷의 특성상 독자들은 수동적으로 인터넷신문을 받아 읽는 데 그치지 아니하고 적극적으로 기사를 선택하여 읽고 판단하며 반응한다. 부정확한 보도로 말미암은 폐해를 막기 위하여 이미 마련된 여러 법적 장치 이외에 인터넷신문만을 위한 별도의 추가 장치를 마련할 필요성은 찾아보기 어렵다. 인터넷신문 독자를 다른 언론매체 독자보다 더 보호하여야 할 당위성도 찾기 어렵다.

그리고 인터넷신문 기사의 품질 저하 및 그로 말미암은 폐해가 인터넷신문의 취재 및 편집 인력이 부족하여 발생하는 문제라고 단정하기 어렵다. 오히려 이런 폐해는 주요 포털사이트 검색에 의존하는 인터넷신문의 유통구조로 말미암은 것이므로, 인터넷신문이 포털사이트에 의존하지 않고 독자적으로 유통될 수 있는 방안을 마련하는 것이 이런 문제를 해결하기 위한 더 근원적인 방법이다. 또한, 급변하는 인터넷 환경과 기술 발전, 매체의 다양화 및 신규 또는 대안 매체의 수요 등을 고려하더라도, 취재 및 편집 인력을 상시 일정 인원 이상 고용하도록 강제하는 것이 인터넷신문이 언론으로서 확보하여야 할 신뢰성을 제고하기 위해 반드시 필요하다고 보기도 어렵다.

이러한 사정을 모두 종합하여 보면, 인터넷신문에 대해서만 5인 이상의 취재 및 편집 인력을 갖출 것을 요구하고, 이를 확인할 서류를 제출하게 하는 '신문 등의 진흥에 관한 법률'은 침해의 최소성 원칙에 위배된다.

(5) 법익의 균형성

법익의 균형성은 그 입법을 통해서 보호하려는 공익과 침해되는 사익을 비교형량할 때 보호되는 공익이 더 커야 한다는 것이다.

'신문 등의 진흥에 관한 법률 시행령' 제2조 제1항 제1호 가목, 제4조 제2항 제3호 다목과 라목은 소규모 인터넷신문이 언론으로서 활동할 수 있는 기회 자체를 원천적으로 봉쇄할 수 있지만, 인터넷신문의 신뢰도 제고라는 입법목적의 효과는 불확실하다는 점에서 법익의 균형성도 잃고 있다.

3. 결론

'신문 등의 진흥에 관한 법률 시행령'(2015. 11. 11. 대통령령 제26626호로 개정된 것) 제2조 제1항 제1호 가목, 제4조 제2항 제3호 다목과 라목 및 부칙(2015. 11. 11. 대통령령 제26626호) 제2조은 침해의 최소성과 법익의 균형성을 갖추지 못하여 과잉금지원칙에 위반된다.

사례 11 ∥ 의료광고

甲은 병원을 운영하는 의사이다. 甲은 2015. 5. 4.경 자신이 운영하는 병원 인터넷 홈페이지에 환자들의 치료경험담과 "흉터, 통증 걱정 없는 간단하고 정확한 유방시술기기" 등의 문구를 게재하고, 2015. 5. 10.경부터 다음 달 27.경까지 같은 내용을 자신이 운영하는 의원 건물 앞 벽면에 같은 문구가 적힌 현수막을 설치하는 방법으로 보건복지부장관의 심의를 받지 아니하고 의료광고를 하였다는 혐의로 기소되어 의료법 제56조 제2항 제2호와 제9호 그리고 제11호 위반을 이유로 2015. 9. 30. 벌금 100만원의 약식명령을 고지받았다. 甲은 2015. 10. 4. 정식재판을 청구한 다음, 그 재판을 받던 중 의료법 제89조 중 제56조 제2항 제2호와 제9호 그리고 제11호에 대해서 위헌법률심판 제청 신청을 하였다. 의료법 제89조 중 제56조 제2항 제11호 위반 부분에 대해서는 공소가 취소되어 법원은 2015. 12. 26. 이에 대해서 공소기각 결정을 내려서 확정되었다. 그리고 법원은 2015. 12. 27. 제56조 제2항 제2호와 제9호 위반을 이유로 벌금 50만원의 유죄판결을 선고하면서 제청 신청을 기각하였다. 이에 甲은 이러한 판결에 항소하고 나서 2016. 1. 25. 의료법 제89조 중 제56조 제2항 제2호와 제9호 그리고 제11호가 위헌이라고 주장하면서 헌법재판소에 헌법소원심판을 청구하였다.

1. 의료법 제89조 중 제56조 제2항 제2호와 제9호 그리고 제11호로 말미암아 제약되는 기본권은 무엇인가?

2. 甲의 헌법소원심판 청구는 적법한가?

3. 의료법 제89조 중 56조 제2항 제2호는 죄형법정주의의 명확성원칙에 위배되는가?

4. 사전심의를 거치지 아니한 의료광고를 금지하고 그 위반행위를 처벌하는 것은 검열금지원칙에 위반되는가?

참조조문

「의료법」

제56조(의료광고의 금지 등)

② 의료법인·의료기관 또는 의료인은 다음 각 호의 어느 하나에 해당하는 의료광고를 하지 못한다.

1. 제53조에 따른 평가를 받지 아니한 신의료기술에 관한 광고
2. 치료효과를 보장하는 등 소비자를 현혹할 우려가 있는 내용의 광고
3. 다른 의료기관·의료인의 기능 또는 진료 방법과 비교하는 내용의 광고
4. 다른 의료법인·의료기관 또는 의료인을 비방하는 내용의 광고
5. 수술 장면 등 직접적인 시술행위를 노출하는 내용의 광고
6. 의료인의 기능, 진료 방법과 관련하여 심각한 부작용 등 중요한 정보를 누락하는 광고
7. 객관적으로 인정되지 아니하거나 근거가 없는 내용을 포함하는 광고
8. 신문, 방송, 잡지 등을 이용하여 기사(記事) 또는 전문가의 의견 형태로 표현되는 광고
9. 제57조에 따른 심의를 받지 아니하거나 심의받은 내용과 다른 내용의 광고
10. 제27조 제3항에 따라 외국인환자를 유치하기 위한 국내광고
11. 그 밖에 의료광고의 내용이 국민건강에 중대한 위해를 발생하게 하거나 발생하게 할 우려가 있는 것으로서 대통령령으로 정하는 내용의 광고

③ 의료법인·의료기관 또는 의료인은 거짓이나 과장된 내용의 의료광고를 하지 못한다.

제57조(광고의 심의) ① 의료법인·의료기관·의료인이 다음 각 호의 어느 하나에 해당하는 매체를 이용하여 의료광고를 하려는 경우 미리 광고의 내용과 방법 등에 관하여 보건복지부장관의 심의를 받아야 한다.

1. 「신문 등의 진흥에 관한 법률」 제2조에 따른 신문·인터넷신문 또는 「잡지 등 정기간행물의 진흥에 관한 법률」 제2조에 따른 정기간행물
2. 「옥외광고물 등의 관리와 옥외광고산업 진흥에 관한 법률」 제2조 제1호에 따른 옥외광고물 중 현수막(懸垂幕), 벽보, 전단(傳單) 및 교통시설·교통수단에 표시되는 것

3. 전광판

4. 대통령령으로 정하는 인터넷 매체

② 제1항에 따른 심의를 받으려는 자는 보건복지부령으로 정하는 수수료를 내야 한다.

③ 보건복지부장관은 제1항에 따른 심의에 관한 업무를 제28조에 따라 설립된 단체에 위탁할 수 있다.

④ 제1항에 따른 심의 기준·절차 및 제3항에 따른 심의 업무의 위탁 등 의료광고의 심의에 관하여 필요한 사항은 대통령령으로 정한다.

제89조(벌칙) 제15조 제1항, 제17조 제1항·제2항(제1항 단서 후단과 제2항 단서는 제외한다), 제33조 제9항, 제56조 제1항부터 제4항까지, 제57조 제1항, 제58조의6 제2항을 위반한 자는 1년 이하의 징역이나 500만원 이하의 벌금에 처한다.

「의료법 시행령」

제24조(의료광고의 심의 대상 및 심의 업무의 위탁) ② 법 제57조 제3항에 따라 보건복지부장관은 의료광고 심의에 관한 업무를 다음 각 호에서 정하는 바에 따라 법 제28조 제1항에 따른 의사회, 치과의사회 및 한의사회에 각각 위탁한다.

제25조(의료광고 심의 절차) ① 의료광고의 심의를 받으려는 의료법인·의료기관 또는 의료인은 보건복지부령으로 정하는 신청서에 해당 의료광고 내용을 첨부하여 제24조 제2항 또는 제3항에 따라 의료광고 심의업무를 위탁받은 기관(이하 "심의기관"이라 한다)에 제출하여야 한다.

제28조(심의위원회의 구성 및 운영 등) ① 심의기관은 의료광고를 심의하기 위하여 심의위원회를 설치·운영하여야 한다.

〈목 차〉

헌재 2014. 9. 25. 2013헌바28; 헌재 2015. 12. 23. 2015헌바 75 참조

Ⅰ. 제약되는 기본권

1. 문제의 소재

의료법 제56조 제2항 제2호, 제9호, 제11호와 제89조는 甲의 의료광고를 제약한다. 따라서 甲의 표현의 자유와 직업의 자유 그리고 환자의 알 권리가 제약되는지가 문제 된다.

2. 언론·출판의 자유

헌법 제21조 제1항은 모든 국민은 언론·출판의 자유를 가진다고 규정하여 언론·출판의 자유를 기본권으로 보장한다. 언론·출판의 자유는 자기의 사상이나 지식을 언어나 문자 등으로 불특정다수인에게 표현하고 전달하는 자유를 말한다. 언론·출판의 자유에서 의사표현의 매개체에는 제한이 없다. 언론·출판의 자유는 자신의 의사를 표현하고 전파할 적극적 자유뿐 아니라 자기 의사를 표현하지 않거나 전파하지 않을 소극적 자유도 보장한다.

광고물은 사상·지식·정보 등을 불특정 다수인에게 전파하는 것이므로, 언론·출판의 자유가 보호되는 대상이 된다. 그리고 언론·출판의 자유는 표현의 내용을 가리지 않고 보호하므로 상업적 광고표현도 보호한다. 따라서 의료광고를 규제하는 의료법 제56조 제2항 제2호, 제9호, 제11호와 제89조는 甲의 언론·출판의 자유를 제약한다.

3. 직업의 자유

헌법 제15조는 모든 국민은 직업선택의 자유를 가진다고 규정하여 직업의 자유를 기본권으로 보장한다. 직업은 생활의 기본적 수요를 충족시키기 위한 계속적인 소득활동을 의미하며 그 종류나 성질은 불문한다. 직업의 자유는 자신이 원하는 직업을 자유롭게 선택하는 직업선택의 자유와 그가 선택한 직업을 원하는 방식으로 자유롭게 수행할 수 있는 직업수행의 자유를 포함한다.

의료광고는 의료인 등이 의료서비스를 판매하는 영업활동의 중요한 수단이다. 따라서 의료광고를 규제하는 의료법 제56조 제2항 제2호, 제9호, 제11호와 제89조는 직업수행의 자유도 제약한다.

4. 알 권리

알 권리는 일반적으로 접근할 수 있는 정보원에서 일반적 정보를 수령·수집하고 처리할 수 있는 권리이다. 이것은 헌법 제21조 제1항의 표현의 자유, 제1조의 국민주권원리, 제10조의 인간의 존엄성 존중과 행복추구권, 제34조 제1항의 인간다운 생활을 할 권리에 근거한다. 알 권리는 일반적으로 접근할 수 있는 정보원에서 정보를 수집하는 데 국가로부터 헌법에 법률에 의하지 아니하고는 제한받지 아니한다는 방어권적 내용과 공공기관에 대해서 정보의 공개를 청구할 수 있다는 급부청구권적 내용이 있다.

환자는 의료광고를 통해서 의료에 관한 정보를 얻을 수 있어서 의료법 제56조 제2항 제2호, 제9호, 제11호와 제89조는 환자의 알 권리를 제약한다. 하지만 환자의 알 권리 침해 여부에 대한 판단은 의료법 제89조 중 제56조 제2항 제2호와 제9호 그리고 제11호와 가장 밀접한 관계에 있는 甲의 언론·출판의 자유와 직업수행의 자유에 대한 침해 여부 판단에 포함되므로 별도로 살필 필요는 없다.

5. 결론

의료법 제89조 중 제56조 제2항 제2호와 제9호 그리고 제11호는 甲의 표현의 자유와 직업수행의 자유를 제약한다. 환자의 알 권리는 甲의 언론·출판의 자유와 직업수행의 자유보다 사항관련성이 적어서 별도로 문제 되지 않는다.

Ⅱ. 甲의 헌법소원심판 청구 적법 여부

1. 문제의 소재

사안과 같은 헌법재판소법 제68조 제2항에 따른 헌법소원의 적법요건으로는 ① 심판청구권자, ② 대상적격(법률), ③ 법원의 위헌제청신청에 대한 기각결정, ④ 재판의 전제성, ⑤ 청구기간, ⑥ 변호사강제주의, ⑦ 일사부재리 등이 요구된다. 사안에서는 ① 요건은 甲이 제청 신청을 한 사람이고, ② 요건에 대해서는 법률(조항)이므로 의문의 여지가 없으며, ⑦ 요건은 사안과 관계가 없으므로, 나머지 요건에 대하여 검토하되 답안작성 편의상 ③ 요건은 따로 살펴본다.

2. 재판의 전제성을 제외한 나머지 요건

(1) 법원의 위헌제청 신청에 대한 기각(각하)결정

헌법재판소법 제68조 제2항 전문에 따르면 법원에서 위헌제청 신청 기각(각하)결정을 받은 당사자가 동법 조항에 따른 헌법소원심판을 청구할 수 있는바, 사안에서 2015. 12. 27. 법원의 위헌제청 신청 기각결정이 있었다.

(2) 청구기간

헌법재판소법 제69조 제2항에 따르면 헌법재판소법 제68조 제2항에 따른 헌법소원은 위헌여부심판의 제청 신청 기각(각하)결정을 통지받은 날부터 30일 이내에 청구하여야 하는바, 사안에서 위 기각결정을 받은 날부터도 30일 이내인 2016. 1. 25. 헌법소원심판을 청구하였으므로 청구기간을 준수하였다.

(3) 변호사강제주의

헌법재판소법 제25조 제3항에 따르면 헌법소원은 당사자가 변호사 자격이 있는 경우가 아닌 한 변호사를 대리인으로 선임하지 아니하면 심판청구를 할 수 없는바, 사안에서 甲이 변호사 자격이 있는지와 변호사를 대리인으로 선임하였는지를 확인할 수 없다.

3. 재판의 전제성 요건

(1) 의의

재판의 전제성이라 함은, 첫째, 구체적인 사건이 법원에 적법하게 계속 중이어야 하고, 둘째, 위헌 여부가 문제 되는 법률이 해당 소송사건의 재판에 적용되는 것이어야 하며, 셋째, 그 법률이 헌법에 위반되는지에 따라 해당 사건을 담당하는 법원이 다른 내용의 재판을 하게 되는 경우, 즉 법원이 심리중인 해당 사건의 재판의 결론이나 주문에 어떤 영향을 주는 경우 또는 문제가 된 법률의 위헌 여부가 비록 재판의 주문 자체에는 아무런 영향을 주지 않는다고 하더라도 재판의 결론을 이끌어내는 이유를 달리하는 데 관련되어 있거나 재판의 내용과 효력에 관한 법률적 의미가 달라지는 경우를 말한다.

(2) 사안에 대한 적용

위 첫째 요건을 보면, 사안에 나타난 바와 같이 甲은 의료법 제89조 중 제56조 제2호, 제9호, 제11호 위반혐의로 기소되어 제1심에서 벌금 50만원의 유죄판결을 선고받고 이에 항소하였으므로 위 첫째 요건을 충족한다.

위 둘째와 셋째 요건을 보면, 먼저 의료법 제89조 중 제56조 제11호 위반 부분에 대하여는 공소가 취소되어 공소기각 결정이 내려졌고 이는 확정되었다(형사소송법 제328조 제1항 제1호 참조). 따라서 이 부분은 더 이상 해당 사건에 적용되지 않게 되었고, 그 위헌 여부에 따라 해당 사건 재판의 주문이 달라지거나 재판의 내용과 효력에 관한 법률적 의미가 달라지는 경우에 해당하지도 아니한다.

다음으로 甲은 의료법 제89조 중 제56조 제2항 제2호, 제9호 위반으로 유죄판결이 내려졌다. 따라서 이 부분은 해당 사건에 적용되는 법률조항이고, 그 위헌 여부에 따라 해당 사건 재판의 주문이 달라지게 된다.

결국 의료법 제89조 중 제56조 제11호는 재판의 전제성이 인정되지 아니하고, 동법 제89조 중 제56조 제2항 제2호, 제9호는 재판의 전제성이 인정된다.

4. 결론

(변호사강제주의 요건을 충족한다는 전제 아래에) 의료법 제89조 중 제56조 제2항 제2호, 제9호는 재판의 전제성이 인정되므로 이에 대한 청구는 적법하다. 그러나 의료법 제89조 중 제56조 제2항 제11호는 재판의 전제성이 인정되지 아니하므로 이에 대한 심판 청구는 부적법하다.

Ⅲ. 죄형법정주의의 명확성원칙 위반 여부

1. 문제의 소재

의료법 제56조 제2항 제2호에서는 '소비자', '현혹', '우려'와 같은 불명확한 개념을 사용하여 죄형법정주의의 명확성원칙에 위배되는지가 문제 된다.

2. 죄형법정주의의 의의

헌법 제12조 및 제13조를 통하여 죄형법정주의가 보장된다. 죄형법정주의는 범죄와 형벌이 법률로 정하여져야 함을 의미한다. 이러한 죄형법정주의에서 파생되는 명확성원칙은 법률이 처벌하고자 하는 행위가 무엇이며 그에 대한 형벌이 어떠한 것인지를 누구나 예견할 수 있고, 그에 따라 자신의 행위를 결정할 수 있도록 구성요건을 명확하게 규정할 것을 요구한다.

처벌법규의 구성요건이 명확하여야 한다고 하여 모든 구성요건을 단순한 서술적 개념으로 규정하여야 하는 것은 아니고, 다소 광범위하여 법관의 보충적인 해석을 필요로 하는 개념을 사용하였다고 하더라도 통상의 해석방법에 따라서 건전한 상식과 통상적인 법감정이 있는 사람이면 해당 처벌법규의 보호법익과 금지된 행위 및 처벌의 종류와 정도를 알 수 있도록 규정하였다면 헌법이 요구하는 처벌법규의 명확성에 배치되는 것이 아니다. 처벌법규에 대한 예측 가능성 유무는 해당 특정조항 하나만으로 판단할 것이 아니라, 관련 법조항 전체를 유기적·체계적으로 종합하여 판단하여야 하고, 그것도 각 대상법률의 성질에 따라 구체적·개별적으로 검토하여야 하며, 일반적이거나 불확정한 개념이 사용되면 해당 법률의 입법목적과 해당 법률의 다른 규정들을 원용하거나 다른 규정과 맺는 상호관계를 고려하여 합리적으로 해석할 수 있는지에 따라 가려야 한다.

3. 사안에 대한 판단

의료법 제89조 중 제56조 제2항 제2호는 '치료효과를 보장하는 등 소비자를 현혹할 우려가 있는 내용의 광고'를 금지한다. '현혹(眩惑)' 및 '우려(憂慮)'의 사전적 의미를 고려하면, 제56조 제2항 제2호는 소비자의 정신을 혼란스럽게 하여 합리적인 사고를 어렵게 할 것으로 걱정되는 광고를 규제하려는 것으로 볼 수 있다.

의료법 제56조 제2항 제7호는 "객관적으로 인정되지 아니하거나 근거가 없는 내용을 포함하는 광고"를 금지하고, 의료법 제56조 제3항은 "거짓이나 과장된 내용의 의료광고"를 금지한다. 그렇다면 심판대상조항은 광고 내용의 진실성·객관성을 담보하는 금지규정과 별개의 것으로, 의료광고 '내용 자체'가 아니라 '내용의 표현'에 규제의 초점이 있다. 어떠한 광고가 '치료효과를 보장하는 등 소비자를 현혹할 우려가 있는 내용의 광고'에 해당하는 것인지를 판단할 때는, 표현방식과 치료효과 보장 등의 연관성, 표현방식 자체가 의료정보 제공에서 불가피한 것인지, 광고가 이루어진 매체의 성격과 그 제작·배포의 경위, 광고의 표현방식이 의료서비스 소비자의 판단에 미치는 영향 등을 종합적으로 고려하여 보통의 주의력이 있는 의료서비스 소비자가 해당 광고를 받아들이는 전체적·궁극적 인상을 기준으로 객관적으로 판단하여야 한다.

의료법 제89조 중 제56조 제2항 제2호는 '치료효과를 보장하는 내용의 광고'를 금지되는 의료광고의 예로서 규정하는데, '치료효과의 보장'이란 의료서비스의 긍정적인 결과를 보증하는 것, 즉 해당 광고의 의료서비스를 받으면 예외 없이 소비자가 원하는 좋은 결과를 얻을 수 있음을 보증하는 것을 뜻한다. 그렇다면 심판대상조항은 의료서비스의 부정적인 측면을 배제하고 긍정적인 측면만을 암시하는 표현의 광고를 소비자를 현혹할 우려가 있는 내용의 광고로 보고 이를 금지하는 것이다. 따라서 의료법 제89조 중 제56조 제2항 제2호가 금지하는 광고는 '광고 내용의 진실성·객관성을 불문하고, 오로지 의료서비스의 긍정적인 측면만을 강조하는 표현을 사용함으로써 의료소비자를 혼란스럽게 하고 합리적인 선택을 방해할 것으로 걱정되는 광고'를 뜻한다고 해석할 수 있다.

4. 결론

건전한 상식과 통상적인 법 감정이 있는 수범자라면, 의료법 제89조 중 제56조 제2항 제2호가 금지하는 의료광고의 의미를 충분히 합리적으로 파악할 수 있으므로, 의료법 제89조 중 제56조 제2항 제2호는 죄형법정주의의 명확성 원칙에 위배되지 아니한다.

Ⅳ. 검열금지원칙 위반 여부

1. 문제의 소재

의료법 제56조 제2항 제9호와 제89조에 따라 사전심의를 거치지 아니한 의료광고를 금지하고 그 위반행위를 처벌하는 것이 헌법 제21조 제2항의 검열에 해당하는지가 문제 된다.

2. 헌법 제21조 제2항 검열 금지의 의미

헌법 제21조 제2항은 언론·출판에 대한 허가나 검열은 인정되지 아니한다고 규정한다. 여기서 말하는 검열은 그 명칭이나 형식과 관계없이 실질적으로 행정권이 주체가 되어 사상이나 의견 등이 발표되기 이전에 예방적 조치로서 그 내용을 심사·선별하여 발표를 사전에 억제하는, 즉 허가받지 아니한 것의 발표를 금지하는 제도를 뜻하고, 이러한 검열은 법률을 통해서도 불가능하다.

언론·출판에 대하여 검열이 허용되면 국민 예술활동의 독창성과 창의성을 침해하여 정신생활에 미치는 위험이 클 뿐 아니라, 행정기관이 집권자에게 불리한 내용 표현을 사전에 억제함으로써, 이른바 관제의견이나 지배자에게 무해한 여론만을 허용하는 결과를 초래할 것이다. 따라서 이러한 검열은 절대적으로 금지된다. 그런데 검열금지원칙이 모든 형태의 사전적인 규제를 금지하는 것은 아니고, 의사표현 발표 여부가 오로지 행정권의 허가에 달려있는 사전심사만을 금지한다.

헌법재판소는 헌법이 금지하는 검열 요건으로 첫째, 일반적으로 허가를 받기 위한 표현물의 제출의무가 존재할 것, 둘째, 행정권이 주체가 된 사전심사절차가 존재할 것, 셋째, 허가를 받지 아니한 의사표현을 금지할 것, 넷째, 심사절차를 관철할 수 있는 강제수단이 존재할 것을 제시한다.

3. 의료광고에 대한 검열금지원칙의 적용 여부

헌법 제21조 제2항이 검열을 금지하면서 예외적으로 검열을 허용하는 규정을 두지 않고, 이러한 상황에서 표현의 특성이나 이에 대한 규제의 필요성에 따라 언론·출판의 자유 보호를 받는 표현 중에서 검열금지원칙 적용이 배제되는 영역을 따로 설정할 경우 그 기준에 대한 객관성을 담보할 수 없어 종국적으로는 집권자에게 불리한 내용의 표현을 사전에 억제할 가능성을 배제할 수 없게 된다는 점 등을 고려하면, 현행 헌법상 검열은 예외 없이 금지되는 것으로 보아야 한다.

이 사건 의료광고는 의료행위나 의료서비스의 효능이나 우수성 등에 관한 정보를 널리 알려 의료소비를 촉진하려는 행위로서 상업광고의 성격이 있지만, 이러한 법리에 따르면 헌법 제21조 제1항 언론·출판의 자유 보호 대상이 됨은 물론이고, 동조 제2항도 당연히 적용되어 검열도 금지된다.

4. 이 사건 의료광고 사전심의가 헌법이 금지하는 검열에 해당하는지 여부

(1) 허가를 받기 위한 표현물의 제출의무가 있는지 여부

의료법 제57조 제1항은 의료법인·의료기관·의료인이 동 조항 각 호에 해당하는 매체를 이용하여 의료광고를 하려면 미리 광고의 내용과 방법 등에 관하여 보건복지부장관의 심의를 받도록 한다. 이것은 일반적으로 허가를 받기 위한 표현물의 제출의무를 부과한 것에 해당한다.

(2) 허가를 받지 아니한 의사표현을 금지하는지 여부

의료법 제89조 중 56조 제2항 제9호는 의료법인·의료기관 또는 의료인은 제57조에 따른 심의를 받지 아니한 의료광고를 하지 못한다고 규정한다. 이는 허가받지 않은 의사 표현을 금지하는 것에 해당한다.

(3) 심사절차를 관철할 수 있는 강제수단이 존재하는지 여부

의료법 제89조는 의료법인·의료기관 또는 의료인이 사전심의를 받지 않은 의료광고를 하면 1년 이하의 징역이나 500만 원 이하의 벌금에 처하도록 하여 사전심의를 받을 수밖에 없도록 강제한다. 이러한 형벌 부과는 사전심의 절차를 관철하기 위한 강제수단에 해당한다.

(4) 행정권이 주체가 된 사전심사절차가 존재하는지 여부

헌법상 검열금지원칙은 검열을 행정권이 하는 경우에 한하므로, 이 사건 의료광고의 심의기관인 각 의사협회가 행정기관에 해당하는지에 관하여 살펴보아야 한다.

의료광고의 심의기관이 행정기관인지는 기관의 형식보다는 그 실질에 따라 판단되어야 한다. 따라서 검열을 행정기관이 아닌 독립적인 위원회에서 하더라도, 행정권이 주체가 되어 검열절차를 형성하고 검열기관 구성에 지속적인 영향을 미칠 수 있는 경우라면 실질적으로 그 검열기관은 행정기관이라고 보아야 한다. 그렇게 해석하지 아니한다면 검열기관 구성은 입법기술상 문제에 지나지 않는데도 정부에 행정관청이 아닌 독립된 위원회 구성을 통하여 사실상 검열을 하면서도 헌법상 검열금지원칙을 위반하였다는 비난을 면할 수 있는 길을 열어주기 때문이다.

민간심의기구가 심의를 담당하는 경우에도 행정권이 개입하여 그 사전심의에 자율성이 보장되지 않는다면 이 역시 행정기관의 검열에 해당하게 될 것이다. 그리고 민간심의기구가 사전심의를 담당하고, 현재 행정기관이 그 업무에 실질적인 개입을 하지 않더라도 행정기관의 자의에 따라 언제든지 개입할 가능성이 열려 있다면 이 경우 역시 헌법이 금지하는 검열이라는 의심을 면하기 어려울 것이다. 개입 가능성 존재 자체로 민간심의기구는 심의 업무에 영향을 받을 수밖에 없을 것이기 때문이다.

그런데 의료광고 심의업무 관련 법령을 따르면, 의료광고의 심의업무를 보건복지부장관이 하도록 하면서도(의료법 제57조 제1항), 보건복지부장관은 대한의사협회, 대한치과의사협회, 대한한의사협회에 의료광고 심의업무를 위탁할 수 있고(의료법 제57조 제3항), 심의업무를 위탁받은 민간단체인 대한의사협회, 대한치과의사협회, 대한한의사협회는 의료광고를 심의하기 위하여 산하에 각 의료광고 심의위원회를 설치·운영하도록 한다(의료법 시행령 제28조 제1항). 심의업무를 위탁받은 민간단체인 대한의사협회, 대한치과의사협회, 대한한의사협회는 의료광고를 심의하기 위하여 산하에 각 의료광고 심의위원회를 설치·운영하도록 한다(의료법 시행령 제28조 제1항). 이러한 이 사건 의료광고의 사전심의는 그 심의주체인 보건복지부장관이 하지 않고 보건복지부장관에게서 위탁을 받은 각 의사협회가 하는데, 이러한 형태의 의료광고 사전심의가 행정기관이 주체가 된 검열에 해당하는지를 살펴본다. 의료광고의 사전심의는 보건복지부장관에게서 위탁을 받은 각 의사협회가 하지만 사전심의의 주체인 보건복지부장관은 언제든지 위탁을 철회하고 직접 의료광고 심의업무를 담당할 수 있는 점, 의료법 시행령이 심의위원회 구성에 관하여 직접 규율하는 점, 심의기관의 장은 심의 및 재심의 결과를 보건복지부장관에게 보고하여야 하는 점, 보건복지부장관은 의료인 단체에 대해 재정지원을 할 수 있는 점, 심의기준·절차 등에 관한 사항을 대통령령으로 정하도록 하는 점 등을 종합하여 보면, 각 의사협회는 행정권의 영향력에서 벗어나 독립적이고 자율적으로 사전심의업무를 수행한다고 보기 어렵다. 결국 심의기관인 대한의사협회, 대한치과의사협회, 대한한의사협회의 행정기관성은 이를 부인할 수 없다.

5. 소결

의료법 제56조 제2항 제9호와 제89조에 따라 사전심의를 거치지 아니한 의료광고를 금지하고 그 위반행위를 처벌하는 이 사건 의료광고 사전심의는 사전검열 요건을 모두 충족하여 헌법이 금지하는 검열에 해당하므로 헌법 제 21조 제2항 검열금지원칙에 위반된다.

사례 12 ‖ 야간옥외집회

甲은 2008. 5. 9. 19:35경부터 21:47경까지 서울 중구 명동성당 앞에서 미국산 쇠고기 수입반대 촛불집회를 주최하였다는 것 등의 이유로 「집회 및 시위에 관한 법률」 위반 등 혐의로 기소되었다. 甲은 서울중앙지방법원에서 1심 계속 중 제청신청인에게 적용된 「집회 및 시위에 관한 법률」 제10조 중 "옥외집회" 부분과 제23조 제1호 중 "제10조 본문의 옥외집회" 부분이 헌법에 위반된다고 위헌법률심판 제청을 신청하였다. 서울중앙지방법원은 이러한 신청을 받아들여 2008. 10. 13. 헌법재판소에 위헌법률심판을 제청하였다.

1. 서울중앙지방법원의 위헌법률심판 제청은 적법한가?
2. 「집회 및 시위에 관한 법률」 제10조 중 "옥외집회" 부분이 헌법 제21조 제2항에 위배되는가?
3. 「집회 및 시위에 관한 법률」 제10조 중 "옥외집회" 부분이 과잉금지원칙에 위배되는가?
4. 헌법재판소가 「집회 및 시위에 관한 법률」 제10조 중 "옥외집회" 부분과 제23조 제1호 중 "제10조 본문의 옥외집회" 부분이 위헌이라고 판단하였다면, 헌법재판소는 어떠한 결정을 내려야 하는가?

〈목 차〉

헌재 2009. 9. 24. 2008헌가25; 헌재 2014. 4. 24. 2011헌가29 참조

I. 위헌법률심판 제청 적법 여부

1. 문제의 소재

서울중앙지방법원의 위헌법률심판 제청이 적법한지와 관련하여 제청권자로서 법원, 대상으로서 법률(대상적격), 재판의 전제성, 합리적인 위헌의 의심, 소극적 요건으로서 일사부재리원칙 등이 문제 된다.

2. 제청권자로서 법원

법원만이 법률의 위헌 여부에 대하여 헌법재판소에 위헌여부심판을 제청할 수 있다. 여기서 법원은 구체적 사건이 계속된 해당 법원을 뜻한다.

사안에서 제청한 서울중앙지방법원은 甲의 1심을 담당하므로 제청권자에 해당한다.

3. 대상으로서 법률(대상적격)

원칙적으로 국회가 헌법에 정해진 입법절차에 따라 제정한 '형식적 의미의 법률'만이 법원의 위헌제청 대상이 될 수 있는 법률에 해당한다. 다만, 형식적 의미의 법률은 아니나 그와 같은 효력이 있는 대통령의 긴급명령, 긴급재정·경제명령(법률대위명령)이나 국회 동의가 필요한 조약, 법률의 효력이 있는 일반적으로 승인된 국제법규도 위헌제청 대상이 될 수 있다.

사안에서 문제가 되는 '집회 및 시위에 관한 법률' 제10조와 제23조 제1호는 형식적 의미의 법률이므로 대상적격이 있다.

4. 재판의 전제성

재판의 전제성 요건은 ① 구체적인 사건이 법원에 계속 중이고, ② 위헌 여부가 문제 되는 법률이 해당 소송사건의 재판에 적용되는 것이며, ③ 법률의 위헌 여부에 따라서 법원이 다른 내용의 재판을 하게 되면 충족된다.

여기서 법원이 '다른 내용의 재판을 하게 되는 경우'라 함은 원칙적으로 법원이 심리 중인 (i) 해당 사건의 재판의 결론이나 주문에 어떤 영향을 주는 경우뿐 아니라, 문제가 된 법률의 위헌 여부가 비록 재판의 주문 자체에는 아무런 영향을 주지 않는다고 하더라도 (ii) 재판의 결론을 이끌어 내는 이유를 달리하는 데 관련되어 있거나 (iii) 재판의 내용과 효력에 관한 법률적 의미가 달라지는 경우도 포함된다. 다만, 헌법재판소는 최근 (ii)를 언급하지 않는다.

甲에 관한 1심이 서울중앙지방법원에 계속 중이고, '집회 및 시위에 관한 법률' 제10조와 제23조 제1호에 따라서 甲의 유죄 여부가 결정되므로, 해당 법률조항들은 甲의 1심에 적용된다. 그리고 甲은 해당 법률조항들에 따라서 유죄 여부가 결정되는데, 해당 법률조항이 헌법에 위반된다는 사정이 있으면(그리하여 헌법재판소가 위헌결정을 하여 효력을 상실하면) 무죄가 된다. 이는 재판의 결론이 달라지는 경우로서 법원이 다른 내용의 재판을 하게 되는 경우라고 할 것이다. 따라서 재판의 전제성은 인정된다.

5. 합리적인 위헌의 의심

법원이 헌법재판소에 위헌법률심판을 제청하려면 단순한 의심을 넘어선 합리적인 위헌 의심이 있을 것이 요구된다.

사안에서는 야간옥외집회 금지의 위헌 여부와 관련하여서는 끊임없이 논란이 계속되었으므로 합리적인 위헌 의심이 있다고 볼 수 있다.

6. 소극적 요건으로서 일사부재리원칙

헌법재판소법 제39조는 "헌법재판소는 이미 심판을 거친 동일한 사건에 대하여는 다시 심판할 수 없다."라고 규정하여 헌법재판소 결정에 대한 일사부재리원칙을 명문으로 규정한다. 따라서 동일한 법원이 동일한 법률 또는 법률 조항에 대하여 사정변경이 없는데도 다시 헌법재판소에 위헌여부심판을 제청하는 것은 허용되지 아니한다.

사안에서는 이미 심판을 거친 동일한 사건인지에 관해서는 언급된 바가 없으므로 충족된 것으로 보인다.

7. 결론

서울중앙지방법원의 위헌법률심판 제청은 적법요건을 모두 충족하여 적법하다.

Ⅱ. 헌법 제21조 제2항 위배 여부

1. 문제의 소재

'집회 및 시위에 관한 법률' 제10조 중 "옥외집회" 부분에서 야외옥외집회를 금지하고 예외적으로 집회의 성격상 주최자가 질서유지인을 두고 미리 신고한 경우에 허용하는 것이 헌법 제23조 제2항의 허가제 금지를 위반한 것인지가 문제 된다.

2. 집회의 자유의 의의

헌법 제21조 제1항은 "모든 국민은 … 집회…의 자유를 가진다."라고 규정하여 집회의 자유를 기본권으로 보장한다. 여기서 집회는 특정 또는 불특정 다수인이 특정한 목적 아래 일시적으로 일정한 장소에 모이는 것을 말한다. 따라서 집회의 자유는 공동의 목적이 있는 다수인이 자발적으로 일시적으로 모일 수 있는 자유를 말한다. 집회의 자유에는 적극적으로 ① 집회를 개최하는 자유, ② 집회를 진행하는 자유, ③ 집회에 참가하는 자유 등이 포함된다. 그리고 소극적으로는 ④ 집회를 개최하지 아니할 자유, ⑤ 집회에 참가하지 아니할 자유가 포함된다.

옥외집회는 천장이 없거나 사방이 폐쇄되지 아니한 장소에서 여는 집회이고('집회 및 시위에 관한 법률' 제2조 제1호), 야간은 해가 뜨기 전이나 해가 진 후를 말한다('집회 및 시위에 관한 법률' 제10조). 명동성당 앞이면 천장이 없고 사방이 폐쇄되지 아니한 곳이고, 한 여름에도 8시가 넘으면 해가 지므로 5월 7시 30분이면 이미 해가 지므로 甲의 촛불집회는 야간옥외집회에 해당한다. 따라서 '집회 및 시위에 관한 법률' 제10조 중 "옥외집회" 부분은 야간옥외집회를 개최하지 못하게 함으로써 甲의 집회를 개최하는 자유를 제한한다.

3. 집회에 대한 허가 금지 위반 여부

(1) 헌법 제21조 제2항에 따른 허가 금지

헌법 제21조 제2항은 "언론·출판에 대한 허가나 검열과 집회·결사에 대한 허가는 인정되지 아니한다."라고 규정하여 집회에 대한 허가금지를 명시한다. 이것은 집회에 대한 허가제를 절대적으로 금지하겠다는 헌법적 결단이다. 따라서 집회의 자유도 제한될 수 있지만, '허가' 방식으로 집회의 자유를 제한하는 것은 헌법적으로 허용되지 않는다.

헌법 제21조 제2항에서 금지하는 '허가'는 행정권이 주체가 되어 집회 이전에 예방적 조치로서 집회의 내용·시간·장소 등을 사전심사하여 일반적인 집회금지를 특정한 경우에 해제함으로써 집회를 할 수 있게 하는 제도, 즉 허가를 받지 아니한 집회를 금지하는 제도를 의미한다. 하지만 입법자가 법률로써 일반적으로 집회를 제한하는 것은 헌법상 '사전허가금지'에 해당하지 않는다.

따라서 입법자는 법률로써 옥외집회에 대해서 일반적으로 시간적, 장소적 및 방법적인 제한을 할 수 있고, 실제로도 '집회 및 시위에 관한 법률'은 제10조에 따른 시간적 제한 이외에도, 국회의사당 등 특정장소에서 집회 금지와 같은 장소적 제한(제11조), 교통소통을 위한 제한(제12조)이나 확성기 등 사용의 제한(제14조) 등과 같은 방법적 제한에 관하여 규정한다.

물론 이러한 법률적 제한이 실질적으로는 행정청의 허가 없는 옥외집회를 불가능하게 하는 것이라면 헌법상 금지되는 사전허가제에 해당된다. 하지만 그에 이르지 않는 한 헌법 제21조 제2항에 반하는 것이 아니라, 위 법률적 제한이 헌법 제37조 제2항에 위반하여 집회의 자유를 과도하게 제약하는지만 문제된다.

　(2) '집회 및 시위에 관한 법률' 제10조 중 "옥외집회" 부분 내용이 허가제인
　　 지 여부

　'집회 및 시위에 관한 법률' 제10조 본문은 "누구든지 해가 뜨기 전이나 해가 진 후에는 옥외집회 또는 시위를 하여서는 아니된다."라고 규정하여 '야간옥외집회'를 일반적으로 금지하면서 그 단서에서는, "다만 집회의 성격상 부득이하여 주최자가 질서유지인을 두고 미리 신고한 경우에는 관할 경찰서장은 질서 유지를 위한 조건을 붙여 해가 뜨기 전이나 해가 진 후에도 옥외집회를 허용할 수 있다."라고 규정한다. '집회 및 시위에 관한 법률' 제10조 본문에 따르면 야간옥외집회는 일반적으로 금지되고, 그 단서에서는 행정권인 관할 경찰서장이 집회의 성격 등을 포함하여 야간옥외집회 허용 여부를 사전에 심사하여 결정한다는 것이다. 그러므로 야간옥외집회에 관한 일반적 금지를 규정한 '집회 및 시위에 관한 법률' 제10조 본문과 관할 경찰서장에 의한 예외적 허용을 규정한 단서는 그 전체로서 야간옥외집회에 대한 허가를 규정한 것으로 볼 수 있다. 이것은 헌법 제21조 제2항 허가 금지에 정면으로 위반된다. 따라서 '집회 및 시위에 관한 법률' 제10조 중 "옥외집회" 부분 내용은 헌법 제21조 제2항의 '허가제 금지'에 위반된다.

4. 결론

　'집회 및 시위에 관한 법률' 제10조 중 "옥외집회" 부분은 야간옥외집회를 금지하여 甲의 집회의 자유 중 집회를 개최하는 자유를 제약한다. 그리고 '집회 및 시위에 관한 법률' 제10조 중 "옥외집회" 부분은 야간옥외집회를 일반적으로 금지하고, 행정권인 경찰서장이 특정한 경우에 그 금지를 해제할 수 있도록 함으로써 헌법 제21조 제2항의 '허가제 금지'에 위반된다.

III. 과잉금지원칙 위배 여부

1. 문제의 소재

집회의 자유도 국가안전보장·질서유지 또는 공공복리를 위해서 필요하면 법률로써 제한될 수 있다. 그러나 이때도 그 본질적 내용을 침해하지 않는 필요최소한의 범위에 그쳐야 한다(헌법 제37조 제2항). 그러므로 '집회 및 시위에 관한 법률' 제10조 중 "옥외집회" 부분이 과잉금지원칙을 준수하는지를 살펴보고자 한다.

2. 과잉금지원칙의 개념과 내용

국가작용 중 특히 입법작용에서 과잉(입법)금지원칙은 국가가 국민의 기본권을 제한하는 내용의 입법활동을 할 때 준수하여야 할 기본원칙이나 입법활동의 한계를 의미한다. 따라서 국민의 기본권을 제한하는 입법은 그 목적이 정당해야 하고, 방법(수단)이 적합해야 하며, 침해의 최소성과 법익의 균형성을 갖추어야 한다.

3. 목적의 정당성

목적의 정당성은 국민의 기본권을 제한하려는 입법의 목적이 헌법 및 법률의 체계상 그 정당성이 인정되어야 한다는 것이다.

옥외집회는 천장이 없거나 사방이 폐쇄되지 않은 장소에서 여는 집회로서(집시법 제2조 제1호) 이는 다수인의 집단적인 행동을 수반하므로 그 속성상 개인적인 의사표현보다 공공의 안녕질서, 법적 평화 및 타인의 평온과 마찰을 빚을 가능성이 크다. 특히 야간이라는 특수한 시간적 상황은 집회장소 인근에서 거주하거나 통행하는 시민의 평온이 더욱더 요청되는 시간대일 뿐 아니라, 집회참가자 입장에서도 주간보다 감성적으로 민감해져 자제력이 낮아질 가능성이 높다. 그리고 옥외집회를 관리하는 행정관서 입장에서도 야간옥외집회는 주간옥외집회보다 질서를 유지시키기가 어렵고, 예기치 못한 폭력적 돌발상황이 발생하여도 어둠 때문에 행위자 및 행위의 식별이 어려워 이를 진압하거나 채증하기가 쉽지 않다. '집회 및 시위에 관한 법률' 제10조 중 "옥외집회" 부분은 야간옥외집회의 이러한 특징과 차별성을 고려하여, 원칙적으로 야간옥외집회를 제한하는 것이므로, 그 입법목적의 정당성이 인정된다.

4. 수단의 적합성

수단의 적합성은 그 목적의 달성을 위하여 그 방법이 효과적이고 적절하여야 한다는 것이다.

공공의 안녕질서, 법적 평화 및 타인의 평온과 마찰을 빚을 가능성이 큰 야간옥외집회에 대해서 일반적으로 이를 금지하고, 다만 주최자가 질서유지인을 두고 미리 신고하면 관할 경찰관서장이 질서유지를 위한 조건을 붙여 해가 뜨기 전이나 해가 진 후에도 옥회집회를 허용할 수 있도록 한 것은 야간옥외집회의 위험성을 제거하는 데 이바지할 수 있다. 따라서 입법목적을 달성하기 위한 적합한 수단이라고 할 수 있다.

5. 침해의 최소성

침해의 최소성은 입법권자가 선택한 기본권 제한 조치가 입법목적을 달성하기 위해서 설사 적절하다고 할지라도 더 완화한 형태나 방법을 모색함으로써 기본권 제한은 필요한 최소한도에 그치도록 하여야 한다는 것이다.

집회의 자유는 집회의 시간, 장소, 방법과 목적을 스스로 결정할 권리, 즉 집회를 하루 중 언제 개최할지 등 시간 선택에 대한 자유와 어느 장소에서 개최할지 등 장소 선택에 대한 자유를 내포한다. 따라서 옥외집회를 야간에 주최하는 것 역시 집회의 자유로 보호됨이 원칙이다. 이를 사회의 안녕질서 또는 국민의 주거 및 사생활의 평온 등을 위해서 제한할 때 목적 달성에 필요한 최소한의 범위로 한정되어야 한다.

그런데 오늘날 우리 사회 대다수의 직장과 학교는 그 근무 및 학업 시간대를 오전 8−9시부터 오후 5−6시까지로 하고 있어 평일의 위 시간대에는 개인적 활동을 할 수 없으므로, 집회를 주최하거나 참가하려는 직장인이나 학생은 특별한 사정이 없는 한 빨라도 퇴근 또는 하교 후인 오후 5-6시 이후에 할 수밖에 없다. 그 결과 낮 시간이 짧은 동절기의 평일에는 직장인이나 학생은 사실상 집회를 주최하거나 참가할 수 없게 되어, 헌법이 모든 국민에게 보장하는 집회의 자유를 실질적으로 박탈하거나 명목상의 것으로 만드는 결과를 초래한다.

그리고 도시화·산업화가 진행된 현대 사회는 낮과 밤의 길이에 따라 그 생활형태가 명확하게 달라지지 않는 경우가 많고, 해가 진 후라고 할지라도 일정한 시간 동안에는 낮 시간 동안 이루어지던 활동이 계속되는 것이 일반적이다. 그러므로 전통적 의미의 야간 즉, '해가 뜨기 전이나 해가 진 후'라는 광범위하고 가변적인 시간대는 '야간'이라는 시간으로 말미암은 특징이나 차별성이 명백하게 있다고 할 수 없고, 설사 일부 있다고 하여도 그 정도가 심각한 수준에 이른다고 보기 어렵다. 오히려 이러한 특징이나 차별성은 더 구체적으로 표현하면 '야간'이 아닌 '심야'의 특수성으로 말미암은 위험성이라고도 할 수 있다. 그런데도 '집회 및 시위에 관한 법률' 제10조 중 "옥외집회" 부분은 '해가 뜨기 전이나 해가 진 후'라는 광범위하고 가변적인 시간대의 옥외집회를 금지하므로, 이는 목적달성을 위해서 필요한 정도를 넘는 지나친 제한이라고 할 것이다.

나아가 '집회 및 시위에 관한 법률'은 다른 사람의 주거지역이나 이와 유사한 장소로서 집회나 시위로 재산이나 시설에 심각한 피해가 발생하거나 사생활의 평온을 뚜렷하게 해칠 우려가 있는 경우 또는 학교의 주변 지역으로서 집회 또는 시위로 학습권을 뚜렷이 침해할 우려가 있는 경우로서 거주자나 관리자가 시설·장소의 보호를 요청하면 관할 경찰관서장이 집회의 금지 또는 제한 통고를 할 수 있도록 규정하고(제8조 제3항 제1호, 제2호), 집회의 주최자나 참가자가 다른 사람에게 심각한 피해를 줄 수 있는 소음을 발생시키는 것을 금지하면서 이에 위반하면 관할 경찰관서장이 확성기 사용 중지 등 필요한 조치를 할 수 있도록 규정하며(제14조), 관할 경찰관서장이 대통령령으로 정하는 주요 도시의 주요 도로에서 하는 집회나 시위에 대해서는 교통 소통을 위하여 필요하다고 인정하면 이를 금지하거나 교통질서 유지를 위한 조건을 붙여 제한할 수 있도록 규정하는 것(제12조 제1항) 등 국민의 주거 및 사생활의 평온과 사회의 공공질서가 보호될 수 있는 보완장치를 마련한다. 그러므로 옥외집회가 금지되는 야간시간대를 '집회 및 시위에 관한 법률' 제10조 중 "옥외집회" 부분과 같이 광범위하게 정하지 않더라도 이러한 입법목적을 달성하는 데 큰 어려움이 없다. 한편, '집회 및 시위에 관한 법률' 제10조 중 "옥외집회" 부분의 단서는, 이러한 과도한 제한을 완화하려고 관할 경찰관서장이 일정한 조건 아래 이를 허용할 수 있도록 규정하나, 그 허용 여부를 행정청의 판단에 맡기는 이상, 과도한 제한을 완화하는 적절한 방법이라고 할 수 없다.

따라서 '집회 및 시위에 관한 법률' 제10조 중 "옥외집회" 부분은 필요한 정도를 넘는 과도한 제한을 할 뿐 아니라 입법목적을 달성할 다른 수단이 있으므로 침해의 최소성 원칙에 반한다.

6. 법익의 균형성

법익의 균형성은 그 입법을 통해서 보호하려는 공익과 침해되는 사익을 비교형량할 때 보호되는 공익이 더 커야 한다는 것이다.

야간옥외집회는 공공의 안녕질서, 법적 평화 및 타인의 평온과 마찰을 빚을 가능성이 크므로 이를 막고자 이 사건 A조항이 추구하는 공익을 고려하더라도, '집회 및 시위에 관한 법률' 제10조 중 "옥외집회" 부분이 규정하는 바와 같은 광범위한 시간대 제한으로 말미암아 집회주최자가 받을 사익 침해가 이로 말미암아 달성할 공익보다 결코 작다고 할 수 없으므로 법익의 균형성도 갖추지 못하였다.

7. 결론

'집회 및 시위에 관한 법률' 제10조 중 "옥외집회" 부분은 목적의 정당성과 수단의 적합성은 충족하지만, 침해의 최소성과 법익의 균형성을 충족하지 못하여 과잉금지원칙에 위배된다.

Ⅳ. 결정유형

1. 문제의 소재

법률의 위헌성을 확인하면 헌법재판소는 단순위헌결정을 내리는 것이 원칙이다. 그러나 상황에 따라서는 단순위헌결정으로 대체하기 어려울 수도 있다. 예를 들어 단순위헌결정만으로 합헌상태가 회복되지 않을 수도 있고, 단순위헌결정이 더 위헌적인 상황이 발생시킬 수도 있다. 이에 헌법재판소는 단순위헌결정 이외에 한정위헌결정과 한정합헌결정 그리고 헌법불합치결정과 같은 변형결정을 내림으로써 이러한 상황에 대처한다. 따라서 헌법재판소가 '집회 및 시위에 관한 법률' 제10조 중 "옥외집회" 부분과 제23조 제1호 중 "제10조 본문의 옥외집회" 부분이 위헌이라고 판단하였을 때 헌법재판소가 이러한 변형결정을 내릴 필요성이 있는지를 살펴볼 필요가 있다.

2. 한정위헌결정 선고 가능성

경찰통계 자료를 따르면 야간옥외집회가 허용되어도 불법·폭력 시위의 유의미한 증가세는 관찰되지 않으나, 이 점이 야간 시위에 대한 규율 필요성이 없다는 점을 방증하는 것이라고 단정하기 어렵다면서, 야간시위를 금지하는 '집회 및 시위에 관한 법률' 제10조 본문에는 위헌적인 부분과 합헌적인 부분이 공존하고, 이 조항 전부 적용이 중지되면 공공의 질서나 법적 평화에 대한 침해 위험이 높아서, 일반적인 옥외집회나 시위에 비하여 높은 수준의 규제가 불가피한 경우에도 대응하기 어려운 문제가 발생할 수 있으므로, 현행 '집회 및 시위에 관한 법률'의 체계 안에서 시간을 기준으로 한 규율의 측면에서 볼 때 규제가 불가피하다고 보기 어려운데도 옥외집회나 시위를 원칙적으로 금지한 부분에 한하여 위헌결정을 하여야 한다고 하면서, '집회 및 시위에 관한 법률' 제10조는 이미 보편화한 야간의 일상적인 생활의 범주에 속하는 '해가 진 후부터 같은 날 24시까지의 시위'에 적용하는 한 헌법에 위반된다고 한 헌법재판소 결정이 있다.

법률조항의 내용 중 일부만이 위헌이라고 하더라도, 위헌적인 부분을 명확하게 구분해 낼 수 없으면 원칙적으로 그 법률조항 자체가 헌법에 위반된다고 보아야 한다. 헌법재판소가 스스로 일정한 시간대를 기준으로 하여 심판대상조항들의 위헌적인 부분과 합헌적인 부분의 경계를 명확하게 정하는 것은 입법자의 1차적인 입법 권한과 책임에 대한 제약으로 작용하여 권력분립원칙을 침해할 가능성을 배제할 수 없고, 심판대상조항들의 위헌적인 부분을 일정한 시간대를 기준으로 명확하게 구분하여 특정할 수는 없으므로, '집회 및 시위에 관한 법률' 제10조 중 "옥외집회" 부분과 제23조 제1호 중 "제10조 본문의 옥외집회" 부분에 대해서 전부위헌결정을 하여야 할 것이다. 그리고 기본권은 예외적으로만 제한될 수 있다는 점에서 야간옥외집회에 대한 규율 필요성이 없다는 것이 아니라 야간옥외집회에 대한 규율 필요성이 있다는 것이 증명되어야 비로소 집회의 자유를 제한할 수 있다. 또한, '집회 및 시위에 관한 법률' 제10조를 아무리 보아도 '해가 진 후부터 같은 날 24시까지의 옥외집회'를 배제하는 해석 가능성은 도출되지 않는다. 즉 '집회 및 시위에 관한 법률' 제10조에서 '해가 진 후부터 같은 날 24시까지의 옥외집회'를 배제하는 것은 해석이 아니라 법형성, 정확하게는 목적론적 축소이다. 그런데 '집회 및 시위에 관한 법률' 제10조가 형사처벌의 구성요건이라는 점에서 이러한 목적론적 축소를 사법부가 할 수 없다. 따라서 헌법재판소는 이러한 한정위헌결정을 내릴 수 없다.

3. 헌법불합치결정 선고 가능성

'집회 및 시위에 관한 법률' 제10조 중 "옥외집회" 부분의 위헌성은 야간옥외집회를 제한하는 것 자체에 있는 것이 아니라 사회의 안녕질서와 국민의 주거 및 사생활의 평온 등을 보호하는 데 필요한 범위를 넘어 '해가 뜨기 전이나 해가 진 후'라는 광범위하고 가변적인 시간대에 일률적으로 옥외집회를 금지하는 데 있어서, 이러한 시간대 동안 옥외집회를 금지하는 것에는 위헌적인 부분과 합헌적인 부분이 공존하는데, '해가 뜨기 전이나 해가 진 후' 중 어떠한 시간대에 옥외집회를 금지하는 것이 입법목적을 달성하면서도 집회예정자의 집회의 자유를 필요최소한 범위에서 제한하는 것인지에 관하여는 이를 입법자의 판단에 맡기는 것이 바람직하다고 하면서 입법자가 '집회 및 시위에 관한 법률' 제10조 중 "옥외집회" 부분을 개선할 때까지 계속 적용되어 그 효력을 유지하도록 헌법재판소는 헌법불합치결정을 내린 적이 있다.

그러나 먼저 '합헌부분과 위헌부분이 공존한다는 것'은 헌법불합치결정을 내리는 사유가 될 수 없다. 위헌인 법률 대부분은 해당 법률 전체가 위헌인 때가 오히려 예외로서 합헌부분과 위헌부분이 공존하는 것을 헌법불합치결정을 내리는 사유로 삼으면, 헌법재판소는 자신이 원할 때 언제든지 헌법불합치결정을 내릴 수 있게 되기 때문이다. 따라서 헌법불합치결정은 수혜적 법률이 평등원칙에 위반될 때와 단순위헌결정이 법적 공백이나 혼란을 일으킬 우려가 있을 때만 헌법재판소가 내릴 수 있다. 그런데 야간옥외집회가 허용되어서 불법·폭력 시위의 유의미하게 증가하였다는 증거가 없어서 법적 공백이나 혼란을 일으킬 우려가 없을 뿐 아니라 '집회 및 시위에 관한 법률' 제10조 중 "옥외집회" 부분은 수혜적 법률에 해당하지도 않아서 헌법불합치결정을 내릴 근거는 없는 것으로 보인다. 따라서 '집회 및 시위에 관한 법률' 제10조 중 "옥외집회" 부분과 제23조 제1호 중 "제10조 본문의 옥외집회" 부분에 대해서 헌법불합치결정을 내릴 수 없다.

4. 결론

헌법재판소가 '집회 및 시위에 관한 법률' 제10조 중 "옥외집회" 부분과 제23조 제1호 중 "제10조 본문의 옥외집회" 부분이 위헌이라고 판단하였을 때 헌법재판소는 한정위헌결정과 헌법불합치결정을 내릴 수 없으므로 단순위헌결정을 내려야 한다.

사례 13 ‖ 고시의 기본권 침해

[2016년 제3차 변호사시험 모의시험 기록형 문제 변형]

회사 甲은 철도청과 인천 국제여객부두 전용철도 1단계 구간에 관한 환경영향평가대행계약을 체결하고 철도청에 환경영향평가서를 제출하였다. 그러나 관할 행정청은 고의 또는 중대한 과실로 평가대행업무를 부실하게 수행하였다는 이유로 2개월의 업무정지처분을 내렸다. 회사 甲은 업무정지기간 중 철도청이 환경영향평가대상지역에 예측하지 못한 씽크홀이 발견되어 즉시 환경영향평가를 다시 하여 달라는 의뢰를 받고 철도청과 신규 환경영향평가대행계약을 체결하였다. 그런데 관할 행정청은 '업무정지기간 중 환경영향평가대행업무에 관한 신규계약의 체결'이라는 사유로 등록취소의 처분 사전통지를 하였다.

이에 甲은 (1) 환경영향평가대행자에 대한 행정처분의 구체적 기준 기타 필요한 사항을 환경부 장관의 고시에 위임한 「환경영향평가법」 제13조 제2항은 규율형식면에서 헌법원칙들에 위배하여 위헌이므로 고시조항도 당연히 위헌이고, (2) 그 위임에 따라 행정처분의 기준을 정하면서 업무정지처분기간 중 업무에 관한 신규계약을 체결한 경우에 업무정지처분을 가중하는 「환경영향평가업에 대한 행정처분기준에 관한 고시」가 자신의 기본권을 침해하여 그 자체로 위헌이라고 주장하면서 헌법소원심판을 청구하였다.

1. 甲의 헌법소원심판 적법요건 중 대상적격과 직접성 그리고 보충성 요건 충족 여부를 검토하시오.

2. 甲이 (1)에서 주장하였을 헌법원칙들을 찾아 甲의 주장을 뒷받침하는 논거를 제시하시오.
3. 甲이 (2)와 관련하여 「환경영향평가업에 대한 행정처분기준에 관한 고시」 제5조 제1항 [별표] 2.의 (6) 부분이 甲의 직업의 자유를 침해하는지를 심사하시오.

참조조문

「환경영향평가법」

제13조(평가대행자의 등록취소 등) ① 환경부장관은 평가대행자가 다음 각호의 1에 해당하는 경우에는 그 등록을 취소하거나 6월 이내의 기간을 정하여 업무정지를 명할 수 있다. 다만, 제1호 내지 제3호에 해당하는 경우에는 그 등록을 취소하여야 한다.
  1. 제12조 각호의 1에 해당되는 경우. 다만, 법인의 임원중 제12조 제5호에 해당하는 자가 있는 경우 6월이내에 그 임원을 개임한 때에는 그러하지 아니한다.
  2. 사위 기타 부정한 방법으로 등록한 경우
  3. 최근 1년 이내에 2회의 업무정지처분을 받고 다시 업무정지처분사유에 해당하는 행위를 한 경우
  4. 다른 사람에게 등록한 대여하거나 도급받은 환경영향평가대행업무를 일괄하여 하도급한 경우
  5. 제11조의 규정에 의한 등록요건에 미달하게 된 경우
  6. 고의 또는 중대한 과실로 환경영향평가대행업무를 부실하게 한 경우
  7. 등록요건 후 2년 이내에 환경영향평가대행업무를 개시하지 아니하거나 계속하여 2년 이상 환경영향평가대행실적이 없는 경우
  8. 이 법 또는 이 법에 의한 명령에 위반한 경우
  ② 제1항의 규정에 의한 행정처분의 기준 기타 필요한 사항은 환경부장관이 정하여 고시하여야 한다.

「환경영향평가업에 대한 행정처분기준에 관한 고시」

제5조(행정처분기준) ① 법 제13조 제2항의 규정에 의한 행정처분기준은 별표 1과 같다.

[별표 1]

평가대행자에 대한 행정처분기준

위반사항	관련 조항	행정처분 기준			
		1차 위반	2차 위반	3차 위반	4차 이상 위반
(6) 업무정지처분기간 중 환경영향평가대 행업무를 하거나 위 업무에 관한 신 규계약을 체결한 경우	법 제13조	등록 취소			

<목 차>

Ⅰ. 헌법소원심판 청구의 적법 여부

1. 문제의 소재

헌법재판소법 제68조 제1항에 따른 헌법소원심판을 청구하려면 기본권주체성, 대상적격, 자기관련성, 현재성, 직접성, 보충성, 청구기간, 권리보호이익, 변호사강제주의, 일사부재리 등의 요건을 충족하여야 한다. 여기서는 문제에 따라 대상적격과 직접성 그리고 보충성을 살펴본다.

2. 대상적격

고시의 법적 성질은 일률적으로 판단할 것이 아니라 고시에 담겨진 내용에 따라 구체적인 경우마다 달리 결정된다. 고시가 일반적·추상적 성격이 있으면 규범, 즉 법규명령이나 행정규칙에 해당하지만, 고시가 구체적인 규율의 성격이 있으면 행정처분에 해당한다.

환경영향평가업에 대한 행정처분기준에 관한 고시 제5조 제1항 [별표] 2.의 (6) 부분(이하 '이 사건 고시'라고 한다)은 환경영향평가대행자에 대한 행정처분의 기준과 가중사유를 규율하는 일반적·추상적 성격이 있다. 따라서 이 사건 고시는 행정규칙에 해당한다.

행정규칙은 일반적으로 행정조직 내부에서만 효력을 가지는 것이고 대외적인 구속력을 갖는 것이 아니어서 원칙적으로 헌법소원 대상이 아니다.

그러나 행정규칙이 법령의 규정에 따라서 행정관청에 법령의 구체적 내용을 보충할 권한을 부여한 경우(법령보충적 행정규칙)나, 재량권행사의 준칙인 규칙(재량준칙)이 그 정한 바에 따라 되풀이 시행되어 행정관행을 이루게 되어 '평등원칙'이나 '신뢰보호원칙'에 따라 행정기관은 그 상대방에 대한 관계에서 그 규칙에 따라야 할 자기구속을 당하게 되는 경우에는 대외적인 구속력이 있게 되는바, 이러한 경우에는 헌법소원 대상이 될 수도 있다.

이 사건 고시는 환경영향평가법 제13조 제2항(이하 '이 사건 법률조항'이라고 한다)의 위임에 근거한 것으로 국민의 기본권을 제한하는 내용을 담고 있다. 그러므로 법령과 결합하여 구속력이 있는 법규명령(법령보충적 행정규칙)으로 기능한다. 따라서 이 사건 고시는 헌법소원 대상이 된다.

3. 직접성

헌법소원심판청구인은 공권력작용으로 말미암아 직접적으로 기본권이 침해되어야 하는바, 이 직접성 요건은 법령소원에서 특히 중요한 의미가 있다. 여기서 말하는 기본권 침해의 직접성은 집행행위를 통하지 않고 법령 자체가 직접 자유 제한, 의무 부과, 권리나 법적 지위 박탈을 일으킨다는 것을 뜻한다. 따라서 구체적인 집행행위를 통해서 비로소 해당 법령에 따른 기본권 침해의 법적 효과가 발생하면 직접성이 부정된다.

환경영향평가법 제13조 제1항은 평가대행자 업무수행과 관련한 의무 부과와 그 위반 시 행정처분을 정하고, 이 사건 법률조항은 행정처분의 기준 기타 필요한 사항을 환경부장관 고시에 위임하고, 이 사건 고시는 업무정지처분기간 중 환경영향평가 대행업무에 관한 신규계약을 체결한 경우를 행정처분의 가중사유로 정하며 이에 대하여 등록취소의 행정처분을 직접 규정한다. 따라서 이 사건 법률조항과 이 사건 고시는 서로 결합하여 직접 국민의 권리의무에 관한 사항을 규정하고, 그 내용이 일의적이고 명백하여 집행기관이 심사와 재량의 여지없이 그에 따라 등록취소를 하여야 하므로 기본권 침해의 직접성이 인정된다.

4. 보충성

헌법소원심판 청구는 다른 법률에 구제절차가 있으면 그 절차를 모두 거친 후에 청구할 수 있다(헌법재판소법 제68조 제1항 단서). 이것을 헌법소원의 보충성이라고 하며, 주로 처분소원에서 문제 된다. 그러나 ① 헌법소원심판청구인이 그 불이익으로 돌릴 수 없는 정당한 이유가 있는 착오로 전심 절차를 밟지 않은 경우, ② 전심 절차로 권리가 구제될 가능성이 없거나 권리구제절차가 허용되는지가 객관적으로 불확실하여 전심 절차 이행을 기대할 수 없는 경우에는 보충성의 예외로 인정된다.

살펴건대 대법원에서 고시의 행정처분성을 인정하는 판결이 선고된 일이 있다. 그러나 고시의 내용과 성격이 다양하여 법원에서 고시에 대해서 행정처분성을 인정할 것이라고 단정할 수 없다. 따라서 고시조항에 대한 행정소송이 적법할 것인지는 객관적으로 명확하다고 볼 수 없다. 따라서 이 사건 심판 청구는 보충성원칙의 예외에 해당하여 보충성 요건을 갖추고 있다.

5. 결론

甲의 헌법소원심판 청구는 대상적격과 직접성 그리고 보충성을 충족한다.

II. 甲이 (1)에서 주장하였을 헌법원칙들

1. 문제의 소재

환경영향평가대행자에 대한 행정처분의 구체적 기준 기타 필요한 사항을 환경부장관의 고시에 위임한 환경영향평가법 제13조 제2항은 규율형식면에서 ① 법률에서 기본권 제한에 관한 사항을 고시와 같은 행정규칙에 바로 위임할 수 있는지, ② 의회유보원칙 위배 여부 그리고 ③ 포괄위임금지원칙 위배 여부가 문제 된다.

2. 고시 위임의 위헌성

국민의 기본권을 제한하는 규범을 헌법 제75조 및 제95조에서 규정하는 법규명령(시행령, 시행규칙)에 대한 위임뿐 아니라 행정규칙(행정명령)에 대한 위임이 가능한지에 관하여 위헌논란이 있다.

헌법은 제40조에서 국회입법원칙을 천명하면서, 다만 헌법 제75조, 제95조, 제108조, 제113조 제2항, 제114조 제6항에서 법률의 위임을 받아 발할 수 있는 법규명령으로 대통령령, 총리령과 부령, 대법원규칙, 헌법재판소규칙, 중앙선거관리위원회규칙 등을 한정적으로 열거한다. 그리고 헌법은 그것에 저촉되는 법률을 포함한 일체의 국가의사가 유효하게 존립될 수 없는 경성헌법이므로 헌법에 규정된 원칙에 대하여는 헌법 자신이 인정하는 경우만 예외가 허용될 뿐이지 법률이나 그 이하의 입법형식으로써 그 예외를 인정할 수는 없다. 즉 법규명령 형식이 헌법상 확정되어 있고 구체적으로 법규명령의 종류·발령주체·위임범위·요건 등에 관한 명시적 규정이 있는 이상, 법률로써 그와 다른 종류의 법규명령을 창설할 수 없고 더구나 그러한 법규사항을 행정규칙 기타 비법규명령에 위임하여서는 아니 된다(열거설). 따라서 이 사건 법률조항은 국민의 기본권(직업수행의 자유)을 제한하는 법규사항을 환경부장관의 고시라는 행정규칙에 위임하였으므로 위헌이다.

한편, 예시설을 따르더라도 행정규칙은 법규명령과 같은 엄격한 제정 및 개정절차를 요하지 아니한다. 그러므로 국민의 기본권을 제한하는 작용을 하는 법률이 입법위임을 할 때는 대통령령·총리령·부령 등 법규명령에 위임함이 바람직하고, 고시와 같은 형식으로 입법위임을 할 때는 적어도 행정규제기본법 제4조 제2항 단서에서 정한 바와 같이 법령이 전문적·기술적 사항이나 경미한 사항으로서 업무의 성질상 위임이 불가피한 사항에 한정된다고 할 것이다.

이 사건 고시가 정한 가중사유는 환경부장관이 고시로써 정할 전문적이고 기술적인 사항이 아니고 경미한 사항도 아니다. 따라서 고시에 대한 위임의 불가피성이 인정되지 않는다. 이러한 점에서 이 사건 법률조항은 위임의 불가피성이 인정되지 않는데도 국민의 권리의무에 관한 중요한 사항을 법규명령이 아닌 행정규칙인 고시에 위임한 것으로 헌법 제40조, 제75조, 제95조에 위배된다.

3. 의회유보원칙 위배 여부

헌법은 법치국가원리를 기본원리의 하나로 인정한다. 법치국가원리는 법률유보원칙, 즉 행정작용에는 국회가 제정한 형식적 법률의 근거가 요청된다는 원칙을 핵심내용으로 한다. 나아가 오늘날 법률유보원칙은 단순히 행정작용이 법률에 근거를 두기만 하면 충분한 것이 아니라 국가공동체와 그 구성원에게 기본적이고도 중요한 의미가 있는 영역, 특히 국민의 기본권 실현에 관련된 영역에서는 행정에 맡길 것이 아니라 국민의 대표자인 입법자 스스로 그 본질적 사항에 관해서 결정하여야 한다는 요구, 즉 의회유보원칙까지 내포하는 것으로 이해된다.

이때 입법자가 형식적 법률로 스스로 규율하여야 하는 사항이 어떤 것인지는 일률적으로 획정할 수 없고 구체적인 사례에서 관련된 이익이나 가치의 중요성, 규제 내지 침해의 정도와 방법 등을 고려하여 개별적으로 결정할 수 있을 뿐이나 적어도 헌법상 보장된 국민의 자유나 권리를 제한할 때는 그 제한의 본질적인 사항에 관한 한 입법자가 법률로써 스스로 규율하여야 할 것이다.

평가대행자가 업무수행 시 준수하여야 할 의무와 그 위반 시 행정처분 등 제재에 관한 사항은 평가대행자의 직업선택 및 직업수행과 관련한 본질적인 사항으로서 이 사건 법률조항과 환경영향평가법 제13조 제1항은 그 의무와 위반 시 행정처분의 종류를 직접 규율하고, 다만 행정처분의 기준 기타 필요한 사항을 환경부장관에게 위임한다.

그런데 업무정지처분으로 말미암은 업무정지명령이 있어도 그 기간 중에 신규계약을 체결하면 1차의 위반행위로도 필요적으로 등록취소를 하도록 하는 이 사건 고시는, 청구인 회사가 평가대행업을 더는 영위할 수 없게 한다. 그러므로 이것은 직업선택의 자유와 관련한 본질적이고 중요한 사항인데도 이를 법률에서 직접 정하지 않고 환경부장관에게 위임하는 것으로 의회유보원칙에 반한다.

4. 포괄위임금지원칙 위배 여부

전문적·기술적 사항이나 경미한 사항으로서 업무의 성질상 고시와 같은 행정규칙 형식으로 입법위임을 할 필요성이 인정되어도, 그러한 위임은 헌법 제75조의 포괄위임금지원칙을 위반하여서는 아니 되고, 반드시 구체적·개별적으로 한정된 사항에 대해서 하여야 한다. 여기서 '구체적으로 범위를 정하여'는 하위규범에 규정될 내용과 범위의 기본사항이 가능한 한 구체적이고도 명확하게 법률에 규정되어서 그 법률 자체에서 대통령령 등에 규정될 내용의 대강을 예측할 수 있어야 함을 뜻한다. 이때 예측 가능성 유무는 해당 특정조항 하나만을 가지고 판단할 것은 아니고 관련 법조항 전체를 유기적·체계적으로 종합하여 판단하여야 한다.

이 사건 법률조항은 행정처분의 기준 기타 필요한 사항을 환경부장관이 정하는 고시에 위임한다. 이것은 환경영향평가법 제13조 제1항의 의무 위반 시 제재로서 행정처분의 기준과 그 집행에 필요한 사항 등을 환경부장관이 정하는 고시에 위임한 것으로 이로써 고시에 규정될 내용의 대강을 예측할 수 있다. 따라서 이 사건 법률조항은 포괄위임금지원칙에 위배되지 않는다.

5. 결론

이 사건 법률조항은 포괄금지원칙에 위배되지 않으나, 국민의 권리의무에 관한 중요한 사항을 법규명령이 아닌 행정규칙인 고시에 위임한 것으로 헌법 제40조, 제75조, 제95조에 위배되고 의회유보원칙에 위배된다.

Ⅲ. 이 사건 고시가 甲의 직업의 자유를 침해하는지 여부

1. 문제의 소재

이 사건 고시가 甲의 직업의 자유를 침해하는지와 관련하여 이 사건 고시가 법률조항의 위임범위 안인지와 과잉금지원칙 위배 여부가 문제 된다.

2. 제약되는 기본권

헌법 제15조는 직업의 자유를 보장한다. 여기서 직업은 생활의 기초를 형성하고 유지하는 데 필요한 계속적인 모든 활동을 말한다. 헌법 제15조는 '직업선택의 자유'라고 규정하지만, 직업선택의 자유뿐 아니라 일정한 직업을 가질지 말지를 결정하는 소극적 직업의 자유, 직업수행의 자유, 전직의 자유, 직업종료의 자유 등이 직업의 자유에 속한다.

직업의 자유는 자연인에게 고유한 특성인 정신적·신체적 속성을 전제로 하는 기본권이 아니고, 법인도 그 조직과 의사형성 그리고 업무수행에서 자기결정권이 있으므로 법인도 직업의 자유의 주체가 된다. 따라서 회사 甲도 직업의 자유를 누린다.

　　이 사건 고시는 업무정지기간 중 업무정지명령을 위반하여 신규계약을 체결하지 못하도록 평가대행업자에게 업무상 의무를 부과하면서 그 위반 시 필요적으로 등록취소를 하도록 규정한다. 이로써 그동안 적법하게 영위하던 평가대행업을 더는 하지 못하게 된다. 따라서 이것은 甲의 직업선택의 자유를 제약한다.

3. 법률조항의 위임범위 안인지 여부

　　수권법률 위임에 따른 하위법령으로서 이 사건 고시가 이 사건 법률조항이 정하는 위임범위 안의 것인지가 문제 된다. 만약 고시가 그 위임범위를 벗어난 것이라면 이것은 수권법률에 위반되는 동시에 헌법 제75조를 위반한 것이기 때문이다.

　　이 사건 법률조항은 행정처분의 기준 기타 필요한 사항을 위임한 것으로서 그에 따르면 환경영향평가법 제13조 제1항의 의무에 대한 위반 정도와 효과 등의 사정에 따라 구체적인 행정처분 기준과 처분 집행 등에 필요한 사항을 고시에 위임한 것으로 보아야 한다. 그런데 이 사건 고시는 그 위임범위를 넘어 행정처분의 새로운 가중사유로서 평가대행업자가 준수하여야 할 업무상 의무를 신설하고, 그 위반 시 가중처분을 획일적·필요적으로 정한다. 이것은 수권법률의 위임범위를 벗어난 것으로 헌법 제40조, 제75조와 제95조에 위배된다.

4. 과잉금지원칙 위배 여부

(1) 직업의 자유 심사기준

　　직업의 자유의 심사기준과 관련하여 독일의 이른바 약국판결을 통해서 확립된 단계이론이 논의된다. 헌법재판소도 이러한 단계이론을 수용하는 것으로 이해된다. 단계이론을 따르면, 직업의 자유를 제한할 때는 ① 직업수행의 자유 제한, ② 주관적 사유에 따른 직업선택의 자유 제한, ③ 객관적 사유에 따른 직업선택의 자유 제한 순으로 제한하여야 한다. 1단계에서 3단계로 나아갈수록 침해 강도가 증가하여 입법자의 입법형성권은 그 순서대로 감소하고 정당화요구가 높아진다. 따라서 단계별로 비례성원칙이 더욱더 엄격하게 적용되어야 한다. 그러나 단계이론은 직업선택에는 제한규정을 두지 않으면서 직업행사에는 법률유보를 두는 독일 기본법 제12조를 해석하는 과정에서 등장한 이론으로서 독일과 달리 직업선택과 직업행사를 구별하지 않는 한국 헌법 제15조에 원용하는 것이 적절하지 않다고 생각한다. 그리고 헌법재판소도 많은 사건에서 실질적으로 단계이론을 적용하지 않고 일반적인 비례성심사(과잉금지원칙)만으로 해결한다. 따라서 직업의 자유도 헌법 제37조 제2항에 따라 비례성심사를 하되, 그 심사과정에서 직업선택과 직업행사의 차이를 고려하는 것이 타당하다고 생각한다.

(2) 과잉금지원칙 위배 여부

① 과잉금지원칙의 개념과 내용

국가작용 중 특히 입법작용에서 과잉(입법)금지원칙은 국가가 국민의 기본권을 제한하는 내용의 입법활동을 할 때 준수하여야 할 기본원칙이나 입법활동 한계를 뜻한다. 따라서 국민의 기본권을 제한하는 입법은 그 목적이 정당하여야 하고, 방법(수단)이 적합하여야 하며, 침해의 최소성과 법익의 균형성을 갖추어야 한다. 과잉금지원칙은 헌법 제37조 제2항에서 도출된다.

② 목적의 정당성

목적의 정당성은 국민의 기본권을 제한하려는 입법의 목적이 헌법 및 법률의 체계상 그 정당성이 인정되어야 한다는 것이다.

이 사건 고시는 환경영향평가대행업자에 대해서 업무수행상 행위나 금지의 의무를 부과하고 이를 통해서 쾌적한 자연환경을 유지·조성하려는 환경영향평가제도의 실효성 확보와 함께 평가대행업자의 적정한 업무수행을 담보하려는 것이다. 이것은 공공복리에 해당하여 입법목적의 정당성이 인정된다.

③ 수단의 적합성

수단의 적합성은 그 목적의 달성을 위하여 그 방법이 효과적이고 적절하여야 한다는 것이다.

업무정지기간 중 업무정지명령이 있는데도 신규계약을 체결하는 것을 금지하고 이에 대해서 가중처분을 함으로써 입법목적 달성에 이바지할 수 있다. 따라서 수단의 적합성도 인정된다.

④ 침해의 최소성

침해의 최소성은 입법권자가 선택한 기본권 제한의 조치가 입법목적을 달성하기 위하여 설사 적절하다고 할지라도 더 완화한 형태나 방법을 모색함으로써 기본권 제한은 필요한 최소한도에 그치도록 하여야 한다는 것이다.

평가업무대행자가 업무정지처분을 받아 그 기간 중이라도 평가대행업과 관련하여 신규계약을 체결하게 되는 동기와 사정은 매우 다양하다. 그리고 업무정지기간 중 신규계약 체결 등 평가업무 수행으로 볼 행위를 금지하는 것은 행정처분의 실효성을 확보하고, 평가대행업자에게 실질적 불이익을 주어 향후 법이 정하는 의무를 자발적으로 이행하도록 하는 데 있다. 그런데 이 사안에서 보는 것처럼 이미 평가대행을 한 사업의 완료 후 그 사업으로 말미암은 하자 보수나 위험물 제거 등과 관련한 신규계약 체결은 형식상으로는 신규계약이지만, 기존 계약의 계속적 이행으로 볼 여지가 있다. 그리고 오랜 기간 협상을 해오던 계약 체결이 우연히 업무정지기간과 맞물려 부득이 하게 신규계약을 체결할 수밖에 없는 때도 충분히 예상할 수 있다. 이러한 때도 이 사건 고시는 행정청의 구체적인 판단이나 법원을 통한 권리구제 가능성을 일체 배제하고 필요적으로 등록취소를 하도록 한다. 그러나 입법목적은 임의적 등록취소를 통해서도 충분히 달성할 수 있다. 따라서 이 사건 고시가 구체적 사안의 개별성과 특수성을 고려할 가능성을 일체 배제한 채 필요적 등록취소를 규정한 것은 침해의 최소성에 위배된다.

⑤ 법익의 균형성

법익의 균형성은 그 입법을 통해서 보호하려는 공익과 침해되는 사익을 비교형량할 때 보호되는 공익이 더 커야 한다는 것이다.

이 사건 고시로 말미암아 달성할 수 있는 공익은 다른 수단으로 충분히 달성될 수 있지만 그로 말미암아 청구인은 평가대행업 자체를 할 수 없게 되므로 법익의 균형성도 충족되지 않는다.

⑥ 소결

이 사건 고시는 침해의 최소성과 법익의 균형성을 충족하지 못하여 과잉금지원칙에 위배된다.

5. 결론

이 사건 고시는 이 사건 법률조항의 위임범위를 벗어나고 과잉금지원칙에 위배되어 甲의 직업의 자유를 침해한다.

사례 14 ‖ 담배자동판매기설치금지조례

　甲은 담배자동판매기를 이용하여 담배소매업을 하고 있다. 그런데 乙시 지방의회는 청소년의 건강 보호를 위해서 다음과 같은 내용의 「담배자동판매기설치금지조례」를 제정하여, 이 조례는 1992. 8. 12.자로 공포·시행되었다.

　"제4조(설치의 제한) 자판기는 乙시 전지역에 설치할 수 없다. 다만, 성인이 출입하는 업소 안에는 제외한다.

　부칙 ② (경과조치) 이 조례의 시행 전에 설치된 자판기는 시행일부터 3월 이내에 철거하여야 한다."

　담배자동판매기를 이용하여 담배소매업을 하고 있던 甲은 「담배자동판매기설치금지조례」 제4조와 부칙 제2항이 위임입법의 한계를 벗어난 무효 규정으로서 자신에게 헌법상 보장된 기본권이 침해된다고 주장하면서 이 조례규정에 대해서 1992. 10. 5. 헌법재판소에 헌법소원심판을 청구하였다.

1. 甲이 청구한 헌법소원심판의 적법성에 관하여 판단하시오.
2. 「담배자동판매기설치금지조례」는 위임입법의 한계를 벗어났는지에 관하여 검토하시오.
3. 「담배자동판매기설치금지조례」가 기본권을 침해하는지에 관하여 판단하시오.

참조조문

「담배사업법」

제16조 ① 담배소매업(직접 소비자에게 판매하는 영업을 말한다)을 하려는 자는 사업장의 소재지를 관할하는 시장·군수·구청장으로부터 소매인의 지정을 받아야 한다.

④ 소매인의 지정기준, 지정절차, 그 밖에 지정에 필요한 사항은 기획재정부령으로 정한다.

「담배사업법 시행규칙」(기획재정부령)

제11조 제1항의 별표 2 "담배소매인의 지정기준" 중 자동판매기 부분

1. 자동판매기는 이를 일반소매인 또는 구매소매인으로 보아 소매인지정기준을 적용한다.
2. 청소년의 보호를 위하여 지방자치단체가 조례로 정하는 장소에는 자동판매기의 설치를 제한할 수 있다.

<목 차>

헌재 1995. 4. 20. 92헌마264등 참조

Ⅰ. 헌법소원심판 적법 여부

1. 문제의 소재

담배자동판매기설치금지조례에 대한 甲의 헌법소원심판 청구가 적법하려면 ① 기본권주체성(청구인능력), ② 대상적격(헌법소원심판 대상: 공권력의 행사 또는 불행사), ③ 자기관련성, ④ 현재성, ⑤ 직접성, ⑥ 보충성(헌법재판소법 제68조 제1항 단서), ⑦ 청구기간(헌법재판소법 제60조 제1항), ⑧ 권리보호이익, ⑨ 변호사강제주의(헌법재판소법 제25조 제3항), ⑩ 일사부재리(헌법재판소법 제39조)의 요건을 충족하여야 한다.

2. 청구인능력

헌법소원심판을 청구할 수 있는 사람은 헌법상 기본권주체에 국한된다(헌법재판소법 제68조 제1항). 이때 기본권주체에는 자연인만이 아니라 성질상 법인이 누릴 수 있는 기본권에 관해서는 법인도 포함된다. 그리고 대표자의 정함이 있고 독립된 사회조직체로 활동하는 비법인사단도 포함된다. 국가나 국가기관, 국가사무를 위임받은 공법인이나 그 기관은 기본권의 수범자이지 기본권주체가 아니므로 헌법소원심판을 청구할 수 없다. 그러나 예외적으로 국가에 대해서 독립성이 있고 독자적인 기구로서 해당 기본권 영역에서 개인의 기본권 실현에 이바지하면 기본권주체로서 인정된다.

사안에서 甲은 모두 자연인으로서 기본권주체성이 인정되어 청구인능력이 있다.

3. 대상적격

헌법소원심판은 헌법에 위반되는 모든 공권력의 행사나 불행사에 대해서 청구할 수 있다. 모든 공권력의 행사나 불행사는 입법권, 집행권, 사법권을 행사하는 모든 국가기관의 적극적인 작위와 소극적인 부작위를 말하는데, 다만 법원의 재판은 여기서 제외된다(헌법재판소법 제68조 제1항).

乙시 지방의회의 조례제정행위는 지방자치단체의 자치입법권 행사로서 입법권에 해당하여 공권력에 속한다. 그런데 헌법 제107조 제2항에 따라서 조례를 포함한 명령·규칙의 위헌 여부가 재판의 전제가 되면 그에 대한 위헌심사권은 법원의 권한이다. 그러나 명령·규칙의 위헌 여부가 재판의 전제가 되지 않으면 헌법재판소가 그에 대한 위헌 여부를 심사한다. 사안에서 담배자동판매기설치금지조례의 위헌 여부는 재판의 전제가 되지 않으므로 헌법소원심판 대상이 되는 공권력에 해당한다.

4. 자기관련성

자기관련성은 공권력 작용으로 말미암아 청구인 '자신의 기본권'이 법적으로 침해될 가능성이 있어야 한다는 것이다. 따라서 원칙적으로 공권력의 행사나 불행사의 직접 상대방에게만 자기관련성이 인정된다. 다만, 공권력 작용의 직접 상대방이 아닌 제3자라도 공권력 작용이 그 제3자의 기본권을 직접적이고 법적으로 침해하면 그 제3자에게도 예외적으로 자기관련성이 인정된다.

사안에서 담배자동판매기설치금지조례는 甲의 추가적인 담배자판기 설치를 금지할 뿐 아니라(제4조) 이미 설치한 담배자판기마저 철거하도록 한다(부칙 제2조). 따라서 자기관련성은 인정된다.

5. 현재성

헌법소원심판이 적법하려면 원칙적으로 청구인에 대한 기본권 침해는 현재 일어난 상태일 것, 즉 현재성이 요구된다. 하지만 기본권 침해가 앞날에 발생하더라도 그 침해가 현재 확실히 예측되고 기본권구제 실효성을 기할 필요가 있으면 현재성이 인정된다(상황성숙성 이론).

사안에서 담배자동판매기설치금지조례는 1992. 8. 12.자로 공포·시행되어 효력이 발생하여 현재 담배소매인지정 신청인에게 적용되는 기준일 뿐 아니라 甲도 구속하므로 현재성이 인정된다.

6. 직접성

헌법소원심판 청구인은 공권력작용으로 말미암아 직접 기본권이 침해되어야 한다. 이러한 직접성 요건은 법령소원에서 특히 중요한 의미가 있다. 기본권 침해의 직접성이란 집행행위를 통하지 아니하고 법령 자체가 직접 자유 제한, 의무 부과, 권리나 법적 지위 박탈을 일으킨다는 것을 뜻한다.

사안에서 담배자동판매기설치금지조례는 집행행위를 기다리지 아니하고 바로 자유를 제한하고 의무를 부과한다. 따라서 직접성도 인정된다.

7. 보충성

헌법소원심판 청구는 다른 법률에 구제절차가 있으면 그 절차를 모두 거친 후에 청구할 수 있다(헌법재판소법 제68조 제1항 단서). 이를 헌법소원의 보충성이라고 하며, 주로 처분소원에서 문제가 된다. 여기서 구제절차는 공권력의 행사나 불행사를 직접 대상으로 하여 그 효력을 다툴 수 있는 구제절차를 말하므로, 사후적 보충적 구제수단인 손해배상청구나 손실보상청구는 구제절차에 해당하지 않는다.

법령 자체의 직접적인 기본권 침해가 문제 되면, 그 법령 자체의 효력을 다투는 것을 소송물로 하여 일반 법원에 소를 제기할 길이 없어서 구제절차가 있는 때가 아니므로 보충성 요건이 적용되지 않는다.

① 헌법소원심판청구인이 그의 불이익으로 돌릴 수 없는 정당한 이유 있는 착오로 전심절차를 밟지 않은 때, ② 전심절차로 권리가 구제될 가능성이 거의 없거나 ③ 권리구제절차가 허용되는지가 객관적으로 불확실하여 전심절차 이행 가능성이 없을 때는 보충성의 예외로서 바로 헌법소원심판을 청구할 수 있다.

담배자동판매기설치금지조례는 이른바 처분적 조례로서 항고소송 대상이
되는지가 객관적으로 불확실하여 전심절차 이행 가능성이 없으므로 보충성의
예외로서 이에 대해서 바로 헌법소원심판을 청구할 수 있다.

8. 청구기간

헌법재판소법 제68조 제1항에 따른 헌법소원심판은 기본권의 침해사유가
있음을 안 날부터 90일 이내에, 그 사유가 있는 날부터 1년 이내에 청구하여야
한다. 다만, 다른 법률에 따른 구제절차를 거친 헌법소원심판은 그 최종결정을
통지받은 날부터 30일 이내에 청구하여야 한다(헌법재판소법 제69조 제1항).

사안에서 담배자동판매기설치금지조례가 1992. 8. 12.에 효력을 발생하고
나서 90일이 지나지 않은 1992. 10. 5.에 헌법소원심판을 청구하였으므로 청구
기간을 준수하였다.

9. 권리보호이익

헌법소원제도는 국민의 기본권 침해를 구제하는 제도이다. 그러므로 그
제도 목적상 권리보호이익이 있어야 비로소 헌법소원심판을 청구할 수 있다.
그러나 헌법소원은 개인의 주관적 권리구제 기능뿐 아니라 객관적인 헌법질서
보장기능도 수행하므로 ① 주관적 권리구제에 도움이 되지 않아도 그러한 침
해행위가 앞으로도 반복될 위험이 있거나 ② 해당 분쟁 해결이 헌법질서의 수
호·유지를 위해서 긴요한 사항이어서 그 해명이 헌법적으로 중대한 의미를 지
니면 헌법소원의 이익을 인정할 수 있다.

사안에서 담배자동판매기설치금지조례가 위헌으로 선언되어 효력을 상실
하면 甲은 자유롭게 담배자동판매기를 설치할 수 있으므로 권리보호이익이 인
정된다.

10. 변호사강제주의

헌법재판소법 제25조 제3항을 따르면 헌법소원은 당사자가 변호사 자격이
있는 때가 아닌 한 변호사를 대리인으로 선임하지 아니하면 심판 청구를 할 수

없다.

사안에서는 甲이 변호사 자격이 있는지와 변호사를 대리인으로 선임하였는지를 확인할 수 없다.

11. 일사부재리

헌법재판소는 이미 심판을 거친 같은 사건에 대해서는 다시 심판할 수 없다(헌법재판소법 제39조). 헌법재판소가 심판한 사건에 대해서 다시 헌법소송을 제기하거나 헌법재판소 결정에 대해 불복을 하는 헌법소송을 제기하게 되면, 이것은 헌법소송 요건을 갖추지 못한다.

그러나 이 헌법소원심판을 청구하는 사건에 관해서는 이전에 헌법재판소가 심판한 것이 드러나지 않으므로 일사부재리원칙을 충족한 것으로 보인다.

12. 결론

甲이 변호사 자격이 있거나 변호사를 대리인으로 선임하였다면 담배자동판매기설치금지조례에 대한 甲의 헌법소원심판 청구는 다른 적법요건을 모두 충족하여 적법하다.

II. 위임입법 한계 일탈 여부

1. 문제의 소재

사안에서 먼저 조례에 따른 기본권 제한이 가능한지, 가능하다면 기본권 제한을 위해서 조례에 대해서 법률과 법규명령을 통한 이중 위임이 가능한지, 다음으로 조례에 따른 기본권 제한에서 법률의 위임 요부와 위임 정도, 상위법령이 적법하다면 乙시 지방의회가 담배사업법시행규칙에 따른 위임입법 한계를 일탈하였는지 그리고 담배사업법시행규칙이 담배사업법에 따른 위임입법의 한계를 일탈하였는지가 문제 된다.

2. 조례에 따른 기본권 제한 가능성

헌법 제37조 제2항은 "국민의 모든 자유와 권리는 … 법률로써 제한할 수 있으며 … "라고 하여 헌법이 보장한 기본권은 법률로써 제한할 수 있다고 규정한다. 여기서 '법률로써'는 '법률에 의하여'와 '법률에 근거하여'를 아우른다. 따라서 기본권 제한은 직접 법률에 의하거나 법률에 근거를 둔 법규명령이나 조례에 따라서만 가능하다.

담배자동판매기설치금지조례는 조례로서 법률 위임의 한계를 벗어나지 않는 한 기본권을 제한할 수 있다.

3. 법률의 위임 필요성

지방자치법 제22조 단서는 주민의 권리 제한 또는 의무 부과에 관한 사항이나 벌칙을 정할 때는 법률의 위임이 있어야 한다고 규정한다. 그런데 지방자치단체의 전권능성(全權能性)에 비추어 모든 조례가 법률의 위임에 따라서 제정되어야 한다고 보기 어렵다. 따라서 조례 제정에 법률의 위임이 필요한지, 필요하다면 어느 범위까지 필요한지 문제 된다.

조례에 법률유보원칙 적용이 없다는 견해는 지방자치를 최대한 보호하려는 견해로서, 지방자치단체가 제정한 조례나 국회가 제정한 법률이나 차이가 없으므로 조례만으로도 기본권을 제한할 수 있다고 한다. 그러나 헌법 제37조 제2항이 말하는 법률은 엄연히 국회가 제정한 형식적 법률을 상정하는 것이지 조례까지 포함하는 것으로 볼 수 없다. 국민의 전체의사인 법률과 지역주민의 의사인 조례의 차이는 무시할 수 없다. 지방자치단체의 모든 고유사무에 관한 조례 제정에서 법률 위임이 필요하다는 견해는 헌법상 제도보장으로 규정된 지방자치제를 형해화할 우려가 있다는 점에서 문제가 있다. 국가입법 미비를 근거로 조례 제정을 막는 것은 곤란하기 때문이다. 따라서 기본권을 제한하는 조례를 제정할 때만 법률 위임이 필요하다는 견해가 헌법 제10조, 제37조 제2항, 제117조 제1항의 조화로운 해석 결과로서 타당하다.

담배자동판매기설치금지조례는 주민의 권리와 의무에 관한 사항을 규율하므로 이러한 조례를 제정할 때 법률 위임이 필요하다.

4. 법률 위임에 대해서 법규명령이 조례로 위임할 수 있는지 여부

재위임에서 전면적인 내용을 재위임하는 것은 수권하는 법률 취지에 어긋나므로 허용되지 않는다. 그러나 해당 명령에서 대강의 내용을 규정하여 모법에서 위임한 사항을 구체화하고 나서 다시 더 세부적인 사항을 하위법규범에 재위임하는 것은 가능하다.

사안에서 '담배사업법 시행규칙'은 담배사업법 제16조 제4항의 위임을 받아 제정된 것으로서, 국민의 권리와 의무에 직접 영향을 미치는 위임명령(기획재정부령)에 해당한다. 담배사업법은 제16조 제4항에서 "소매인의 지정기준, 지정절차, 그 밖에 지정에 필요한 사항은 기획재정부령으로 정한다."라고 규정하고, 기획재정부령인 '담배사업법 시행규칙'은 제11조 제1항의 별표 2 '담배소매인의 지정기준' 중 자동판매기 부분에서 "1. 자동판매기는 이를 일반소매인 또는 구매소매인으로 보아 소매인지정기준을 적용한다. 2. 청소년의 보호를 위하여 지방자치단체가 조례로 정하는 장소에는 자동판매기의 설치를 제한할 수 있다."라고 규정하며, 담배자동판매기설치금지조례는 위 규정들에 따라 제정된 것이다. '담배사업법 시행규칙'은 모법인 담배사업법에서 위임한 내용을 구체화하고 나서 청소년 보호를 위한 자동판매기 설치 제한에 관한 내용만 조례에 재위임한 것이므로, 이러한 이중 위임에 따른 위임도 적법하다.

5. 위임 정도

(1) 담배사업법의 '담배사업법 시행규칙'에 대한 위임 정도

헌법 제75조는 "법률에서 구체적으로 범위를 정하여" 위임하여야 한다고 규정한다. 이는 집행부에 입법을 위임하는 수권법률의 명확성원칙을 특별히 규정한 것으로서 법률에 이미 대통령령으로 규정될 내용과 범위에 관한 기본사항이 구체적으로 규정되어서 누구라도 해당 법률에서 대통령령에 규정될 내용의 대강을 예측할 수 있어야 함을 뜻한다. 즉 법률에 따른 위임은 개별적·구체적이어야 하고, 포괄적이거나 백지식 위임은 허용되지 않는다. 따라서 원칙적으로 법률은 그 위임규정에서 행정입법의 목적·규율대상·범위 등을 명확히 규정하여야 한다. 부령에 관한 헌법 제95조는 이에 관해서 규정하지 않으나 마찬가지로 해석된다.

예측 가능성 유무는 해당 특정조항만으로 판단할 것이 아니라 관련 법률조항 전체를 유기적·체계적으로 종합하여 판단하여야 하고, 각 대상법률의 성질에 따라 구체적·개별적으로 검토하여야 한다. 따라서 위임조항 자체에서 위임의 구체적 범위를 명확히 규정하지 않더라도 해당 법률의 전반적 체계와 관련 규정에 비추어 위임조항의 내재적인 위임의 범위나 한계를 객관적으로 분명히 확정할 수 있다면 포괄적인 백지위임에 해당한다고 볼 수는 없다.

사안에서 담배사업법 규정 전반을 보면, 제16조에서 이미 담배소매인 지정에 관하여 규정을 두고, 제3항에서 지정기준, 지정절차, 그 밖에 필요한 사항을 '담배사업법 시행규칙'에 위임한다. 따라서 '담배사업법 시행규칙'은 담배사업법 제16조 제4항에서 개별적·구체적 위임을 받은 것으로 담배사업법은 포괄위임금지원칙에 위반되지 않는다.

(2) '담배사업법 시행규칙'의 조례에 대한 위임 정도

법규명령이 조례에 대해서 기본권 제한에 관하여 위임할 때는 지방자치단체의 전권능성과 관련하여 일반 행정입법에 대한 위임과는 위임 정도가 다를 수 있다. 기본권을 제한하는 조례는 국가법령의 위임이 필요한데, 이때 그 위임 정도가 문제가 된다.

지방자치단체의 전권능성에 비추어 보면, 일반적인 조례 제정에서 법률위임은 필요하지 않다. 그러나 ① 조례 제정자인 지방의회는 선거를 통해서 그 지역적 민주적 정당성이 있는 주민의 대표기관이고, ② 헌법이 지방자치단체에 포괄적인 자치권을 보장하는 취지로 볼 때, 지방자치법 제22조 단서에 해당하면 일반적·포괄적 위임으로 가능하다. 다만, 벌칙규정은 죄형법정주의상 개별적·구체적 위임이 필요하다.

사안에서 乙시 지방의회 담배자동판매기설치금지조례는 벌칙에 관한 것이 아니다. 그러나 甲의 기본권을 제한하므로 지방자치법 제22조 단서에 해당하여 조례에 대한 국가법령('담배사업법 시행규칙')의 위임이 필요하되, 그 위임은 일반

적·포괄적 위임으로 충분하다. '담배사업법 시행규칙' 제11조 제1항의 별표 2
는 자동판매기 설치제한 장소에 관한 구체적 기준은 없다. 그러나 조례에 대한
국가법령 위임은 일반적·포괄적 위임으로 충분하므로 '담배사업법 시행규칙'은
위임입법의 한계를 일탈하지 않았다.

6. 乙시 지방의회 조례의 '담배사업법 시행규칙'의 위임한계 일탈 여부

수임법규는 모법에서 수권되지 않은 입법사항에 관해서 스스로 규정을 만
들어 규율할 수 없고, 그 내용에서는 모법의 위임취지에 어긋나지 않아야 한다.

사안에서 '담배사업법 시행규칙'은 지방자치단체의 조례가 장소를 정하여
자동판매기 설치를 제한할 수 있다고 규정한다. 담배자동판매기설치금지조례
는 성인출입업소를 제외한 乙시 전지역에서 담배자판기 설치를 금지한다. 이때
담배자동판매기설치금지조례는 모법인 '담배사업법 시행규칙'의 위임취지보다
광범한 제한을 하는지가 문제 된다. 그러나 '담배사업법 시행규칙'은 조례에 담
배자판기 허가제한에 대해서 포괄적인 위임을 하므로, 담배자동판매기설치금
지조례가 이러한 위임 범위 밖에 있거나 위임취지를 벗어났다고 볼 수 없다.
따라서 담배자동판매기설치금지조례는 '담배사업법 시행규칙'의 위임한계를 벗
어났다고 할 수 없다.

7. '담배사업법 시행규칙'의 위임법률 위임한계 일탈 여부

담배사업법 제16조 제4항은 담배소매인의 지정기준, 지정절차, 그 밖에 지
정에 필요한 사항에 관한 사항을 '담배사업법 시행규칙'에 위임한다. '담배사업
법 시행규칙'은 담배소매인 지정 일부라고 할 수 있는 담배자판기 설치 허가
제한을 조례에 위임한다. 따라서 '담배사업법 시행규칙'은 모법인 담배사업법의
수권 범위 안에 있고, 그 위임취지에 어긋나지 않으므로, 위임한계를 일탈하지
않았다.

8. 결론

담배자동판매기설치금지조례는 주민의 기본권을 제한하므로 법률의 위임

이 필요하나, 법률과 법규명령의 이중 위임으로도 가능하다. 이때 법률의 법규 명령에 대한 위임은 헌법 제75조와 제95조에 따라 개별적·구체적이어야 하나, 법규명령의 조례에 대한 위임은 일반적·포괄적 위임으로 충분하므로, 담배사 업법과 '담배사업법 시행규칙'은 적법한 위임입법으로 볼 수 있다. 그리고 '담 배사업법 시행규칙'과 조례는 각각 모법의 위임한계를 일탈하지 않았으므로 담 배자동판매기설치금지조례는 기본권 제한의 적법한 형식으로 인정된다. 결론 적으로 담배자동판매기설치금지조례는 위임입법의 한계를 벗어나지 않았다.

Ⅲ. 기본권 침해 여부

1. 문제의 소재

먼저 담배자동판매기설치금지조례가 제약하는 기본권이 무엇인지, 다음으 로 기본권 제약이 과잉금지원칙과 신뢰보호원칙, 평등원칙에 위반되는지가 문 제 된다.

2. 문제가 되는 기본권

(1) 직업의 자유

헌법 제15조는 "모든 국민은 직업선택의 자유를 가진다."라고 규정하여 직 업의 자유를 기본권으로 보장한다. 직업은 생활의 기본적 수요를 충족시키기 위한 계속적인 소득활동을 의미하며 그 종류나 성질은 불문한다. 직업의 자 유는 자신이 원하는 직업을 자유롭게 선택하는 직업선택의 자유와 그가 선택 한 직업을 원하는 방식으로 자유롭게 수행할 수 있는 직업수행의 자유를 포함 한다.

사안에서 甲은 담배소매업을 통한 계속적인 소득활동을 하므로 담배소매 업은 직업에 해당한다. 담배자동판매기설치금지조례로 甲은 담배자판기 설치 를 금지당하고 기존 담배자판기 철거까지 강요당하는데, 이것은 영업활동의 내 용이다. 따라서 甲의 영업의 자유나 직업수행의 자유가 제약된다.

(2) 재산권

헌법 제23조 제1항 제1문은 "모든 국민의 재산권은 보장된다."라고 규정하여 재산권을 기본권으로 보장한다. 재산권은 경제적 가치가 있는 모든 공법상·사법상 권리로서 일정 시점에 개별법이 재산권으로 정의하는 것을 말한다. 따라서 사법상 물권과 채권뿐 아니라 특별법상 권리, 공법상 재산가치 있는 주관적 공권, 상속권 등도 재산권에 속하나, 재산 그 자체, 단순한 기대이익, 반사적 이익, 재화획득의 기회 등은 재산권 보장의 대상이 아니다. 재산권은 사적 유용성과 임의적 처분권을 주된 내용으로 하는 바, 헌법 제23조에 따라 모든 국민은 헌법에 합치하는 법률이 정하는 범위 안에서 이러한 구체적 재산권을 보유하여 이를 자유롭게 사용·수익·처분할 수 있다.

사안에서 문제 되는 것은 담배자판기를 통한 영업활동이다. 이러한 활동으로 甲이 재산적 이익을 얻을 수 있으나, 이것은 영업활동의 결과일 뿐이다. 따라서 여기서는 영업권이 아니라 영업의 자유나 직업수행의 자유가 문제 된다. 결국, 담배자동판매기설치금지조례는 담배자판기를 통한 이익은 영업활동에 따른 반사적 이익에 불과하여 재산권의 보호영역에 포섭되지 않는다.

(3) 평등권

헌법 제11조 제1항 제1문은 "모든 국민은 법 앞에 평등하다."라고 규정한다. 여기서 법률은 형식적 의미의 법률만을 의미하지 아니하고 한 나라의 법체계를 형성하는 모든 법규범을 말한다. 그리고 헌법 제10조 제2문 국가의 기본권보장의무규정과 헌법상 실질적 법치국가원리에 비추어 법 앞의 평등의 의미에는 법적용상 평등뿐 아니라 법내용의 평등도 포함되어서 입법자도 구속된다(이른바 입법자구속설). 평등의 규범적 의미는 합리적 근거가 있는 차별은 허용된다는 의미에서 상대적 평등으로 파악된다.

조례에 따른 규제가 지역의 여건이나 환경 등 그 특성에 따라 다르게 나타나는 것은 헌법이 지방자치단체의 자치입법권을 인정한 이상 당연히 예상되는 불가피한 결과이다. 따라서 乙시 주민 사이에 차별이 없다면, 담배자동판매기설치금지조례로 말미암아 다른 지역 주민과 비교해서 더한 규제를 받게 되더라도 차별이 있다고 볼 수 없다. 이러한 점에서 평등권은 문제 되지 않는다.

(4) 소결

담배자동판매기설치금지조례는 甲의 영업의 자유나 직업수행의 자유를 제약한다.

3. 과잉금지원칙 위반 여부

(1) 직업의 자유 심사기준

직업의 자유의 심사기준과 관련하여 독일의 이른바 약국판결을 통해서 확립된 단계이론이 논의된다. 헌법재판소도 이러한 단계이론을 수용하는 것으로 이해된다. 단계이론을 따르면, 직업의 자유를 제한할 때는 ① 직업수행의 자유 제한, ② 주관적 사유에 따른 직업선택의 자유 제한, ③ 객관적 사유에 따른 직업선택의 자유 제한 순으로 제한하여야 한다. 1단계에서 3단계로 나아갈수록 침해 강도가 증가하여 입법자의 입법형성권은 그 순서대로 감소하고 정당화요구가 높아진다. 따라서 단계별로 비례성원칙이 더욱더 엄격하게 적용되어야 한다. 그러나 단계이론은 직업선택에는 제한규정을 두지 않으면서 직업행사에는 법률유보를 두는 독일 기본법 제12조를 해석하는 과정에서 등장한 이론으로서 독일과 달리 직업선택과 직업행사를 구별하지 않는 한국 헌법 제15조에 원용하는 것이 적절하지 않다고 생각한다. 그리고 헌법재판소도 많은 사건에서 실질적으로 단계이론을 적용하지 않고 일반적인 비례성심사(과잉금지원칙)만으로 해결한다. 따라서 직업의 자유도 헌법 제37조 제2항에 따라 비례성심사를 하되, 그 심사과정에서 직업선택과 직업행사의 차이를 고려하는 것이 타당하다.

(2) 과잉금지원칙의 개념과 내용

국가작용 중 특히 입법작용에서 과잉(입법)금지원칙은 국가가 국민의 기본권을 제한하는 내용의 입법활동을 할 때 준수하여야 할 기본원칙이나 입법활동 한계를 뜻한다. 따라서 국민의 기본권을 제한하는 입법은 그 목적이 정당하여야 하고, 방법(수단)이 적합하여야 하며, 침해의 최소성과 법익의 균형성을 갖추어야 한다. 과잉금지원칙은 헌법 제37조 제2항에서 도출된다.

(3) 목적의 정당성

국민의 기본권을 제한하는 입법은 그 목적이 헌법과 법률의 체계 안에서 정당성을 인정받을 수 있어야 한다. 이때 정당성이란 그 자체의 목적이 정당하여야 할 뿐 아니라 헌법에 규정된 다른 헌법이념·헌법원리와도 배치되어서는 안 된다는 것을 뜻한다.

담배자동판매기설치금지조례는 청소년 보호라는 공공복리 목적에 따라 제한하므로 목적의 정당성이 인정된다.

(4) 수단의 적합성

국민의 기본권을 제한하는 입법을 할 때 법률에 규정된 기본권 제한의 방법은 입법목적을 달성하기 위한 방법으로서 효과적이고 적절한 것이어야 한다.

성인업소를 제외한 乙시 전지역에 자판기 설치를 금지하고 기존에 설치된 자판기를 철거하도록 한 것은 청소년 보호에 이바지하므로 수단의 적합성은 인정된다.

(5) 침해의 최소성

입법자가 선택한 기본권 제한조치가 설사 입법목적을 달성하기 위해서 적절한 것일지라도 그 밖의 더 완화한 수단이나 방법을 모색함으로써 그 제한을 필요최소한의 것이 되게 하여야 한다.

자판기는 구입자와 판매자가 대면하지 않으므로, 청소년의 담배 구입을 막기 어렵다. 따라서 이를 방지하려면 자판기 설치 금지 외에 甲의 피해를 더 줄일 수 있는 다른 방법이 없고, 성인출입업소 안에는 담배자판기 설치를 허용하므로 침해의 최소성도 충족된다.

(6) 법익의 균형성

어떤 행위를 규제함으로써 초래되는 사적 불이익과 그 행위를 방치함으로써 초래되는 공적 불이익을 비교하여 규제함으로써 초래되는 공익이 크거나 적어도 양자 사이에 균형이 유지되어야 한다.

청소년 보호라는 공익과 甲의 영업의 자유라는 사익을 비교하면, 영업의 자유는 일부 제한되는 것에 불과하지만, 이로 말미암아 보호되는 청소년의 수는 많으므로 법익의 균형성도 충족된다.

(7) 소결

담배자동판매기설치금지조례는 목적의 정당성과 수단의 적합성, 침해의 최소성과 법익의 균형성을 모두 충족하여 과잉금지원칙에 위반되지 않는다.

4. 신뢰보호원칙 위반 여부

(1) 문제의 소재

담배자동판매기설치금지조례 부칙 제2조가 기존자판기 철거를 명하는 것이 소급입법에 따른 재산권 박탈에 해당하는지가 문제 된다. 그리고 조례 부칙 조항이 소급입법에 따른 재산권 박탈이 아니라 하더라도 甲이 적법하게 설치한 자판기를 조례시행일부터 3개월 이내에 철거하도록 한 것은 신뢰보호원칙 위반이 아닌지 문제 된다.

(2) 소급입법의 의미와 해당 여부

소급입법은, 신법이 이미 종료된 사실관계에 작용하는지, 아니면 현재 진행 중인 사실관계에 작용하는지에 따라 '진정소급입법'과 '부진정소급입법'으로 구분된다. 진정소급입법은 헌법적으로 허용되지 않는 것이 원칙이고, 특단의 사정이 있는 때만 예외적으로 허용될 수 있다. 하지만 부진정소급입법은 원칙적으로 허용되지만 소급효를 요구하는 공익상 사유와 신뢰보호 요청 사이의 교량과정에서 신뢰보호 관점이 입법자의 형성권에 제한을 가한다.

기존 자판기를 철거하여야 하는 것은 동산의 사용가치를 제한한다는 점에서 재산권 보호영역에 포섭될 수 있다. 헌법 제13조 제2항에서 금지하는 소급입법은 진정소급입법이다. 그러나 조례 부칙 제2조는 조례시행일 이전의 자판기 설치·이용에 관해서는 규율하는 바가 없고, 앞날에 향하여 자판기의 존치·사용을 규제할 뿐이어서 그 규정의 법적 효과는 시행일 이전 시점까지 미치지 않는다. 따라서 헌법 제13조 제2항의 소급입법에 해당하지 않는다. 그러나 甲이 적법하게 설치하여 적법하게 영업활동에 이용하던 자판기를 담배자동판매기설치금지조례 시행일부터 3개월 이내에 철거하도록 한 것은 부진정소급입법에 해당한다.

5. 신뢰보호원칙 위배 여부

① 신뢰보호원칙의 의미

신뢰보호원칙이란 헌법에 내재적으로 보장된 법치국가원리에서 도출되는 한 원칙으로서 국민이 국가기관이 한 결정의 정당성 또는 존속성을 신뢰하였을 때 그 신뢰가 보호받을 가치가 있는 것이면 이를 보호해 주어야 한다는 것을 말한다. 이 원칙은 법치국가원리의 한 구성요소를 이루는 당사자의 법적 생활 안정 필요(법적 안정성)에서 나오는 원칙이다.

② 신뢰보호원칙 위반의 판단기준

법률의 제정이나 개정 시 구법질서에 대한 당사자의 신뢰가 합리적이고도 정당하며 법률의 제정이나 개정으로 야기되는 당사자의 손해가 극심하여 새로운 입법으로 달성하고자 하는 공익적 목적이 그러한 당사자의 신뢰 파괴를 정당화할 수 없다면, 그러한 새 입법은 신뢰보호원칙상 허용될 수 없다. 이러한 신뢰보호원칙 위배 여부를 판단하려면, 한편으로는 침해받은 이익의 보호가치, 침해의 중한 정도, 신뢰가 손상된 정도, 신뢰침해의 방법 등과 다른 한편으로는 새 입법을 통해 실현하고자 하는 공익적 목적을 종합적으로 비교·형량하여야 한다.

③ 사안에 대한 적용

甲은 법령에 따라 적법하게 설치한 자판기로 계속 영업할 수 있을 것이라는 보호가치 있는 신뢰가 있고, 청소년 보호를 위해서 기존 자판기를 철거할 공익도 있다. 甲의 사익보다 청소년 보호라는 공익이 더 우월한 것으로 판단되고, 3개월의 유예기간을 두어 자판기 처분경로 모색 등 경제적 손실을 최소화할 수 있도록 한 점에 비추어 담배자동판매기설치금지조례 부칙 제2조는 신뢰보호원칙에 위반되지 않는다.

V. 결론

담배자동판매기설치금지조례는 甲의 영업의 자유나 직업수행의 자유를 제약하나, 과잉금지원칙과 신뢰보호원칙에 어긋나지 않아 甲의 기본권을 침해하지 않는다.

사례 15 ‖ 음주운전에 따른 면회 취소

[제3회 변호사시험]

20년 무사고 운전 경력의 레커 차량 기사인 甲은 2013. 3. 2. 혈중알코올농도 0.05%의 주취 상태로 레커 차량을 운전하다가 신호대기 중이던 乙의 승용차를 추돌하여 3중 연쇄추돌 교통사고를 일으켰다. 위 교통사고로 乙이 운전하던 승용차 등 3대의 승용차가 손괴되고, 승용차 운전자 2명이 약 10주의 치료가 필요한 상해를 입게 되었다.

서울지방경찰청장은 위 교통사고와 관련하여 甲이 음주운전 중에 자동차 등을 이용하여 범죄행위를 하였다는 이유로 1개의 운전면허 취소통지서로 「도로교통법」 제93조 제1항 제3호에 의하여 甲의 운전면허인 제1종 보통·대형·특수면허를 모두 취소하였다.

한편, 경찰조사 과정에서 乙이 위 교통사고가 발생하기 6년 전에 음주운전으로 이미 2회 운전면허 정지처분을 받았던 전력이 있는 사실과 乙이 위 교통사고 당시 혈중알코올농도 0.07% 주취 상태에서 운전한 사실이 밝혀지자, 서울지방경찰청장은 「도로교통법」 제93조 제1항 제2호에 의하여 乙의 운전면허인 제2종 보통면허를 취소하였다.

※ 참고자료로 제시된 법규의 일부 조항은 가상의 것으로, 이에 근거하여 답안을 작성할 것. 이와 다른 내용의 현행법령이 있다면 제시된 법령이 현행 법령에 우선하는 것으로 할 것.

1. 甲이 서울지방경찰청장의 甲에 대한 위 운전면허 취소처분의 취소를 구하는 행정소송을 제기하자, 당해 사건을 담당하는 법원은 운전면허 취소처분의 근거규정인 「도로교통법」 제93조 제1항 제3호 규정이 위헌적이라고 판단하고 헌법재판소에 위헌법률심판을 제청하였다. 「도로교통법」 제93조 제1항 제3호의 위헌성에 대해서 판단하시오.

2. 乙은 본인에게 책임이 없는 위 교통사고로 인하여 서울지방경찰청장이 乙에 대하여 한 운전면허 취소처분의 취소를 구하는 행정소송을 제기함과 동시에 처분의 근거가 된 도로교통법 제93조 제1항 제2호가 헌법에 위반된다는 이유로 위헌법률심판 제청신청을 하였으나, 당해 사건을 담당한 법원은 위헌의 여지를 의심했음에도 불구하고 기각결정을 내렸다. 乙은 이 기각결정 통지를 받은 후, 「도로교통법」 제93조 제1항 제2호, 제148조의2 제1항 제1호가 이중처벌금지원칙, 일반적 행동의 자유, 평등의 원칙에 위반된다며 헌법소원심판을 청구하였다.

   (1) 위 사례에서 법원의 위헌법률심판제청 기각결정에 대하여 헌법적으로 판단하시오.

   (2) 乙의 헌법소원심판청구 사건에서 위헌심판의 대상을 확정하시오.

   (3) 심판대상 규정이 乙의 기본권을 침해하여 위헌인지에 대하여 판단하시오.

참조조문

「도로교통법」

제1조(목적) 이 법은 도로에서 일어나는 교통상의 모든 위험과 장해를 방지하고 제거하여 안전하고 원활한 교통을 확보함을 목적으로 한다.

제80조(운전면허) ① 자동차등을 운전하려는 사람은 지방경찰청장으로부터 운전면허를 받아야 한다.

② 지방경찰청장은 운전을 할 수 있는 차의 종류를 기준으로 다음 각 호와 같이 운전면허의 범위를 구분하고 관리하여야 한다. 이 경우 운전면허의 범위에 따라 운전할 수 있는 차의 종류는 안전행정부령으로 정한다.

1. 제1종 운전면허

가. 대형면허

　나. 보통면허

　다. 소형면허

　라. 특수면허

　2. 제2종 운전면허

　가. 보통면허

　나. 소형면허

　다. 원동기장치자전거면허

　(이하 생략)

제44조(술에 취한 상태에서의 운전 금지) ① 누구든지 술에 취한 상태에서 자동차등(「건설기계관리법」제26조 제1항 단서에 따른 건설기계 외의 건설기계를 포함한다.)을 운전하여서는 아니 된다.

제93조(운전면허의 취소·정지) ① 지방경찰청장은 운전면허(연습운전면허는 제외한다.)를 받은 사람이 다음 각 호의 어느 하나에 해당하면 안전행정부령으로 정하는 기준에 따라 운전면허를 취소하거나 1년 이내의 범위에서 운전면허의 효력을 정지시킬 수 있다. 다만, 제2호, 제3호, 제7호부터 제9호까지(정기 적성검사 기간이 지난 경우는 제외한다), 제12호, 제14호, 제16호부터 제18호까지의 규정에 해당하는 경우에는 운전면허를 취소하여야 한다.

　1. 제44조 제1항을 위반하여 술에 취한 상태에서 자동차등을 운전한 경우

　2. 제44조 제1항 또는 제2항 후단을 2회 이상 위반한 사람이 다시 같은 조 제1항을 위반하여 운전면허 정지 사유에 해당된 경우

　3. 운전면허를 받은 사람이 자동차등을 이용하여 범죄행위를 한 경우

　(이하 생략)

제148조의2(벌칙) ① 다음 각 호의 어느 하나에 해당하는 사람은 1년 이상 3년 이하의 징역이나 500만원 이상 1천만원 이하의 벌금에 처한다.

　1. 제44조 제1항을 2회 이상 위반한 사람으로서 다시 같은 조 제1항을 위반하여 술에 취한 상태에서 자동차등을 운전한 사람

　(이하 생략)

「도로교통법 시행규칙」

제53조(운전면허에 따라 운전할 수 있는 자동차 등의 종류) 법 제80조 제2항에 따라 운전면허를 받은 사람이 운전할 수 있는 자동차등의 종류는 별표 18과 같다.

제91조(운전면허의 취소·정지처분 기준 등) ① 법 제93조에 따라 운전면허를 취소 또는 정지시킬 수 있는 기준(교통법규를 위반하거나 교통사고를 일으킨 경우 그 위반 및 피해의 정도 등에 따라 부과하는 벌점의 기준을 포함한다)과 법 제97조 제1항에 따라 자동차등의 운전을 금지시킬 수 있는 기준은 별표 28과 같다.

[별표 18] 운전할 수 있는 차의 종류(제53조 관련)

운전면허		운전할 수 있는 차량
종별	구분	
제1종	대형면허	• 승용자동차 • 승합자동차 • 화물자동차 • 긴급자동차 • 건설기계 　－ 덤프트럭, 아스팔트살포기, 노상안정기 　－ 콘크리트믹서트럭, 콘크리트펌프, 천공기(트럭 적재식) 　－ 콘크리트믹서트레일러, 아스팔트콘크리트재생기 　－ 도로보수트럭, 3톤 미만의 지게차 • 특수자동차(트레일러 및 레커는 제외한다) • 원동기장치자전거
	보통면허	• 승용자동차 • 승차정원 15인 이하의 승합자동차 • 승차정원 12인 이하의 긴급자동차(승용 및 승합자동차에 한정한다) • 적재중량 12톤 미만의 화물자동차 • 건설기계(도로를 운행하는 3톤 미만의 지게차에 한정한다) • 총중량 10톤 미만의 특수자동차(트레일러 및 레커는 제외한다) • 원동기장치자전거
	소형면허	• 3륜화물자동차 • 3륜승용자동차 • 원동기장치자전거
	특수면허	• 트레일러 • 레커 • 제2종보통면허로 운전할 수 있는 차량

[별표 28] 운전면허 취소·정지처분 기준(제91조 제1항 관련)

2. 취소처분 개별기준

일련 번호	위반사항	적용법조 (도로교통법)	내용
2	술에 취한 상태에서 운전한 때	제93조	• 술에 만취한 상태(혈중알콜농도 0.1퍼센트 이상)에서 운전한 때 • 2회 이상 술에 취한 상태의 기준을 넘어 운전하거나 술에 취한 상태의 측정에 불응한 사람이 다시 술에 취한 상태(혈중알콜농도 0.05퍼센트 이상)에서 운전한 때

〈목 차〉

Ⅰ. 도로교통법 제93조 제1항 제3호의 위헌 여부(헌재 2005. 11. 24. 2004헌가28 참조)

1. 문제의 소재

도로교통법 제93조 제1항 제3호의 위헌성과 관련하여 명확성원칙 위배 여부와 포괄위임금지원칙 위배 여부 그리고 기본권 침해 여부를 살펴보아야 한다.

2. 명확성원칙 위배 여부

(1) 명확성원칙의 의의

명확성원칙은 법치국가원리의 한 표현이다. 명확성원칙은 기본권을 제한하는 법규범의 내용은 명확하여야 한다는 헌법상 원칙으로서, 법률은 적용대상자가 그 규제내용을 미리 알 수 있도록 명확하게 규정하여 앞날의 행동지침으로 삼을 수 있도록 하여야 한다는 것이다. 법규범의 의미 내용에서 무엇이 금지되는 행위이고 무엇이 허용되는 행위인지를 알 수 없다면, 법적 안정성과 예측 가능성은 확보될 수 없고, 법집행 당국의 자의적 집행이 가능하게 될 것이다. 다만, 모든 법규범의 문언을 순수하게 기술적 개념만으로 구성하는 것은 입법기술적으로 불가능하고 바람직하지도 않으므로, 어느 정도 가치개념을 포함한 일반적·규범적 개념을 사용하지 않을 수 없다. 따라서 명확성원칙은 기본적으로 최대한이 아닌 최소한의 명확성을 요구한다.

(2) 명확성원칙 판단 기준

법률의 명확성원칙은 입법자가 법률을 제정할 때 일반조항이나 불확정개념을 사용하는 것을 금지하지 않는다. 수권법률의 명확성에 대한 요구는 규율대상의 특수성, 수권법률이 당사자에게 미치는 기본권 제한의 효과에 따라 다르다. 즉 다양한 형태의 사실관계를 규율하거나 규율대상이 상황에 따라 자주 변화할 것으로 예상된다면 규율대상인 사실관계의 특성을 고려하여 명확성을 엄격하게 요구할 수 없다. 다른 한편 기본권 제한의 효과가 진지하면 할수록 수권법률의 명확성은 더욱 엄격하게 요구되어야 한다. 일반적으로 법률해석을 통해서도 행정청과 법원의 자의적인 법적용을 배제하는 기준을 얻는 것이 불가능하다면 그 수권법률은 명확성원칙에 위배된다고 보아야 한다. 명확성원칙 준수 여부는 해당 법률의 입법목적에 비추어 건전한 상식과 통상적인 법감정에 따라서 판단할 수 있고 구체적인 사건에서는 법관의 합리적 해석을 통해서 판단될 것이다. 해당 법률의 명확성 여부를 판단할 때 해당 법률의 입법목적과 다른 조항의 연관성, 합리적인 해석 가능성, 입법기술상 한계 등을 고려하여 판단하여야 할 것이다.

(3) 사안 검토

도로교통법 제93조 제1항 제3호는 "운전면허를 받은 사람이 자동차등을 이용하여 범죄행위를 한 때"를 필요적 운전면허 취소사유로 규정한다. 일반적으로 '범죄행위'란 형벌법규에 따라서 형벌을 과하는 행위로서 사회적 유해성이나 법익을 침해하는 반사회적 행위를 가리킨다. 도로교통법 제93조 제1항 제3호를 따르면 자동차 등을 살인죄의 범행 도구나 감금죄의 범행장소 등으로 이용하는 때는 물론이고, 주된 범죄의 전후 범죄에 해당하는 예비나 음모, 도주 등에 이용하는 때나 과실범죄에 이용하는 때도 운전면허가 취소될 것이다. 그러나 오늘날 자동차는 생업의 수단 또는 대중적인 교통수단으로서 일상생활에 없어서는 안 될 필수품으로 자리잡고 있다. 따라서 그 운행과 관련하여 교통관련 법규에서 여러 가지 특례제도를 두는 취지를 보면, 도로교통법 제93조 제1항 제3호의 범죄에 사소한 과실범죄가 포함된다고 볼 수는 없다. 그런데도 도로교통법 제93조 제1항 제3호가 범죄의 중함 정도나 고의성 여부 측면을 전혀 고려하지 않고 자동차 등을 범죄행위에 이용하기만 하면 운전면허를 취소하도록 하는 것은 그 포섭범위가 지나치게 광범위한 것으로서 명확성원칙에 위반된다.

3. 포괄위임금지원칙 위배 여부

(1) 위임입법의 필요성과 포괄위임금지원칙

헌법은 권력분립원칙에 입각하여 국민의 권리와 의무에 관한 중요한 사항은 주권자인 국민이 선출한 대표자들로 구성되는 국회에서 법률 형식으로 결정하도록 한다. 그리고 이러한 의회주의나 법치국가원리는 입법부가 그 입법의 권한을 행정부나 사법부에 위임하는 것을 금지함을 내포한다. 그러나 현대국가에서 국민의 권리와 의무에 관한 것이라고 하여 모든 사항을 국회에서 제정한 법률만으로 규정하는 것은 불가능하다. 이는 행정 영역이 복잡·다기하여 상황 변화에 따라 다양한 방식으로 적절히 대처할 필요성이 요구되지만, 국회의 입법에 대한 기술적·전문적 능력이나 시간적 적응능력에는 한계가 있기 때문이다. 따라서 경제현실 변화나 전문적 기술 발달 등에 즉응하여야 하는 세부적인 사항에 관해서는 국회가 제정한 형식적 법률보다 더 탄력성이 있는 행정입법에 이를 위임할 필요가 있다.

헌법 제40조는 "입법권은 국회에 속한다."라고 규정하면서 아울러 헌법 제75조는 "대통령은 법률에서 구체적으로 범위를 정하여 위임받은 사항과 법률을 집행하기 위하여 필요한 사항에 관하여 대통령령을 발할 수 있다."라고 규정하고, 헌법 제95조는 "국무총리 또는 행정각부의 장은 소관 사무에 관하여 법률이나 대통령령의 위임 또는 직권으로 총리령 또는 부령을 발할 수 있다."라고 규정하여 행정기관에 대한 위임입법을 인정한다.

(2) '법률에서 구체적으로 범위를 정하여'의 의미

입법을 위임할 때는 법률에 미리 대통령령으로 규정될 내용과 범위에 관한 기본사항을 구체적으로 규정하여 행정권의 자의적인 법률의 해석과 집행을 할 수 없도록 한다. 여기서 '구체적으로 범위를 정하여'는 의회입법과 법치국가원리를 달성하고자 하는 헌법 제75조 입법취지에 비추어 볼 때, 법률에 대통령령 등 하위법규범에 규정될 내용 및 범위의 기본사항이 가능한 한 구체적이고도 명확하게 규정되어서 누구라도 해당 법률에서 대통령령에 규정될 내용의 대강을 예측할 수 있어야 함을 뜻한다.

(3) 예측 가능성 판단 기준

① 예측 가능성 유무는 해당 특정조항만으로 판단할 것이 아니라 관련 법률조항 전체를 유기적·체계적으로 종합판단하여야 하고, 각 대상법률의 성질에 따라 구체적·개별적으로 검토하여야 한다. 그리고 ② 이러한 위임의 구체

성·명확성의 요구 정도는 그 규율대상의 종류와 성격에 따라 달라진다. 하지만 특히 처벌법규나 조세법규와 같이 국민의 기본권을 직접 제한하거나 침해할 소지가 있는 법규에서는 구체성·명확성의 요구가 강화되어 그 위임의 요건과 범위가 일반적인 급부행정보다 더 엄격하게 제한적으로 규정되어야 하지만, 규율대상이 지극히 다양하거나 수시로 변화하는 성질의 것이면 위임의 구체성·명확성의 요건을 완화하여야 할 것이다. 또한, ③ 위임조항 자체에서 위임의 구체적 범위를 명백히 규정하지 않더라도 해당 법률의 전반적 체계와 관련규정에 비추어 위임조항의 내재적인 위임의 범위나 한계를 객관적으로 분명히 확정할 수 있다면 이를 포괄적인 백지위임에 해당하는 것으로는 볼 수 없다.

(4) 사안 검토

도로교통법 제93조 제1항은 본문과 단서로 나뉜다. 본문에 해당하면 '안정행정부령으로 정하는 기준'에 따라 운전면허의 취소나 정지가 결정되고, 단서에 해당하면 필요적으로 운전면허 취소가 결정된다. 따라서 단서에는 운전면허의 취소나 정지의 기준에 관한 안전행정부령이 적용될 여지가 없다. 결국, 사안에서는 포괄위임금지원칙이 적용될 여지가 없다.

4. 직업의 자유 침해 여부

(1) 직업의 자유의 의의

헌법 제15조는 "모든 국민은 직업선택의 자유를 가진다."라고 규정하여 직업의 자유를 기본권으로 보장한다. 직업은 생활의 기본적 수요를 충족시키기 위한 계속적인 소득활동을 의미하며 그 종류나 성질은 불문한다. 직업의 자유는 자신이 원하는 직업을 자유롭게 선택하는 직업선택의 자유와 그가 선택한 직업을 원하는 방식으로 자유롭게 수행할 수 있는 직업수행의 자유를 포함한다.

도로교통법 제93조 제1항 제3호에 따라 운전면허가 취소되면 해당 운전면허가 요구되는 자동차를 운전하는 직업에 종사할 수 없다. 이것은 일정한 직업을 선택할 때 기본권주체의 능력과 자질에 따른 제한으로서 이른바 주관적 사유에 따른 직업선택의 자유에 해당한다. 그리고 운전면허가 취소되면 해당 직업을 선택하는 데 반드시 운전면허가 요구되지 않지만 해당 직업을 수행하는

데 필요한 자동차를 스스로 운전할 수 없다는 점에서 도로교통법 제93조 제1
항 제3호는 직업선택의 자유뿐 아니라 직업수행의 자유도 제약한다.

(2) 과잉금지원칙 위배 여부

① 직업의 자유 심사기준

직업의 자유의 심사기준과 관련하여 독일의 이른바 약국판결을 통해서 확
립된 단계이론이 논의된다. 헌법재판소도 이러한 단계이론을 수용하는 것으로
이해된다. 단계이론을 따르면, 직업의 자유를 제한할 때는 ① 직업수행의 자유
제한, ② 주관적 사유에 따른 직업선택의 자유 제한, ③ 객관적 사유에 따른 직
업선택의 자유 제한 순으로 제한하여야 한다. 1단계에서 3단계로 나아갈수록
침해 강도가 증가하여 입법자의 입법형성권은 그 순서대로 감소하고 정당화요
구가 높아진다. 따라서 단계별로 비례성원칙이 더욱더 엄격하게 적용되어야 한
다. 그러나 단계이론은 직업선택에는 제한규정을 두지 않으면서 직업행사에는
법률유보를 두는 독일 기본법 제12조를 해석하는 과정에서 등장한 이론으로서
독일과 달리 직업선택과 직업행사를 구별하지 않는 한국 헌법 제15조에 원용
하는 것이 적절하지 않다고 생각한다. 그리고 헌법재판소도 많은 사건에서 실
질적으로 단계이론을 적용하지 않고 일반적인 비례성심사(과잉금지원칙)만으로
해결한다. 따라서 직업의 자유도 헌법 제37조 제2항에 따라 비례성심사를 하
되, 그 심사과정에서 직업선택과 직업행사의 차이를 고려하는 것이 타당하다.

② 과잉금지원칙의 개념과 내용

국가작용 중 특히 입법작용에서 과잉(입법)금지원칙은 국가가 국민의 기본
권을 제약하는 내용의 입법활동을 할 때 준수하여야 할 기본원칙이나 입법활
동 한계를 뜻한다. 따라서 국민의 기본권을 제약하는 입법은 그 목적이 정당하
여야 하고, 방법(수단)이 적합하여야 하며, 침해의 최소성과 법익의 균형성을
갖추어야 한다. 과잉금지원칙은 헌법 제37조 제2항에서 도출된다.

③ 목적의 정당성

국민의 기본권을 제한하는 입법은 그 목적이 헌법과 법률의 체계 안에서
정당성을 인정받을 수 있어야 한다. 이때 정당성이란 그 자체의 목적이 정당하

여야 할 뿐 아니라 헌법에 규정된 다른 헌법이념·헌법원리와도 배치되어서는 안 된다는 것을 뜻한다.

도로교통법 제93조 제1항 제3호의 입법목적은 원활한 교통을 확보함과 동시에 자동차를 이용한 범죄 발생을 막으려는 것이다. 이러한 입법목적은 질서 유지와 공공복리 관점에서 그 정당성이 인정된다.

④ 수단의 적합성

국민의 기본권을 제한하는 입법을 할 때 법률에 규정된 기본권 제한의 방법은 입법목적을 달성하기 위한 방법으로서 효과적이고 적절한 것이어야 한다.

자동차 등을 이용하여 범죄행위를 하였다는 이유로 운전면허가 취소되면 일정 기간 운전면허 취득이 금지되므로 자동차 등을 이용한 범죄 행위 재발을 방지하는 데 어느 정도 효과가 있을 것으로 예상되고, 운전면허 취소는 자동차 등을 운전하는 일반 국민에게도 사전에 그 불이익을 경고하는 효과도 있으므로 운전면허 취소는 자동차 등의 이용 범죄를 어느 정도 억제할 수 있다. 따라서 수단의 적합성은 충족한다.

⑤ 침해의 최소성

입법자가 선택한 기본권 제한조치가 설사 입법목적을 달성하기 위해서 적절한 것일지라도 그 밖의 더 완화한 수단이나 방법을 모색함으로써 그 제한을 필요최소한의 것이 되게 하여야 한다.

도로교통법 제93조 제1항 제3호는 자동차 등을 이용하여 범죄행위를 하기만 하면 그 범죄행위가 얼마나 중한 것인지, 그러한 범죄행위를 할 때 자동차 등이 해당 범죄 행위에 어느 정도로 기여하였는지 등에 관한 아무런 고려 없이 무조건 운전면허를 취소하도록 한다. 이는 구체적 사안의 개별성과 특수성을 고려할 여지를 일체 배제하고 그 위법 정도나 비난 정도가 극히 미약한 때까지도 운전면허를 취소할 수밖에 없도록 한다. 따라서 침해의 최소성은 충족되지 못한다.

⑥ 법익의 균형성

어떤 행위를 규제함으로써 초래되는 사적 불이익과 그 행위를 방치함으로써 초래되는 공적 불이익을 비교하여 규제함으로써 초래되는 공익이 크거나 적어도 양자 사이에 균형이 유지되어야 한다.

운전면허가 취소되면 자동차 등의 운행을 직업으로 하는 사람에게는 생계에 지장을 초래할 만큼 중대한 제약이 되고, 자동차 운전을 직업으로 하지 않는 사람에게는 현실에서 심대한 불편을 줄 것이다. 이것은 도로교통법 제93조 제1항 제3호가 보호하고자 하는 공익에 비해서 지나치게 기본권을 제한하는 것으로 법익의 균형성을 충족하지 못한다.

⑦ 소결

도로교통법 제93조 제1항 제3호는 침해의 최소성과 법익의 균형성을 충족하지 못하여 과잉금지원칙에 위반하여 직업의 자유를 침해한다.

5. 결론

도로교통법 제93조 제1항 제3호는 명확성원칙에 어긋나고, 과잉금지원칙을 위배되어 직업의 자유를 침해하므로 헌법에 위반된다.

II. 법원의 위헌법률심판 제청 기각결정 타당성

1. 문제의 소재

법원이 위헌법률심판제청사건에서 위헌의 의심이 있으면 위헌법률심판 제청을 하여야 하는지와 위헌법률심판을 제청할 때 위헌에 대한 확신을 요하는지가 문제 된다.

2. 법원의 위헌법률심판 제청의무 여부

위헌여부심판 제청에 관한 결정에 대해서는 항고할 수 없고(헌법재판소법 제41조 제4항), 헌법재판소법 제68조 제2항에 따른 헌법소원심판을 청구하도록 한 점에 비추어 법원이 위헌 의심이 있다고 하여 반드시 위헌법률심판 제청을 할 의무는 없다.

3. 위헌에 대한 확신 정도

헌법재판소법 제43조 제4호는 "위헌이라고 해석되는 이유"를 위헌법률심판 제청서에 기재하도록 한다. 여기서 소송담당 법원은 제청 신청된 법률에 대해서 어느 정도의 위헌성이 인정될 때 헌법재판소에 위헌제청을 하여야 하는지가 문제 된다.

해당 사건을 담당하는 법원은 해당 사건에 적용되는 법률의 합헌 여부를 판단할 권한이 있다. 제청 신청에 대한 법원의 기각결정에 대해서 제청신청인은 헌법재판소법 제68조 제2항에 따른 헌법소원심판을 청구할 수 있고, 그러한 헌법소원심판이 인용되면 헌법재판소법 제75조 제7항에 따라 재심 청구도 할 수 있다. 이러한 점을 고려하면 해당 법률에 대한 단순한 의심 정도가 아니라 적어도 합리적 위헌의 의심이 있을 때 법원에 제청의무가 인정된다.

4. 사안 검토

사안에서는 "당해 사건을 담당한 법원은 위헌의 여지를 의심했음에도 불구하고 기각결정을 내렸다."라고만 서술되어서 명확하지 않지만, 해당 법원이 제청 신청된 법률의 위헌성에 관해서 단순한 의심을 한 것으로 보인다. 단순한 의심만으로는 법원에 위헌제청의무가 있다고 볼 수 없으므로, 해당 법원이 乙의 위헌법률심판 제청 신청에 대해서 기각결정을 내린 것은 헌법적으로 타당하다.

Ⅲ. 위헌심판의 대상

1. 문제의 소재

乙은 위헌법률심판 제청을 신청한 도로교통법 제93조 제1항 제2호는 물론 신청하지 않은 제148조의2 제1항 제1호에 대해서도 헌법소원심판을 청구하였다. 이처럼 위헌법률심판 제청을 신청하지 않은 조항도 헌법재판소법 제68조

제2항에 따른 헌법소원심판 대상에 추가할 수 있는지가 문제 된다.

2. 원칙

헌법재판소법 제68조 제2항에 따른 헌법소원심판 대상은 소송당사자의 위헌제청 신청에 대한 법원의 기각 또는 각하 결정이 있었던 법률조항이다. 따라서 법원이 기각 또는 각하 결정을 하지 않았던 법률조항에 대한 심판 청구는 부적법하여 각하된다.

3. 예외

당사자가 위헌법률심판 제청 신청 대상으로 삼지 않았고 법원이 기각결정 대상으로도 삼지 않았음이 명백한 법률조항이더라도, 예외적으로 위헌제청 신청을 기각이나 각하한 법원이 해당 조항을 실질적으로 판단하였거나 해당 조항이 명시적으로 위헌제청 신청을 한 조항과 필연적 연관관계를 맺어서 법원이 이러한 조항을 묵시적으로 위헌제청 신청 대상으로 판단한 것으로 볼 수 있으면 이러한 법률조항에 대한 심판 청구도 적법하다.

4. 사안 검토

乙은 도로교통법 제148조의2 제1항 제1호에 대해서 위헌법률심판 제청 신청을 하지 않았고, 이에 대해서 법원의 기각결정도 없었다. 따라서 이 조항은 헌법재판소법 제68조 제2항에 따른 헌법소원심판 대상이 될 수 없음이 원칙이다. 그리고 사안에서 법원이 이 조항을 실질적으로 판단하였다고 볼 여지도 없을 뿐 아니라 이러한 처벌규정이 운전면허 취소처분과 같은 행정처분의 근거 규정인 도로교통법 제93조 제1항 제2호와 필연적인 연관관계에 있거나 규율복합체 일부라고 볼 수도 없다. 따라서 乙이 청구한 헌법소원심판 대상은 도로교통법 제93조 제1항 제2호뿐이다.

Ⅳ. 기본권 침해 여부(헌재 2010. 3. 25. 2009헌바83 참조)

1. 문제의 소재

도로교통법 제93조 제1항 제2호가 乙의 기본권을 침해하는지와 관련하여 이중처벌금지원칙 위배 여부, 일반적 행동의 자유 침해 여부, 평등원칙 위배 여부가 문제 된다.

2. 이중처벌금지원칙 위배 여부

헌법 제13조 제1항 후단은 "모든 국민은 … 동일한 범죄에 대하여 거듭 처벌받지 아니한다."라고 하여 이중처벌금지원칙을 규정한다. 이중처벌금지원칙은 법적 안정성과 신뢰보호를 위해서 판결이 확정되어 기판력이 발생하면, 같은 사건에 대해서 거듭 심판하는 것이 허용되지 아니한다는 원칙이다. 이중처벌금지원칙은 한번 판결이 확정되면 동일한 사건에 대해서는 다시 심판할 수 없다는 일사부재리원칙이 국가형벌권의 기속원리로 헌법상 선언된 것이므로, 여기의 처벌은 원칙적으로 범죄에 대한 국가형벌권 실행으로서 과벌이다. 국가가 하는 일체의 제재나 불이익처분을 모두 처분에 포함하면 형벌의 보완적 수단을 마련하는 데 지나친 제약을 초래하기 때문이다.

사안에서 운전면허 취소처분은 형법에 규정된 형벌이 아니고, 그 절차도 일반 형사소송절차와 다를 뿐 아니라 주취 중 운전금지라는 행정상 의무 존재를 전제하면서 그 이행을 확보하려고 마련된 수단이라는 점에서 형벌과 다른 목적과 기능이 있다. 따라서 운전면허 취소처분을 이중처벌금지원칙에서 말하는 처벌로 볼 수 없다. 결국 도로교통법 제93조 제1항 제2호는 이중처벌금지원칙에 위배되지 않는다.

3. 일반적 행동의 자유 침해 여부

(1) 일반적 행동의 자유의 의의

헌법 제10조 행복추구권에서 도출되는 일반적 행동의 자유는 자신이 하고 싶은 일을 적극적으로 자유롭게 할 수 있는 자유는 물론 소극적으로 자신이 원하지 않는 행위를 하지 않을 부작위의 자유도 포함하는 권리이다. 일반적 행동의 자유는 모든 행위를 할 자유와 행위를 하지 않을 자유로 가치 있는 행동만 그 보호영역으로 하지 않는다. 개인의 생활방식과 취미에 관한 사항도 보호영역으로 한다. 개별 기본권도 일반적 행동의 자유에 속하는 유형의 행동을 보호하므로, 개별 기본권으로 보호되는 행동을 제외한 행동의 자유만 일반적 행동의 자유로 보호된다(보충적 기본권).

자동차 운전은 직업과는 무관하게 이동수단이나 취미생활과 같은 일상생활의 한 부분으로 이루어지는 때도 많다. 그리하여 운전면허가 취소되면 자동차를 운전하고 싶은 사람은 다시 운전면허를 취득할 때까지는 자동차 운전행위라는 자신이 하고 싶은 일을 하지 못하므로 도로교통법 제93조 제1항 제2호는 일반적 행동의 자유를 제약한다.

(2) 과잉금지원칙의 개념과 내용

국가작용 중 특히 입법작용에서 과잉(입법)금지원칙은 국가가 국민의 기본권을 제한하는 내용의 입법활동을 할 때 준수하여야 할 기본원칙이나 입법활동 한계를 뜻한다. 따라서 국민의 기본권을 제한하는 입법은 그 목적이 정당하여야 하고, 방법(수단)이 적합하여야 하며, 침해의 최소성과 법익의 균형성을 갖추어야 한다. 과잉금지원칙은 헌법 제37조 제2항에서 도출된다.

(3) 목적의 정당성

국민의 기본권을 제한하는 입법은 그 목적이 헌법과 법률의 체계 안에서 정당성을 인정받을 수 있어야 한다. 이때 정당성이란 그 자체의 목적이 정당하여야 할 뿐 아니라 헌법에 규정된 다른 헌법이념·헌법원리와도 배치되어서는 안 된다는 것을 뜻한다.

도로교통법 제93조 제1항 제2호는 주취 중 운전금지 규정을 상습적으로 위반한 사람에 대해서는 그 면허를 취소함으로써 음주운전으로 말미암은 교통사고에서 국민의 생명, 신체와 재산을 보호하고 도로교통과 관련한 안전을 확보하려는 것으로서 질서유지와 공공복리 측면에서 그 입법목적의 정당성이 인정된다.

(4) 수단의 적합성

국민의 기본권을 제한하는 입법을 할 때 법률에 규정된 기본권 제한의 방법은 입법목적을 달성하기 위한 방법으로서 효과적이고 적절한 것이어야 한다.

주취 중 운전금지규정을 3회 위반한 사람은 교통법규 준수에 관한 책임의식, 교통관여자로서 안전의식 등이 현저히 결여된 것으로 볼 수 있다. 이러한 사람에 대해서 운전면허를 취소하도록 한 것은 입법목적 달성에 이바지하므로 수단의 적합성은 충족된다.

(5) 침해의 최소성

입법자가 선택한 기본권 제한조치가 설사 입법목적을 달성하기 위해서 적절한 것일지라도 그 밖의 더 완화한 수단이나 방법을 모색함으로써 그 제한을 필요최소한의 것이 되게 하여야 한다.

운전면허를 취소당하여도 다시 취득할 수 있다. 그리고 음주단속의 시간적·공간적 한계를 고려할 때 음주운전으로 3회 이상 단속되었다면 음주운전행위 사이의 기간에 관계없이 운전자에게 교통법규에 대한 준법정신이나 안전의식이 현저히 결여되어 있음을 충분히 인정할 수 있다. 또한, 음주운전으로 말미암아 생명과 신체 그리고 재산에 중대한 침해를 발생할 수 있다는 점에서 비추어 상습적인 음주운전자의 운전을 금지하는 것 이외에 다른 적절한 수단을 찾기 어렵다. 이러한 점을 고려하면 도로교통법 제93조 제1항 제2호가 위반행위 3회를 한정할 수 있는 기간에 제한을 두지 않거나 필요적 면허취소를 규정하여도 침해의 최소성에 위반된다고 볼 수 없다.

(6) 법익의 균형성

어떤 행위를 규제함으로써 초래되는 사적 불이익과 그 행위를 방치함으로써 초래되는 공적 불이익을 비교하여 규제함으로써 초래되는 공익이 크거나 적어도 양자 사이에 균형이 유지되어야 한다.

국민의 생명, 신체와 재산에 대한 위험을 제거하고 안전하고 원활한 도로교통 확보하는 공익의 중대성에 비추어 일반적 행동자유권 제한 정도는 이러한 공익 실현에 필요한 범위 안에 그치므로 도로교통법 제93조 제1항 제2호는 법익의 균형성도 갖추었다.

(7) 소결

도로교통법 제93조 제1항 제2호는 목적의 정당성, 수단의 적합성, 침해의 최소성, 법익의 균형성을 모두 갖추어 과잉금지원칙에 위배되지 않는다.

4. 평등원칙 위배 여부

(1) 평등원칙의 의의

헌법 제11조 제1항 제1문은 "모든 국민은 법 앞에 평등하다."라고 평등원칙을 규정한다. 여기서 법률은 형식적 의미의 법률만을 의미하지 아니하고 한 나라의 법체계를 형성하는 모든 법규범을 말한다. 그리고 헌법 제10조 제2문 국가의 기본권보장의무규정과 헌법상 실질적 법치국가원리에 비추어 법 앞의 평등의 의미에는 법적용상 평등뿐 아니라 법내용의 평등도 포함되어서 입법자도 구속된다(이른바 입법자구속설). 평등의 규범적 의미는 합리적 근거가 있는 차별은 허용된다는 의미에서 상대적 평등으로 파악된다.

(2) 사안 검토

평등원칙에 위반되는 차별이 문제되려면 먼저 동질적인 비교집단이 있어야 하고, 그 비교집단에 대한 차별취급이 있어야 한다.

먼저 도로교통법 제93조 제1항 제2호는 주취 중 운전행위의 총 횟수가 3회 이상이면 운전행위 사이의 기간이 얼마인지를 불문하고 언제나 운전면허 취소처분을 하도록 규정한다. 따라서 주취 중 운전행위의 총 횟수가 3회 이상인 사람 사이에 차별은 없다. 다음으로 모든 형벌의 누범가중조항은 형벌에만 적용된다. 따라서 도로교통법 제93조 제1항 제2호의 면허취소처분과 같은 행정처분은 형벌과 목적과 성질이 달라서 형벌을 받은 사람과 음주운전으로 면허취소처분을 받은 사람은 본질적으로 동일한 집단이 아니다. 그리고 음주운전으로 도로교통법 제148조의2 제1호의 형사처벌을 받으면 형법 제35조의 누범조항이 적용될 것이므로 형사처벌 측면에서는 다른 범죄행위와 음주운전행위를 달리 취급하지 않는다. 따라서 도로교통법 제93조 제1항 제2호에서는 평등원칙 위반 여부가 문제 되지 않는다.

5. 결론

　도로교통법 제93조 제1항 제2호는 이중처벌금지원칙과 평등원칙에 위배되지 않을 뿐 아니라 과잉금지원칙에 위배되지 않아 일반적 행동의 자유를 침해하지 않아서 乙의 기본권을 침해하지 않아 합헌이다.

사례 16 ‖ 변호사시험 응시제한

　변호사시험 재응시자들이 누적되면서 변호사시험 응시자 대비 합격률이 계속 낮아지자 법학전문대학원 재학생을 중심으로 합격률을 높여달라는 주장이 계속 제기되었다. 이에 국회는 합격률을 높이고자 2016년 2월 1일 법학전문대학원 석사학위를 취득한 달의 말일(석사학위 취득 예정이면 그 예정기간 안에 시행된 시험일)부터 4년 안에 4회만 응시할 수 있도록 「변호사시험법」 제7조 제1항을 개정하고, 부칙 제1조에서 이 법은 2016년 11월 1일부터 시행한다고 규정하였다. 다만, 부칙 제2조에서 2013년 2월에 법학전문대학원 석사학위를 취득한 사람은 제7조 제1항에도 불구하고 2017년 1월에 실시되는 변호사 시험에 응시할 수 있다고 규정하였다. 甲은 2014년 2월에 법학전문대학원 석사학위를 취득하고 나서 2014년 1월에 실시된 제3회 변호사시험부터 2016년 1월 실시된 제5회 변호사시험까지 3회 모두 불합격하였다. 2016년 2월 14일 개정된 「변호사시험법」이 공포되고 나서 甲은 2017년 1월에 시행된 변호사시험에 응시하였으나, 2017년 4월 21일 합격자 발표에서 불합격하였음을 확인하였다. 따라서 甲은 더는 변호사시험에 응시할 수 없게 되었다. 이에 甲은 2017년 5월 6일 변호사 乙을 대리인으로 선임하여 개정된 변호사시험법 제7조 제1항이 자신의 기본권을 침해한다고 주장하면서 헌법재판소에 헌법소원심판을 청구하였다.

1. 甲의 헌법소원심판 청구는 적법한가?(모든 청구요건을 빠짐없이 검토할 것)
2. 개정된 변호사시험법 제7조 제1항으로 말미암아 침해된다고 주장할 수 있는

甲의 기본권은 무엇인가?(기본권 경합을 고려할 것)

3. 개정된 변호사시험법 제7조 제1항으로 말미암은 응시횟수 제한은 과잉금지원칙에 위반되는가?

4. 개정된 변호사시험법 제7조 제1항은 소급입법이어서 신뢰보호원칙에 위배되는가?

참조조문

「개정 전 변호사시험법」

제7조(응시기간 및 응시횟수의 제한) ① 시험(제8조 제1항의 법조윤리시험은 제외한다)은 「법학전문대학원 설치·운영에 관한 법률」 제18조 제1항에 따른 법학전문대학원의 석사학위를 취득한 달의 말일부터 5년 내에 5회만 응시할 수 있다. 다만, 제5조 제2항에 따라 시험에 응시한 석사학위취득 예정자의 경우 그 예정기간 내 시행된 시험일부터 5년 내에 5회만 응시할 수 있다.

〈목 차〉

헌재 2016. 9. 29. 2016헌마47등 참조

Ⅰ. 甲의 헌법소원심판 청구 적법 여부

1. 문제의 소재

헌법재판소법 제68조 제1항에 따른 헌법소원심판 청구가 적법하려면, ① 공권력의 행사 또는 불행사(헌법소원심판의 대상)로 말미암아 ② 헌법상 보장된 기본권을 침해받은(자기관련성, 현재성, 직접성) ③ 청구인능력이 있는 사람이(기본권주체성) ④ 보충성원칙(헌법재판소법 제68조 제1항 단서)과 ⑤ 청구기간을 준수하면서, ⑥ 변호사를 대리인으로 선임하여(헌법재판소법 제25조 제3항) 청구하여야 하고, ⑦ 권리보호이익이 있어야 한다. 따라서 이하에서는 이러한 요건을 차례대로 살펴보도록 하겠다.

2. 대상적격

헌법소원심판의 대상은 법원의 재판을 제외한 공권력의 행사나 불행사이다(헌법재판소법 제68조 제1항).

헌법재판소법 제68조 제1항이 규정한 공권력에는 입법권도 당연히 포함된다. 따라서 법률조항인 개정된 변호사시험법 제7조 제1항도 헌법소원심판의 대상이 될 수 있다.

3. 헌법상 보장된 기본권 침해 가능성(법적 관련성)

(1) 자기관련성

청구인은 공권력작용에 자기 스스로 법적으로 관련되어야 한다. 따라서 원칙적으로 기본권을 침해당하는 사람만 헌법소원심판을 청구할 수 있고, 제3자는 특별한 사정이 없는 한 기본권침해에 직접 관련되었다고 볼 수 없다.

사안에서 개정된 변호사시험법 제7조 제1항으로 말미암아 甲 자신이 변호사시험에 더는 응시할 수 없게 되었으므로 자기관련성이 인정된다.

(2) 현재성

법률이 헌법소원심판 대상이 되려면 현재 시행 중인 유효한 법률이어야 하는 것이 원칙이다. 그러나 법률이 일반적 효력을 발생하기 전이라도 공포되고, 그로 말미암아 사실상 위험성이 이미 발생하면 예외적으로 침해의 현재성이 인정된다.

사안에서 甲은 2017년 4월 21일 제6회 변호사시험에 불합격하면서 개정된 변호사시험법 제7조 제1항에 따라서 더는 변호사시험을 볼 수 없게 되었다. 따라서 침해의 현재성은 인정된다.

(3) 직접성

법률에 따른 기본권 침해의 직접성은 구체적인 집행행위를 통하지 아니하고 법률 그 자체가 자유를 제한하거나 의무를 부과하거나 권리나 법적 지위를 박탈하는 것을 말한다.

사안에서 개정된 변호사시험법 제7조 제1항은 직접 甲이 더는 변호사시험을 보지 못하게 하므로, 기본권 침해의 직접성이 있다.

4. 청구인능력

사안에서 甲은 자연인이므로 기본권주체가 될 수 있다. 따라서 甲은 헌법소원심판을 청구할 수 있다.

5. 보충성

헌법소원의 보충성은 헌법소원의 최후적 기본권보장수단성을 나타내는 것으로서, 헌법소원심판은 다른 법률에 구제절차가 있으면 그 절차를 모두 거친 후에 청구할 수 있다(헌법재판소법 제68조 제1항 단서).

사안에서 개정된 변호사시험법 제7조 제1항은 법률조항인데, 법률이 기본권을 침해할 때 그 침해에 대한 다른 구제절차가 없다. 그러므로 이러한 청구에는 보충성원칙이 적용되지 않아서 보충성원칙을 충족한다.

6. 청구기간

헌법재판소법 제68조 제1항에 따른 헌법소원심판은 그 사유가 있음을 안 날부터 90일 이내에, 그 사유가 있는 날부터 1년 이내에 청구하여야 한다. 다만, 다른 법률에 따른 구제절차를 거친 헌법소원심판은 최종결정을 통지받은 날부터 30일 이내에 청구하여야 한다(헌법재판소법 제69조 제1항 본문).

甲은 2017년 4월 21일 제6회 변호사시험에 불합격함으로써 개정된 변호사시험법 제7조 제1항에 따라 더는 변호사시험에 응시할 수 없게 되었다. 甲은 이때부터 90일이 안 된 2017년 5월 6일 헌법소원심판을 청구하였다. 따라서 청구기간은 준수되었다.

7. 변호사강제주의

변호사 자격이 없는 사인은 변호사를 대리인으로 선임하지 아니하면 헌법소원심판을 청구할 수 없다(헌법재판소법 제25조 제3항).

사안에서 甲은 변호사 乙을 대리인으로 선임하였으므로 변호사강제주의 요건을 충족하였다.

8. 권리보호이익

헌법소원제도는 국민의 기본권 침해를 구제하는 제도이다. 그러므로 그 제도의 목적상 권리보호이익이 있어야 비로소 헌법소원심판을 청구할 수 있다.

사안에서 甲은 개정된 변호사시험법 제7조 제1항이 위헌으로 결정되면 변호사시험 응시횟수가 늘어날 수 있으므로 권리보호이익이 있다.

9. 일사부재리

헌법재판소는 이미 심판을 거친 같은 사건에 대해서는 다시 심판할 수 없다(헌법재판소법 제39조).

사안에서 甲은 이전에 헌법소원심판을 청구한 적이 없는 것으로 보이므로 일사부재리에 어긋나지 않는다.

10. 결론

甲의 헌법소원심판 청구는 모든 청구요건을 충족하여 적법하다.

II. 제약되는 기본권

1. 문제의 소재

개정된 변호사시험법 제7조 제1항은 변호사시험 응시횟수를 한정한다. 이로 말미암아 甲의 직업의 자유와 공무담임권 그리고 평등권이 제약되는지가 문제 된다.

2. 직업의 자유

헌법 제15조는 "모든 국민은 직업선택의 자유를 가진다."라고 규정하여 직업의 자유를 기본권으로 보장한다. 직업은 생활의 기본적 수요를 충족시키기 위한 계속적인 소득활동을 의미하며 그 종류나 성질은 불문한다. 직업의 자유는 자신이 원하는 직업을 자유롭게 선택하는 직업선택의 자유와 그가 선택한 직업을 원하는 방식으로 자유롭게 수행할 수 있는 직업수행의 자유를 포함한다.

사안에서 변호사 자격을 취득하려면 변호사시험에 합격하여야 한다(변호사시험법 제4조 제3호 참조). 그런데 甲은 개정된 변호사시험법 제7조 제1항으로 말미암아 더는 변호사시험에 응시할 수 없다. 결국 甲은 변호사 자격을 취득할 수 없다. 따라서 변호사시험법 제7조 제1항은 변호사나 변호사 자격을 요하는 직업을 선택하고자 하는 甲의 직업선택의 자유를 제약한다.

3. 공무담임권

헌법 제25조는 "모든 국민은 법률이 정하는 바에 의하여 공무담임권을 가진다."라고 규정하여 공무담임권을 기본권으로 보장한다. 공무담임권은 선거직 공무원을 비롯한 모든 국가기관에 취임하여 공직을 수행할 권리를 말한다. 공무담임권의 보호영역에는 공직취임 기회의 자의적인 배제뿐 아니라 공무원 신분의 부당한 박탈이나 권한(직무)의 부당한 정지도 포함된다.

　사안에서 판사·검사 등의 공무원의 임용 조건에는 변호사 자격이 있다(법원조직법 제42조 제2항, 검찰청법 제29조 등 참조). 따라서 이러한 공무원이 되려면 반드시 변호사시험에 합격하여야 한다. 그런데 甲은 개정된 변호사시험법 제7조 제1항으로 말미암아 변호사시험을 더는 볼 수 없다. 따라서 개정된 변호사시험법 제7조 제1항은 甲이 변호사 자격을 요구하는 공무원에 임용될 수 없게 하므로 甲의 공무담임권을 제약한다.

4. 평등권

　헌법 제11조 제1항 제1문은 "모든 국민은 법 앞에 평등하다."라고 규정한다. 여기서 법률은 형식적 의미의 법률만을 의미하지 아니하고 한 나라의 법체계를 형성하는 모든 법규범을 말한다. 그리고 헌법 제10조 제2문 국가의 기본권보장의무규정과 헌법상 실질적 법치국가원리에 비추어 법 앞의 평등의 의미에는 법적용상 평등뿐 아니라 법내용의 평등도 포함되어서 입법자도 구속된다(이른바 입법자구속설). 평등의 규범적 의미는 합리적 근거가 있는 차별은 허용된다는 의미에서 상대적 평등으로 파악된다.

　평등은 비교를 전제하므로 비교가 가능할 때 비로소 평등이 문제 된다. 따라서 평등권 침해 여부는 비교대상이 있어야 비로소 문제 삼을 수 있다.

　의사·약사·공인회계사·변리사·법무사·세무사·공인노무사 등의 다른 자격시험은 응시자에게 요구하는 능력과 이를 평가하는 방식이 변호사시험과 다르고, 변호사시험과 달리 장기간 시험 준비로 말미암은 인력 낭비 문제의 심각성, 전문대학원에서 교육과 자격시험 사이 연계의 중요성 등의 문제가 나타나지 않는다. 따라서 다른 자격시험과 변호사시험은 응시기회 제한조항에 따른 차별취급이 문제 되는 본질적으로 같은 비교집단이 아니다.

　사법시험은 법학전문대학원이라는 전문교육과정을 거칠 것을 요구하는 변호사시험과 달리 특정 전문교육과정을 요구하지 않는다는 점에서 본질적으로 차이가 있다. 더욱이 입법자는 사법시험 재응시를 무제한 허용함으로써 발생한 인력낭비 등의 문제를 극복하고자 변호사시험을 도입한 것이다. 그러므로 응시기회제한조항 취지에 비추어 보면 사법시험과 변호사시험 응시자들을 본질적으로 같은 비교집단으로 볼 수 없다.

이처럼 다른 자격시험이나 사법시험 응시자와 변호사시험 응시자를 본질적으로 같은 비교집단으로 볼 수 없어서 응시기회제한조항에 따른 평등권 침해 문제는 발생하지 아니한다.

(평등권 제약을 주장할 수도 있다. 2013년 졸업생과 2014년 졸업생은 법학전문대학원 입학할 때 변호사시험에 5회 응시할 수 있다는 것으로 알고 법학을 공부하여 법학전문대학원을 졸업하고 변호사시험을 준비해 왔다는 점에서 다를 바 없다. 그런데 변호사시험법 부칙 제2조는 2013년 졸업생은 변호사시험에 5회 응시할 수 있도록 보장함으로써 2014년 이후 졸업생과 차별적으로 취급한다. 따라서 2013년 졸업생은 변호사시험법 부칙 제2조에 따라 5회 응시횟수를 보장하지만, 2014년 이후 졸업생은 응시횟수 4회만 보장받는데 甲은 이러한 차별이 평등권을 제약한다고 주장할 수도 있다.)

5. 기본권 경합

(1) 기본권 경합의 의의

기본권 경합이란 한 기본권주체의 어떤 행동이 동시에 여러 기본권의 보호영역에 해당되면 발생한다.

사안에서 甲의 변호사시험 응시는 직업선택의 자유와 공무담임권의 보호영역에 모두 포섭되므로 기본권 경합이 발생한다.

(2) 해결방법

경합하는 어떤 기본권이 다른 기본권과 비교하여 특별한 것이거나(예를 들어 개별 자유권과 행복추구권의 관계) 어떤 기본권이 다른 기본권과 비교해서 사항적·기능적 관련성이 우선하면 그 기본권이 다른 기본권에 우선하고 다른 기본권은 실익이 있는 경우에 한하여 별도로 검토될 여지가 있을 뿐이다. 문제는 일반－특별의 관계도 성립하지 아니하고, 어떤 한 기본권의 사항관련성이 두드러지지도 않을 때의 해결방법이다. 이에 관해서는 ① 사슬의 강하기는 그 가장 약한 부분에 따라서 결정된다고 하여 가장 약한 기본권의 효력만큼 보장된다고 보는 최약효력설과 ② 기본권존중사상에 바탕을 두어 효력이 더 강한 기본권이 기준이 되어야 한다는 최강효력설이 주장된다. 그러나 ③ 상호배척하는 관계에 놓이지 않는 한 다수 기본권을 원칙적으로 병렬적으로 적용하여 판단하여야 할 것이다.

헌법재판소는 기본권이 경합하여 문제 되면 기본권 침해를 주장하는 제청신청인과 제청법원의 의도 및 기본권을 제한하는 입법자의 객관적 동기 등을 참작하여 사안과 가장 밀접한 관계에 있고 침해 정도가 큰 주된 기본권을 중심으로 해서 그 제한의 한계를 따져보아야 한다고 판시한 바 있다.

(3) 사안에 대한 적용

변호사시험은 '변호사에게 필요한 직업윤리와 법률지식 등 법률사무를 수행할 수 있는 능력을 검정하기 위한'(변호사시험법 제1조) 순수한 변호사 자격시험이다. 따라서 다른 법령에서 변호사 자격을 판사·검사 등 공무원의 임용 조건으로 정하더라도 개정된 변호사시험법 제7조 제1항과 공무담임권의 관련성은 간접적인 것에 불과하다. 결국 직업선택의 자유의 사항관련성이 우선하므로 공무담임권 제한에 관해서는 따로 판단할 필요가 없다.

행복추구권 침해 여부는 특별한 기본권인 직업선택의 자유가 문제 되는 한 따로 판단할 필요는 없다.

6. 결론

평등권은 비교대상을 상정할 수 없어서 문제가 되지 않고, 직업선택의 자유가 공무담임권보다 사항관련성이 우선하므로 甲은 직업선택의 자유 침해만 주장할 수 있다.

[직업선택의 자유가 공무담임권보다 사항관련성이 우선하고, 변호사시험법 부칙 제2조는 2013년 졸업생과 2014년 이후 졸업생을 차별하므로, 甲은 직업선택의 자유와 평등권 침해를 주장할 수 있다.]

Ⅲ. 개정된 변호사시험법 제7조 제1항의 과잉금지원칙 위배 여부

1. 문제의 소재

응시횟수를 제한하는 직업선택의 자유 제약이 헌법상 용인되려면 과잉금지원칙에 따라 변호사시험제도가 추구하는 공익 달성을 위하여 적합하고, 기본권 제약에 비추어 보면 필요하며, 제한의 목적과 적정한 비례관계를 유지하여야 한다(헌법 제37조 제2항). 따라서 이러한 내용을 차례대로 심사하고자 한다.

다만, 입법자가 변호사 자격을 부여하기 위한 시험의 응시기간과 응시횟수를 제한할 것인지, 제한한다면 그 기간과 횟수는 어느 정도로 제한할 것인지는 결국 변호사 자격제도의 한 부분을 형성한다. 어떠한 직업분야에 관하여 자격제도를 만들면서 그 자격요건을 어떻게 설정할 것인지는 국가에 폭넓은 입법재량권이 부여되므로 유연하고 탄력적인 심사를 할 수 있다.

2. 과잉금지원칙 위배 여부

(1) 과잉금지원칙의 개념과 내용

국가작용 중 특히 입법작용에서 과잉(입법)금지원칙은 국가가 국민의 기본권을 제한하는 내용의 입법활동을 할 때 준수하여야 할 기본원칙 내지 입법활동의 한계를 의미한다. 따라서 국민의 기본권을 제한하는 입법은 그 목적이 정당하여야 하고, 방법(수단)이 적합하여야 하며, 침해의 최소성과 법익의 균형성을 갖추어야 한다.

(2) 목적의 정당성

목적의 정당성은 국민의 기본권을 제한하려는 입법의 목적이 헌법 및 법률의 체계상 그 정당성이 인정되어야 한다는 것이다.

변호사시험제도 형성은 법학전문대학원제도의 도입 취지와 불가분의 관계로 연계된다. 법학전문대학원을 도입한 취지는 교육을 통해서 다양한 학문적 배경이 있는 전문법조인을 양성하고, 응시생이 장기간 변호사시험 준비에 빠져 있음으로 말미암은 인력의 극심한 낭비와 비효율성을 막는 데 있다.

개정된 변호사시험법 제7조 제1항의 입법목적은 이러한 법학전문대학원 도입취지를 달성하고 변호사시험 합격률을 일정 수준으로 유지하려는 것으로서 이것은 공공복리에 해당되어 헌법적 정당성이 인정된다.

(3) 수단의 적합성

수단의 적합성은 그 목적의 달성을 위하여 그 방법이 효과적이고 적절하여야 한다는 것이다.

응시자가 변호사로서 자질과 능력이 있음을 기회를 4년 안에 4회로 제한하면 변호사시험에 무제한 응시할 수 없다. 그에 따라 변호사시험 준비기간이 줄어들고, 응시자 숫자가 줄어듦으로써 시험합격률이 높아질 수 있다. 따라서 변호사시험 응시제한은 입법목적을 달성하기 위한 적절한 수단이다.

(4) 침해의 최소성

침해의 최소성은 입법권자가 선택한 기본권 제한의 조치가 입법목적을 달성하기 위하여 설사 적절하다고 할지라도 더 완화한 형태나 방법을 모색함으로써 기본권 제한은 필요한 최소한도에 그치도록 하여야 한다는 것이다.

변호사시험 응시자가 누적됨에 따라 변호사시험 응시자 대비 합격률은 감소하더라도 법학전문대학원 입학자 대비 누적합격률은 75% 내외로 수렴할 것으로 예상된다. 이렇게 법학전문대학원 졸업자의 4분의 3 정도가 최종적으로는 변호사시험에 합격하는 구조임을 고려하면, 개정된 변호사시험법 제7조 제1항이 변호사자격을 취득할 가능성을 과도하게 제약한다고 볼 수 없다. 변호사 자격을 취득하지 못하는 결과가 발생하는 것은 법학전문대학원 교육 수료와 변호사시험 합격을 조건으로 변호사 자격을 취득하는 현행 제도에 내재되어 있다.

법학전문대학원 입학자를 모두 변호사시험에 합격하도록 한다면 법학교육의 충실성을 담보하기 어렵고, 변호사자격제도에 관한 신뢰가 저하될 수 있다. 따라서 법학전문대학원에 입학하였어도 교육을 이수하지 못하거나 변호사시험에 합격하지 못하면 변호사 자격을 취득하지 못한다는 점이 제도적으로 전제된다. 그리고 법학전문대학원 입학자들은 그러한 내용을 알고 입학한다. 따라서 개정된 변호사시험법 제7조 제1항이 일정 시점에 최종적으로 불합격을 확정짓는다고 하여, 입법목적을 달성하기 위한 필요한 범위를 벗어나 청구인들의 직업선택의 자유를 과도하게 제약한다고 보기는 어렵다.

절대평가제나 예비시험 도입, 법학전문대학원 총입학정원 축소, 변호사시험을 1차와 2차로 나누어 1차 변호사시험 합격자에 한하여 2차 시험을 치르도록 하는 대안을 생각해 볼 수도 있다. 그러나 변호사시험에서 절대평가제를 택한다고 하더라도 합격기준이나 난이도에 따라서는 시험 합격률이 지금보다 더욱 낮을 수 있어 반드시 현행방식보다 응시자에게 유리한 것은 아니다. 입법자는 학사학위를 취득한 자나 비인가 법학전문대학원을 졸업한 자 등 일정한 법학교육을 받은 자에게 시험에 응시할 수 있는 자격을 부여하고 이에 합격한 자들에게 다시 변호사시험 응시자격을 부여하는 제도를 두면 법학전문대학원에서 석사학위를 취득한 자에게만 변호사시험을 응시할 수 있도록 하는 변호사시험제도의 대전제가 허물어지고 법학전문대학원의 도입 목적을 달성하기 어렵게 된다는 판단에 따라 예비시험 제도를 도입하지 않았다. 법학전문대학원의 입학정원 축소나 변호사시험을 1차와 2차 2회에 걸쳐 나누어 시행하는 것은 대학교 학부과정에서 과다경쟁 및 1차 변호사시험의 장기간 재응시 등 또 다른 문제를 발생시킬 소지가 있다. 따라서 변호사시험 응시제한 이외에 인력 낭비와 응시인원 누적으로 말미암은 시험합격률 저하를 방지하는 적절한 수단을 찾을 수 없다.

이러한 내용에 비추어 보면 개정된 변호사시험법 제7조 제1항은 침해의 최소성에 위배되지 않는다.

(5) 법익의 균형성

법익의 균형성은 그 입법을 통해서 보호하려는 공익과 침해되는 사익을 비교형량할 때 보호되는 공익이 더 커야 한다는 것이다.

변호사시험에 무제한 응시함으로 말미암아 발생하는 인력 낭비, 응시인원 누적으로 말미암은 시험 합격률 저하와 법학전문대학원의 전문적인 교육효과 소멸 등을 방지하고자 하는 공익은 甲이 더는 시험에 응시하지 못하여 변호사를 직업으로 선택하지 못하는 불이익과 비교하여 더욱 중대하다. 따라서 법익의 균형성도 충족된다.

3. 결론

개정된 변호사시험법 제7조 제1항은 과잉금지원칙의 모든 요소를 충족하여 甲의 직업선택의 자유를 침해하지 않는다.

Ⅳ. 개정된 변호사시험법 제7조 제1항의 신뢰보호원칙 위배 여부

1. 문제의 소재

개정된 변호사시험법 제7조 제1항은 변호사시험 제4회 응시를 앞둔 甲의 변호사시험 응시기회를 줄임으로써 부진정소급입법으로서 신뢰보호원칙에 위배되는지가 문제 된다.

2. 소급입법의 의미와 해당 여부

소급입법은, 신법이 이미 종료된 사실관계에 작용하는지, 아니면 현재 진행 중인 사실관계에 작용하는지에 따라 '진정소급입법'과 '부진정소급입법'으로 구분된다. 진정소급입법은 헌법적으로 허용되지 않는 것이 원칙이고, 특단의 사정이 있는 때만 예외적으로 허용될 수 있다. 하지만 부진정소급입법은 원칙적으로 허용되지만 소급효를 요구하는 공익상 사유와 신뢰보호 요청 사이의 교량과정에서 신뢰보호 관점이 입법자의 형성권에 제한을 가한다.

개정된 변호사시험법 제7조 제1항은 공포될 당시에 이미 4년 동안 변호사시험에 4회 응시한 사람의 5년 동안 5회의 응시기회는 보장하면서, 아직 3년 동안 변호사시험에 3회 이하 응시한 법학전문대학원 졸업생이나 5년 동안 변호사시험에 5회 응시할 수 있을 것으로 기대하고 법학전문대학원에 입학한 사람의 변호사시험 응시기회를 줄인다. 청구인 甲도 개정된 변호사시험법 제7조 제1항은 공포될 당시에 아직 변호사시험에 4회를 응시한 것이 아니고 4회 응시를 준비하는 것에 불과하였다. 이러한 점에서 개정된 변호사시험법 제7조 제1항은 변호사시험 4회 응시 조건을 충족해 나가는 甲의 변호사시험 응시횟수를 제한하는 것으로서 아직 변호사시험 4회 응시라는 조건이 완성되지 않았으나 곧 조건 충족에 다다르고 있다는 점에서 부진정소급입법에 해당한다. 따라서 개정된 변호사시험법 제7조 제1항은 신뢰보호원칙에 위배되지 않는 한 헌법에 위반되지 않는다.

3. 신뢰보호원칙 위배 여부

(1) 신뢰보호원칙의 의의

신뢰보호원칙이란 헌법에 내재적으로 보장된 법치국가원리에서 도출되는 한 원칙으로서 국민이 국가기관이 한 결정의 정당성 또는 존속성을 신뢰하였을 때 그 신뢰가 보호받을 가치가 있는 것이면 이를 보호해 주어야 한다는 것을 말한다. 이 원칙은 법치국가원리의 한 구성요소를 이루는 당사자의 법적 생활 안정 필요(법적 안정성)에서 나오는 원칙이다.

(2) 신뢰보호원칙 위반의 판단기준

법률의 제정이나 개정 시 구법질서에 대한 당사자의 신뢰가 합리적이고도 정당하며 법률의 제정이나 개정으로 야기되는 당사자의 손해가 극심하여 새로운 입법으로 달성하고자 하는 공익적 목적이 그러한 당사자의 신뢰 파괴를 정당화할 수 없다면, 그러한 새 입법은 신뢰보호원칙상 허용될 수 없다. 이러한 신뢰보호원칙 위배 여부를 판단하려면, 한편으로는 침해받은 이익의 보호가치, 침해의 중한 정도, 신뢰가 손상된 정도, 신뢰침해의 방법 등과 다른 한편으로는 새 입법을 통해 실현하고자 하는 공익적 목적을 종합적으로 비교·형량하여야 한다.

(3) 사안 검토

甲은 5년 동안 변호사시험에 5회 응시할 수 있다는 것을 알고 법학전문대학원에 입학하였고, 법학전문대학원에서 졸업하고 나서 3년 동안 변호사시험에 3회 응시하였다. 이러한 응시횟수는 구 변호사시험법 제7조 제1항이 명시적으로 규정한 것으로서 이에 대한 甲의 신뢰는 합리적이고 정당하여 보호가치가 있다.

그러나 이러한 변호사시험 5회 응시 보장은 본래 甲이 주장할 수 있는 확고한 권리가 아니라 변호사시험제도 형성에 따라 보장되는 반사적 이익으로서 입법권 행사의 결과물이다. 따라서 변호사시험제도 개편에 따라 응시횟수는 다르게 보장될 가능성이 있다. 그리고 5회 응시 가능성은 4회 불합격이 충족되어야 비로소 생기는 것으로서 4회 불합격이라는 요건을 충족하지 않는 한 기대에 불과하다. 개정된 변호사시험 제7조 제1항이 공포될 때는 아직 甲의 3번째 변호사시험 응시 결과가 나오지 않을 때라서 응시횟수 축소가 충분히 홍보되었고 바뀐 환경 속에서 甲이 4회 변호사시험 응시를 준비할 충분한 시간이 있었다. 또한, 응시횟수가 거듭될수록 합격률이 떨어진다는 점을 고려하면 甲이 한 번 더 변호사시험에 응시하더라도 합격 가능성은 낮다고 볼 수 있어서 甲의 직업선택의 자유 제약 정도가 크다고 보기 어렵다. 게다가 3년이라는 법학전문대학원 수학 기간에 비추어 4회라는 변호사시험 응시횟수는 적다고 볼 수도 없다. 그에 반해서 변호사시험 응시기회를 4회로 줄임으로써 장기간 시험 준비로 말미암은 인력 낭비를 막고 변호사시험 합격률을 일정 비율로 유지하는 것은 장기간의 시험 준비로 인력 낭비가 문제 되었던 사법시험 폐해를 극복하고 교육을 통하여 법조인을 양성한다는 법학전문대학원의 도입취지로서 포기할 수 없는 중대한 공익이라고 볼 수 있다. 특히 응시자 대비 합격률이 지속적으로 하락하는 것이 통계적으로 확인되고 이로 말미암아 자격시험이라는 변호사시험의 본질이 훼손될 수 있다는 점에서 이러한 공익은 구체적이라고 볼 수 있다. 더욱이 변호사시험 합격률이 낮아질수록 법학전문대학원의 교육은 파행되어 시험준비학원화할 위험성은 더욱 커진다. 이러한 점에서 甲의 신뢰이익이 공익보다 더 크다고 볼 수 없다.

4. 소결

부진정소급입법인 개정된 변호사시험법 제7조 제1항이 실현하고자 하는 공익은 甲의 신뢰이익보다 커서 개정된 변호사시험법 제7조 제1항은 신뢰보호원칙에 위배되지 않는다.

사례 17 ‖ 국가재정법과 재산권

　　서울특별시의회 의원이던 甲은 2006. 11. 9. 서울남부지방법원에서 특정범죄 가중처벌등에관한법률위반(뇌물)죄 및 무고죄로 징역 6년과 추징금 2억 2,000만 원을 선고받았다. 그러나 항소심 법원에서 2007. 5. 11. 무죄 판결을 선고받았다. 이에 대한 검사 상고가 2009. 5. 14. 기각됨으로써 결국 무죄판결이 확정되었다. 甲은 서울남부지방검찰청 소속 검사 등이 청구인에게 혐의가 없음을 잘 알 수 있었는데도 허위 증거를 근거로 청구인을 기소하고, 1심 담당 판사들이 수사기록 등을 면밀히 살피지 아니한 채 허위 증거를 근거로 자신에게 유죄 판결을 선고하는 위법행위를 저질렀다고 주장하면서 2015. 11. 16. 대한민국을 상대로 손해배상청구의 소를 제기하였다. 그러나 해당 법원은 2016. 6. 1. 청구인 주장의 청구원인 사실이 인정되지 않을 뿐 아니라 청구인이 손해와 가해자를 안 때인 2009. 5. 14.부터 「민법」 제766조 제1항이 정하는 3년이 경과하여 소멸시효가 완성되었다는 이유로 청구인의 청구를 기각하였다. 甲은 이 판결에 불복하여 항소를 제기하였다. 이 항소심 계속 중 「국가재정법」 제96조 제2항에 대해서 위헌법률심판 제청 신청을 하였다가 2016. 12. 7. 그 신청이 기각되자, 같은 달 29일 이 사건 헌법소원심판을 청구하였다. 한편, 위 항소심 법원은 2016. 11. 18. 청구인이 주장하는 불법행위가 종료된 2009. 5. 14.부터 「국가재정법」 제96조 제2항, 제1항이 정하는 5년이 경과하여 소멸시효가 완성되었다는 이유로 청구인의 항소를 기각하였다.

1. 甲의 헌법소원심판 청구는 적법한가?
2. 「국가재정법」 제96조 제2항은 소멸시효 기산점과 관련하여 명확성원칙에 위배되는가?
3. 「국가재정법」 제96조 제2항은 과잉금지원칙을 위배하여 甲의 재산권을 침해하는가?
4. 「국가배상법」 제96조 제2항은 평등원칙에 위배되는가?

〈목 차〉

헌재 2018. 2. 22. 2016헌바470 참조

I. 헌법소원심판 청구 적법 여부

1. 문제의 소재

헌법재판소법 제68조 제2항에 따른 헌법소원심판 청구가 적법하려면, ① 구체적인 사건이 법원에 계속 중 동 사건에 적용될 법률조항에 대한 위헌법률심판 제청을 법원에 신청하였다가 동 신청이 기각된 경우에, ② 그 당사자가 ③ 위헌법률심판 제청 신청 대상이 되었던 법률에 대하여 ④ 기각하는 결정을 통지받은 날부터 30일 이내에 청구하여야 한다. 그리고 위헌소원은 형식은 헌법소원이지만 그 실질은 위헌법률심판이므로 ⑤ 재판의 전제성이라는 요건이 요청된다. 또한, ⑥ 변호사강제주의와 ⑦ 반복제청신청 금지도 충족하여야 한다.

사안에서는 甲이 재판 계속 중 국가재정법 제96조 제2항에 대한 위헌법률심판 제청을 신청하였다가 기각 당하자 헌법재판소에 해당 법률조항에 대한 헌법소원심판을 청구하였으므로, 재판의 전제성 요건 충족 여부와 청구기간 준수 여부, 변호사강제주의 준수 여부, 반복제청신청 금지 위반 여부가 문제된다.

2. 재판의 전제성 충족 여부

재판의 전제성 요건은 ① 구체적인 사건이 법원에 계속 중이고, ② 위헌 여부가 문제 되는 법률이 해당 소송사건의 재판에 적용되는 것이며, ③ 법률의 위헌 여부에 따라서 법원이 다른 내용의 재판을 하게 되면 충족된다.

여기서 법원이 '다른 내용의 재판을 하게 되는 경우'라 함은 원칙적으로 법원이 심리 중인 (i) 해당 사건의 재판의 결론이나 주문에 어떤 영향을 주는 경우뿐 아니라, 문제가 된 법률의 위헌 여부가 비록 재판의 주문 자체에는 아무런 영향을 주지 않는다고 하더라도 (ⅱ) 재판의 결론을 이끌어 내는 이유를 달리하는 데 관련되어 있거나 (ⅲ) 재판의 내용과 효력에 관한 법률적 의미가 달라지는 경우도 포함된다. 다만, 헌법재판소는 최근 (ⅱ)를 언급하지 않는다.

헌법재판소법 제68조 제2항에 따른 헌법소원에서는 해당 소송사건이 헌법소원심판 청구로 정지되지 않으므로 헌법소원심판의 종국결정 이전에 해당 소송사건이 종료될 수 있다. 그러나 헌법소원이 인용되면 해당 사건이 이미 확정된 때라도 당사자는 재심을 청구할 수 있으므로(헌법재판소법 제75조 제7항), 판결이 확정되더라도 재판의 전제성이 소멸하지 않는다.

사안에서 甲은 대한민국을 상대로 손해배상청구의 소를 제기하였고, 그에 대한 항소심에 계속 중이다. 그리고 甲이 청구한 헌법소원심판 대상인 국가재정법 제96조 제2항은 소멸시효의 근거조항으로서 해당 사건에 적용되는 법률이고, 헌법재판소의 위헌 여부 판단에 따라 손해배상청구의 소의 인용 여부가 달라진다. 따라서 재판의 전제성 요건은 충족된다.

3. 청구기간 준수 여부

헌법재판소법 제68조 제2항에 따른 헌법소원심판은 위헌법률심판 제청을 신청하였다가 기각되면 청구할 수 있다. 이때 기각된 날, 즉 제청 신청에 대한 기각결정을 통지받은 날부터 30일 이내에 청구하여야 한다(헌법재판소법 제69조 제2항).

사안에서 甲은 2016. 12. 7. 제청 신청이 기각되자 30일 이내인 2016. 12. 29.에 헌법재판소에 헌법소원심판을 청구하였다. 따라서 청구기간은 준수되었다.

4. 변호사강제주의 준수 여부

헌법재판소법 제25조 제3항을 따르면 헌법소원은 당사자가 변호사 자격이 있는 때가 아닌 한 변호사를 대리인으로 선임하지 아니하면 심판 청구를 할 수 없다.

사안에서는 甲이 변호사 자격이 있는지와 변호사를 대리인으로 선임하였는지를 확인할 수 없다.

5. 반복제청신청 금지 위반 여부

위헌여부심판 제청을 신청하였으나 그 신청을 법원이 기각하면 해당 사건의 소송절차에서 동일한 사유를 이유로 한 위헌여부심판 제청 신청을 할 수 없다(헌법재판소법 제68조 제2항 후문). 여기서 해당 사건의 소송절차에는 상소심 소송절차는 물론 파기환송되기 전후의 소송절차도 포함된다.

이 헌법소원심판을 청구하는 사건에 관해서는 이에 관한 언급이 없어 이전에 위헌여부심판 제청을 한 적이 없는 것으로 보인다.

6. 결론

甲이 변호사 자격이 있거나 변호사를 대리인으로 선임하였다면, 재판의 전제성과 청구기간을 비롯한 다른 모든 적법요건을 충족하여 甲의 헌법소원심판 청구는 적법하다.

II. 명확성원칙 위배 여부

1. 문제의 소재

국가재정법 제96조 제2항은 소멸시효의 기산점에 관하여 아무런 규정을 두지 않고 있다. 이것이 명확성원칙에 위배되는지가 문제 된다.

2. 명확성원칙의 의의

명확성원칙은 법치국가원리의 한 표현이다. 명확성원칙은 기본권을 제한하는 법규범의 내용은 명확하여야 한다는 헌법상 원칙으로서, 법률은 적용대상자가 그 규제내용을 미리 알 수 있도록 명확하게 규정하여 앞날의 행동지침으로 삼을 수 있도록 하여야 한다는 것이다. 법규범의 의미 내용에서 무엇이 금지되는 행위이고 무엇이 허용되는 행위인지를 알 수 없다면, 법적 안정성과 예측 가능성은 확보될 수 없고, 법집행 당국의 자의적 집행이 가능하게 될 것이다.

3. 명확성원칙 심사기준

법규범이 명확한지는 그 법규범이 수범자에게 법규의 의미내용을 알 수 있도록 공정한 고지를 하여 예측 가능성이 있는지와 그 법규범이 법을 해석·집행하는 기관에 충분한 의미내용을 규율하여 자의적인 법해석이나 법집행이 배제되는지, 다시 말하면 예측 가능성과 자의적 법집행 배제가 확보되는지에 따라 이를 판단할 수 있다. 그런데 법규범의 의미내용은 그 문언뿐 아니라 입법목적이나 입법취지, 입법연혁 그리고 법규범의 체계적 구조 등을 종합적으로 고려하는 해석방법에 따라서 구체화한다. 따라서 결국 법규범이 명확성원칙에 위반되는지는 이러한 해석방법을 통해서 그 의미내용을 합리적으로 파악할 해석기준을 얻을 수 있는지에 달려 있다.

4. 사안 검토

국가재정법 제96조 제2항은 국가에 대한 권리로서 금전 급부를 목적으로 하는 권리의 소멸시효기간을 5년으로 정할 뿐이지 그 기산점에 관해서는 따로 규정하지 않는다. 그러나 국가재정법 제96조 제3항 후문은 국가에 대한 권리로서 금전 급부를 목적으로 하는 것의 소멸시효 중단·정지 그 밖의 사항에 관해서 다른 법률의 규정이 없으면 민법 규정을 적용하도록 규정한다. 그러므로 그 기산점에 관해서는 민법 규정을 적용하는 것이 명백하다. 따라서 국가재정법 제96조 제2항이 소멸시효 기산점을 명백하게 규정하지 않은 것은 명확성원칙에 위배되지 않는다.

5. 소결

국가재정법 제96조 제2항은 소멸시효 기산점을 규정하지 않았지만 이에 관해서 민법 규정이 적용되므로 명확성원칙에 위배되지 않는다.

Ⅲ. 과잉금지원칙 위배 여부

1. 문제의 소재

국가재정법 제96조 제2항이 금전 급부를 목적으로 하는 국가에 대한 권리에 관해서 그 소멸시효기간을 10년보다 단기로 규정한 것이 과잉금지원칙에 위배하여 채권자의 재산권을 침해하는지가 문제 된다.

2. 재산권 제약 여부

헌법 제23조 제1항이 보장하는 재산권이란, 경제적 가치가 있는 모든 공법상·사법상 권리로서 일정 시점에 개별법이 재산권으로 정의하는 것을 말한다. 따라서 사법상 물권·채권뿐 아니라 특법상 권리, 공법상 재산가치 있는 주관적 공권, 상속권 등도 이에 포함되나, 재산 그 자체, 단순한 기대이익, 반사적 이익, 재화획득 기회 등은 재산권 보장 대상이 되지 아니한다. 그리고 재산권은 사적 유용성과 임의적 처분권을 주된 내용으로 하는 바, 헌법 제23조에 따라 모든 국민은 헌법에 합치하는 법률이 정하는 범위 안에서 이러한 구체적 재산권을 보유하여 이를 자유롭게 사용·수익·처분할 수 있다.

국가재정법 제96조 제2항을 따르면 국가에 대한 권리로서 금전 급부를 목적으로 하는 것은 5년간 행사하지 아니하면 시효로 소멸한다. 금전 급부를 목적으로 하는 국가에 대한 권리는 채권으로서 재산권에 속한다. 따라서 국가재정법 제96조 제2항은 재산권인 채권을 행사할 수 있는 기간을 제한하므로 헌법 제37조 제2항에 규정된 기본권 제한의 입법한계를 넘었는지가 문제 된다. 다만, 시효기간을 정할 때 입법자에게는 상당한 범위의 입법재량이 인정되므로 국가재정법 제96조 제2항의 위헌판단은 그것이 현저히 자의적이어서 입법적 한계를 벗어난 것인지에 따라서 결정되어야 할 것이다. 즉 국가재정법 제96조 제2항의 과잉금지원칙 위배 여부에 따라 위헌 여부가 결정된다.

3. 과잉금지원칙 위배 여부

(1) 과잉금지원칙의 개념과 내용

국가작용 중 특히 입법작용에서 과잉(입법)금지원칙은 국가가 국민의 기본권을 제한하는 내용의 입법활동을 할 때 준수하여야 할 기본원칙이나 입법활동 한계를 뜻한다. 따라서 국민의 기본권을 제한하는 입법은 그 목적이 정당하여야 하고, 방법(수단)이 적합하여야 하며, 침해의 최소성과 법익의 균형성을 갖추어야 한다. 과잉금지원칙은 헌법 제37조 제2항에서 도출된다.

(2) 목적의 정당성

목적의 정당성은 국민의 기본권을 제한하려는 입법의 목적이 헌법 및 법률의 체제상 그 정당성이 인정되어야 한다는 것이다.

국가재정법 제96조 제2항의 입법목적은 예산 수립의 불안정성을 제거하여 국가재정을 합리적으로 운용하기 위한 것으로서 공공복리에 해당하여 정당하다.

(3) 수단의 적합성

수단의 적합성은 그 목적의 달성을 위하여 그 방법이 효과적이고 적절하여야 한다는 것이다.

금전 급부를 목적으로 하는 국가에 대한 권리에 관해서 그 소멸시효기간을 단기로 설정하면 국가의 채권·채무가 조기에 확정되어서 예산 수립의 불안정성을 제거하여 국가재정을 합리적으로 운용하는 데 이바지할 수 있다. 따라서 수단의 적합성은 충족된다.

(4) 침해의 최소성

침해의 최소성은 입법권자가 선택한 기본권 제한의 조치가 입법목적을 달성하기 위하여 설사 적절하다고 할지라도 더 완화한 형태나 방법을 모색함으로써 기본권 제한은 필요한 최소한도에 그치도록 하여야 한다는 것이다.

민법은 성질상 일상적으로 빈번히 발생하는 소액채권으로서 거래관행상 단기간에 결제되고 분쟁방지를 위하여 조속한 법률관계확정이 필요한 채권들은 3년 및 1년의 단기소멸시효(제163조, 제164조)에 따르도록 한다. 국가에 대한 채권은 이와 같이 일상적으로 빈번하게 발생하는 것이라고 할 수는 없으므로 민법상 단기시효기간보다 장기의 시효기간을 두는 것이 바람직하다. 그리고 일반사항에 관한 예산·회계관련 기록물들의 보존기간이 5년(공공기관의기록물관리에관한법률시행령 제12조 제5항, 별표2)으로 되어 있으므로 국가채무 변제를 둘러싼 분쟁을 방지하기 위하여 소멸시효기간을 이보다 더 장기로 정하는 것은 적절하지 않다. 따라서 국가재정법 제96조 제2항의 시효기간인 5년이 현저히 불합리하게 정하여 진 것으로 볼 수는 없다. 게다가 비록 단기소멸시효에 걸리는 채권이라도 확정판결을 받으면 10년의 시효기간이 적용(민법 제165조 제1항)되므로 채권자가 단기의 시효기간을 적용받지 않고 이를 연장할 수 있는 길도 열려 있다. 따라서 국가재정법 제96조 제2항이 침해의 최소성에 어긋난다고 보기 어렵다.

(5) 법익의 균형성

법익의 균형성은 그 입법을 통해서 보호하려는 공익과 침해되는 사익을 비교형량할 때 보호되는 공익이 더 커야 한다는 것이다.

금전 급부를 목적으로 하는 국가에 대한 권리에 관해서 그 소멸시효기간을 10년보다 단기로 규정하여 채권자의 채권이 민법상 채권보다 일찍 소멸하지만, 국가의 채무 상환은 보장되고 국가에 대한 채권자는 안정적인 지위에 있다. 그러나 채무자인 국가는 기한에 채권자의 청구가 있으리라는 예상을 하여 그 해의 예산에 필요한 재원을 포함시키고 지급이 되지 않으면 다음해에 다시 예산에 반영하는 일을 반복하여야 하므로 법률상태가 조속히 확정되지 않음으로써 받는 불안정성이 상당하다. 특히 불법행위로 말미암은 손해배상이나 구상금 채권과 같이 우연한 사고로 말미암아 발생하는 채권은 그 발생을 예상하기 어려우므로 국가 입장에서 보면 불안정성이 매우 크다. 이에 따라 국가재정의 불안정은 불가피하다. 이러한 점에서 국가재정법 제96조 제2항에 따라서 제약되는 사익이 공익보다 크다고 볼 수 없다. 그러므로 법익의 균형성은 충족된다.

4. 결론

국가재정법 제96조 제2항은 목적의 정당성과 수단의 적합성, 침해의 최소성, 법익의 균형성을 모두 충족하여 과잉금지원칙에 위배되지 않는다.

Ⅳ. 평등원칙 위배 여부

1. 문제의 소재

민법상 손해배상청구권은 10년이 경과한 때 그 소멸시효가 완성되지만, 국가에 대한 손해배상청구권은 국가재정법 제96조 제2항으로 말미암아 5년이 경과한 때 그 소멸시효가 완성하는 것이 평등원칙에 위배되는지가 문제 된다.

2. 평등원칙의 의의와 근거

헌법 제11조 제1항 제1문은 "모든 국민은 법 앞에 평등하다."라고 규정한다. 여기서 법률은 형식적 의미의 법률만을 의미하지 아니하고 한 나라의 법체계를 형성하는 모든 법규범을 말한다. 그리고 헌법 제10조 제2문 국가의 기본권보장의무규정과 헌법상 실질적 법치국가원리에 비추어 법 앞의 평등의 의미에는 법적용상 평등뿐 아니라 법내용의 평등도 포함되어서 입법자도 구속된다(이른바 입법자구속설). 평등의 규범적 의미는 합리적 근거가 있는 차별은 허용된다는 의미에서 상대적 평등으로 파악된다. 평등은 비교를 전제하므로 비교가 가능할 때 비로소 평등이 문제 된다. 따라서 평등원칙 위반 여부는 비교대상이 있어야 비로소 문제 삼을 수 있다.

3. 평등원칙 위반의 심사구조

평등원칙 위반 여부는 차별 확인과 헌법적 정당화 여부라는 2단계로 심사된다. 즉 먼저 불평등한 취급이 있는지를 심사하고, 그것이 있다면 그러한 불평등을 정당화할 만한 합리적 사유(근거)가 있는지를 심사한다.

4. 차별 존재 여부

민법상 손해배상청구권 등 금전채권은 10년의 소멸시효기간이 적용되지만, 사인이 국가에 대하여 가지는 손해배상청구권 등 금전채권은 국가재정법 제96조 제2항으로 말미암아 5년의 소멸시효기간이 적용되므로, 금전채권의 채무자가 사인인 경우와 국가인 경우 사이에 차별취급이 있다.

5. 차별취급을 헌법상 정당화할 수 있는지 여부

차별을 정당화할 수 있는지를 심사할 때 사용하는 기준에는 자의금지원칙과 비례성원칙이 있다. 헌법재판소 판례를 따르면 ① 헌법이 특별히 평등을 요구할 때와 ② 차별적 취급으로 말미암아 관련 기본권에 중대한 제한을 초래하게 될 때 입법자는 입법형성권이 축소되므로 상대적으로 엄격한 심사기준인 비례성심사가 적용될 수 있다고 한다.

사안에서는 재산권인 채권과 관련하여 특별히 평등을 요구하는 헌법규정을 찾을 수 없고, 국가재정법 제96조 제2항은 재산권인 채권의 행사기간을 축소하는 것에 불과하여 중대한 기본권 제한이 있다고 보기 어렵다. 따라서 국가재정법 제96조 제2항의 평등원칙 위반 여부는 자의금지원칙에 따라 심사한다.

국가의 채권·채무관계를 조기에 확정하고 예산 수립의 불안정성을 제거하여 국가재정을 합리적으로 운용할 필요성이 있는 점, 국가의 채무는 법률에 따라서 엄격하게 관리되므로 채무이행에 대한 신용도가 매우 높지만, 법률상태가 조속히 확정되지 않으면 국가 예산 편성의 불안정성이 커지게 되는 점, 특히 손해배상청구권과 같이 예측가능성이 낮고 불안정성이 높은 채무의 경우 단기간에 법률관계를 안정시켜야 할 필요성이 큰 점, 일반사항에 관한 예산·회계 관련 기록물들의 보존기간이 5년인 점 등에 비추어 보면, 차별취급에 합리적인 사유가 있다. 따라서 국가재정법 제96조 제2항은 자의금지원칙을 충족한다.

6. 결론

국가재정법 제96조 제2항은 금전채권의 채무자가 사인인 경우와 국가인 경우 사이를 차별취급하지만, 이러한 차별취급에 합리적인 사유가 있어서 자의금지원칙을 충족하여서 평등원칙에 위반되지 아니한다.

사례 18 ‖ 개발제한구역

甲은 A동 일대 자신 소유의 토지에 공장을 세워 운영하고 있다. 그러던 중 A동 일대가 「구 도시계획법」 제21조에 따라서 개발제한구역으로 지정·고시되어 동 구역 안에서 구역지정 목적에 위반되는 건축, 공작물 설치, 토지 형질 변경이 제한되게 되었다. 그런데 甲은 사업확장을 위해서 공장을 신축할 필요가 생겨 B구청에 건축물 신축허가 신청을 하였다. 그러나 B구청은 개발제한구역에 지정되어 있음을 이유로 이를 거부하였다. 그러자 甲은 법원에 B구청의 건물신축허가거부처분 취소의 소를 제기하였다. 甲은 소송 계속 중 「구 도시계획법」 제21조는 아무런 보상규정도 없이 자신의 재산권을 제한하는 것으로서 자신의 재산권과 평등권을 침해하여 위헌이라고 주장하며 위헌법률심판 제청을 신청하였고, 담당법원은 동 법률에 대하여 위헌법률심판을 제청하였다.

1. 담당법원의 위헌법률심판 제청은 적법한가?
2. 「구 도시계획법」 제21조를 분리이론에 따라 헌법 제23조 제1항 제2문과 제2항에 근거한 것으로 보면, 헌법에 위반되는가?
3. 「구 도시계획법」 제21조는 헌법 제23조 제3항에 근거한 것으로 볼 때, 헌법에 위반되는가?
4. 「구 도시계획법」 제21조는 평등권을 침해하는가?

참조조문

「구 도시계획법」

제21조(개발제한구역의 지정) ① 건설교통부장관은 도시의 무질서한 확산을 방지하고 도시주변의 자연환경을 보존하여 도시민의 건전한 생활환경을 확보하기 위하여 또는 국방부장관의 요청이 있어 보안상 도시의 개발을 제한할 필요가 인정되는 때에는 도시개발을 제한할 구역(이하 "개발제한구역"이라 한다)의 지정을 도시계획으로 결정할 수 있다.

② 제1항의 규정에 의하여 지정된 개발제한구역안에서는 그 구역지정의 목적에 위배되는 건축물의 건축, 공작물의 설치, 토지의 형질변경, 토지면적의 분할 또는 도시계획사업의 시행을 할 수 없다. 다만, 개발제한구역 지정당시 이미 관계법령의 규정에 의하여 건축물의 건축·공작물의 설치 또는 토지의 형질변경에 관하여 허가를 받아(관계법령에 의하여 허가를 받을 필요가 없는 경우를 포함한다) 공사 또는 사업에 착수한 자는 대통령령이 정하는 바에 의하여 이를 계속 시행할 수 있다.

③ 제2항의 규정에 의하여 제한될 행위의 범위 기타 개발제한에 관하여 필요한 사항은 대통령령으로 정하는 범위안에서 건설교통부령으로 정한다.

「구 도시계획법 시행령」

제20조(개발제한구역안에서의 행위제한) ① 법 제21조 제3항의 규정에 의하여 시장·군수는 개발제한구역안에서 다음 각호의 1에 해당하는 경우에 한하여 이를 허가할 수 있다. 다만, 건설교통부령이 정하는 경미한 행위에 대하여는 시장·군수에게 신고하여 이를 행할 수 있다.

1. 다음 각목의 1에 해당하는 건축물의 건축과 공작물의 설치로서 개발제한구역의 지정목적에 지장이 없다고 인정되는 것

가. 공익상 필요한 건축물의 건축과 공작물의 설치

나. 그 용도로 보아 인구밀집지역안에 둠이 부적당하고 개발제한구역안에 둠이 적당하다고 인정되는 건축물의 건축과 공작물의 설치

다. 농림수산업등 개발제한구역의 지정목적에 지장이 없는 사업의 관리에 필요하다고 인정되는 건축물의 건축

라. 개발제한구역의 지정당시 이미 있던 주택용 건축물의 증축·개축 또는 재축

마. 비주택용 건축물과 공작물의 개축 또는 재축

바. 개발제한구역안에서 건설교통부령이 정하는 마을공동시설·공익시설·공용시설 및 공공시설등의 설치로 인하여 철거된 건축물 또는 공작물의 이축

사. 개발제한구역안에 거주하는 주민의 생활환경개선에 필요한 건설교통부령이 정하는 건축물의 건축 및 공작물의 설치

2. 토지의 형질변경으로서 다량의 토석채취·임목의 벌채를 수반하지 아니하거나 개발

제한구역의 지정목적에 지장이 없다고 인정되는 것

3. 토지의 분할로서 건축물의 신축 또는 증축 등의 행위가 수반되지 아니하거나 개발
   제한구역의 지정목적에 지장이 없다고 인정되는 것

② 제1항에 의한 건축물 및 공작물의 종류·규모와 건축물의 최소 대지면적, 건축면적
의 대지면적에 대한 비율, 건축면적의 토지형질변경면적에 대한 비율 및 토지분할의
기준은 건설교통부령으로 정한다.

〈목 차〉

헌재 1998. 12. 24. 89헌마214등 참조

I. 위헌법률심판 제청의 적법 여부

1. 문제의 소재

담당법원의 위헌법률심판 제청이 적법한지와 관련하여 제청권자로서 법원, 대상으로서 법률(대상적격), 재판의 전제성, 합리적인 위헌의 의심, 소극적 요건으로서 일사부재리원칙 등이 문제 된다.

2. 제청권자로서 법원

법원만이 법률의 위헌 여부에 대하여 헌법재판소에 위헌여부심판을 제청할 수 있다. 여기서 법원은 구체적 사건이 계속된 해당 법원을 뜻한다.

사안에서는 제청한 담당법원은 甲이 제기한 건물신축허가거부처분 취소의 소를 담당하므로 제청권자에 해당한다.

3. 대상으로서 법률(대상적격)

원칙적으로 국회가 헌법에 정해진 입법절차에 따라 제정한 '형식적 의미의 법률'만이 법원의 위헌제청 대상이 될 수 있는 법률에 해당한다. 다만, 형식적 의미의 법률은 아니나 그와 같은 효력이 있는 대통령의 긴급명령, 긴급재정·경제명령(법률대위명령)이나 국회 동의가 필요한 조약, 법률의 효력이 있는 일반적으로 승인된 국제법규도 위헌제청 대상이 될 수 있다.

사안에서 문제가 되는 구 도시계획법 제21조는 형식적 의미의 법률이므로 대상적격이 있다.

4. 재판의 전제성

재판의 전제성 요건은 ① 구체적인 사건이 법원에 계속 중이고, ② 위헌 여부가 문제 되는 법률이 해당 소송사건의 재판에 적용되는 것이며, ③ 법률의 위헌 여부에 따라서 법원이 다른 내용의 재판을 하게 되면 충족된다.

여기서 법원이 '다른 내용의 재판을 하게 되는 경우'라 함은 원칙적으로 법원이 심리 중인 (ⅰ) 해당 사건의 재판의 결론이나 주문에 어떤 영향을 주는 경우뿐 아니라, 문제가 된 법률의 위헌 여부가 비록 재판의 주문 자체에는 아무런 영향을 주지 않는다고 하더라도 (ⅱ) 재판의 결론을 이끌어 내는 이유를 달리하는 데 관련되어 있거나 (ⅲ) 재판의 내용과 효력에 관한 법률적 의미가 달라지는 경우도 포함된다. 다만, 헌법재판소는 최근 (ⅱ)를 언급하지 않는다.

甲이 제기한 건물신축허가거부처분 취소의 소가 담당법원에 계속 중이고, 구 도시계획법 제21조은 건물신축허가거부처분의 근거가 되므로 해당 법률조항은 해당 사건에 적용된다. 그리고 甲은 구 도시계획법 제21조에 따라서 취소 여부가 결정되므로, 해당 법률조항이 헌법에 위반된다는 사정이 있으면(그리하여 헌법재판소가 위헌결정을 하여 효력을 상실하면) 승소하게 된다. 이는 재판의 결론이 달라지는 경우로서 법원이 다른 내용의 재판을 하게 되는 경우라고 할 것이다. 따라서 재판의 전제성은 인정된다.

5. 합리적인 위헌의 의심

법원이 헌법재판소에 위헌법률심판을 제청하려면 단순한 의심을 넘어선 합리적인 위헌 의심이 있을 것이 요구된다.

사안에서는 구 도시계획법 제21조가 甲의 재산권과 평등권을 침해하는지가 다투어지므로 합리적인 위헌 의심이 있다고 볼 수 있다.

6. 소극적 요건으로서 일사부재리원칙

헌법재판소법 제39조는 "헌법재판소는 이미 심판을 거친 동일한 사건에 대하여는 다시 심판할 수 없다."라고 규정하여 헌법재판소 결정에 대한 일사부재리원칙을 명문으로 규정한다. 따라서 동일한 법원이 동일한 법률 또는 법률 조항에 대하여 사정변경이 없는데도 다시 헌법재판소에 위헌여부심판을 제청하는 것은 허용되지 아니한다.

사안에서는 이미 심판을 거친 동일한 사건인지에 관해서는 언급된 바가 없으므로 충족된 것으로 보인다.

7. 결론

담당법원의 위헌법률심판 제청은 적법요건을 모두 충족하여 적법하다.

Ⅱ. 헌법 제23조 제1항과 제2항 위반 여부

1. 문제의 소재

구 도시계획법 제21조에 따른 개발제한구역 지역이 甲의 재산권을 제약하는지, 그러한 제약이 헌법 제23조 제1항과 제2항에 근거한 것으로 볼 수 있는지, 그렇다면 그러한 제약이 헌법 제23조 제1항과 제2항에 따라서 정당성을 인정받을 수 있는지가 문제 된다.

2. 재산권의 개념

헌법 제23조 제1항 제1문은 "모든 국민의 재산권은 보장된다."라고 규정하여 재산권을 기본권으로 보장한다. 재산권은 경제적 가치가 있는 모든 공법상·사법상 권리로서 일정 시점에 개별법이 재산권으로 정의하는 것을 말한다. 재산권은 사적 유용성과 임의적 처분권을 주된 내용으로 하는 바, 헌법 제23조에 따라 모든 국민은 헌법에 합치하는 법률이 정하는 범위 안에서 이러한 구체적 재산권을 보유하여 이를 자유롭게 사용·수익·처분할 수 있다.

개발제한구역으로 지정되면 토지의 형질 변경·분할 등의 행위가 매우 제한적으로만 허가나 신고를 통해서 허용되어 토지 소유자에게 인정되는 사용·수익·처분권능이 제한되므로 구 도시계획법 제21조는 甲의 재산권과 관련된다.

3. 재산권의 내용 및 한계 규정

헌법 제23조 제1항 제2문에서 "재산권의 내용 및 한계를 법률로 정한다." 라고 규정하여 입법자에게 재산권의 구체적 내용을 형성할 권한을 부여한다. 즉 입법자는 법률의 일반적·추상적 규정을 통해서 종래 재산권의 범위를 축소할 수 있다. 그러나 재산권에 관한 입법형성권은 헌법 제23조 제2항 재산권 행사의 사회적 기속성 한계 안에서만 허용되고, 법치국가원리에서 파생되는 명확성원칙과 비례성원칙을 준수하여야 하고, 헌법 제23조 제1항 제1문이 보장하는 재산권과 사유재산제도의 본질적 내용을 침해하지 않아야 한다. 헌법 제23조 제1항 제2문과 제2항을 '재산권의 내용 및 한계 규정'이라고 한다. 이것은 입법자가 앞날에 추상적이고 일반적인 형식으로 재산권의 내용, 즉 재산권의 권리와 의무를 형성하고 확정하는 것을 말한다.

사안에서 구 도시계획법 제21조는 그 규율대상이 일반적·추상적이며 재산권자의 지위를 앞날을 향해서 새로운 형태로 계속 존속시키려는 목적이 있는 것으로 볼 수 있다. 따라서 구 도시계획법 제21조는 헌법 제23조 제1항 제2문과 제2항에 따라서 재산권의 내용과 한계를 형성하는 규정으로 볼 수 있다.

4. 구 도시계획법 제21조의 비례성원칙 위반 여부

(1) 비례성원칙 심사 필요성

경계이론을 따를 때 재산권의 내용 및 한계 규정으로 보면 별도 보상규정이 없더라도 합헌으로 본다. 그래서 문제가 되는 법률조항을 비례성원칙으로 심사한다는 것이 큰 의미가 없다. 비례성원칙을 위반하면 해당 법률조항은 더는 재산권의 내용 및 한계 규정이 아닌 헌법 제23조 제3항에 근거하여 보상이 필요한 것으로 이해되기 때문이다. 따라서 구 도시계획법 제21조가 재산권의 내용 및 한계 규정으로 이해되는 한 경계이론을 따르면 더는 위헌심사가 필요하지 않고 합헌으로 판단될 것이다.

그러나 재산권의 내용 및 한계 규정을 공용침해규정과 연장선에 있는 것이 아닌 별개 차원의 것으로 보아서 어느 한도를 넘었다고 재산권의 내용 및 한계 규정이 공용침해규정으로 전환되는 것은 아니라고 보면(이른바 분리이론), 재산권의 내용 및 한계 규정에 따른 입법이 비례성원칙을 위반하면 위헌으로 판단되지 헌법 제23조 제3항에 근거한 것으로 다시 문제 되지 않는다. 그러므로 사안에서 구 도시계획법 제21조가 비례성원칙을 준수하였는지를 검토하여야 한다. 비례성원칙은 목적의 정당성, 수단의 정당성, 침해의 최소성 그리고 법익의 균형성으로 구성된다.

(2) 목적의 정당성

목적의 정당성은 국민의 기본권을 제한하려는 입법의 목적이 헌법 및 법률의 체계상 그 정당성이 인정되어야 한다는 것이다.

개발제한구역 지정은 도시의 평면적 확산을 적절히 제한하여 도시기능의 적정화를 기하고 도시주변의 자연환경을 보존하며 분단으로 말미암아 남북이 서로 첨예하게 대치하는 상황에서 보안상 필요를 충족하기 위한 것으로 목적의 정당성은 긍정된다.

(3) 수단의 적합성

수단의 적합성은 그 목적의 달성을 위하여 그 방법이 효과적이고 적절하여야 한다는 것이다.

구 도시계획법 제21조는 입법목적을 달성하기 위해서 개발제한구역으로 지정된 구역 안에서 구역지정 목적에 위배되는 행위를 금지하는 것으로서 입법목적 달성에 이바지하여 수단의 적합성이 인정된다.

(4) 침해의 최소성

침해의 최소성은 입법권자가 선택한 기본권 제한의 조치가 입법목적을 달성하기 위하여 설사 적절하다고 할지라도 더 완화한 형태나 방법을 모색함으로써 기본권 제한은 필요한 최소한도에 그치도록 하여야 한다는 것이다.

농지의 보전 및 이용에 관한 법률, 자연공원법, 산림법 혹은 도시계획법상 지역·지구지정에 따른 규제수단으로 충분히 목적을 달성할 수 있지 않는지 문제 된다. 그러나 개발제한구역 지정이 궁극적으로는 구역 안 토지의 형상과 이용방법을 지정 당시 상태대로 보존함으로써 해당 구역의 도시화를 방지하고자 하는 데 그 목적이 있다는 점에 비추어 보면, 구역 안 토지에 대해서 선별적·부분적·예외적 이용 제한의 수단만을 선택하여서는 그 목적의 효율적인 달성을 기대하기 어렵다. 따라서 구 도시계획법 제21조가 취한 전면적인 규제수단은 입법목적 달성을 위하여 필요한 최소한의 조치인 것으로 인정된다.

(5) 법익의 균형성

법익의 균형성은 그 입법을 통해서 보호하려는 공익과 침해되는 사익을 비교형량할 때 보호되는 공익이 더 커야 한다는 것이다.

① 구역지정 후에도 토지를 종래 목적으로 사용할 수 있는 원칙적인 경우

이러한 경우에는 토지재산권의 사회적 기능 및 사안의 법률조항이 실현하고자 하는 공익의 비중을 고려하고 지정된 구역 안의 토지소유자에게 종래 상태에 따른 토지 이용을 보장하면서 단지 개발행위만을 금지하는 점, 구역지정 당시의 상태대로 토지를 사용·수익·처분할 수 있는 점에 비추어 법익의 균형성 요건도 충족된다고 볼 수 있다.

② 구역지정 후 토지를 종래 목적으로 사용할 수 없거나 토지를 전혀 이용할 수 있는 방법이 없는 예외적인 경우

이러한 경우에는 구역지정으로 말미암아 토지를 종래 목적으로 사용할 수 없거나 법률상으로 허용된 토지이용 방법이 없으므로 실질적으로 토지의 사용·수익권이 폐지된다. 이러한 경우에는 재산권의 사회적 기속성을 근거로 정당화할 수 없는 가혹한 부담을 토지소유자에게 부과하는 것으로 이러한 경우에도 아무런 보상이 없다면 법익의 균형성에 어긋날 것이다. 따라서 이러한 경우에 입법자는 비례성원칙을 충족시키고 이로써 법률의 위헌성을 제거하기 위해서 예외적으로 발생한 특별한 부담에 대하여 보상규정을 두어야 한다.

그러나 이때 위헌성을 제거하기 위한 방법은 헌법 제23조 제3항과 같은 제한을 받지 아니한다. 이때의 보상은 헌법 제23조 제3항에 근거한 것이 아니라 재산권의 침해와 공익 사이의 비례성을 다시 회복하기 위한 방법이기 때문이다. 따라서 반드시 금전보상이어야 하는 것은 아니고, 입법자는 지정 해제나 토지매수청구권제도와 같이 금전보상에 갈음하거나 기타 손실을 완화할 수 있

는 제도를 보완하는 것 등 여러 가지 다른 방법을 사용할 수 있다. 입법자에게는 헌법적으로 가혹한 부담의 조정이란 '목적'을 달성하기 위해서 이를 완화·조정할 수 있는 '방법'의 선택에서 광범위한 형성의 자유가 부여된다.

(6) 소결

구 도시계획법 제21조가 개발제한구역 지정을 가능하게 하면서도 보상을 하지 아니하는 것이 구역지정 후 토지를 종래 목적으로 사용할 수 있는 원칙적인 경우에는 목적의 정당성과 수단의 적합성, 침해의 최소성 그리고 법익의 균형성을 모두 충족하여 비례성원칙에 반한다고 할 수 없다. 그러나 구역지정 후 토지를 종래 목적으로 사용할 수 없거나 토지를 전혀 이용할 수 있는 방법이 없는 예외적인 경우까지 무보상을 수인할 것을 기대할 수 없어 법익의 균형성을 충족하지 못하여 이러한 범위 안에서 비례성원칙에 반한다.

5. 결론

구 도시계획법 제21조를 헌법 제23조 제1항 제2문과 제2항에 근거한 것으로 볼 때, 구 도시계획법 제21조가 개발제한구역 지정을 가능하게 하면서도 보상을 하지 아니하는 것이 구역지정 후 토지를 종래 목적으로 사용할 수 있는 원칙적인 경우에는 비례성원칙에 합치하여 헌법에 위반되지 않는다. 그러나 구역지정 후 토지를 종래 목적으로 사용할 수 없거나 토지를 전혀 이용할 수 있는 방법이 없는 예외적인 경우까지 무보상을 수인할 것을 기대할 수 없어 법익의 균형성을 충족하지 못하여 이러한 범위 안에서 비례성원칙에 반하여 헌법에 위반된다.

Ⅲ. 헌법 제23조 제3항 위반 여부

1. 문제의 소재

경계이론을 따르면 구 도시계획법 제21조는 헌법 제23조 제3항에 근거한 것으로 볼 수 있다. 따라서 구 도시계획법 제21조가 헌법 제23조 제3항에 따라 정당성을 인정받을 수 있는지도 검토해 볼 필요성이 있다.

2. 공용침해의 요건

헌법 제23조 제3항에 따른 재산권 제한을 공용침해라고 한다. 공용침해는 국가가 구체적인 공적 과제를 이행하려고 이미 형성된 구체적인 재산권적 지위를 의도적으로 전면적으로(수용) 또는 부분적으로(사용과 제한) 박탈하는 것이다. 공용침해는 공용수용, 공용사용, 공용제한으로 나뉜다. 공용수용은 공공필요에 따라서 재산권 전부에 대한 귀속주체를 변경하는 재산권박탈행위이고, 공용사용은 재산권 객체의 이용권을 일시적으로 박탈하는 조치를 말하며, 공용제한은 재산권에서 나오는 가분적·독립적 권리를 공공필요에 따라서 박탈하는 행위를 가리킨다. 사안에서 구 도시계획법 제21조는 재산권의 일부 내용을 제한하는 것에 그치므로 공용제한에 해당한다.

헌법상 재산권 보장에 관한 규정의 근본취지에 비추어 보면, 공공필요에 따른 재산권의 공권력적·강제적 박탈을 뜻하는 공용침해는 헌법상 재산권 보장의 요청상 불가피한 최소한에 그쳐야 한다. 즉 공용침해는 헌법 제23조 제3항에 명시된 대로 국민의 재산권을 그 의사에 반하여 강제적으로라도 취득하여야 할 공익적 필요성이 있을 것(공공필요성), 법률에 의거할 것(법률 형식), 정당한 보상을 지급할 것의 요건을 모두 갖추어야 한다. 그러나 구 도시계획법 제21조는 법률조항으로서 법률 형식 요건은 문제가 되지 않는다. 따라서 나머지 두 요건만 검토한다.

3. 공익필요성

공공필요는 국민의 재산권을 그 의사에 반하여 강제적으로 제약하여야 할 공익적 필요성을 말한다. 공공필요는 '공익성'과 동시에 '필요성' 요건을 충족하여야 한다.

(1) 공익성

공익사업 범위가 확대되는 경향에 대응하여 재산권의 존속보장과 조화를 위해서 공익성은 추상적인 공익 일반이나 국가의 이익 이상의 중대한 공익을 요구하므로 기본권 일반의 제한사유인 '공공복리'보다 좁게 보는 것이 타당하다. 공익성 정도는 공용침해를 허용하는 개별법의 입법목적, 사업내용, 사업이 입법목적에 이바지하는 정도, 사업시설에 대한 대중의 이용 및 접근 가능성을 종합적으로 고려하여 판단된다.

개발제한구역 지정은 도시의 평면적 확산을 적절히 제한하여 도시기능의 적정화를 기하고 도시주변의 자연환경을 보존하며 분단으로 말미암아 남북이 서로 첨예하게 대치하는 상황에서 보안상 필요를 충족하기 위한 것으로 공익성을 부정하기 어렵다.

(2) 필요성

필요성을 충족하려면 공용침해를 통해서 달성하려는 공익과 그로 말미암아 재산권을 침해당하는 사인의 이익의 형량에서 사인의 재산권 제약을 정당화할 정도로 공익이 우월하여야 한다.

도시의 무질서한 확산 방지, 도시 주변의 자연환경 보전, 국방상 보안유지 등의 개발제한구역 지정 목적은 중대한 공익으로서 부분적인 재산권 제약에 그치는 사익에 비추어 우월하다고 볼 수 있다. 따라서 필요성도 인정된다고 볼 수 있다.

(3) 소결

구 도시계획법 제21조는 공익성과 필요성이 충족되어 공공필요성이 인정된다.

4. 정당한 보상

아무리 공공필요성이 인정된다고 하더라도 공용침해에 대해서는 헌법 제23조 제3항에 따라 정당한 보상이 이루어져야 한다. 정당한 보상은 완전보상을 뜻한다. 완전보상은 해당 시장에서 재산권의 객관적 재산가치에 대한 보상을 말한다.

헌법 제23조 제3항은 "공공필요에 의한 재산권의 수용·사용 또는 제한 및 그에 대한 보상은 법률로써 하되, 정당한 보상을 지급하여야 한다."라고 규정하여 공용침해규정과 그에 대한 보상규정을 불가분적으로 결합하는 입법형식을 채택한 것으로 보인다(불가분조항). 따라서 보상에 관한 규정 없이 공용침해 요건을 확정한 법률은 위헌이다.

구 도시계획법 제21조는 개발제한구역을 지정할 때 보상규정을 두지 않아서 정당한 보상이 있다고 볼 수 없다.

5. 결론

구 도시계획법 제21조를 공용침해로 이해하면, 정당한 보상 규정을 충족하지 않아서 헌법에 위반된다.

Ⅳ. 평등권 침해 여부

1. 문제의 소재

개발제한구역 지정으로 말미암아 구역 안 토지소유자에게 발생하는 재산권 행사 제한 정도는 다른데, 이를 구별하지 않고 일률적으로 모든 토지소유권자에게 아무런 보상을 주지 않는 것이 평등권을 침해하는지가 문제 된다.

2. 평등권의 의의와 근거

헌법 제11조 제1항 제1문은 "모든 국민은 법 앞에 평등하다."라고 규정한다. 여기서 법률은 형식적 의미의 법률만을 의미하지 아니하고 한 나라의 법체계를 형성하는 모든 법규범을 말한다. 그리고 헌법 제10조 제2문 국가의 기본권보장의무규정과 헌법상 실질적 법치국가원리에 비추어 법 앞의 평등의 의미에는 법적용상 평등뿐 아니라 법내용의 평등도 포함되어서 입법자도 구속된다(이른바 입법자구속설). 평등의 규범적 의미는 합리적 근거가 있는 차별은 허용된다는 의미에서 상대적 평등으로 파악된다. 평등은 비교를 전제하므로 비교가 가능할 때 비로소 평등이 문제 된다. 따라서 평등권 침해 여부는 비교대상이 있어야 비로소 문제 삼을 수 있다.

평등권 침해 여부는 차별 확인과 헌법적 정당화 여부라는 2단계로 심사된다. 즉 먼저 불평등한 취급이 있는지를 심사하고, 그것이 존재한다면 그러한 불평등을 정당화할 만한 합리적 사유(근거)가 있는지를 심사한다.

3. 차별 존재 여부

개발제한구역 지정으로 말미암아 구역 안 토지소유자에게 발생하는 재산권 제한 정도는 '토지를 종래의 지목과 그 현황에 따라 사용할 수 있는지'에 따라 현저히 상이하다. 그런데도 이를 가리지 아니하고 일률적으로 규정하여 구역 안의 모든 토지소유자에게 아무런 보상없이 재산권 제한을 수인하여야 할 의무를 부과하는 구 도시계획법 제21조는 본질적으로 다른 것을 같게 취급하여 차별이 존재한다.

4. 차별취급을 헌법상 정당화할 수 있는지 여부

차별을 정당화할 수 있는지를 심사할 때 사용하는 기준에는 자의금지원칙과 비례성원칙이 있다. 헌법재판소 판례를 따르면 ① 헌법이 특별히 평등을 요구할 때와 ② 차별적 취급으로 말미암아 관련 기본권에 중대한 제한을 초래하게 될 때 입법자는 입법형성권이 축소되므로 상대적으로 엄격한 심사기준인 비례성심사가 적용될 수 있다고 한다.

개발제한구역 지정 후 토지를 종래 목적으로 사용할 수 없거나 토지를 전혀 이용할 수 없는 것은 재산권에 대한 중대한 제한이라고 할 수 있다. 따라서 구 도시계획법 제21조에 따른 평등권 침해 여부는 비례성심사를 하여야 한다. ① 개발제한구역은 도시의 무질서한 확산을 방지하고 도시주변의 자연환경을 보전하여 도시민의 건전한 생활환경을 위해서나 보안상 도시 개발을 제한할 필요에 따라서 지정된다. 따라서 차별목적의 정당성이 인정된다. ② 개발제한구역 지정은 이러한 입법목적을 달성하는데 이바지하므로 차별수단의 적합성도 인정된다. ③ 개발제한지역 지정 후에도 토지를 종래 목적으로 사용할 수 있는 사람과 개발제한지역 지정 후 토지를 종래 목적으로 사용할 수 없거나 토지를 전혀 이용할 수 없는 사람은 구별이 가능하고 이들 사이의 재산권 제약

정도가 확연하고 달라서 후자에 보상이 요구되는데도 이들을 구별하지 않고 같이 보상을 주지 않는 것은 차별대우의 필요성을 충족하지 않는다. ④ 재산권 제약에서 보상을 필요로 하는 예외적인 범위에서 개별 토지소유자에게 발생한 재산적 부담 정도를 충분히 고려하지 않아서 법익의 균형성도 부정된다. 따라서 구 도시계획법 제21조는 비례성원칙에 어긋난다.

5. 결론

구 도시계획법 제21조는 비례성원칙에 어긋나서 甲의 평등권을 침해한다.

사례 19 ‖ 공무원연금

[제2회 변호사시험]

甲은 1992년 3월부터 공무원으로 재직하면서 「공무원연금법」상 보수월액의 65/1000에 해당하는 기여금을 매달 납부하여 오다가 2012년 3월 31일자로 퇴직을 하여 최종보수월액의 70%에 해당하는 퇴직연금을 지급받아 오던 자이다.

그런데 국회는 2012년 8월 6일 공무원연금의 재정상황이 날로 악화되어 2030년부터는 공무원연금의 재정이 고갈될 것이라고 하는 KDI의 보고서를 근거로 공무원연금 재정의 안정성을 도모하기 위한 조치로 「공무원연금법」 개혁을 단행하기로 하였다. 이에 따라 같은 날 「공무원연금법」을 개정하여, (1)「공무원연금법」상 재직 공무원들이 납부해야 할 기여금의 납부율을 보수월액의 85/1000로 인상하고, (2) 퇴직자들에게 지급할 퇴직연금의 액수도 종전 최종보수월액의 70%에서 일률적으로 최종보수월액의 50%만 지급하며, (3) 공무원의 보수인상률에 맞추어 연금액을 인상하던 것을 공무원의 보수인상률과 전국소비자물가변동률의 차이가 3% 이상을 넘지 않도록 재조정하였다. (4) 그리고 경과규정으로, 재직기간과 상관없이 개정 당시 재직 중인 모든 공무원들에게 개정법률을 적용하는 부칙 조항(이 사건 부칙 제1조)과, 퇴직연금 삭감조항은 2012년 1월 1일 이후에 퇴직하는 모든 공무원에게 소급하여 적용하는 부칙 조항(이 사건 부칙 제2조)을 두었으며 동 법률은 2012년 8월 16일 공포되어 같은 날부터 시행되었다.

공무원연금관리공단은 개정법률의 시행에 따라 2012년 8월부터 甲에게 최종
보수월액의 70%를 50%로 삭감하여 퇴직연금을 지급하였다.

甲은 공무원연금관리공단을 상대로 2012년 8월 26일 자신에게 종전대로 최
종보수월액의 70%의 연금을 지급해 줄 것을 신청하였으나, 공무원연금관리공단
은 2012년 9월 5일 50%를 넘는 부분에 대하여는 개정법률에 따라 그 지급을
거부하였다. 이에 甲은 감액된 연금액을 지급받기 위하여 위 거부행위를 대상으
로 하여 서울행정법원에 그 취소를 구하는 행정소송을 제기하였다.

한편, 乙은 1992년 3월부터 20년 넘게 공무원으로 재직하여 오던 중 임용당
시 공무원 결격사유가 있었던 사실이 발견되었고, 乙은 이를 이유로 2012년 3
월 31일 당연퇴직의 통보를 받게 되었다. (이상 공무원연금법의 내용은 가상의
것임을 전제로 함)

甲은 위 행정소송 계속 중 이 사건 퇴직연금 삭감조항 및 부칙 제1조와 제2
조는 위헌이라고 주장하면서 2012년 10월 5일 서울행정법원에 위헌법률심판제
청신청을 하였으나 동 법원은 같은 해 10월 19일 이를 기각하였고 그 기각결정
의 정본은 10월 22일 甲에게 송달되었다. 대리인으로 선임된 변호사 丙은 그로
부터 한 달 뒤인 11월 22일 이 사건 퇴직연금 삭감조항 및 부칙 제1조와 제2조
가 청구인의 행복추구권, 재산권, 공무담임권과 평등권을 과잉하게 침해할 뿐만
아니라, 법치국가원리에서 나오는 신뢰보호의 원칙에도 위반된다고 주장을 하
면서 헌법재판소법 제68조 제2항에 따른 헌법소원심판을 청구하였다.

1. 甲이 제기한 헌법소원심판이 적법하기 위한 요건들을 검토한 다음, 적법 여
   부에 대한 결론을 제시하라.
2. 이 사건 퇴직연금 삭감조항 및 부칙 제2조가 청구인의 기본권을 침해하여 위
   헌인지 여부에 대하여 판단하라.

달력

2012년 8월 ~ 2012년 11월

2012년 8월

일	월	화	수	목	금	토
			1	2	3	4
5	6	7	8	9	10	11
12	13	14	15	16	17	18
19	20	21	22	23	24	25
26	27	28	29	30	31	

2012년 9월

일	월	화	수	목	금	토
						1
2	3	4	5	6	7	8
9	10	11	12	13	14	15
16	17	18	19	20	21	22
23/30	24	25	26	27	28	29

2012년 10월

일	월	화	수	목	금	토
	1	2	3	4	5	6
7	8	9	10	11	12	13
14	15	16	17	18	19	20
21	22	23	24	25	26	27
28	29	30	31			

2012년 11월

일	월	화	수	목	금	토
				1	2	3
4	5	6	7	8	9	10
11	12	13	14	15	16	17
18	19	20	21	22	23	24
25	26	27	28	29	30	

〈목 차〉

I. 헌법소원심판 청구 적법 여부

1. 문제의 소재

이 사건 퇴직연금 삭감조항 및 부칙 제1조와 제2조에 관한 甲의 헌법소원심판 청구는 헌법재판소법 제68조 제2항에 따른 것으로 적법요건으로는 ① 심판청구권자, ② 대상적격(법률), ③ 법원의 위헌제청 신청에 대한 기각결정, ④ 재판의 전제성, ⑤ 청구기간, ⑥ 변호사강제주의, ⑦ 반복제청신청 금지 등이 요구된다. 사안에서는 ①요건은 甲이 제청 신청을 한 사람이고, ②요건에 관해서는 이 사건 퇴직연금 삭감조항 및 부칙 제1조와 제2조는 형식적 의미의 법률(조항)이므로 의문의 여지가 없으며, ⑦요건은 이전에 신청한 적이 없는 것으로 보여 사안에서 문제가 되지 않으므로, 나머지 요건에 관해서 검토한다.

2. 법원의 위헌제청 신청에 대한 기각(각하)결정

헌법재판소법 제68조 제2항 전문을 따르면 법원에서 위헌제청 신청 기각결정을 받은 당사자가 동법 조항에 따른 헌법소원심판을 청구할 수 있다. 사안에서 甲은 2012년 10월 22일 기각결정의 정본을 송달받았으므로 법원의 위헌제청 신청 기각결정이 있었다.

3. 재판의 전제성

재판의 전제성이라 함은, 첫째, 구체적인 사건이 법원에 적법하게 계속 중이어야 하고, 둘째, 위헌 여부가 문제 되는 법률이 해당 소송사건의 재판에 적용되는 것이어야 하며, 셋째, 그 법률이 헌법에 위반되는지에 따라 해당 사건을 담당하는 법원이 다른 내용의 재판을 하게 되는 경우, 즉 ① 법원이 심리 중인 해당 사건 재판의 결론이나 주문에 어떤 영향을 주거나 ② 문제가 된 법률의 위헌 여부가 비록 재판 주문 자체에는 아무런 영향을 주지 않더라도 재판의 결론을 이끌어내는 이유를 달리하는 데 관련되거나 ③ 재판의 내용과 효력에 관한 법률적 의미가 달라지는 경우를 말한다. 다만, 헌법재판소는 최근

②요건을 언급하지 않는다.

사안에서 행정법원에 퇴직연금 삭감처분의 취소를 구하는 甲의 행정소송이 계속 중이고, 이 사건 퇴직연금 삭감조항과 부칙 제2조에 따라 퇴직연금 삭감처분이 내려졌으므로 해당 사건에 적용되며, 이 사건 퇴직연금 삭감조항과 부칙 제2조가 위헌으로 결정되면 甲의 취소소송이 인용되어 퇴직금반환 청구가 가능해져 재판의 결론이 달라지는 경우에 해당한다. 따라서 이 사건 퇴직연금 삭감조항과 부칙 제2조에 대한 甲의 헌법소원심판 청구는 재판의 전제성이 인정된다. 그러나 부칙 제1조는 공무원연금법 개정 당시 공무원에게 적용되고 甲이 제기한 취소소송에 적용되는 법률이 아니므로 재판의 전제성이 인정되지 않는다.

4. 청구기간

헌법재판소법 제69조 제2항을 따르면, 헌법재판소법 제68조 제2항에 따른 헌법소원은 위헌여부심판 제청 신청 기각(각하)결정을 통지받은 날부터 30일 이내에 청구하여야 한다.

사안에서 甲은 2012년 10월 22일에 기각결정의 정본을 송달받고 나서 30일이 지난 2012년 11월 22일에 헌법소원심판을 청구하였으므로 청구기간을 지키지 못하였다.

5. 변호사강제주의

헌법재판소법 제25조 제3항을 따르면 헌법소원은 당사자가 변호사의 자격이 있는 경우가 아닌 한 변호사를 대리인으로 선임하지 아니하면 심판청구를 할 수 없다.

사안에서 甲은 변호사 丙을 대리인으로 선임하였으므로 변호사강제주의 요건을 충족하였다.

6. 결론

부칙 제1조는 재판의 전제성이 없고, 삭감조항과 부칙 제2조는 다른 적법요건을 모두 갖추었으나, 청구기간을 도과하여서 甲이 청구한 헌법소원심판은 모두 부적법하다.

II. 기본권 침해 여부

1. 문제의 소재

甲은 이 사건 퇴직연금 삭감조항 및 부칙 제1조와 제2조가 자신의 행복추구권, 재산권, 공무담임권과 평등권을 과잉하게 침해할 뿐 아니라 법치국가원리에서 나오는 신뢰보호원칙에도 위반된다고 주장한다. 따라서 이 사건 퇴직연금 삭감조항 및 부칙 제2조가 제약하는 기본권이 무엇인지를 살펴보고 나서 그러한 기본권을 침해하여 이 사건 퇴직연금 삭감조항 및 부칙 제2조가 위헌인지를 검토하고자 한다.

2. 제약되는 기본권

(1) 재산권

헌법 제23조 제1항이 보장하는 재산권이란, 경제적 가치가 있는 모든 공법상·사법상 권리로서 일정 시점에 개별법이 재산권으로 정의하는 것을 말한다. 따라서 사법상 물권·채권뿐 아니라 특별법상 권리, 공법상 재산가치 있는 주관적 공권, 상속권 등도 이에 포함되나, 재산 그 자체, 단순한 기대이익, 반사적 이익, 재화획득 기회 등은 재산권 보장 대상이 되지 아니한다. 그리고 재산권은 사적 유용성과 임의적 처분권을 주된 내용으로 하는 바, 헌법 제23조에 따라 모든 국민은 헌법에 합치하는 법률이 정하는 범위 안에서 이러한 구체적 재산권을 보유하여 이를 자유롭게 사용·수익·처분할 수 있다.

헌법재판소 판례를 따를 때 공법상 권리가 헌법상 재산권 보장의 보호를 받으려면, ① 공법상 권리가 권리주체에게 귀속되어 개인의 이익을 위해서 이용할 수 있어야 하고(사적 유용성), ② 국가의 일방적인 급부가 아니라 권리주체의 노동이나 투자, 특별한 희생을 통해서 획득되어 자신이 한 급부의 등가물에 해당하는 것이어야 하며(수급자의 상당한 자기기여), ③ 수급자 자신과 가족의 생활비를 충당하기 위한 혹은 수급자 생존 확보에 이바지하기 위한 경제적 가치가 있는 권리이어야 한다.

공무원연금법에 따른 퇴직급여 재원은 공무원 자신의 기여금과 국가 또는 지방자치단체의 부담금으로 형성되는 점에서 본인의 기여금에 해당하는 부분은 후불임금적 성격이 있고, 나머지 부분은 재직 중 성실한 복무에 대한 공로보상이나 사정보장적 급여의 성격이 있다. 그리고 수급한 연금은 자신의 이익을 위하여 자유롭게 이용할 수 있다. 또한, 퇴직급여는 공무원 퇴직 후 소득을 보상해 주므로 수급자의 생존 확보에도 이바지한다. 따라서 공무원의 퇴직급여는 상당한 자기급여와 사적 유용성 그리고 공무원의 생존 확보 이바지의 요건을 모두 갖추고 구체적인 내용이 법률로 규정되어 주관적 권리 형태를 갖추므로 헌법상 보호받는 재산권에 해당한다. 퇴직연금을 삭감하고 소급적용을 인정하는 퇴직연금 삭감조항 및 부칙 제1조와 제2조는 재산권인 공무원연금법상 연금수급권을 제약한다.

(2) 행복추구권

행복추구권은 개개인이 그때 그때의 상황에 따라 만족스럽다고 생각하고 느끼는 것을 얻기 위하여 자유롭게 노력하고 행동할 수 있는 권리이다. 행복추구권에 관해서 그 내용의 모호함과 불명확성을 이유로 권리성 자체를 부정하는 견해도 있다. 그러나 헌법 제10조 제1문 후단에서 이미 '권리'라고 규정하고, 포괄적 기본권의 성격이 있는 헌법 제37조 제1항이 있으므로 보충적 성격이 있는 구체적 개별 기본권을 보아야 할 것이다. 헌법재판소도 행복추구권을 포괄적 성격이 있는 자유권으로 보며, 일반적 행동자유권과 개성의 자유로운 발현권을 포함한다고 한다. 행복추구권은 다른 개별 기본권이 적용되지 않는 때에 한하여 보충적으로 적용되는 기본권이다.

사안에서 퇴직연금은 甲의 행복과 밀접한 관련이 있음을 부정할 수 없어 행복추구권이 문제 될 수 있다. 그러나 재산권이라는 개별 자유권이 문제 되는 한 행복추구권은 별도로 문제 되지 않는다.

(3) 공무담임권

헌법 제25조는 "모든 국민은 법률이 정하는 바에 의하여 공무담임권을 가진다."라고 규정하여 공무담임권을 보장한다. 공무담임권은 선거직 공무원을 비롯한 모든 국가기관에 취임하여 공직을 수행할 권리를 말한다. 공무담임권의 보호영역에는 공직취임 기회의 자의적인 배제뿐 아니라 공무원 신분의 부당한 박탈이나 권한(직무)의 부당한 정지도 포함된다.

퇴직연금의 액수를 삭감하는 퇴직연금 삭감조항을 이미 퇴직한 甲에게도 소급 적용하는 것은 공직취임 기회를 배제하거나 공무원 신분을 박탈하거나 권한(직무)을 정지하는 내용이 아니므로 공무담임권의 보호영역을 건드리지 않는다. 그리고 이 사건 퇴직연금 삭감조항 및 부칙 제2조로 말미암아 공무원의 연금생활에 대한 불만과 불안정, 이로 말미암은 공무수행 혼란까지 초래할 수 있는 부작용이 있다고 하여도 공무원 신분에 대한 제한으로 보기 어렵다. 따라서 공무담임권은 제약되지 않는다.

(4) 평등권

헌법 제11조 제1항 제1문은 "모든 국민은 법 앞에 평등하다."라고 규정한다. 여기서 법률은 형식적 의미의 법률만을 의미하지 아니하고 한 나라의 법체계를 형성하는 모든 법규범을 말한다. 그리고 헌법 제10조 제2문 국가의 기본권보장의무규정과 헌법상 실질적 법치국가원리에 비추어 법 앞의 평등의 의미에는 법적용상 평등뿐 아니라 법내용의 평등도 포함되어서 입법자도 구속된다(이른바 입법자구속설). 평등의 규범적 의미는 합리적 근거가 있는 차별은 허용된다는 의미에서 상대적 평등으로 파악된다.

이 사건 퇴직연금 삭감조항은 모든 퇴직자에게 일률적으로 연금 액수를 감액하므로 차별 문제가 발생한다고 보기 어렵다. 그러나 이 사건 부칙 제2조는 '퇴직연금의 액수를 최종보수월액의 70%에서 50%로 삭감'하는 이 사건 퇴직연금 삭감조항을 2012년 1월 1일 이후에 퇴직하는 모든 공무원에 소급 적용하므로, 2011년 12월 31일 이전에 퇴직한 공무원(이하 '이전 퇴직자')과 2012년 1월 1일 이후 퇴직한 공무원(이하 '이후 퇴직자')을 차별한다. 따라서 평등권 침해 여부가 문제 된다.

(5) 소결

이 사건 퇴직연금 삭감조항 및 부칙 제2조와 관련하여 재산권과 평등권 침해 여부가 문제 된다.

3. 재산권 침해 여부

(1) 이 사건 퇴직연금 삭감조항의 위헌 여부

① 기본권 제한의 일반원칙

국민의 기본권은 절대적 기본권이 아닌 한 헌법 제37조 제2항에 따라 국가안전보장·질서유지·공공복리를 위해서 제한될 수 있다. 그러나 기본권을 제약할 때도 명확성을 갖춘 법률에 근거하여야 하고, 과잉금지원칙을 준수하여야 하며, 본질적 내용을 침해하여서는 아니 된다. 따라서 재산권을 제약할 때도 과잉금지원칙을 준수하여야 한다.

② 과잉금지원칙의 개념과 내용

국가작용 중 특히 입법작용에서 과잉(입법)금지원칙은 국가가 국민의 기본권을 제한하는 내용의 입법활동을 할 때 준수하여야 할 기본원칙 내지 입법활동의 한계를 의미한다. 따라서 국민의 기본권을 제한하는 입법은 그 목적이 정당하여야 하고, 방법(수단)이 적합하여야 하며, 침해의 최소성과 법익의 균형성을 갖추어야 한다.

③ 목적의 정당성

목적의 정당성은 국민의 기본권을 제한하려는 입법의 목적이 헌법 및 법률의 체계상 그 정당성이 인정되어야 한다는 것이다.

이 사건 퇴직연금 삭감조항이 퇴직급여를 감액하는 목적은 공무원연금의 재정악화를 막아 연금재정의 건정성을 도모하기 위한 것이다. 이것은 공공복리에 해당하여 목적의 정당성이 인정된다.

④ 수단의 적합성

수단의 적합성은 그 목적의 달성을 위하여 그 방법이 효과적이고 적절하여야 한다는 것이다.

퇴직연금 액수를 최종보수월액의 70%에서 50%로 삭감하는 것은 공무원연금 재정의 고갈을 감소하거나 완화함으로써 공무원연금 재정의 건전성 확보에 어느 정도 이바지할 것이다. 따라서 수단의 적합성은 충족된다.

⑤ 침해의 최소성

침해의 최소성은 입법권자가 선택한 기본권 제한의 조치가 입법목적을 달성하기 위하여 설사 적절하다고 할지라도 더 완화한 형태나 방법을 모색함으로써 기본권 제한은 필요한 최소한도에 그치도록 하여야 한다는 것이다.

퇴직연금의 액수를 최종보수월액의 70%에서 일률적으로 50%로 삭감하는 것은 그 감액의 비율이 지나치게 높고, 특히 퇴직 후 다른 소득이 전혀 없는 퇴직자들이나 연금액수 자체가 소액인 퇴직자들에게는 생존 기초가 되는 소득 박탈이 될 수도 있으며 다른 제도적 개선 노력을 기울이지 않았다는 점을 고려하면, 이 사건 퇴직연금 삭감조항은 침해의 최소성을 충족한다고 보기 어렵다.

⑥ 법익의 균형성

법익의 균형성은 그 입법을 통해서 보호하려는 공익과 침해되는 사익을 비교형량할 때 보호되는 공익이 더 커야 한다는 것이다.

이 사건 퇴직연금 삭감조항이 추구하는 공무원연금 재정의 건전성 확보라는 공익과 비교해서 퇴직자들의 재산권, 특히 다른 소득이 전혀 없는 퇴직자들이나 연금액수 자체가 소액인 퇴직자들의 재산권에 대한 피해 정도가 더 크다. 따라서 이 사건 퇴직연금 삭감조항은 법익의 균형성도 갖추지 못하였다.

⑦ 소결

이 사건 퇴직연금 삭감조항은 침해의 최소성과 법익의 균형성을 갖추지 못하여 과잉금지원칙에 위배되어 재산권을 침해한다.

(2) 이 사건 퇴직연금 부칙 제2조의 위헌 여부

① 문제의 소재

이 사건 부칙 제2조가 소급입법에 해당하여 신뢰보호원칙에 어긋나는지가 문제 된다.

② 소급입법의 의미와 해당 여부

소급입법은, 신법이 이미 종료된 사실이나 법률관계에 작용하는지, 아니면 현재 진행 중인 사실이나 법률관계에 작용하는지에 따라 진정소급입법과 부진정소급입법으로 구분된다. 즉 지난날에 이미 완성된 사실이나 법률관계를 규율하는 입법형식이 진정소급입법이고, 이미 지난날에 시작되었으나 아직 완성되지 아니한 사실이나 법률관계를 규율하는 입법형식이 부진정소급입법이다. 진정소급입법은 헌법적으로 허용되지 않는 것이 원칙이고, 특단의 사정이 있는 때만 예외적으로 허용될 수 있다. 하지만 부진정소급입법은 원칙적으로 허용되지만 소급효를 요구하는 공익상 사유와 신뢰보호 요청 사이의 교량과정에서 신뢰보호 관점이 입법자의 형성권에 제한을 가한다.

이 사건 부칙 제2조은 이미 발생하여 이행기에 도달한 퇴직연금수급권 내용에 개입하지 않고 개정법이 시행되고 나서 이행기가 도래하는 퇴직금 중 일정 부분에 대해서 삭감을 하는 내용이므로 부진정소급입법에 해당한다.

③ 신뢰보호원칙 위배 여부

(ⅰ) 신뢰보호원칙의 의미

신뢰보호원칙이란 헌법에 내재적으로 보장된 법치국가원리에서 도출되는 한 원칙으로서 국민이 국가기관이 한 결정의 정당성 또는 존속성을 신뢰하였을 때 그 신뢰가 보호받을 가치가 있는 것이면 이를 보호해 주어야 한다는 것을 말한다. 이 원칙은 법치국가원리의 한 구성요소를 이루는 당사자의 법적 생활 안정 필요(법적 안정성)에서 나오는 원칙이다.

(ⅱ) 신뢰보호원칙 위반의 판단기준

법률의 제정이나 개정 시 구법질서에 대한 당사자의 신뢰가 합리적이고도 정당하며 법률의 제정이나 개정으로 야기되는 당사자의 손해가 극심하여 새로운 입법으로 달성하고자 하는 공익적 목적이 그러한 당사자의 신뢰 파괴를 정당화할 수 없다면, 그러한 새 입법은 신뢰보호원칙상 허용될 수 없다. 이러한 신뢰보호원칙 위배 여부를 판단하려면, 한편으로는 침해받은 이익의 보호가치, 침해의 중한 정도, 신뢰가 손상된 정도, 신뢰침해의 방법 등과 다른 한편으로

는 새 입법을 통해 실현하고자 하는 공익적 목적을 종합적으로 비교·형량하여
야 한다.

(iii) 사안에 대한 적용

사안에서 퇴직연금이 삭감되지 아니하였던 구 공무원연금법 제정과 시행
은 공무원들에게 선행조치로 말미암은 헌법적인 신뢰이익을 부여하여 보호가
치 있는 신뢰가 존재한다. 그리고 이 사건 부칙 제2조에는 연금재정 악화를 개
선하고자 하는 공익이 있다. 그러나 공무원연금 재정 악화로 말미암은 재정건
전성 도모를 위한 공무원법 개정이 필요한 점은 인정되나, 이미 퇴직하여 퇴직
금을 수령하고 있던 甲에 대해서 그 신뢰를 보호하기 위한 아무런 경과조치를
두지 아니하고 이미 연금을 수령하던 사람에게도 적용하도록 한 것과 특히 그
퇴직연금 액수를 종전 최종보수월액의 70%에서 일률적으로 50%로 감액하여
지급하는 것은 개인의 신뢰이익을 지나치게 침해한다. 따라서 이 사건 부칙 제
2조는 신뢰보호원칙에 위반된다.

(3) 소결

이 사건 퇴직연금 삭감조항은 과잉금지원칙을 위반하여 甲의 재산권을
침해하고, 이 사건 부칙 제2조는 신뢰보호원칙에 위반하여 甲의 재산권을 침
해한다.

4. 평등권 침해 여부

(1) 심사기준

차별을 정당화할 수 있는지를 심사할 때 사용하는 기준에는 자의금지원칙
과 비례성원칙이 있다. 헌법재판소 판례를 따르면 ① 헌법이 특별히 평등을 요
구할 때와 ② 차별적 취급으로 말미암아 관련 기본권에 중대한 제한을 초래하
게 될 때 입법자는 입법형성권이 축소되므로 상대적으로 엄격한 심사기준인
비례성원칙이 적용될 수 있다고 한다.

공무원법상 퇴직연금과 관련하여 헌법에서 특별히 평등을 요구하지는 않
는다. 그러나 공무원의 퇴직연금은 공무원의 퇴직 후 생활안정에 중대한 영향
을 미치므로 이 사건 퇴직연금 삭감조항 및 부칙 제2조는 공무원 퇴직연금수

급자의 재산권을 중대하게 제한하는 것으로 볼 수 있다. 따라서 이 사건 퇴직연금 삭감조항 및 부칙 제2조의 평등권 침해 여부와 관련하여 엄격한 심사기준인 비례성원칙이 적용되어야 한다.

(2) 비례성심사

비례성심사는 차별취급의 목적과 수단 사이에 엄격한 비례관계가 성립하는지를 기준으로 심사한다. 구체적으로 차별목적의 정당성, 차별수단의 적합성, 차별대우의 필요성, 법익의 균형성이 인정되는지를 기준으로 심사한다.

차별목적의 정당성에서는 차별이 추구하는 목적이 헌법적으로 정당한 것인지를 심사한다. 이 사건 퇴직연금 삭감조항 및 부칙 제2조는 공무원연금 재정의 건전성 확보하여 공무원연금제도 자체를 유지·존속하려는 것이다. 이것은 공공복리에 해당하여 차별 목적의 정당성이 인정된다.

차별수단의 적합성에서는 차별이 차별목적인 공익달성에 적합한 것인지를 심사한다. 비록 퇴직자 전체가 아니라 그들 중 극히 일부에 불과한 '이후 퇴직자'의 퇴직연금 액수를 70%에서 50%로 삭감하는 것은 어느 정도나마 공무원연금 재정의 건전성 확보에 이바지할 수 있다. 따라서 차별수단의 적합성도 충족된다.

차별대우의 필요성에서는 차별취급이 차별목적 달성에 불가피한 수단인지를 심사한다. 퇴직금 액수에 따른 차별적 감액을 통해서 상대적으로 퇴직연금 액수가 적은 사람을 보호하려는 노력을 전혀 하지 않고 일률적으로 감액한 것은 차별취급의 불가피성을 인정하기 어렵고, 2012년 1월 1일 이전 혹은 이후에 퇴직하였는지는 정년이나 개인적 사정과 같은 우연한 사정에 기인하는 결과의 차이일 뿐이지, 이러한 차이로 말미암아 퇴직금 감액의 필요성이 달라진다고 보기도 어렵다. 이와 관련하여 퇴직자가 수령하는 퇴직연금 액수나 다른 소득 유무와 같은 합리적인 차별기준이 있다. 게다가 퇴직연금 액수를 최종보수월액의 70%에서 일률적으로 50%로 삭감하는 것은 그 감액 비율이 지나치게 높다. 이러한 점에서 차별대우의 필요성은 인정되지 않는다.

법익의 균형성에서는 차별목적과 수단 사이에 비례성이 있는지를 심사한다. 공무원연금의 재정건전성 확보라는 공익보다 그로 말미암아 침해되는 공무

원의 생존 기초가 되는 퇴직금 감액이라는 사익이 더 크다고 볼 수 있어서 법
익의 균형성도 충족되지 않는다.

(3) 소결

이 사건 퇴직연금 삭감조항 및 부칙 제2조는 차별대우의 필요성과 법익의
균형성을 충족하지 못하여 평등권을 침해한다.

5. 결론

이 사건 퇴직연금 삭감조항 및 부칙 제2조는 재산권과 평등권을 침해하여
위헌이다.

사례 20 ‖ 텔레비전방송수신료

한국전력공사는 1998. 2. 2. 甲에 대해서 1998년 2월분 텔레비전방송수신료금 2,500원의 부과처분을 하였다. 甲은 1998. 4. 1. 서울행정법원에 한국전력공사를 상대로 이러한 부과처분의 취소를 구하는 소를 제기하고, 이 소송 계속 중에 부과처분의 근거가 된 「한국방송공사법」 제35조와 제36조 제1항이 위헌이라고 주장하면서 위헌법률심판 제청을 신청하였다. 그러나 서울행정법원은 1998. 8. 20. 부과처분 취소 청구와 함께 이 신청을 기각하였다. 甲은 1998. 8. 25. 그 결정을 송달받자, 1998. 9. 8. 헌법재판소에 헌법소원심판을 청구하였다.

1. 甲의 헌법소원심판 청구는 적법한가?
2. 한국방송공사법 제35조와 제36조 제1항은 조세법률주의에 위반되는가?
3. 한국방송공사법 제35조는 포괄위임금지원칙에 위반되는가?
4. 한국방송공사법 제36조 제1항은 법률유보원칙에 위반되는가?

참조조문

「한국방송공사법」

제1조(목적) 이 법은 한국방송공사(이하 "공사"라 한다)를 설립하여 국내외방송을 효율적으로 실시하고 전국에 방송의 시청을 가능하게 함으로써 방송문화발전과 공공복지의 향상에 이바지하게 함을 목적으로 한다.

제2조(법인격) 공사는 법인으로 한다.

제21조(업무) ①공사는 제1조의 목적을 달성하기 위하여 다음 각호의 업무를 행한다.

1. 방송시설의 설치·운영 및 관리
2. 라디오방송의 실시
3. 텔레비젼방송의 실시
4. 대외방송의 실시
5. 국가가 필요로 하는 특수방송의 실시 및 지원
6. 광고방송의 실시
7. 전속단체의 운영·관리
8. 방송문화행사의 수행 및 방송문화의 국제교류
9. 방송에 관한 조사·연구 및 발전
10. 제1호 내지 제9호의 업무에 부대되는 사업

② 공사는 이사회의 의결을 거쳐 제1항 각호에 해당하는 업무 또는 이와 유사한 업무를 행하는 법인에 대하여 그 자본금의 전부 또는 일부를 출자할 수 있다.

제35조(텔레비전수상기의 등록과 수신료 납부의무) 텔레비전방송을 수신하기 위하여 텔레비전수상기(이하 "수상기"라 한다)를 소지한 자는 대통령령이 정하는 바에 따라 공사에 그 수상기를 등록하고 텔레비전방송수신료(이하 "수신료"라 한다)를 납부하여야 한다. 다만, 대통령령이 정하는 수상기에 대하여는 그 등록을 면제하거나 수신료의 전부 또는 일부를 감면할 수 있다.

제36조(수신료의 결정) ①수신료의 금액은 이사회가 심의·결정하고, 공사가 공보처장관의 승인을 얻어 이를 부과·징수한다.

<목 차>

헌재 1999. 5. 27. 98헌바70 참조

Ⅰ. 헌법소원심판 적법 여부

1. 문제의 소재

한국방송공사법 제35조와 제36조 제1항에 관한 甲의 헌법소원심판 청구는 헌법재판소법 제68조 제2항에 따른 것으로 적법요건으로는 ① 청구권자, ② 대상적격(법률), ③ 법원의 위헌제청 신청에 대한 기각결정, ④ 재판의 전제성, ⑤ 청구기간, ⑥ 변호사강제주의, ⑦ 반복제청신청 금지 등이 요구된다. 이러한 요건들을 차례대로 검토한다.

2. 청구권자

법원에 법률에 대해서 위헌법률심판 제청을 신청하였다가 법원의 기각결정을 받은 당사자만 헌법재판소법 제68조 제2항에 따른 헌법소원심판을 청구할 수 있다. 사안에서 甲은 서울행정법원에 위헌법률심판 제청을 신청하였다가 기각결정을 받았으므로 헌법재판소법 제68조 제2항에 따른 헌법소원심판을 청구할 수 있다.

3. 대상적격

원칙적으로 국회가 헌법에 정해진 입법절차에 따라 제정한 '형식적 의미의 법률'만이 헌법재판소법 제68조 제2항에 따른 헌법소원심판 대상이 될 수 있는 법률에 해당한다. 다만, 형식적 의미의 법률은 아니나 그와 같은 효력이 있는 대통령의 긴급명령, 긴급재정·경제명령(법률대위명령)이나 국회 동의가 필요한 조약, 법률의 효력이 있는 일반적으로 승인된 국제법규도 헌법소원심판 대상이 될 수 있다. 사안에서 문제가 되는 한국방송공사법 제35조와 제36조 제1항은 형식적 의미의 법률이므로 대상적격이 있다.

4. 법원의 위헌제청 신청에 대한 기각결정

헌법재판소법 제68조 제2항 전문의 규정에 따르면 법원에서 위헌제청 신청 기각결정을 받은 당사자가 동법 조항에 따른 헌법소원심판을 청구할 수 있다. 사안에서 甲은 1998. 8. 25. 기각결정문을 송달받았으므로 법원의 위헌제청 신청 기각결정이 있었다.

5. 재판의 전제성

재판의 전제성이라 함은, 첫째, 구체적인 사건이 법원에 적법하게 계속 중이어야 하고, 둘째, 위헌 여부가 문제 되는 법률이 해당 소송사건의 재판에 적용되는 것이어야 하며, 셋째, 그 법률이 헌법에 위반되는지에 따라 해당 사건을 담당하는 법원이 다른 내용의 재판을 하게 되는 경우, 즉 법원이 심리 중인 해당 사건의 재판의 결론이나 주문에 어떤 영향을 주는 경우 또는 문제가 된 법률의 위헌 여부가 비록 재판의 주문 자체에는 아무런 영향을 주지 않는다고 하더라도 재판의 결론을 이끌어내는 이유를 달리하는 데 관련되어 있거나 재판의 내용과 효력에 관한 법률적 의미가 달라지는 경우를 말한다.

사안에서 한국방송공사법 제35조와 제36조 제1항에 따라 텔레비전방송수신료가 부과되었으므로 이들 조항이 해당 사건에 적용되는 법률이다. 그리고 이 조항들에 대해서 위헌결정이 내려지면 그에 따른 텔레비전방송수신료 부과처분은 취소될 것이므로 다른 내용의 재판을 하는 때에 해당한다. 사안에서 문제 되는 것은 수신료부과처분취소소송이 기각됨에 따라 구체적인 사건이 법원에 계속 중이라고 볼 수 없는 것이 아닌지 하는 점이다. "구체적인 사건이 법원에 계속 중이어야" 한다는 것은 헌법재판소법 제41조 소정의 위헌법률심판 제청사건이 위헌제청결정 당시는 물론이고 헌법재판소 결정 시까지 구체적 사건이 법원에 계속 중이어야 한다는 뜻이다. 헌법재판소법 동법 제68조 제2항에서는 위헌제청 신청 시 구체적 사건이 법원에 계속 중이어야 한다는 의미이다. 사안에서는 위헌제청 신청 시에는 구체적 사건이 법원에 계속 중이었으므로 재판의 전제성 요건을 충족하는 것으로 보아야 할 것이다.

6. 청구기간

헌법재판소법 제69조 제2항을 따르면, 헌법재판소법 제68조 제2항에 따른 헌법소원은 위헌법률심판 제청 신청에 관한 기각(각하)결정을 통지받은 날부터 30일 이내에 청구하여야 한다. 사안에서 甲은 1998. 8. 25. 기각결정문을 송달받고 나서 30일 이내인 1998. 9. 8. 헌법소원심판을 청구하였으므로 청구기간을 준수하였다.

7. 변호사강제주의

헌법재판소법 제25조 제3항을 따르면 헌법소원은 당사자가 변호사 자격이 있는 때가 아닌 한 변호사를 대리인으로 선임하지 아니하면 심판 청구를 할 수 없다. 사안에서 甲이 변호사 자격이 있는지와 변호사를 대리인으로 선임하였는지를 확인할 수 없다.

8. 반복제청신청 금지

위헌여부심판 제청을 신청하였으나 그 신청을 법원이 기각하면 해당 사건의 소송절차에서 동일한 사유를 이유로 한 위헌여부심판 제청 신청을 할 수 없다(헌법재판소법 제68조 제2항 후문). 여기서 해당 사건의 소송절차에는 상소심 소송절차는 물론 파기환송되기 전후의 소송절차도 포함된다. 사안에서는 이미 심판을 거친 동일한 사건인지에 관해서는 언급된 바가 없으므로 반복제청신청 금지는 충족된 것으로 보인다.

9. 결론

甲이 변호사 자격이 있거나 변호사를 대리인으로 선임하였다면, 다른 요건은 모두 충족하므로 한국방송공사법 제35조와 제36조 제1항에 관한 甲의 헌법소원심판 청구는 적법하다.

II. 조세법률주의 위반 여부

1. 문제의 소재

텔레비전방송수신료가 조세로서 조세법률주의의 적용대상인지가 문제 된다.

2. 조세법률주의의 의의

헌법 제38조는 "모든 국민은 법률이 정하는 바에 의하여 납세의 의무를 진다."라고 규정하고, 제59조에서 "조세의 종목과 세율은 법률로 정한다."라고 규정하여 조세법률주의를 선언한다.

조세법률주의는 과세요건 법정주의와 과세요건 명확주의를 그 핵심적 내용으로 한다. 과세요건 법정주의는 납세의무를 성립시키는 납세의무자, 과세물건, 과세표준, 과세기간, 세율 등의 모든 과세요건과 부과·징수절차는 모두 국민의 대표기관인 국회가 제정한 법률로 규정하여야 한다는 것을 말한다. 과세요건 명확주의는 과세요건을 법률로 규정하였더라도 그 규정내용이 지나치게 추상적이고 불명확하면 이에 관한 과세관청의 자의적인 해석과 집행을 초래할 염려가 있으므로 그 규정내용이 명확하고 일의적이어야 한다는 것을 말한다.

이러한 조세법률주의 이념은 결국 과세요건을 국회가 제정한 법률로 명확하게 규정함으로써 국민의 재산권을 보장함과 동시에 국민의 경제생활에서 법적 안정성과 예측 가능성을 보장하기 위한 것이다.

3. 텔레비전방송수신료가 조세인지 여부

(1) 조세의 의의

조세는 국가나 지방자치단체 등 공권력의 주체가 재원조달 목적으로 그 과세권을 발동하여 반대급부 없이 일반 국민에게서 강제적으로 부과·징수하는 과징금을 말한다. 따라서 반대급부를 전제로 하는 사용료나 특정 공익사업과 이해관계가 있는 사람에게서 부과·징수하는 부담금과는 구별된다.

(2) 사안 검토

사안에서 문제가 되는 텔레비전방송수신료는 실제 방송시청 여부와 관계없이 부과된다는 점, 금액이 텔레비전방송 수신 정도와 관계없이 정액으로 정한다는 점 등을 고려하면 한국방송공사 서비스에 대한 대가나 수익자 부담금으로 보기는 어렵다. 따라서 텔레비전방송수신료는 공영방송사업이라는 특정한 공익사업 경비 조달에 충당하려고 수상기를 소지한 특정집단에 부과하는 특별부담금에 해당한다.

4. 특별부담금에 대한 조세법률주의 적용 여부

(1) 학설

사용료·부담금 등과 같이 엄밀한 의미에서 조세가 아니어도 조세법률주의가 적용될 수 있는지에 관해서는 ① 국민에게 조세와 동일하게 재산적 부담을 준다는 점에서 조세법률주의 적용을 긍정하는 견해와 ② 조세입법권은 조세징수에 관한 것이므로 부담금 등에 관해서는 법치국가원리의 일반원리에 따라 검토되어야 한다고 하는 견해가 대립한다.

(2) 검토

사용료·부담금 등과 같이 엄밀한 의미에서 조세가 아니어도 조세법률주의가 적용된다고 하면 더 엄격하게 법률에 구속됨에 따라 입법자의 입법형성권 범위가 축소되고 위임입법 한계와 관련하여서도 구체성·명확성의 요구가 강화되어 위임의 요건과 범위가 더 엄격하게 제한적으로 규정되어야 한다.

조세는 국가의 재원조달이라는 공익을 위해서 반대급부 없이 강제적으로 국민의 재산을 침해하는 것으로 엄격하게 해석되어야 한다. 따라서 사용료나 부담금에는 조세법률주의가 적용되지 않는 것으로 보아야 한다. 헌법재판소도 텔레비전방송수신료에 조세법률주의를 적용하지 않았다.

5. 결론

방송수신료는 조세가 아닌 특별부담금의 성격이 있고, 특별부담금에는 조세법률주의가 적용되지 않는다. 따라서 한국방송공사법 제35조와 제36조 제1항은 조세법률주의에 반하여 위헌이라고 할 수 없다.

Ⅲ. 포괄위임금지원칙 위반 여부

1. 문제의 소재

한국방송공사법 제35조는 단서에서 등록의무면제, 수신료납부감면의 범위를 대통령령으로 정할 수 있도록 한다. 따라서 이것은 위임입법에 해당하고, 이것이 헌법 제75조의 포괄위임금지원칙에 합치하는지가 문제 된다.

2. 위임입법의 불가피성과 그 한계

현대에 들어와 행정국가화·사회국가화 경향에 따라 모든 행정을 법률이 규율하는 것은 불가능하게 되었다. 이에 따라 일정 사항을 행정입법에 위임하는 입법기술이 행해지게 되었다. 그러나 이때도 권력분립의 이념과 국회입법의 원칙적 요청을 근거로 포괄적 위임입법은 금지되고, 헌법 제75조에서 이것을 규정한다.

3. 위임입법의 한계로서 포괄적 위임 금지

(1) 헌법규정

헌법 제75조는 "대통령은 법률에서 구체적으로 범위를 정하여 위임받은 사항 … 에 관하여 대통령령을 발할 수 있다."라고 규정함으로써 위임입법의 근거를 마련함과 동시에 위임은 '구체적으로 범위를 정하여' 하도록 함으로써 그 한계를 설정한다. 이는 집행부에 입법을 위임하는 수권법률의 명확성원칙, 즉 합리적인 법률해석을 통해서 수권법률에 포함된 입법자의 객관화한 의사, 즉 위임의 내용, 목적과 정도가 밝혀질 수 있다면 위임입법 한계를 일탈한 것은 아니라는 법률의 명확성원칙을 행정입법에 관해서 구체화한 특별규정이다.

(2) '법률에서 구체적으로 범위를 정하여'의 의미

입법을 위임할 때는 법률에 미리 대통령령으로 규정될 내용과 범위에 관한 기본사항을 구체적으로 규정하여 행정권의 자의적인 법률의 해석과 집행을 할 수 없도록 한다. 여기서 '구체적으로 범위를 정하여'는 의회입법과 법치국가원리를 달성하고자 하는 헌법 제75조 입법취지에 비추어 볼 때, 법률에 대통령령 등 하위법규에 규정될 내용 및 범위의 기본사항이 가능한 한 구체적이고도 명확하게 규정되어서 누구라도 해당 법률에서 대통령령에 규정될 내용의 대강을 예측할 수 있어야 함을 뜻한다.

(3) 예측 가능성 판단 기준

(1) 예측 가능성 유무는 해당 특정조항만으로 판단할 것이 아니라 관련 법률조항 전체를 유기적·체계적으로 종합판단하여야 하고, 각 대상법률의 성질에 따라 구체적·개별적으로 검토하여야 한다.

그리고 (2) 이러한 위임의 구체성·명확성의 요구 정도는 그 규율대상의 종류와 성격에 따라 달라진다. 하지만 특히 처벌법규나 조세법규와 같이 국민의 기본권을 직접적으로 제한하거나 침해할 소지가 있는 법규에서는 구체성·명확성의 요구가 강화되어 그 위임의 요건과 범위가 일반적인 급부행정보다더 엄격하게 제한적으로 규정되어야 하지만, 규율대상이 지극히 다양하거나 수시로 변화하는 성질의 것이면 위임의 구체성·명확성 요건을 완화하여야 할 것이다.

또한, (3) 위임조항 자체에서 위임의 구체적 범위를 명백히 규정하지 않더라도 해당 법률의 전반적 체계와 관련규정에 비추어 위임조항의 내재적인 위임의 범위나 한계를 객관적으로 분명히 확정할 수 있다면 이를 포괄적인 백지위임에 해당하는 것으로는 볼 수 없다.

(4) 사안 검토

한국방송공사법 제35조에서 대통령령에 위임한 내용은 등록면제 또는 수신료 감면에 관한 규정으로서 국민에게 이익을 부여하는 수익적 규정에 해당하는 것이어서 위임입법의 구체성·명확성 정도를 상대적으로 완화할 수 있다.

그리고 수신료 납부의무자 범위가 'TV 방송을 수신하기 위하여' 수상기를 소지한 자로 되어 있는 점, 수신료의 징수목적이 한국방송공사의 경비충당에 있다는 점 등의 사정을 종합적으로 고려하면 한국방송공사법 제35조에서 대통령령에 규정될 내용의 대강을 예측할 수 없다고 할 수 없다. 따라서 한국방송공사법 제35조는 헌법에 위반되는 것으로 볼 수 없다.

4. 결론

한국방송공사법 제35조의 대통령령에 대한 위임은 헌법 제75조의 위임입법 한계를 준수하여서 포괄위임금지원칙에 위반되지 않는다.

Ⅳ. 법률유보원칙 위배 여부

1. 문제의 소재

한국방송공사법 제36조 제1항과 관련하여 텔레비전방송수신료가 법률유보 대상인지가 문제 된다.

2. 법치행정원칙과 법률유보원칙

(1) 법치행정원칙

법치행정원칙이란 행정작용이 합헌적인 법률에 따라 수행되어야 한다는 것으로, 일반적으로 법률의 우위, 법률의 법규창조력, 법률유보를 그 내용으로 한다. 헌법 제107조 제2항은 명령, 규칙, 처분에 대한 위헌·위법심사를 규정하여 법치국가원리의 한 내용으로서 법치행정원칙을 인정한다.

(2) 법률유보원칙의 의의와 적용영역

법률유보원칙이란 행정작용은 법률에 근거하여서만 발동할 수 있다는 원칙으로서 행정작용에 대해서 적극적으로 법적 근거가 있을 것을 요구한다. 이러한 법률유보원칙이 행정의 어떠한 영역에 요구되는지 그 범위에 대하여 학설 대립이 있다. 즉 ① 국민의 자유와 권리를 침해하거나 새로운 의무를 부과하는 행정작용에 관해서만 법률의 근거를 요한다는 침해유보설, ② 행정의 유형을 불문하고 모든 행정작용에서 법률의 근거를 필요로 한다는 전부유보설, ③ 급부행정에도 법률의 근거를 요한다는 급부행정유보설, ④ 행정작용 중에서 국민과 맺는 관계에서 본질적인 사항에 대한 규율은 입법자 스스로가 결정하여야 한다는 중요사항유보설(본질성이론)이 대립한다. 헌법재판소는 국민의 기본권 실현에 관련된 영역에서는 행정에 맡길 것이 아니라 국민의 대표자인 입법자 스스로 그 본질적 사항에 대하여 결정하여야 한다는 것까지 내포하는 것으로 파악하여 본질성이론에 따라서 법률유보 적용영역을 확정한다.

3. 한국방송공사의 법적 성격과 법치행정원칙 적용 여부

한국방송공사법을 따르면 한국방송공사는 국내외 방송을 효율적으로 실시하고 전국에 방송 시청을 가능하게 함으로써 방송문화 발전과 공공복지 향상에 이바지하려고 설립된 법인으로서(제1조), 라디오·텔레비전방송 실시, 국가가 필요로 하는 특수방송의 실시 및 지원, 방송문화행사의 수행 및 방송문화의 국제교류, 방송에 관한 조사·연구 및 발전 등(제21조)의 공영방송사업을 수행한다. 따라서 한국방송공사는 행정기관은 아니지만 공법인으로서 원칙적으로 법치행정원칙이 적용된다.

4. 수신료 금액이 법률유보 대상인지 여부

한국방송공사의 수신료 부과·징수는 국민의 재산권에 제한을 가하는 행정작용이다. 따라서 법률유보와 관련된 어떠한 학설을 따르더라도 수신료의 금액은 납부의무의 범위, 징수절차와 함께 법률유보 대상이 된다고 보아야 할 것이다. 헌법재판소도 "오늘날 법률유보원칙은 단순히 행정작용이 법률에 근거를 두기만 하면 충분한 것이 아니라, 국가공동체와 그 구성원에게 기본적이고도 중요한 의미를 갖는 영역, 특히 국민의 기본권실현과 관련된 영역에 있어서는 국민의 대표자인 입법자가 그 본질적 사항에 대해서 스스로 결정하여야 한다는 요구까지 내포하고 있다(의회유보원칙). 그런데 텔레비전방송수신료는 대다수 국민의 재산권 보장의 측면이나 한국방송공사에게 보장된 방송자유의 측면에서 국민의 기본권실현에 관련된 영역에 속하고, 수신료금액의 결정은 납부의무자의 범위 등과 함께 수신료에 관한 본질적인 중요한 사항이므로 국회가 스스로 행하여야 하는 사항에 속하는 것임에도 불구하고 한국방송공사법 제36조 제1항에서 국회의 결정이나 관여를 배제한 채 한국방송공사로 하여금 수신료금액을 결정해서 문화관광부장관의 승인을 얻도록 한 것은 법률유보원칙에 위반된다."라고 판시하였다.

5. 결론

한국방송공사법 제36조 제1항은 법률유보원칙에 위반된다.

사례 21 ∥ 검찰총장 퇴직 후 공직취임 제한

검찰이 정치에 깊이 관여한 사실이 여러 사건을 통해서 드러나자 국회는 검찰의 정치적 중립성을 확보하려고 검찰청법 개정에 착수하였다. 그리하여 2018년 10월 1일 "검찰총장은 퇴직일부터 2년 이내에는 공직에 임명될 수 없다."라는 「검찰청법」 제12조 제4항을 신설 개정·공포하여 같은 날 시행하였다. 이에 대해서 검찰총장 甲과 고등검사장급 검사들인 乙외 7명은 위 「검찰청법」 개정으로 자신들의 기본권을 침해받았다고 주장하며 2018년 12월 17일 헌법소원심판을 청구하였다.

1. 甲과 乙외 7명의 헌법소원심판 청구는 적법한가?
2. 「검찰청법」 제12조 제4항에 따른 공직취임 제한으로 말미암아 침해된다고 주장할 수 있는 기본권은 무엇인가?(기본권 경합을 고려할 것)
3. 「검찰청법」 제12조 제4항은 과잉금지원칙에 위반되는가?
4. 「검찰청법」 제12조 제4항은 신뢰보호원칙에 위반되는가?

〈목 차〉

헌재 1997. 7. 16. 97헌마26 참조

Ⅰ. 헌법소원심판 청구 적법 여부

1. 문제의 소재

헌법재판소법 제68조 제1항에 따른 헌법소원심판을 청구하려면 청구인능력(기본권주체성), 대상적격, 자기관련성, 현재성, 직접성, 보충성, 청구기간, 권리보호이익, 변호사강제주의, 일사부재리 등의 요건을 충족하여야 한다. 따라서 甲과 乙외 6명의 헌법소원심판 청구가 이러한 요건을 갖추었는지를 살펴보아야 한다.

2. 청구인능력(기본권주체성)

헌법소원심판을 청구할 수 있는 사람은 헌법상 기본권주체에 국한된다(헌법재판소법 제68조 제1항). 이때 기본권주체에는 자연인만이 아니라 성질상 법인이 누릴 수 있는 기본권에 관해서는 법인도 포함된다. 그리고 대표자의 정함이 있고 독립된 사회조직체로 활동하는 비법인사단도 포함된다. 국가나 국가기관, 국가사무를 위임받은 공법인이나 그 기관은 기본권의 수범자이지 기본권주체가 아니므로 헌법소원심판을 청구할 수 없다. 그러나 예외적으로 국가에 대해서 독립성이 있고 독자적인 기구로서 해당 기본권 영역에서 개인의 기본권 실현에 이바지하면 기본권주체로서 인정된다.

검찰총장과 고등검사장은 국민의 기본권을 보호하거나 실현할 책임이 있는 국가기관이나 그 일부이다. 따라서 청구인들이 국가기관임으로 말미암아 청구인능력이 부정되는지 문제 된다. 청구인들이 침해받았다고 주장하는 것은 국가기관 지위에서 부여받은 권한이 아니고, 이 지위에 있었던 사실로 말미암아 자신들의 기본권이 침해되었다고 주장한다. 따라서 그들이 주장하는 기본권과 관련하여 그들의 기본권주체성과 더불어 청구인능력이 긍정된다.

3. 대상적격

헌법소원심판은 헌법에 위반되는 모든 공권력의 행사나 불행사에 대해서 청구할 수 있다. 모든 공권력의 행사나 불행사는 입법권, 집행권, 사법권을 행사하는 모든 국가기관의 적극적인 작위와 소극적인 부작위를 말하는데, 다만 법원의 재판은 여기서 제외된다(헌법재판소법 제68조 제1항).

사안에서는 법률인 검찰청법 조항에 대해서 헌법소원심판이 청구되었다. 입법작용도 공권력 행사에 포함되므로 헌법소원심판 대상이 된다.

4. 자기관련성

원칙적으로 기본권을 침해당하는 사람만 헌법소원심판을 청구할 수 있다. 제3자는 특별한 사정이 없는 한 기본권 침해에 관련되었다고 볼 수 없다.

사안에서 甲은 검찰청법 제12조 제4항의 적용을 받아 퇴직 후 2년 동안 공직에 취임할 수 없으므로 자기관련성이 인정된다. 검찰총장이 대부분 취임 직전 고등검사장이었던 점에 비추어 乙외 7명은 검찰총장으로 임명될 가능성이 높다. 하지만 乙외 7명은 검찰총장으로 임명되기 전에는 자기관련성이 인정될 수 없다.

5. 현재성

헌법소원심판이 적법하려면 원칙적으로 청구인에 대한 기본권 침해는 현재 일어난 상태일 것, 즉 현재성이 요구된다. 하지만 기본권 침해가 앞날에 발생하더라도 그 침해가 현재 확실히 예측되고 기본권구제 실효성을 기할 필요가 있으면 현재성이 인정된다(상황성숙성 이론).

사안에서 검찰총장은 임기가 2년이고, 중임할 수 없다(검찰청법 제12조 제3항). 따라서 검찰총장인 甲은 늦어도 임기 2년을 채우면 퇴임할 것이 확실하므로 장래 불이익을 입게 될 수도 있다는 것을 현재 시점에서 충분히 예측할 수 있는 이상 상황성숙성이론에 비추어 기본권 침해의 현재성이 인정된다.

6. 직접성

헌법소원심판청구인은 공권력작용으로 말미암아 직접 기본권이 침해되어야 한다. 이러한 직접성 요건은 법령소원에서 특히 중요한 의미가 있다. 그리고 여기서 말하는 기본권 침해의 직접성은 집행행위를 통하지 아니하고 법령 자체에서 자유 제한, 의무 부과, 권리나 법적 지위 박탈이 생긴 경우를 말한다.

사안에서 별도의 집행행위 없이도 甲은 퇴임하는 순간 공직에 대한 임명이 금지되므로 직접성도 인정된다.

7. 보충성

헌법소원심판 청구는 다른 법률에 구제절차가 있으면 그 절차를 모두 거친 후에 청구할 수 있다(헌법재판소법 제68조 제1항 단서).

그런데 법령의 효력을 직접 다툴 수 있는 구제절차가 달리 없다. 따라서 법률조항인 검찰청법 제12조 제4항을 대상으로 하는 이 사안 헌법소원심판에서는 보충성이 문제 되지 않는다.

8. 청구기간

헌법재판소법 제68조 제1항에 따른 헌법소원심판은 기본권의 침해사유가 있음을 안 날부터 90일 이내에, 그 사유가 있는 날부터 1년 이내에 청구하여야 한다(헌법재판소법 제69조 제1항). 그러나 앞날에 기본권 침해가 확실히 예측되어 미리 앞당겨 현재성을 인정하면 청구기간은 아직 그 진행이 개시조차 하지 않았으므로 도과 문제가 생길 여지가 없다. 법령에 대한 헌법소원심판 청구기간은 원칙적으로 그 법령 시행과 동시에 기본권 침해를 받게 된다. 따라서 법령이 시행된 사실을 안 날부터 90일 이내에, 법령이 시행된 날부터 180일 이내에 헌법소원심판을 청구하여야 한다.

사안에서 검찰청법에 따른 기본권 침해이지만 검찰총장은 퇴임하여야 비로소 침해가 발생한다. 그러므로 청구기간은 시행일이 아니라 퇴임일부터 기산하여야 한다. 그러나 검찰총장 甲은 상황성숙성이론에 따라서 미리 청구한 것이므로 청구기간은 문제 되지 않는다.

9. 권리보호이익

헌법소원제도는 국민의 기본권 침해를 구제하는 제도이다. 그러므로 그 제도 목적상 권리보호이익이 있어야 비로소 헌법소원심판을 청구할 수 있다.

검찰청법 제12조 제4항에 대해서 위헌결정이 선고되면 甲의 기본권 침해가 사라지므로 권리보호이익이 인정된다.

10. 변호사강제주의

헌법재판소법 제25조 제3항을 따르면 헌법소원은 당사자가 변호사 자격이 있는 때가 아닌 한 변호사를 대리인으로 선임하지 아니하면 심판 청구를 할 수 없다.

사안에서 검찰총장은 변호사 자격이 있는 사람만 임명될 수 있다(검찰청법 제27조). 따라서 검찰총장인 甲은 변호사강제주의를 준수하였다.

11. 일사부재리

헌법재판소는 이미 심판을 거친 같은 사건에 대해서는 다시 심판할 수 없다(헌법재판소법 제39조). 헌법재판소가 심판한 사건에 대해서 다시 헌법소송을 제기하거나 헌법재판소 결정에 대해 불복을 하는 헌법소송을 제기하게 되면, 이것은 헌법소송 요건을 갖추지 못한다.

그러나 이 헌법소원심판을 청구하는 사건에 관해서는 이전에 헌법재판소가 심판한 것이 드러나지 않으므로 일사부재리원칙을 충족한 것으로 보인다.

12. 결론

검찰청법 제12조 제4항에 관한 甲의 헌법소원심판 청구는 모든 청구요건을 충족하여 적법하다. 그러나 乙외 7명의 헌법소원심판 청구는 자기관련성이 인정되지 않아 부적법하다.

Ⅱ. 甲이 주장할 수 있는 기본권

1. 문제의 소재

검찰청법 제12조 제4항에 따른 공직취임 제한으로 말미암아 甲의 공무담임권과 직업의 자유 그리고 평등권이 제약되는지가 문제 된다.

2. 공무담임권

헌법 제25조는 "모든 국민은 법률이 정하는 바에 의하여 공무담임권을 가진다."라고 규정하여 공무담임권을 기본권으로 보장한다. 공무담임권은 선거직 공무원을 비롯한 모든 국가기관에 취임하여 공직을 수행할 권리를 말한다. 공무담임권의 보호영역에는 공직취임 기회의 자의적인 배제뿐 아니라 공무원 신분의 부당한 박탈이나 권한(직무)의 부당한 정지도 포함된다.

사안에서 검찰청법 제12조 제4항에 따라 검찰총장 甲은 퇴직 후 2년 동안 공무원으로 임용될 수 없어서 공직을 수행할 수 없다. 따라서 검찰청법 제12조 제4항은 검찰청장 甲의 공무담임권을 제약한다.

3. 직업의 자유

헌법 제15조는 "모든 국민은 직업선택의 자유를 가진다."라고 규정하여 직업의 자유를 기본권으로 보장한다. 직업은 생활의 기본적 수요를 충족시키기 위한 계속적인 소득활동을 의미하며 그 종류나 성질은 불문한다. 직업의 자유는 자신이 원하는 직업을 자유롭게 선택하는 직업선택의 자유와 그가 선택한 직업을 원하는 방식으로 자유롭게 수행할 수 있는 직업행사(수행)의 자유를 포함한다.

공무원도 생활의 기본적 수요를 충족시키기 위한 계속적인 소득활동에 해당함에는 의문이 없다. 검찰청법 제12조 제4항은 이러한 공무원이라는 직업 자체를 2년 동안 가질 수 없도록 함으로써 직업선택의 자유를 제약한다.

4. 평등권

헌법 제11조 제1항 제1문은 "모든 국민은 법 앞에 평등하다."라고 규정한다. 여기서 법률은 형식적 의미의 법률만을 의미하지 아니하고 한 나라의 법체계를 형성하는 모든 법규범을 말한다. 그리고 헌법 제10조 제2문 국가의 기본권보장의무규정과 헌법상 실질적 법치국가원리에 비추어 법 앞의 평등의 의미에는 법적용상 평등뿐 아니라 법내용상 평등도 포함되어서 입법자도 구속된다(이른바 입법자구속설). 평등의 규범적 의미는 합리적 근거가 있는 차별은 허용된다는 의미에서 상대적 평등으로 파악된다. 평등은 비교를 전제하므로 비교가 가능할 때 비로소 평등이 문제 된다. 따라서 평등권 침해 여부는 비교대상이 있어야 비로소 문제 삼을 수 있다.

사안에서 검찰청법 제12조 제4항은 오로지 검찰청장만 퇴직 후 2년 동안 공무원 임용을 제한한다. 이것은 검찰청장 못지않게 정치적 중립성이 강하게 요구되는 대법원장, 대법관, 헌법재판소 재판관, 법무부 장관, 경찰청장과 국세청장을 비롯한 다른 공무원와 비교할 때 검찰청장을 차별하는 것으로 볼 수 있다. 따라서 검찰청법 제12조 제4항은 검찰청장 甲의 평등권을 제약한다.

5. 기본권 경합

(1) 기본권 경합의 의의

기본권 경합이란 한 기본권주체의 어떤 행동이 동시에 여러 기본권의 보호영역에 해당되면 발생한다.

사안에서 검찰청법 제12조 제4항에 따른 공직취임 제한은 직업선택의 자유와 공무담임권의 보호영역에 모두 포섭되므로 기본권 경합이 발생한다. 그리고 공무담임권은 공직취임과 관련한 평등을 보호하는 특별평등권이므로 평등권과 경합한다.

(2) 해결방법

경합하는 어떤 기본권이 다른 기본권과 비교하여 특별한 것이거나(예를 들어 개별 자유권과 행복추구권의 관계), 어떤 기본권이 다른 기본권과 비교하여 사항적·기능적 관련성이 우선하면 그 기본권이 다른 기본권에 우선하고 다른 기본권은 실익이 있는 경우에 한하여 별도로 검토될 여지가 있을 뿐이다. 문제는 일반−특별의 관계도 성립하지 아니하고, 어떤 한 기본권의 사항관련성이 두드러지지도 않을 때의 해결방법이다. 이에 관해서는 ① 사슬의 강하기는 그 가장 약한 부분에 따라서 결정된다고 하여 가장 약한 기본권의 효력만큼 보장된다고 보는 최약효력설과 ② 기본권존중사상에 바탕을 두어 효력이 더 강한 기본권이 기준이 되어야 한다는 최강효력설이 주장된다. 그러나 ③ 상호배척하는 관계에 놓이지 않는 한 다수 기본권을 원칙적으로 병렬적으로 적용하여 판단하여야 할 것이다.

　헌법재판소는 기본권이 경합하여 문제 되면 기본권 침해를 주장하는 제청신청인과 제청법원의 의도 및 기본권을 제한하는 입법자의 객관적 동기 등을 참작하여 사안과 가장 밀접한 관계에 있고 침해 정도가 큰 주된 기본권을 중심으로 해서 그 제한의 한계를 따져보아야 한다고 판시한 바 있다.

　(3) 사안에 대한 적용

　직업의 자유와 공무담임권은 일반−특별관계에 있어서 이 둘이 경합하면 공무담임권을 검토하는 것으로 충분하고 직업의 자유를 별도로 검토하는 것은 불필요하다. 그리고 공무담임권은 특별평등권이므로 일반평등권을 배제한다.

6. 결론

　검찰총장 甲은 검찰청법 제12조 제4항에 따른 공직취임 제한으로 말미암아 공무담임권이 침해된다고 주장할 수 있다.

Ⅲ. 과잉금지원칙 위반 여부

1. 문제의 소재

　검찰청법 제12조 제4항은 검찰청장 甲의 공무담임권을 제약한다. 공무담임권도 다른 기본권과 마찬가지로 헌법 제37조 제2항에 따라서 법률로 제한될 수 있다. 따라서 공무담임권 제약도 과잉금지원칙을 준수하여야 한다.

2. 단계이론 적용 여부

공무담임권은 직업의 자유와 일반-특별관계에 있어서 직업의 자유 제한에 관한 단계이론이 적용되는지가 문제 된다. 기본권 경합은 기본권을 더 두텁게 보호하여야 하지 오히려 기본권 약화를 가져와서는 아니 된다는 의미에서 직업의 자유 제한을 통제하는 이론인 단계이론은 당연히 특별관계인 공무담임권을 제한하는 때도 적용되어야 한다.

단계이론은 비례성 심사를 한층 정교하게 강화시켜 준다는 실질적 의미가 있다. 다만, 직업행사의 자유와 동일시할 공무수행은 공무담임권의 보호영역에 포함되지 않는다. 이것은 기본권 제한이 아닌 국가기관 구성원의 권한 문제로 풀어야 한다. 따라서 공무담임권에 단계이론을 적용할 때는 2단계부터 적용하여야 한다.

단계이론을 따르면 ① 주관적 사유에 따른 공무담임권 제한, ② 객관적 사유에 따른 공무담임권 제한 순으로 제한하여야 한다. 즉 입법자는 ①의 방법으로 목적을 달성할 수 없는 때만 ②의 방법을 사용할 수 있다. 그리고 ①에 비해서 ②는 침해 강도가 증가하여 입법자의 입법형성의 자유는 감소하고 정당화 요구는 높아져서 과잉금지원칙이 더 엄격하게 적용될 것을 요구한다.

사안에서 검찰총장 직에 있었다는 사실만으로 공직취임을 제한하는 것으로 일정한 직업을 희망하는 기본권주체의 개인적인 능력이나 자격과는 하등 관계가 없고 기본권주체가 그 조건 충족에 아무런 영향을 미칠 수 없는 객관적인 사유 때문에 공무담임권이 제한되는 것에 해당된다. 따라서 과잉금지원칙 위반 여부를 심사할 때 가장 엄격한 심사가 요구된다.

3. 과잉금지원칙 위반 여부

(1) 과잉금지원칙의 개념과 내용

국가작용 중 특히 입법작용에서 과잉금지원칙은 국가가 국민의 기본권을 제한하는 내용의 입법활동을 할 때 준수하여야 할 기본원칙이나 입법활동 한계를 뜻한다. 따라서 국민의 기본권을 제한하는 입법은 그 목적이 정당하여야 하고, 방법(수단)이 적합하여야 하며, 침해의 최소성과 법익의 균형성을 갖추어야 한다. 과잉금지원칙은 헌법 제37조 제2항에서 도출된다.

(2) 목적의 정당성

목적의 정당성은 국민의 기본권을 제한하려는 입법의 목적이 헌법 및 법률의 체계상 그 정당성이 인정되어야 한다는 것이다.

검찰청장의 공무담임권을 퇴직 후 2년 동안 제한하는 이유는 검찰의 정치적 중립성을 확보하려는 것이다. 이것은 헌법 제7조 제2항에 규정된 공무원의 정치적 중립성을 구체화한 내용으로서 공공복리에 해당하여 헌법적 정당성이 인정된다. 따라서 목적의 정당성은 인정된다.

(3) 수단의 적합성

수단의 적합성은 그 목적의 달성을 위하여 그 방법이 효과적이고 적절하여야 한다는 것이다.

과거 검찰총장이 법무부 장관과 같은 공직에 나아가기 위해서 정치적 중립성을 저버린 것으로 볼 수 있는 사건이 여러 차례 있었던 정치현실에 비추어 검찰청장이 퇴직 이후의 공직취임을 고려하지 않도록 하는 것은 검찰의 정치적 중립성 확보에 이바지할 수 있다. 따라서 수단의 적합성도 인정된다.

(4) 침해의 최소성

침해의 최소성은 입법권자가 선택한 기본권 제한의 조치가 입법목적을 달성하기 위하여 설사 적절하다고 할지라도 더 완화한 형태나 방법을 모색함으로써 기본권 제한은 필요한 최소한도에 그치도록 하여야 한다는 것이다.

검찰총장 퇴임 후 2년 이내에는 법무부 장관과 행정안전부 장관뿐 아니라 모든 공직에 대한 임명을 금지하여 정치적 중립성을 훼손하지 않는 공직, 심지어 국·공립대학교 총·학장, 교수 등 학교의 경영과 학문 연구를 주로 하는 직에도 취임할 수 없게 된다. 이것은 결과적으로 그 범위가 지나치게 넓어 입법목적에 따른 필요최소한의 범위를 벗어났다. 그리고 정치적 중립성을 해칠 수 있는 특정 공직취임만 금지하거나 일정한 절차를 거쳐서 공직 취임을 허가하는 것 등의 더 제한적인 방법으로도 충분히 입법목적을 달성할 수 있다. 이러한 점에 비추어 침해의 최소성은 충족되지 않는다.

(5) 법익의 균형성

법익의 균형성은 그 입법을 통해서 보호하려는 공익과 침해되는 사익을 비교형량할 때 보호되는 공익이 더 커야 한다는 것이다.

검찰청법 제12조 제4항이 보호하려는 정치적 중립성은 그 중요성을 인정할 수 있다. 하지만 그 구체적 보장 여부는 명확하지 않을 뿐 아니라 그 보장도 예방적인 의미가 더 강하다. 하지만 2년 동안 모든 공직에 취임할 수 없는 것은 공무담임권을 형해화한다. 따라서 검찰청법 제12조 제4항이 보호하는 공익이 그로 말미암아 제한되는 사익보다 크다고 볼 수 없어 법익의 균형성에 어긋난다.

(6) 소결

검찰청법 제12조 제4항은 침해의 최소성과 법익의 균형성을 충족하지 않아 과잉금지원칙에 어긋난다.

4. 결론

검찰청법 제12조 제4항은 과잉금지원칙에 위반된다.

Ⅳ. 신뢰보호원칙 위배 여부

1. 문제의 소재

검찰청장 甲은 2017년 3월 1일에 취임하여 재직 중에 검찰청법 제12조 제4항이 신설되었다. 따라서 이러한 신설이 소급입법에 해당하여 신뢰보호원칙에 어긋나는지가 문제 된다.

2. 소급입법의 의미와 해당 여부

소급입법은, 신법이 이미 종료된 사실이나 법률관계에 작용하는지, 아니면 현재 진행 중인 사실이나 법률관계에 작용하는지에 따라 진정소급입법과 부진정소급입법으로 구분된다. 즉 지난날에 이미 완성된 사실이나 법률관계를 규율하는 입법형식이 진정소급입법이고, 이미 지난날에 시작되었으나 아직 완성되지 아니한 사실이나 법률관계를 규율하는 입법형식이 부진정소급입법이다. 진정소급입법은 헌법적으로 허용되지 않는 것이 원칙이고, 특단의 사정이 있는 때만 예외적으로 허용될 수 있다. 하지만 부진정소급입법은 원칙적으로 허용되지만 소급효를 요구하는 공익상 사유와 신뢰보호 요청 사이의 교량과정에서 신뢰보호 관점이 입법자의 형성권에 제한을 가한다.

사안에서 검찰총장 甲은 재직 중에 검찰청법이 개정되어 아직 검찰총장 퇴직이라는 요건이 아직 완성되지 않았다. 이러한 점에서 검찰청법 제12조 제4항은 부진정소급입법에 해당한다. 따라서 검찰청법 제12조 제4항과 관련하여 신뢰보호원칙 위배 여부가 문제 된다.

3. 신뢰보호원칙 위배 여부

(1) 신뢰보호원칙의 의의

신뢰보호원칙이란 국민이 국가기관이 한 결정의 정당성이나 존속성을 신뢰하였을 때 그 신뢰가 보호받을 가치가 있는 것이면 이를 보호해 주어야 한다는 것을 말한다. 이 원칙은 법치국가원리의 한 구성요소를 이루는 당사자의 법적 생활 안정 필요(법적 안정성)에서 나오는 원칙이다.

(2) 신뢰보호원칙 위반의 판단기준

법률의 제정이나 개정 시 구법질서에 대한 당사자의 신뢰가 합리적이고도 정당하며 법률의 제정이나 개정으로 야기되는 당사자의 손해가 극심하여 새로운 입법으로 달성하고자 하는 공익적 목적이 그러한 당사자의 신뢰 파괴를 정당화할 수 없다면, 그러한 새 입법은 신뢰보호원칙상 허용될 수 없다. 이러한 신뢰보호원칙 위배 여부를 판단하려면, 한편으로는 침해받은 이익의 보호가치, 침해의 중한 정도, 신뢰가 손상된 정도, 신뢰침해의 방법 등과 다른 한편으로는 새 입법을 통해 실현하고자 하는 공익적 목적을 종합적으로 비교·형량하여야 한다.

(3) 사안 검토

甲은 검찰총장 취임 당시 이로 말미암아 기본권을 제한하는 입법이 없었고 그러한 입법이 극히 예외적이라는 점에서 그러한 기본권 제한이 있으리라는 국가행위 가능성을 알 수 없었다고 보아야 한다. 따라서 甲은 보호가치 있는 신뢰가 있다고 볼 수 있다.

검찰청법 제12조 제4항의 입법취지상 현직 검찰청장에 적용하지 않으면 그 폐해를 방치하는 것이어서 확대적용이 요구된다. 그러나 검찰청법 제12조 제4항이 달성하려는 검찰의 정치적 중립성 보장이라는 공익이 중요하기는 하지만, 이로 말미암아 甲의 공무담임권에 중대한 제한이 초래되어 거의 형해화하므로 침해되는 사익이 더 중요하여 법률존속이익이 더 큰 것으로 볼 수 있다. 그리고 이러한 제한 자체가 비례성원칙에 위반하여 위헌이므로 개인의 보호가치 있는 신뢰가 국가의 법률개정이익에 우선하여 소급입법 자체가 허용되지 않아서 경과규정 유무와 상관없이 검찰청법 제12조 제4항은 신뢰보호원칙에 위반된다.

4. 결론

부진정소급입법인 검찰청법 제12조 제4항은 신뢰보호원칙에 위배된다.

사례 22 ‖ 기본권보호의무

　甲은 대학생으로 2004. 9. 5. 12:59경 서울 강남구 도곡동 467 소재 타워팰리스 E동 아파트 앞 3차선 도로를 횡단하던 중 청구 외 乙 운전의 승용차 왼쪽 앞 휀더 및 유리창 부분에 부딪혀 약 12주간의 치료를 필요로 하는 폐쇄성두개천장골절 등의 상해를 입었다. 그 이후 청구인은 뇌손상으로 말미암은 좌측 편마비와 안면마비가 오는 것 등 심각한 교통사고 후유증을 앓게 되었고, 결국 학업마저 중단하였다. 위 교통사고를 담당한 검사는 2004. 12. 13. 「교통사고처리특례법」 제4조 제1항 규정에 따라 가해운전자 乙에 대하여 공소권 없음 결정을 하였다. 이에 甲은 「교통사고처리특례법」 제4조 제1항이 자신의 기본권을 침해하였다고 주장하면서 2005. 8. 16. 헌법재판소에 헌법소원심판을 청구하였다.

1. 甲의 헌법소원심판 청구는 적법한가?
2. 「교통사고처리특례법」 제4조 제1항은 과잉금지원칙에 위배하여 甲의 재판절차진술권을 침해하는가?
3. 「교통사고처리특례법」 제4조 제1항은 평등권을 침해하는가?
4. 「교통사고처리특례법」 제4조 제1항은 기본권보호의무를 위반하는가?

참조조문

「교통사고처리특례법」

제4조(보험 등에 가입된 경우의 특례) ① 교통사고를 일으킨 차가 보험업법 제4조 및 제126조 내지 제128조, 육운진흥법 제8조 또는 화물자동차운수사업법 제36조의 규정에 의하여 보험 또는 공제에 가입된 경우에는 제3조 제2항 본문에 규정된 죄를 범한 당해 차의 운전자에 대하여 공소를 제기할 수 없다. 다만, 제3조 제2항 단서에 해당하는 경우나 보험계약 또는 공제 계약이 무효 또는 해지되거나 계약상의 면책규정 등으로 인하여 보험사업자 또는 공제사업자의 보험금 또는 공제금 지급의무가 없게 된 경우에는 그러하지 아니하다.

〈목 차〉

헌재 2009. 2. 26. 2005헌마764등 참조

I. 헌법소원심판 청구 적법 여부

1. 문제의 소재

헌법재판소법 제68조 제1항에 따른 헌법소원심판을 청구하려면 기본권주체성, 대상적격, 자기관련성, 현재성, 직접성, 보충성, 청구기간, 권리보호이익, 변호사강제주의, 일사부재리 등의 요건을 충족하여야 한다. 따라서 甲의 헌법소원심판 청구가 이러한 요건을 갖추었는지를 살펴보아야 한다.

2. 기본권주체성

헌법소원심판을 청구할 수 있는 사람은 헌법상 기본권주체에 국한된다(헌법재판소법 제68조 제1항). 이때 기본권주체에는 자연인만이 아니라 성질상 법인이 누릴 수 있는 기본권에 관해서는 법인도 포함된다. 그리고 대표자의 정함이 있고 독립된 사회조직체로 활동하는 비법인사단도 포함된다. 국가나 국가기관, 국가사무를 위임받은 공법인이나 그 기관은 기본권의 수범자이지 기본권주체가 아니므로 헌법소원심판을 청구할 수 없다. 그러나 예외적으로 국가에 대해서 독립성이 있고 독자적인 기구로서 해당 기본권 영역에서 개인의 기본권 실현에 이바지하면 기본권주체로서 인정된다.

甲은 자연인으로서 기본권주체성은 긍정된다.

3. 대상적격

헌법소원심판은 헌법에 위반되는 모든 공권력의 행사나 불행사에 대해서 청구할 수 있다. 모든 공권력의 행사나 불행사는 입법권, 집행권, 사법권을 행사하는 모든 국가기관의 적극적인 작위와 소극적인 부작위를 말하는데, 다만 법원의 재판은 여기서 제외된다(헌법재판소법 제68조 제1항).

사안에서 甲은 법률인 교통사고처리특례법 제4조 제1항에 대해서 헌법소원심판을 청구하였다. 입법작용도 공권력 행사에 포함되므로, 교통사고처리특례법 제4조 제1항도 헌법소원심판 대상이 된다.

4. 자기관련성

원칙적으로 기본권을 침해당하는 사람만 헌법소원심판을 청구할 수 있다. 제3자는 특별한 사정이 없는 한 기본권 침해에 관련되었다고 볼 수 없다.

사안에서 甲은 교통사고처리특례법 제4조 제1항에 따라 가해운전자에게 공소권 없음 결정이 내려져 자신의 재판절차진술권과 평등권이 제한되므로 자기관련성이 인정된다.

5. 현재성

헌법소원심판이 적법하려면 원칙적으로 청구인에 대한 기본권 침해는 현재 일어난 상태일 것, 즉 현재성이 요구된다. 하지만 기본권 침해가 앞날에 발생하더라도 그 침해가 현재 확실히 예측되고 기본권구제 실효성을 기할 필요가 있으면 현재성이 인정된다(상황성숙성 이론).

사안에서 甲은 교통사고처리특례법 제4조 제1항에 따라 가해운전자에게 공소권 없음 결정이 내려져 현재 재판절차진술권과 평등권이 제한되므로 현재성이 인정된다.

6. 직접성

헌법소원심판청구인은 공권력작용으로 말미암아 직접 기본권이 침해되어야 한다. 이러한 직접성 요건은 법령소원에서 특히 중요한 의미가 있다. 그리고 여기서 말하는 기본권 침해의 직접성은 집행행위를 통하지 아니하고 법령 자체에서 자유 제한, 의무 부과, 권리나 법적 지위 박탈이 생긴 경우를 말한다.

사안에서 검사의 공소권 없음 결정은 甲이 교통사고처리특례법 제4조 제1항을 재량의 여지없이 기계적으로 적용된 결과이므로 직접성이 인정된다.

7. 보충성

헌법소원심판 청구는 다른 법률에 구제절차가 있으면 그 절차를 모두 거친 후에 청구할 수 있다(헌법재판소법 제68조 제1항 단서).

그런데 법령의 효력을 직접 다툴 수 있는 구제절차는 달리 없다. 따라서 법률조항인 교통사고처리특례법 제4조 제1항을 대상으로 하는 이 사안 헌법소원심판에서는 보충성이 문제 되지 않는다.

8. 청구기간

헌법재판소법 제68조 제1항에 따른 헌법소원심판은 기본권의 침해사유가 있음을 안 날부터 90일 이내에, 그 사유가 있는 날부터 1년 이내에 청구하여야 한다(헌법재판소법 제69조 제1항).

사안에서 甲은 검사가 2004. 12. 13. 공소권 없음 결정을 내리고 나서 1년이 지나지 않은 2005. 8. 16. 헌법재판소에 헌법소원심판 청구를 하였으므로 청구기간을 준수하였다.

9. 권리보호이익

헌법소원제도는 국민의 기본권 침해를 구제하는 제도이다. 그러므로 그 제도 목적상 권리보호이익이 있어야 비로소 헌법소원심판을 청구할 수 있다.

헌법재판소법 제47조 제2항은 "위헌으로 결정된 법률 또는 법률조항은 그 결정이 있는 날로부터 효력을 상실한다."라고 규정하고, 같은 조 제3항은 "제2항에도 불구하고 형벌에 관한 법률 또는 법률의 조항은 소급하여 그 효력을 상실한다. 다만, 해당 법률 또는 법률의 조항에 대하여 종전에 합헌으로 결정한 사건이 있는 경우에는 그 결정이 있는 날의 다음 날로 소급하여 효력을 상실한다."라고 규정한다. 그런데 교통사고처리특례법 제4조 제1항은 비록 형벌에 관한 것이기는 하지만 불처벌 특례를 규정한 것이어서 위헌결정의 소급효를 인정하면 오히려 그 조항에 따라서 형사처벌을 받지 않았던 사람들에게 형사상 불이익이 미치게 되므로 이러한 경우까지 헌법재판소법 제47조 제2항 단서의 적용범위에 포함시키는 것은 법적 안정성과 이미 면책받은 가해자의 신뢰보호 이익을 크게 해치게 되므로 그 규정취지에 어긋난다. 따라서 이 사건 법률조항에 대하여 위헌선언을 하더라도 그 소급효는 인정되지 아니하므로, 가해자인 피의자들에 대한 불기소처분을 취소하고 그들을 처벌할 수는 없어 甲의 헌법소원심판 청구는 주관적인 권리보호이익을 결여한다.

그러나 헌법소원은 개인의 주관적 권리구제 기능뿐 아니라 객관적인 헌법질서 보장기능도 수행하므로 주관적 권리구제에 도움이 되지 않아도 그러한 침해행위가 앞으로도 반복될 위험이 있거나 해당 분쟁 해결이 헌법질서의 수호·유지를 위해서 긴요한 사항이어서 그 해명이 헌법적으로 중대한 의미를 지니면 헌법소원의 이익을 인정할 수 있다. 교통사고처리특례법 제4조 제1항에 대해서 위헌성이 엿보이는 때도 주관적 권리보호이익이 없다는 이유로 헌법적 해명을 하지 아니한다면 향후 교통사고 피해자는 헌법소원을 제기할 수 없고, 위헌적인 법률조항에 따른 불기소처분이 반복될 우려가 있으므로 헌법재판소로서는 교통사고처리특례법 제4조 제1항에 대해서 예외적으로 심판을 할 이익이나 필요성이 인정된다. 따라서 권리보호이익은 인정된다.

10. 변호사강제주의

헌법재판소법 제25조 제3항을 따르면 헌법소원은 당사자가 변호사 자격이 있는 때가 아닌 한 변호사를 대리인으로 선임하지 아니하면 심판청구를 할 수 없다.

사안에서는 甲이 변호사 자격이 있는지와 변호사를 대리인으로 선임하였는지를 확인할 수 없다.

11. 일사부재리

헌법재판소는 이미 심판을 거친 같은 사건에 대해서는 다시 심판할 수 없다(헌법재판소법 제39조). 헌법재판소가 심판한 사건에 대해서 다시 헌법소송을 제기하거나 헌법재판소 결정에 대해 불복을 하는 헌법소송을 제기하게 되면, 이것은 헌법소송 요건을 갖추지 못한다. 그러나 이 헌법소원심판을 청구하는 사건에 관해서는 이전에 헌법재판소가 심판한 적이 없어서 일사부재리에 어긋나지 않는다.

12. 결론

甲이 변호사 자격이 있거나 변호사를 대리인으로 선임하였다면, 다른 요건은 모두 충족하므로 교통사고처리특례법 제4조 제1항에 관한 甲의 헌법소원심판 청구는 적법하다.

II. 과잉금지원칙 위배 여부

1. 문제의 소재

교통사고처리특례법 제4조 제1항이 과잉금지원칙에 위배하여 甲의 재판절차진술권을 침해하는지가 문제 된다. 따라서 교통사고처리특례법 제4조 제1항이 甲의 재판절차진술권을 제한하는지를 살펴보고 나서, 업무상 과실 또는 중과실로 말미암아 피해자가 중상해를 입은 경우와 그 이외의 경우로 나누어 과잉금지원칙 위배 여부를 살펴본다.

2. 재판절차진술권 제약 여부

헌법 제27조 제5항은 "형사피해자는 법률이 정하는 바에 의하여 당해 사건의 재판절차에서 진술할 수 있다."라고 규정하여 형사피해자의 재판절차진술권을 기본권으로 보장한다. 형사피해자의 재판절차진술권은 범죄로 말미암은 피해자가 해당 사건의 재판절차에 (증인으로) 출석하여 자신이 입은 피해의 상황과 내용 및 해당 사건에 관해서 진술할 권리를 말한다. 헌법 제27조 제5항에 따른 형사피해자의 재판절차에서 진술권은 피해자 등의 사인소추를 전면 배제하고 형사소추권을 검사에게 독점시키는 현행 기소독점주의의 형사소송체계 아래에서 형사피해자가 해당 사건의 형사재판절차에 참여하여 증언하는 것 이외에 형사사건에 관한 의견진술을 할 청문 기회를 부여함으로써 형사사법의

절차적 적정성을 확보하기 위해서 피해자의 재판절차진술권을 기본권으로 보
장한다.

사안에서 甲은 乙이 운전한 승용차에 상해를 입은 형사피해자인데, 교통
사고처리특례법 제4조 제1항에 따른 검사의 공소권 없음 결정으로 말미암아
재판절차에 출석하여 진술할 기회를 잃었다. 따라서 교통사고처리특례법 제4조
제1항은 甲의 재판절차진술권을 제약한다.

3. 업무상 과실 또는 중대한 과실로 말미암아 피해자가 중상해를 입은 경우

(1) 문제점

피해자가 교통사고로 말미암아 생명에 대한 위험이 발생하거나 불구 또는
불치나 난치의 질병에 이르게 되면, 즉 중상해를 입어도(형법 제258조 제1항 및
제2항 참조) 그 교통사고가 단서 조항에 해당하지 않는다면, 검사로서는 교통사
고처리특례법 제4조 제1항으로 말미암아 교통사고를 발생시킨 차량 운전자에
대해서 기계적으로 공소권 없음을 이유로 불기소처분을 하지 않을 수 없다. 이
때 교통사고로 중상해를 입은 피해자는 직장을 잃거나 학업을 중단하게 되는
것 등 정상적 생활기반이 무너지고 평생 불구의 몸으로 또는 질병의 고통 속에
서 살아가야 하는 육체적·정신적 고통이 매우 크고, 가족 등 주변인이 받아야
하는 정신적·경제적 고통도 심대하여 사망에 비견될 정도인데도, 교통사고처
리특례법 제4조 제1항으로 말미암아 형사재판절차에서 그 피해에 대하여 진술
할 기회조차 가지지 못하게 된다. 따라서 교통사고처리특례법 제4조 제1항 중
업무상 과실 또는 중대한 과실로 말미암은 교통사고로 피해자가 중상해를 입
은 경우에 공소를 제기할 수 없도록 한 부분이 과잉금지원칙에 위반하여 재판
절차진술권을 침해한 것인지를 살펴보기로 한다.

(2) 과잉금지원칙의 개념과 내용

국가작용 중 특히 입법작용에서 과잉(입법)금지원칙은 국가가 국민의 기본
권을 제한하는 내용의 입법활동을 할 때 준수하여야 할 기본원칙이나 입법활
동 한계를 뜻한다. 따라서 국민의 기본권을 제한하는 입법은 그 목적이 정당하

여야 하고, 방법(수단)이 적합하여야 하며, 침해의 최소성과 법익의 균형성을 갖추어야 한다. 과잉금지원칙은 헌법 제37조 제2항에서 도출된다.

(3) 목적의 정당성

목적의 정당성은 국민의 기본권을 제한하려는 입법의 목적이 헌법 및 법률의 체계상 그 정당성이 인정되어야 한다는 것이다.

교통사고특례법은 업무상 과실 또는 중대한 과실로 교통사고를 일으킨 운전자에 관한 형사처벌 등의 특례를 정함으로써 교통사고로 말미암은 피해의 신속한 회복을 촉진하고 국민생활 편익을 증진함을 목적으로 한다(교통사고특례법 제1조). 특히 교통사고처리특례법 제4조 제1항은 자동차 수의 증가 및 자가운전 확대에 즈음하여 운전자들의 종합보험 가입을 유도하여 교통사고 피해자의 손해를 신속하고 적절하게 구제하고, 교통사고로 말미암은 전과자 양산을 방지하기 위하여 추진된 것이라고 할 수 있어 그 목적의 정당성이 인정된다.

(4) 수단의 적합성

수단의 적합성은 그 목적 달성을 위하여 그 방법이 효과적이고 적절하여야 한다는 것이다.

교통사고처리특례법 제4조 제1항이 규정되고 나서 자동차종합보험가입률이 꾸준히 증가하고 교통사고사건의 기소율이 낮아진 점 등으로 보아 교통사고처리특례법 제4조 제1항이 그 입법목적에 부응하는 역할을 하였음을 알 수 있어서 수단의 적절성도 인정된다.

(5) 침해의 최소성

침해의 최소성은 입법권자가 선택한 기본권 제한 조치가 입법목적을 달성하기 위하여 설사 적절하다고 할지라도 더 완화한 형태나 방법을 모색함으로써 기본권 제한은 필요한 최소한도에 그치도록 하여야 한다는 것이다.

먼저 교통사고로 중상해를 입은 피해자는 직장을 잃거나 학업을 중단하게 되는 것 등 정상적 생활기반이 무너지고 평생 불구의 몸으로 또는 질병의 고통 속에서 살아가야 하는 육체적·정신적 고통이 매우 크고, 가족 등 주변인이 받아야 하는 정신적·경제적 고통도 심대하여 사망에 비견될 수 있다. 따라서 교통사고로 피해자에게 중상해를 입힌 가해자를 교통사고로 피해자를 사망하게 한 가해자와 무조건 달리 취급하는 것은 불합리하다. 그러므로 교통사고로 말미암아 피해자에게 중상해를 입힌 경우에도 사고의 발생 경위, 피해자의 특이성(노약자 등)과 사고발생에 관련된 피해자의 과실 유무 및 정도 등을 살펴 정식 기소 이외에도 약식기소 또는 기소유예 등 다양한 처분이 가능하고 정식 기소되면 피해자의 재판절차진술권을 행사할 수 있게 하여야 한다. 그런데도 종합보험 등에 가입하였다는 이유로 단서 조항에 해당하지 않는 한 무조건 면책되도록 한 것은 침해의 최소성에 위반된다고 아니할 수 없다.

(6) 법익의 균형성

법익의 균형성은 그 입법을 통해서 보호하려는 공익과 침해되는 사익을 비교형량할 때 보호되는 공익이 더 커야 한다는 것이다.

심각한 교통사고율에도 사망사고나 단서 조항에 해당하지 않는 한 교통사고 가해자들을 종합보험 등 가입을 이유로 형사처벌을 무조건적으로 면책하여 주는데, 이처럼 교통사고를 야기한 차량이 종합보험 등에 가입되어 있다는 이유만으로 그 차량의 운전자에 대하여 공소제기를 하지 못하도록 한 입법례는 선진 각국 사례에서 찾아보기 힘들다. 그리고 교통사고발생 후에도 사고관련자들 대부분은 보험사에만 사고발생사실을 알려 사건을 해결하고 경찰에는 신고하지 아니하여 보험사의 교통사고 통계가 경찰의 그것과 현저히 차이가 나며 현재에도 교통사고는 계속 증가한다는 주장이 제기된다. 가해자는 단서 조항에 해당하는 과실만 범하지 않는다면 교통사고를 내더라도 종합보험 등에 가입함으로써 처벌을 면할 수 있으므로 자칫 사소한 교통법규 위반을 대수롭지 않게 생각하여 운전자로서 요구되는 안전운전에 대한 주의의무를 해태하기 쉽고, 교통사고를 내고 피해자가 중상해를 입은 경우에도 보험금 지급 등 사고처리는 보험사에 맡기고 피해자의 실질적 피해회복에 성실히 임하지 않는 풍조가 있음을 부인할 수 없다. 그러한 측면에서 교통사고처리특례법 제4조 제1항에 따라서 중상해를 입은 피해자의 재판절차진술권 행사가 근본적으로 봉쇄됨으로써 교통사고의 신속한 처리 또는 전과자의 양산 방지라는 공익을 위하여 피해자의 사익이 현저히 경시된 것이므로 법익의 균형성을 위반한다.

(7) 소결

업무상 과실 또는 중대한 과실로 말미암아 피해자가 중상해를 입은 경우에 교통사고처리특례법 제4조 제1항은 침해의 최소성과 법익의 균형성을 충족하지 못하여 과잉금지원칙에 위배된다.

4. 업무상 과실 또는 중대한 과실로 말미암아 피해자가 중상해가 아닌 상해를 입은 경우

교통사고처리특례법 제4조 제1항이 교통사고로 말미암은 피해자에게 중상해가 아닌 상해의 결과만을 야기한 경우 가해 운전자에 대하여 가해차량이 종합보험 등에 가입되어 있음을 이유로 공소를 제기하지 못하도록 규정한 한도 안에서는, 이미 업무상 과실 또는 중대한 과실로 말미암아 중상해를 입은 경우에서 살핀 것처럼 목적의 정당성과 수단의 적합성은 인정되고, 업무상 과실 또는 중대한 과실로 말미암아 중상해가 아닌 상해를 입은 경우에는 중상해를 입힌 경우와 달리 피해자의 피해가 크지 않아서 피해자의 재판절차진술권을 보장할 필요성이 크다고 할 수 없어 피해의 최소성도 충족되며, 교통사고처리특례법 제4조 제1항의 제정목적인 교통사고로 말미암은 피해의 신속한 회복을 촉진하고 국민생활의 편익을 도모하려는 공익과 교통사고처리특례법 제4조 제1항으로 말미암아 침해되는 피해자의 재판절차진술권과 비교할 때 상당한 정도 균형을 유지하고, 단서 조항에 해당하지 않는 교통사고에서는 대부분 가해 운전자의 주의의무태만에 대한 비난가능성이 높지 아니하며, 경미한 교통사고 피의자에 대해서는 비형벌화하려는 세계적인 추세 등에 비추어도 법익의 균형성을 갖추었으므로 과잉금지원칙에 반하지 않는다.

5. 결론

교통사고처리특례법 제4조 제1항은 과잉금지원칙에 위반하여 업무상 과실 또는 중대한 과실에 따른 교통사고로 중상해를 입은 피해자의 재판절차진술권을 침해한다.

Ⅲ. 평등권 침해 여부

1. 문제의 소재

교통사고로 말미암아 피해자가 사망하였는지와 교통사고가 단서 조항에 해당하는지에 따라 교통사고 피해자 사이에 발생하는 재판절차진술권 행사 차별이 헌법적으로 정당한 것인지가 문제 된다. 여기서도 업무상 과실 또는 중대한 과실로 말미암아 중상해를 입은 경우와 중상해가 아닌 상해를 입은 경우를 나누어 검토한다.

2. 차별의 존재 여부

(1) 평등권의 개념

헌법 제11조 제1항 제1문은 "모든 국민은 법 앞에 평등하다."라고 규정한다. 여기서 법률은 형식적 의미의 법률만을 의미하지 아니하고 한 나라의 법체계를 형성하는 모든 법규범을 말한다. 그리고 헌법 제10조 제2문 국가의 기본권보장의무규정과 헌법상 실질적 법치국가원리에 비추어 법 앞의 평등의 의미에는 법적용상 평등뿐 아니라 법내용의 평등도 포함되어서 입법자도 구속된다(이른바 입법자구속설). 평등의 규범적 의미는 합리적 근거가 있는 차별은 허용된다는 의미에서 상대적 평등으로 파악된다.

(2) 차별의 존재 여부

평등은 비교를 전제하므로 비교가 가능할 때 비로소 평등이 문제 된다. 따라서 평등권 침해 여부는 비교대상이 있어야 비로소 문제 삼을 수 있다. 사안에서 교통사고로 말미암아 피해자가 사망하였는지와 교통사고가 단서 조항에 해당하는지에 따라 교통사고 피해자 사이에 재판절차진술권을 행사할 때 차별이 발생한다. 따라서 교통사고처리특례법 제4조 제1항에 따른 차별취급이 있다.

3. 차별취급을 헌법상 정당화할 수 있는지를 심사하는 심사기준

차별을 정당화할 수 있는지를 심사할 때 사용하는 기준에는 자의금지원칙과 비례성원칙이 있다. 헌법재판소 판례를 따르면 ① 헌법이 특별히 평등을 요구할 때와 ② 차별적 취급으로 말미암아 관련 기본권에 중대한 제한을 초래하게 될 때 입법자는 입법형성권이 축소되므로 상대적으로 엄격한 심사기준인 비례성심사가 적용될 수 있다고 한다.

자의심사는 차별을 정당화하는 합리적인 이유가 있는지만을 심사하므로 그에 해당하는 비교대상 사이의 사실상 차이나 입법목적(차별목적)의 발견·확인에 그치지만, 비례성심사는 단순히 합리적인 이유의 존부 문제가 아니라 차별을 정당화하는 이유와 차별 사이의 상관관계에 대한 심사, 즉 비교대상 사이의 사실상 차이의 성질과 비중 또는 입법목적(차별목적)의 비중과 차별의 정도에 적정한 균형관계가 이루어져 있는지를 심사한다.

4. 업무상 과실 또는 중대한 과실로 말미암아 중상해를 입은 경우

(1) 심사기준

국민의 생명·신체의 안전은 다른 모든 기본권의 전제가 되고, 인간의 존엄성에 직결되는 것이므로, 단서 조항에 해당하지 않는 교통사고로 중상해를 입은 피해자와 단서 조항에 해당하는 교통사고의 중상해 피해자 및 사망사고 피해자의 차별 문제는 단지 자의성이 있었느냐의 점을 넘어서 입법목적과 차별 사이에 비례성을 갖추었는지를 더 엄격하게 심사하는 것이 바람직하다. 교통사고 운전자의 기소 여부에 따라 피해자의 헌법상 보장된 재판절차진술권이 행사될 수 있는지가 결정되어 이는 기본권 행사에서 중대한 제한을 구성한다. 따라서 비례성원칙에 따라 심사한다.

(2) 판단

교통사고처리특례법 제4조 제1항을 따르면, 교통사고로 말미암아 피해자가 중상해를 입은 경우에도, 가해 운전자가 어떠한 태양의 주의의무를 위반하였느냐에 따라 기소 여부가 달라진다. 이것은 자동차 수의 증가 및 자가운전

확대에 즈음하여 운전자들의 종합보험 가입을 유도하여 교통사고 피해자의 손해를 신속하고 적절하게 구제하고, 교통사고로 말미암은 전과자 양산을 방지하기 위한 것으로서 공공복리에 해당하여 차별목적의 정당성이 인정된다.

단서 조항에 해당하는 교통사고라면 가해 운전자는 기소될 것이고, 단서 조항에 해당하지 않으면 종합보험 등에 가입한 조건으로 면책되게 하는 것은 차별목적을 달성하는 데 이바지하므로 차별수단의 적합성도 인정된다.

그러나 단서 조항에 해당하지 않는 교통사고로 말미암아 중상해를 입은 피해자는, 자신에게 발생한 교통사고 유형이 단서 조항에 해당하지 않는다는 우연한 사정에 따라서 형사재판절차에서 재판절차진술권을 전혀 행사하지 못하게 된다. 이것은 역시 우연하게도 단서 조항에 해당하는 교통사고를 당한 중상해 피해자가 재판절차진술권을 행사하게 되는 것과 비교할 때 합리적인 이유 없이 차별취급을 당하는 것이다. 그리고 교통사고처리특례법은 피해자가 사망한 경우에는 단서 조항에 해당하는 사고인지와 관계없이 기소하게 되고(교통사고처리특례법 제3조 제1항, 형법 제268조 참조), 이는 사고관련자들의 주의의무 위반의 정도나 태양이 어떠하든 간에 생명권 침해라는 크나큰 불법적 요소 때문이다. 그런데 교통사고로 말미암아 중상해를 입은 결과, 식물인간이 되거나 평생 심각한 불구 또는 난치의 질병을 안고 살아가야 하는 피해자도 비록 생명권이 침해된 것은 아니지만 이에 비견될 정도의 육체적·정신적 고통을 받게 되고, 정상적인 생활이 불가능해짐에 따라 가족 등 주변인의 정신적·경제적 고통도 이루 말할 수 없는 것이므로, 그 결과의 불법성이 사망사고보다 결코 작다고 단정할 수 없다. 따라서 교통사고로 말미암아 피해자가 사망한 경우와 달리 중상해를 입은 경우 가해 운전자를 기소하지 않음으로써 그 피해자의 재판절차진술권을 제한하는 것도 합리적인 이유가 없는 차별취급이다. 따라서 차별대우의 필요성은 인정하기 어렵다.

그리고 위와 같은 중상해 피해자 간 및 사망사고 피해자와 차별취급은 중상해 피해자의 재판절차진술권 행사를 사고관련자들의 주의의무 위반 정도 및 결과의 불법성 크기 등과 관계없이, 사고유형이 단서 조항에 해당하는지만으로 달리 취급하는 것이므로 신속한 피해회복이라는 교통사고처리특례법의 입법목적 측면에서 보아도 그 차별 정도에 적정한 균형관계를 이루고 있다고 보기 어렵다. 따라서 법익의 균형성도 인정하기 어렵다.

5. 업무상 과실 또는 중대한 과실로 말미암아 중상해가 아닌 상해를 입은 경우

업무상 과실 또는 중대한 과실로 말미암아 중상해가 아닌 상해를 입은 경우에는 기본권의 중대한 침해가 있다고 보기 어렵고, 이러한 영역에 평등을 요구하는 헌법규정도 찾을 수 없으므로 이때 차별취급의 정당성은 자의금지원칙에 따라 심사하여야 한다.

업무상 과실 또는 중대한 과실로 말미암아 교통사고로 피해자에게 중상해가 아닌 상해의 결과만을 야기하면 가해 운전자에 대하여 가해차량이 종합보험 등에 가입되어 있음을 이유로 공소를 제기하지 못하도록 규정한 한도 안에서는, 그 제정목적인 교통사고로 말미암은 피해의 신속한 회복을 촉진하고 국민생활의 편익을 도모하려는 공익과 동 법률조항으로 말미암아 침해되는 피해자의 재판절차진술권과 비교할 때 상당한 정도 균형을 유지하고, 단서 조항에 해당하지 않는 교통사고에서는 대부분 가해 운전자의 주의의무 태만에 대한 비난가능성이 높지 아니하고, 경미한 교통사고 피의자를 비형벌화하려는 세계적인 추세 등에 비추어도 재판절차진술권 행사에서 중상해 피해자와 비교하여 달리 취급할 만한 정당한 사유가 있다고 할 것이므로 피해자 보호 및 가해운전자 처벌에서 평등원칙에 반하지 아니한다고 할 것이다.

6. 결론

교통사고처리특례법 제4조 제1항으로 말미암아 단서 조항에 해당하지 아니하는 교통사고로 중상해를 입은 피해자를 단서 조항에 해당하는 교통사고의 중상해 피해자 및 사망사고의 피해자와 재판절차진술권 행사에서 달리 취급한 것은, 단서 조항에 해당하지 아니하는 교통사고로 중상해를 입은 피해자의 평등권을 침해한다.

Ⅳ. 기본권보호의무 위반 여부

1. 문제의 소재

교통사고처리특례법 제4조 제1항이 생명·신체의 안전에 관한 국가의 기본권보호의무를 위반한 것인지가 문제 된다.

2. 기본권보호의무의 의의

기본권보호의무란 기본권적 법익을 기본권 주체인 사인의 위법한 침해나 침해 위험에서 보호하여야 하는 국가의 의무를 말한다. 주로 사인인 제3자의 생명이나 신체의 훼손에서 문제 된다. 이는 다른 사람 때문에 개인의 신체나 생명 등 법익이 국가의 보호의무 없이는 무력화할 정도의 상황에서만 적용될 수 있다.

사안에서는 교통사고를 방지하는 다른 보호조치가 있는데도 국가가 형벌권이란 최종적인 수단을 사용하여야만 가장 효율적으로 국민의 생명과 신체를 보호할 수 있는지가 문제 된다. 만일 형벌이 법익을 가장 효율적으로 보호할 수 있는 유일한 방법인데도 국가가 형벌권을 포기한 것이라면 국가는 기본권보호의무를 위반함으로써 생명·신체의 안전과 같은 청구인의 중요한 기본권을 침해한 것이 될 것이다.

3. 기본권보호의무 위반의 심사기준

국가가 국민의 생명·신체의 안전을 보호할 의무를 지더라도 국가의 보호의무를 입법자나 그에게서 위임받은 집행자가 어떻게 실현하여야 할 것인지는 원칙적으로 권력분립과 민주주의의 원칙에 따라 국민에게서 직접 민주적 정당성을 부여받고 자신의 결정에 대해서 정치적 책임을 지는 입법자의 책임범위에 속한다. 따라서 헌법재판소는 단지 제한적으로만 입법자나 그에게서 위임받은 집행자의 보호의무 이행을 심사할 수 있다. 따라서 국가가 국민의 생명·신체의 안전에 대한 보호의무를 다하지 않았는지를 헌법재판소가 심사할 때는 국가가 이를 보호하기 위해서 적어도 적절하고 효율적인 최소한의 보호조치를 취하였는지 하는 이른바 '과소보호금지원칙' 위반 여부를 기준으로 삼아, 국민의 생명·신체의 안전을 보호하기 위한 조치가 필요한 상황인데도 국가가 아무런 보호조치를 취하지 않았든지 아니면 취한 조치가 법익을 보호하기에 전적으로 부적합하거나 매우 불충분한 것임이 명백한 경우에 한하여 국가의 보호의무 위반을 확인하여야 한다.

4. 과소보호금지원칙 위반 여부

국가의 신체와 생명에 대한 보호의무는 교통과실범으로 말미암아 발생한 침해에 대한 사후처벌뿐 아니라 무엇보다도 먼저 운전면허취득에 관한 법규 등 전반적인 교통관련법규 정비, 운전자와 일반 국민에 대한 지속적인 계몽과 교육, 교통안전에 관한 시설의 유지 및 확충, 교통사고 피해자에 대한 보상제도 등 여러 가지 사전적·사후적 조치를 함께 취함으로써 이행된다. 그렇다면 사안에서는 교통사고를 방지하는 다른 보호조치에도 국가가 형벌권이란 최종적인 수단을 사용하여야만 가장 효율적으로 국민의 생명과 신체권을 보호할 수 있는지가 문제 된다. 이를 위해서는 무엇보다도 먼저 형벌권 행사가 곧 법익 보호로 직결된다는 양자 사이의 확연하고도 직접적인 인과관계와 긴밀한 내적인 연관관계가 요구되고, 형벌이 법익을 가장 효율적으로 보호할 수 있는 유일한 방법일 때 국가가 형벌권을 포기한다면 국가는 그의 보호의무를 위반하게 된다.

그러나 교통과실범에 대한 국가형벌권 범위를 확대한다고 하여서 형벌권 행사가 곧 확실하고도 효율적인 법익 보호로 이어지는 것은 아니다. 형벌의 일반예방효과와 범죄억제기능을 어느 정도 고려하더라도 형벌을 통한 국민의 생명·신체의 안전이라는 법익 보호 효과는 그다지 확실한 것이 아니다. 결국 이때 형벌은 국가가 취할 수 있는 유효적절한 수많은 수단 중의 하나일 뿐이지, 결코 형벌까지 동원하여야만 보호법익을 유효적절하게 보호할 수 있다는 의미의 최종적인 유일한 수단이 될 수는 없다.

그러므로 교통사고처리특례법 제4조 제1항을 두고 국가가 일정한 교통사고범죄에 대해서 형벌권을 행사하지 않음으로써 도로교통의 전반적인 위험에서 국민의 생명과 신체를 적절하고 유효하게 보호하는 아무런 조치를 취하지 않았다든지, 아니면 국가가 취한 현재의 제반 조치가 명백하게 부적합하거나 부족하여 그 보호의무를 명백히 위반한 것이라고 할 수 없다.

5. 결론

교통사고처리특례법 제4조 제1항은 과소보호금지원칙을 위반하지 않아 생명·신체의 안전에 관한 국가의 기본권보호의무를 위반하지 않는다.

사례 23 ‖ 후임 헌법재판관 선출 지연

1. 甲은 2012. 10. 10. 「민법」 제844조 친생자추정 조항에 대하여 위헌확인을 구하는 헌법소원심판을 청구하였다(이하 'A청구'라 한다). 국회는 2011. 9. 9. 임기만료로 퇴임한 J 헌법재판관의 후임자를 선출하지 아니하여 헌법재판관의 공석상태가 계속되고 있다. 위 J 헌법재판관은 국회에서 선출하여 대통령이 임명한 자이다. 甲은 위 헌법소원심판 계속 중 국회가 후임 헌법재판관을 선출하지 아니하고 있는 것이 자신의 기본권을 침해한다고 주장하면서 2013. 3. 3. 국회를 피청구인으로 하여 헌법소원심판을 청구하였다(이하 'B청구'라 한다).

   헌법재판소는 국회가 후임 헌법재판관을 선출하지 아니한 상태에서 2013. 6. 30. A청구에 대하여 재판관 5(인용) : 3(기각)의 의견으로 청구를 기각하는 결정을 하였다. B청구는 심판계속 중이다. (위 사례는 가상의 것임)
   (1) B청구는 적법한가? (심판대상성, 청구기간, 권리보호이익에 한하여 판단하시오)
   (2) B청구가 적법함을 전제로 B청구를 심사함에 있어 甲의 기본권 침해여부에 대하여 판단하시오.

2. 서울특별시 S구(이하 'S구'라 한다) 선거관리위원회는 2014. 6. 4. 실시되는 제6회 전국지방선거에 대비해 2013. 7. 29. 「공직선거법」 제277조 등에 따라 계산된 지방선거비용 합계 50억 원을 2014년 S구의 본예산에 편성하도록 S구에 통보하였다. 이에 S구청장과 S구는 위 통보행위가 자신들의 자치재정권을 침해한다는 이유로 2013. 9. 25. 권한쟁의심판을 청구하였다. (위 사례는 가상의 것임)

   위 권한쟁의심판청구는 적법한가? (청구기간 문제는 제외함)

3. 대통령 甲은 국회에서 탄핵소추가 의결되었고, 그 소추의결서는 「국회법」에 따라 모두 적법하게 송달되었으며, 현재 탄핵심판이 계속 중이다. 국회는 「특정경제범죄 가중처벌 등에 관한 법률」에서 정한 죄를 범하여 형을 선고받은 자에 대한 대통령의 특별사면을 금지하는 「사면법」 일부개정법률안을 의결하여 정부로 이송하였다. 국무총리 乙은 위 법률안이 대통령의 사면에 관한 고유권한을 침해한다는 사유로 이의서를 붙여 헌법 제53조 제2항의 기간 내에 국회로 환부하면서 그 재의를 요구하였다. (위 사례는 가상의 것임)

   乙이 위 법률안에 대하여 위와 같이 거부권을 행사할 수 있는지 여부 및 그 거부사유의 당부(當否)에 대하여 논하시오.

〈목 차〉

Ⅰ. 헌법소원심판 청구 적법 여부

1. 문제의 소재

국회를 피청구인으로 한 甲의 헌법소원심판 청구가 적법하려면 ① 기본권주체성(청구인능력), ② 대상적격(헌법소원심판 대상: 공권력의 행사 또는 불행사), ③ 자기관련성, ④ 현재성, ⑤ 직접성, ⑥ 보충성(헌법재판소법 제68조 제1항 단서), ⑦ 청구기간(헌법재판소법 제60조 제1항), ⑧ 권리보호이익, ⑨ 변호사강제주의(헌법재판소법 제25조 제3항), ⑩ 일사부재리(헌법재판소법 제39조)의 요건을 충족하여야 한다. 이중 여기서는 심판대상성, 청구기간, 권리보호이익이 문제 된다.

2. 심판대상성

헌법소원심판은 헌법에 위반되는 모든 공권력의 행사나 불행사에 대해서 청구할 수 있다. 모든 공권력의 행사나 불행사는 입법권, 집행권, 사법권을 행사하는 모든 국가기관의 적극적인 작위와 소극적인 부작위를 말하는데, 다만 법원의 재판은 여기서 제외된다(헌법재판소법 제68조 제1항). 행사는 작위를, 불행사는 부작위를 뜻한다. 공권력의 불행사는 공권력 주체에 헌법에서 직접 도출되는 작위의무가 특별히 구체적으로 규정되고, 이에 따라서 기본권주체가 공권력 행사를 청구할 수 있는데도 공권력 주체가 그 의무를 해태할 때만 헌법소원심판의 대상이 된다.

사안에서 甲은 국회가 후임 헌법재판관을 선출하지 아니하는 것을 문제 삼는다. 즉 국회가 헌법재판관 선출권을 행사하지 아니한 것을 다툰다. 따라서 국회가 공석인 헌법재판관의 후임자를 선출하여야 할 헌법상 작위의무가 있는지가 문제 된다.

국회에 공석인 헌법재판관 후임자를 선출할 의무를 부과하는 명시적 규정을 헌법에서 찾을 수 없다. 하지만 헌법 제27조의 재판청구권에는 헌법재판을 청구할 권리가 포함되고, 헌법 제111조 제2항은 헌법재판소는 9명의 재판관으로 구성된다고 규정하며, 헌법 제111조 제3항은 헌법재판관 중 3명은 국회에서 선출하는 사람을 임명한다고 규정한다. 여기서 국회가 선출하여 임명된 헌법재판관 중 공석이 발생하면, 국회는 국민의 재판청구권을 보장하기 위해서 공석이 되거나 될 헌법재판관의 후임자를 선출하여야 할 구체적인 작위의무를 진다는 것을 도출할 수 있다.

국회가 공석이 된 헌법재판관 후임자를 선출하여야 할 기한에 관해서는 헌법은 아무것도 규정하지 않고, 해석을 통해서도 도출하기도 어렵다. 헌법재판소법 제6조 제3항은 헌법재판관의 임기가 만료되거나 정년이 도래하면 임기만료일이나 정년도래일까지 후임자를 임명하여야 한다고 규정한다. 그리고 같은 조 제4항은 임기 중 재판관이 결원되면 결원된 날부터 30일 이내에 후임자를 임명하여야 한다고 규정한다. 또한, 같은 조 제5항은 제3항과 제4항에도 불구하고 국회에서 선출한 재판관이 국회의 폐회나 휴회 중에 그 임가가 만료되거나 정년이 도래하면 국회는 다음 집회가 개시된 후 30일 이내에 후임자를 선출하여야 한다고 규정한다. 그러나 이러한 조항들은 강행규정이 아니라 법률에 구체적인 기간을 명시하여 가급적 신속하게 재판관의 공석상태를 해소하도록 하기 위한 훈시규정으로 보아야 한다. 따라서 국회가 공석인 헌법재판관을 선출할 때 기한은 헌법 제27조, 제111조 제2항과 제3항의 입법취지, 공석인 재판관 후임자 선출절차 진행에 필요한 기간 등을 고려한 상당한 기간으로 보아야 한다.

국회가 선출하여 임명된 헌법재판관 중 공석이 발생하면, 국민의 재판청구권을 보장하기 위해서 국회는 상당한 기간 안에 공석이 된 헌법재판관 후임자를 선출하여야 할 헌법상 작위의무를 진다. 사안에서 국회는 J헌법재판관이 2011. 9. 9. 임기만료로 퇴임하였는데도, 2013. 3. 3.까지 거의 1년 6월이 되도록 후임자를 선출하지 않았다. 이는 국회에서 후임 헌법재판관 선출에 소용되는 기간과 인사청문 기간 등을 고려하더라도 상당한 기간을 정당한 사유 없이 경과한 것으로 헌법상 작위의무를 이행하지 않은 것으로 볼 수 있다. 따라서 후임 헌법재판관을 선출하지 않은 국회의 부작위는 헌법소원심판 대상이 되는 공권력 불행사에 해당한다.

3. 청구기간

헌법재판소법 제68조 제1항에 따른 헌법소원심판은 기본권의 침해사유가 있음을 안 날부터 90일 이내에, 그 사유가 있는 날부터 1년 이내에 청구하여야 한다. 다만, 다른 법률에 따른 구제절차를 거친 헌법소원심판은 그 최종결정을 통지받은 날부터 30일 이내에 청구하여야 한다(헌법재판소법 제69조 제1항). 그러나 공권력의 불행사로 말미암은 기본권 침해는 그 불행사가 계속되는 한 기본권 침해의 부작위가 계속된다. 따라서 불행사가 계속되는 한 기간 제약 없이 적법하게 헌법소원심판을 청구할 수 있다.

사안에서는 국회의 공권력 불행사로 말미암은 기본권 침해가 문제 되므로, 청구기간 도과 여부는 문제 되지 않는다.

4. 권리보호이익

헌법소원제도는 국민의 기본권 침해를 구제하는 제도이다. 그러므로 그 제도 목적상 권리보호이익이 있어야 비로소 헌법소원심판을 청구할 수 있다. 권리보호이익은 심판 청구 당시는 물론 헌법재판소 결정 당시에도 있어야 한다. 그러나 헌법소원은 개인의 주관적 권리구제 기능뿐 아니라 객관적인 헌법질서 보장기능도 수행하므로 ① 주관적 권리구제에 도움이 되지 않아도 그러한 침해행위가 앞으로도 반복될 위험이 있거나 ② 해당 분쟁 해결이 헌법질서의 수호·유지를 위해서 긴요한 사항이어서 그 해명이 헌법적으로 중대한 의미를 지니면 헌법소원의 이익을 인정할 수 있다.

헌법재판소법 제22조 제1항은 "이 법에 특별한 규정이 있는 경우를 제외하고는 헌법재판소의 심판은 재판관 전원으로 구성되는 재판부에서 관장한다."라고 하여 헌법재판의 심리와 결정에 재판관 9명 전원이 참여할 것을 요구한다. 그런데 사안에서는 A청구에 대한 청구가 B청구 계속 중에 기각되었다. A청구에 대해서 기각결정이 내려지면, 이후 B청구에 대해서 위헌결정이 내려져도 A청구 기각결정의 기판력으로 말미암아 A청구를 헌법재판소가 다시 심판할 수 없다. 그러나 헌법재판소는 법령소원이 아닌 헌법재판소법 제68조 제1항에 대한 헌법소원에 대해서는 민사소송법의 재심에 관한 규정을 준용하여 재심을 허용한다. 하지만 설사 B청구에 대해서 헌법재판소가 인용결정을 내리더라도 헌법재판소는 재판관 7명 이상 출석으로 사건을 심리할 수 있으므로(헌법재판소법 제23조 제1항), 재판관 8명으로 구성된 재판부가 법률에 따라 판결법원을 구성하지 아니한 때(민사소송법 제451조 제1호)에 해당하지 않는다. 따라서 B청구가 인용되더라도 재심사유에 해당하지 않아 주관적 권리보호이익은 인정되지 않는다. 그러나 피청구인 국회가 후임 재판관을 상당한 기간 안에 선출하지 않아 사례와 같은 재판관 장기간 공석 상태가 반복될 위험성이 여전히 남아 있고, 장기간 공석인 재판관의 후임자를 선출하지 아니한 부작위가 재판청구권을 침해하는지에 관해서는 아직 그 해명이 이루어진 적이 없으므로 B청구는 예외적으로 헌법소원의 이익을 인정할 수 있다.

5. 결론

B청구는 심판대상성, 청구기간, 권리보호이익을 충족하여 다른 적법요건을 모두 충족한다면 적법하다.

Ⅱ. 기본권 침해 여부(헌재 2014. 4. 24. 2012헌마2 참조)

1. 문제의 소재

甲은 국회가 후임 헌법재판관을 선출하지 아니하고 있는 것이 자신의 기본권을 침해한다고 주장한다. 이와 관련하여 甲의 공정한 헌법재판을 받을 권리가 침해되는지가 문제 된다.

2. 재판청구권의 의의와 내용

헌법 제27조 제1항은 "모든 국민은 헌법과 법률이 정한 법관에 의하여 법률에 의한 재판을 받을 권리를 가진다."라고 규정하여 재판청구권을 기본권으로 보장한다. 재판청구권은 누구든지 국가에 재판을 청구할 수 있는 권리, 즉 누구든지 권리가 침해되거나 분쟁이 발생하면 독립이 보장된 법원에서 법률이 정한 자격을 갖춘 법관에 의해서 객관적 법률에 따라 공정하고 신속하게 공개 재판을 받을 권리를 말한다. 재판청구권은 ① '재판'을 받을 권리, ② '헌법과 법률이 정한 법관'에 의한 재판을 받을 권리, ③ '법률에 의한' 재판을 받을 권리, ④ '공정한' 재판을 받을 권리, ⑤ '신속한 공개재판'을 받을 권리를 내용으로 한다. 재판에는 민사재판, 형사재판, 행정재판은 물론 헌법재판도 포함한다. 따라서 공정한 헌법재판을 받을 권리도 재판청구권이 보호한다. 공정한 재판은 헌법과 법률이 정한 자격이 있고, 헌법 제104조 내지 제106조에 정한 절차에 따라 임명되고 신분이 보장되어 독립하여 심판하는 법관에게서 헌법과 법률에 의하여 그 양심에 따라 적법절차에 따라서 이루어지는 재판을 가리킨다.

甲은 헌법소원심판을 청구하고, 여기서 결정이 재판관 9명이 아닌 8명으로 이루어진 재판부에서 이루어짐을 다툰다. 재판청구권에서 재판에는 헌법재판도 포함되고, 재판부 구성은 공정한 재판과 관련이 있으므로, 사안에서 甲의 공정한 헌법재판을 받을 권리가 제약된다.

3. 공정한 헌법재판을 받을 권리 여부

헌법재판은 국가의 최상위 규범인 헌법에 따른 재판으로서 획일적인 판단 기준을 상정하기 어렵다. 따라서 공정한 헌법재판이 이루어지려면 재판관들이 토론 및 합의 과정에서 견해를 제시하고 각자 견해의 타당성을 충분히 검증할 수 있어야 한다. 헌법 제111조 제2항이 직접 재판관의 정수를 9명으로 명시하고, 같은 조 제3항이 재판관 중 3명은 국회가 선출하는 사람을 임명하도록 규정한다. 이것은 헌법재판소가 국민의 다양한 가치관과 시각을 대표할 수 있는 재판관들로 구성되도록 함으로써 공정한 재판을 받을 권리를 보장하기 위한 것이다. 그리고 신속한 재판을 받을 권리 보장을 위해서 오랜 기간 재판관의 공석 상태가 계속되더라도 헌법재판은 끊임없이 이루어져야 한다. 그렇다면 국회가 정당한 사유 없이 상당한 기간 안에 공석인 재판관의 후임자를 선출하지 아니하면, 전원재판부의 심리 및 결정을 중단할 수도 없는 노릇이어서 재판관이 공석인 상태에서 헌법재판이 이루어질 수밖에 없게 된다. 이러한 상태에서는 심리 및 결정에 재판관 정원인 9명 전원의 견해가 빠짐없이 반영되는 것이 아니게 되므로 공정한 재판을 받을 권리를 침해한다.

사안에서 국회가 1년 6월이 다 되도록 헌법재판관을 선출하지 않은 것에 관한 정당한 이유가 있다는 사정이 보이지 않는다. 그리고 통상적으로 9명의 헌법재판관에 의한 심사를 받을 것이 예정된 헌법소원심판에서 그보다 적은 수의 헌법재판관에 의한 심사를 받는다면 심리 밀도에서 차이가 있을 뿐 아니라 재판관 6명 이상 찬성이 있어야 인용결정이 내려질 수 있어서(헌법 제113조 제1항, 헌법재판소법 제23조 제1항 단서 제1호) 8명 중 5명이 찬성의견일 때 공석인 재판관의 의견이 인용 여부를 결정할 수 있다는 점에서 구체적 결정이 달라질 수 있다. 따라서 甲의 공정한 헌법재판을 받을 권리가 침해된다.

4. 결론

국회가 후임 헌법재판관을 선출하지 아니하고 있는 것은 甲의 공정한 헌법재판을 받을 권리를 침해한다.

Ⅲ. 권한쟁의심판 청구의 적법 여부

1. 문제의 소재

S구청장과 S구의 권한쟁의심판 청구가 적법하려면 ① 당사자능력, ② 당사자적격, ③ 피청구인의 처분이나 부작위 존재, ④ 권한의 침해나 현저한 침해위험의 가능성, ⑤ 청구기간, ⑥ 심판 청구 이익의 요건을 충족하여야 한다. 따라서 권한쟁의심판 청구가 청구기간을 제외한 요건을 모두 갖추었는지를 살펴보아야 한다.

2. 당사자능력

(1) 당사자능력의 의의

권한쟁의심판에서 당사자능력은 소송법적 개념으로서 권한쟁의심판의 당사자, 즉 권한쟁의심판의 청구인, 피청구인, 참가인이 될 수 있는 능력을 말한다. 권한쟁의심판에서는 헌법 제111조 제1항 제4호에 따라서 국가기관과 지방자치단체에게 당사자능력이 인정된다. 헌법재판소법 제62조는 국가기관을 국회, 정부, 법원 및 중앙선거관리위원회로 구체화하여 규정하고, 지방자치단체는 특별시·광역시·도 또는 특별자치도와 시·군 또는 지방자치단체인 구(이하 자치구)를 든다.

(2) S구청장과 S구의 당사자능력

S구는 지방자치단체인 자치구에 해당하여 권한쟁의심판의 당사자능력이 있다. 그러나 S구청장은 지방자치단체가 아니다. 다만, 국가위임사무를 국가기관 지위에서 처분을 하면 지방자치단체장도 권한쟁의심판의 당사자가 될 수 있다. 그러나 사안에서 지방선거사무는 지방자치단체의 자치사무에 해당하므로 지방자치단체가 아닌 S구청장은 당사자능력이 없다.

(3) S구 선거관리위원회의 당사자능력

헌법재판소법 제62조 제1항 제1호는 국가기관을 국회, 정부, 법원 및 중앙선거관리위원회로 구체화하여 규정한다. 이와 관련하여 헌법재판소법 제62조 제1항이 한정적·열거적 규정인지 아니면 예시적 규정인지를 먼저 살펴보아야 한다. 헌법 제111조 제1항 제4호가 법률유보조항을 두지 않아서 권한쟁의심판 제도를 둔 입법 취지에 비추어 다른 분쟁해결방법이 없는 한 독립한 국가기관 사이의 권한쟁의심판은 인정되어야 한다. 따라서 헌법재판소법 제62조 제1항은 예시적 규정으로 보아야 한다.

예시설을 따르면, ① 헌법에 의해 설립되고 ② 헌법과 법률에 의하여 독자적인 권한을 부여받는 국가기관으로서 ③ 권한쟁의를 해결할 수 있는 적당한 기관이나 방법이 없는지를 종합적으로 고려해 권한쟁의심판의 당사자가 될 수 있는 국가기관에 해당하는지를 판단하여야 한다.

헌법 제114조는 각급 선거관리위원회를 두도록 규정하고, 헌법 제114조 제1항과 제115조, 제116조는 각급 선거관리위원회의 권한을 명시하므로, 중앙선거관리위원회 외에 구선거관리위원회를 포함한 각급 선거관리위원회는 헌법에 의해 설립되고 헌법과 법률에 의하여 독자적인 권한을 부여받는 국가기관에 해당하고, 지방자치단체와 각급 선거관리위원회 사이의 분쟁을 해결할 적당한 기관이나 방법이 없다. 따라서 피청구인인 S구 선거관리위원회는 국가기관으로서 권한쟁의심판의 당사자능력이 있다.

3. 당사자적격

(1) 당사자적격의 의의

헌법과 법률에 따라서 부여받은 권한이 있는 자만 그 권한을 다투며 권한쟁의심판을 청구할 수 있다. 따라서 구체적인 권한의 침해나 권한 침해 위험이 있다고 스스로 주장하여 헌법재판소 심판을 받게 된 청구인과 그 상대방이 된 피청구인만 당사자적격이 있다.

(2) S구의 당사자적격

S구는 S구 선거관리위원회 통보행위로 말미암아 지방선거에서 소요되는 경비를 상당 부분 부담하게 되어 지방재정권이 침해되었다고 주장한다. 따라서 S구는 지방선거의 선거경비 부담 주체가 누구인지를 다투는 이 사안에서 당사자적격이 있다.

(3) S구 선거관리위원회의 당사자적격

지방선거비용 부담 문제를 둘러싼 다툼을 일으킨 S구 선거관리위원회의 선거비용 통보행위는 공직선거법 제277조 제2항에 따른 자신의 권한을 행사한 것이다. 따라서 S구 선거관리위원회는 피청구인으로서 당사자적격이 인정된다.

4. 피청구인의 처분이나 부작위 존재

헌법재판소법 제61조 제2항을 따르면, 피청구인의 '처분 또는 부작위'에 의하여 청구인의 권한이 침해될 것이 요구된다. 여기서 처분은 모든 법적 행위뿐 아니라 단순한 사실행위, 대외적일 뿐 아니라 대내적인 행위 그리고 개별적 결정뿐 아니라 일반적 규범 정립까지 포함한다. 다만, 이러한 처분이 권한쟁의 심판 대상이 되려면 법적 중요성을 지녀야 하고, 청구인의 법적 지위에 구체적으로 영향을 미칠 가능성이 있어야 한다.

S구의 선거비용 부담은 공직선거법에 따라서 발생하는 것이지 S구 선거관리위원회의 선거비용 통보행위 때문에 발생하는 것은 아니다. 그리고 선거비용 통보행위는 앞날에 발생할 선거비용을 다음 연도 예산에 반영하도록 하려고 미리 안내한 것에 불과하고, 이러한 통보행위만으로 S구가 예산편성 권한을 행사하는 데 법적 구속을 받지도 않는다. 따라서 S구의 법적 지위에 어떤 영향도 미치지 않는 S구 선거관리위원회의 선거비용 통보행위는 권한쟁의심판 대상이 되는 처분에 해당하지 않는다.

5. 권한의 침해나 현저한 침해위험의 가능성

권한쟁의심판을 청구하려면 청구인의 권한이 '침해되었거나 현저한 침해위험'이 있어야 한다(헌법재판소법 제61조 제2항). 권한의 '침해'는 피청구인의 위헌 또는 위법한 행위로 말미암아 청구인의 권한이 박탈당하거나 권한 일부가 잠식당하거나 권한 행사에 중대한 장애가 발생하는 것 등 청구인의 권한법질서상 지위가 불리해지는 때를 말한다. 현저한 위험은 매우 급하게 조만간 권한침해에 이르게 될 개연성이 현저히 높은 상황을 이른다.

S구 선거관리위원회의 선거비용 통보행위는 S구에 아무런 영향을 미치지 않으므로 S구의 지방재정권을 침해하거나 침해할 현저한 위험이 없다.

6. 심판 청구 이익

권한쟁의심판은 비록 객관소송이더라도 국가기관과 지방자치단체 사이의 권한쟁의로써 해결하여야 할 구체적 권리보호이익이 있어야 한다.

S구 선거관리위원회의 선거비용 통보행위는 S구에 아무런 영향을 미치지 않으므로 구체적 권리보호이익도 없다.

7. 결론

S구청장은 권한쟁의심판의 당사자능력이 없어서 그의 권한쟁의심판 청구는 부적법하다. 그리고 S구의 권한쟁의심판 청구는 S구 선거관리위원회의 선거

비용 통보행위가 처분에 해당하지 않고, 권한의 침해 가능성도 없으며, 심판 청구 이익도 없어서 부적법하다.

Ⅳ. 거부권 행사 가능 여부와 그 거부사유의 당부

1. 문제의 소재

대통령 권한을 대행하는 국무총리가 대통령의 특별사면권을 제한하는 법률에 대해서 법률안 거부권을 행사하는 것이 타당한 것인지를 판단하려면, 먼저 권한대행의 직무범위에 법률안거부권이 포함되는지를 살펴보아야 하고, 다음으로 이러한 법률안에 대한 거부가 행사요건을 충족하는지를 검토하여야 한다.

2. 권한대행의 직무범위

(1) 권한대행의 의의

대통령이 궐위되거나 사고로 말미암아 직무를 수행할 수 없으면 국무총리, 법률이 정하는 국무위원의 순서로 그 권한을 대행한다(헌법 제71조, 정부조직법 제22조). 그러나 헌법 제68조 제2항의 규정상 대통령 궐위 시 권한대행은 60일 이내에서만 가능하다. 궐위는 대통령이 재직하지 아니한 때로서 사망, 탄핵결정에 따른 파면, 피선자격 상실, 사임 등을 포함한다. 사고는 대통령이 재직하면서도 직무수행이 불가능한 때로서 신병, 탄핵소추로 말미암아 권한 행사가 정지된 때 등을 포함한다.

사안에서는 대통령 甲이 탄핵소추가 의결되어 헌법 제71조의 사고가 발생하여 헌법 제71조에 따라 국무총리 乙이 대통령의 권한을 대행하게 된다.

(2) 대통령 권한대행의 직무범위

대통령의 궐위와 사고 시 권한대행자의 직무범위와 관련하여 궐위 시는 물론 사고 시에도 현상유지에 국한되어야 한다는 견해, 사고 시에는 현상유지이어야 하나, 궐위 시에는 현상유지에 국한할 필요는 없다는 견해, 국정공백을 이유로 대통령 권한 전반을 행사할 수 있다는 견해가 대립한다. 여기서 중요한 것은 비록 단기간이라도 국민이 선출하지 않은, 곧 민주적 정당성을 결여한 국무총리나 국무위원이 그 권한을 대행한다는 점이다. 따라서 대통령권한대행자는 잠정적인 관리자에 불과하고, 그러한 한에서 그 직무범위는 현상유지적인 것에 한정되어야 한다.

법률은 일단 제정되고 나면 대통령이 더는 이에 관해서 관여할 수 없고, 법률안 거부권이 행사되면 기존 법체계가 그대로 유지되어 법률안거부권은 법률안 제출권과 달리 현상유지적 성격이 있으며, 권한대행자가 법률안거부권을 행사할 수 없다면 국회 입법을 통제할 수단이 없고, 권한대행자가 사면권을 행사할 수 있는지도 확실하지 않으며 당장 사면을 하여야 하는 것도 아니라서「사면법」일부개정법률안 통과가 시급한 것도 아니다. 이러한 점에 비추어 법률안 거부권은 대통령 권한대행자의 권한에 속한다고 보아야 한다. 따라서 대통령 권한대행자인 국무총리 乙은「사면법」일부개정법률안에 대해서 거부권을 행사할 수 있다.

3. 거부사유 당부

(1) 법률안거부권의 의의

법률안거부권은 국회가 의결하여 정부에 이송한 법률안에 대하여 대통령이 이의가 있을 때 법률안 확정을 저지하려고 그 법률안을 국회 재의에 붙일 수 있는 권한을 말한다. 이를 법률안재의요구권이라고도 한다. 대통령 거부 후에 국회가 재적의원 과반수 출석과 출석의원 3분의 2 이상 찬성으로 전과 같은 의결을 하면 그 법률안은 법률로서 확정되고(헌법 제53조 제4항), 재의결되지 아니하면 폐기된다. 이 거부권으로 말미암아 대통령의 법률안에 대한 서명권은 국회를 통과한 법률안에 대한 형식적 심사권뿐 아니라 그 내용 적부에 관한 실질적 심사권까지 포함하게 된다.

(2) 법률안거부권의 제도적 의의

대통령제 정부형태에서 법률안거부권이 인정되는 이유는, 법률 제정은 국회 권한이고 법률 집행은 입법과정에 참여하지 못하는 집행부 책임이므로, 집행부가 법률안에 이의가 있을 수 있기 때문이다. 대통령 법률안거부권의 이론적 근거는 ① 국회의 부당한 입법이나 헌법 위반을 견제할 필요성과 ② 의회가 입법권을 남용하여 집행부의 권한을 침해하는 데 대항하여 권력적 균형을 유지하고 집행부를 안정시키기 위한 필요성이다.

하지만 대통령이 법률안거부권을 남용하게 되면, 국회의 법률안의결권(입법권)이 유명무실하게 될 위험이 있고, 현행헌법은 대통령에게 법률안제출권까지 인정하므로, 대통령의 법률안거부권은 단지 단원제국회의 경솔함과 횡포를 방지하기 위한 것에 그쳐야 한다. 따라서 거부권은 남용되어서는 안 되고, 정당하게 행사되어야 한다.

(3) 법률안거부권의 행사요건

① 실질적 요건

대통령이 법률안거부권을 행사하려면 법률안에 이의가 있어야 한다. 헌법은 어떤 경우에 어떤 사유로 법률안거부권을 행사할 수 있는지에 관해서 규정하지는 않지만 법률안거부권 행사는 정당한 이유가 있고 객관적으로 납득할 수 있는 때라야 한다. 객관적 타당성이 있는 정당한 때로는 ① 그 법률안이 헌법에 위반된다고 판단되는 때, ② 그 법률안 집행이 불가능한 때, ③ 그 법률안이 국가적 이익에 반하는 것을 내용으로 하는 때, ④ 그 법률안이 집행부에 대한 부당한 정치적 공세만을 이유로 하는 때 등을 들 수 있다. 정당한 이유가 없는 법률안거부권 남용은 탄핵소추 사유가 된다.

② 절차적 요건

대통령이 법률안거부권을 행사하는 절차는 ① 법률안이 정부로 이송되어 온 날부터 15일 이내에, ② 국무회의 심의를 거치고 나서, ③ 법률안에 이의서를 첨부하여, ④ 국회로 환부하여 재의를 요구하는 것이다. 이때 국회가 폐회 중인 때도 헌법 제53조 제2항 제2문에 따라 환부거부할 수 있다.

③ 사안 검토

사안에서 대통령 권한대행자인 국무총리 乙은 국회가 의결하여 이송한 「사면법」 일부개정법률안에 대해서 헌법 제53조 제2항의 기간 안에 이의서를 붙여서 국회로 환부하면서 그 재의를 요구한다고 하고, 다른 절차적 요건에 관해서는 언급이 없는 것으로 보아 절차적 요건은 갖춘 것으로 보인다.

　사안에서 국무총리 乙은 「사면법」 일부개정법률안이 대통령의 사면에 관한 고유권한을 침해한다는 사유로 거부권을 행사하였다. 「특정경제범죄 가중처벌 등에 관한 법률」에서 정한 죄를 범하여 형을 선고받은 자에 대한 대통령의 특별사면을 금지하는 「사면법」 일부개정법률안은 ① 집행이 불가능한 것도 아니고, ② 그 내용이 국가적 이익에 반하는 것도 아니며, ③ 집행부에 대한 부당한 정치적 공세만을 이유로 하는 것도 아니다. 그러나 그 내용이 대통령의 특별사면권을 제한하는 내용인데 헌법에는 거부사유에 관해서 구체적으로 규정하는 것이 없어서 위헌의 의심이 있을 수 있다. 따라서 대통령 권한대행자인 국무총리 乙의 거부권 행사는 정당하다고 볼 수 있다.

4. 결론

　탄핵소추가 의결되어 권한 행사가 정지된 대통령의 권한을 대행하는 국무총리의 직무범위에는 법률안거부권도 포함되어 대통령 권한대행자인 국무총리 乙은 「사면법」 일부개정법률안에 대해서 거부권을 행사할 수 있고, 특정경제범죄 가중처벌 등에 관한 법률」에서 정한 죄를 범하여 형을 선고받은 자에 대한 대통령의 특별사면을 금지하는 「사면법」 일부개정법률안은 대통령의 특별사면권을 제한하여 위헌의 의심이 있어 국무총리 乙의 거부권 행사는 정당하다.

사례 24 ‖ 정당해산결정에 따른 국회의원직 상실 여부

[제8회 변호사시험]

1. A정당은 중앙선거관리위원회에 등록을 마친 정당이고 甲은 A정당 소속의 지역구 국회의원이며 乙은 A정당 소속의 비례대표 국회의원이다. 정부는 A정당의 목적과 활동이 민주적 기본질서에 위배된다고 주장하면서 헌법재판소에 위헌정당해산심판을 청구하였다. A정당은 이에 대해 강력히 반발하였지만 헌법재판소는 A정당에 대해 해산결정을 내렸다. A정당의 해산결정에 따라 甲과 乙이 국회의원직을 상실하는지를 논하시오.

2. 丙은 현역병으로 입대하여 4주간의 군사훈련을 받은 후 의무경찰로 복무하던 중 허가 없이 휴대전화를 부대로 반입하여 이를 계속 소지·사용하였다는 사유로 경찰공무원 징계위원회에 회부되었고, 이러한 사유가 「의무경찰 관리규칙」 제94조 제1호(법령위반), 제5호(명령불복종), 제12호(기타 복무규율위반)에 해당한다는 이유로 영창 15일의 징계처분을 받았다.

   丙은 「의무경찰대 설치 및 운영에 관한 법률」 제5조 제1항, 제2항 중 각 '의무경찰에 대한 영창' 부분이 헌법에 위반된다고 주장하고 있다. 丙이 위헌이라고 주장할 수 있는 논거를 제시하시오.

3. 2017. 12. 20. 보건복지부령 제377호로 개정된 「국민건강보험 요양급여의 기준에 관한 규칙」(이하 '요양급여규칙'이라 함)은 비용 대비 효과가 우수한 것으로 인정된 약제에 대해서만 보험급여를 인정해서 보험재정의 안정을 꾀하

고 의약품의 적정한 사용을 유도하고자 기존의 보험 적용 약제 중 청구실적이 없는 미청구약제에 대한 삭제제도를 도입하였다. 개정 전의 요양급여규칙은 품목허가를 받은 모든 약제에 대하여 보험급여를 인정하였으나, 개정된 요양급여규칙에 따르면 최근 2년간 보험급여 청구실적이 없는 약제에 대하여 요양급여대상 여부에 대한 조정을 할 수 있다.

보건복지부장관은 위와 같이 개정된 요양급여규칙의 위임에 따라 사단법인 대한제약회사협회 등 의약관련단체의 의견을 받아 보건복지부 고시인 '약제급여목록 및 급여상한금액표'를 개정하여 2018. 9. 23. 고시하면서, 기존에 요양급여대상으로 등재되어 있던 제약회사 甲(이하 '甲'이라 함)의 A약품(1998. 2. 1. 등재)이 2016. 1. 1.부터 2017. 12. 31.까지의 2년간 보험급여 청구실적이 없는 약제에 해당한다는 이유로 위 고시 별지4 '약제급여목록 및 급여상한금액표 중 삭제품목'란(이하 '이 사건 고시'라 함)에 아래와 같이 A약품을 등재하였다. 요양급여대상에서 삭제되면 국민건강보험의 요양급여를 받을 수 없어 해당 약제를 구입할 경우 전액 자기부담으로 구입하여야 하고 해당 약제에 대해 요양급여를 청구하여도 요양급여청구가 거부되므로 해당 약제의 판매 저하가 우려된다.

보건복지부 고시 제2018-○○호(2018. 9. 23.)

약제급여목록 및 급여상한금액표

제1조(목적) 이 표는 국민건강보험법 … 및 국민건강보험요양급여의 기준에 관한 규칙 … 의 규정에 의하여 약제의 요양급여대상기준 및상한금액을 정함을 목적으로 한다.

제2조(약제급여목록 및 상한금액 등) 약제급여목록 및 상한금액은 [별표 1]과 같다.

[별표 1]
별지 4 삭제품목
연번 17. 제조사 甲, 품목 A약품, 상한액 120원/1정

제약회사들을 회원으로 하여 설립된 사단법인 대한제약회사협회와 甲은 이 사건 고시가 있은지 1개월 후에야 고시가 있었음을 알았다고 주장하며 이 사건 고시가 있은 날로부터 94일째인 2018. 12. 26. 이 사건 고시에 대한 취소소송을 제기하였다.

甲은 "개정 전 요양급여규칙이 아니라 개정된 요양급여규칙에 따라 A약품을 요양급여대상에서 삭제한 것은 위법하다."라고 주장한다. 이러한 甲의 주장을 검토하시오.

참조조문

「의무경찰대 설치 및 운영에 관한 법률」

제2조의5(휴직자 등의 전환복무기간 계산 등)

① 다음 각 호의 기간은 「병역법」 제25조 제1항에 따라 전환복무된 의무경찰대 대원의 전환복무기간에 산입하지 아니한다.

1. <생략>

2. 정직 및 영창 기간

3. <생략>

제5조(징계)

① 의무경찰에 대한 징계는 강등, 정직, 영창, 휴가 제한 및 근신으로 하고, 그 구체적인 내용은 다음 각 호와 같다.

1. 강등: 징계 당시 계급에서 1계급 낮추는 것

2. 정직: 1개월 이상 3개월 이하의 기간 동안 의무경찰의 신분은 유지하나 직무에 종사하지 못하게 하면서 일정한 장소에서 비행을 반성하게 하는 것

3. 영창: 15일 이내의 기간 동안 의무경찰대·함정 내 또는 그 밖의 구금장소에 구금하는 것

4. 휴가 제한: 5일 이내의 범위에서 휴가일수를 제한하는 것. 다만, 복무기간 중 총 제한일수는 15일을 초과하지 못한다.

5. 근신: 15일 이내의 기간 동안 평상근무에 복무하는 대신 훈련이나 교육을 받으면서 비행을 반성 하게 하는 것

② 영창은 휴가 제한이나 근신으로 그 징계처분을 하는 목적을 달성하기 어렵고, 복무규율을 유지하기 위하여 신체 구금이 필요한 경우에만 처분하여야 한다.

제6조(소청)

① 제5조의 징계처분을 받고 처분에 불복하는 사람의 소청은 각기 소속에 따라 해당 의무경찰대가 소속된 기관에 설치된 경찰공무원 징계위원회에서 심사한다.

② 제1항에 따른 심사를 청구한 경우에도 이에 대한 결정이 있을 때까지는 해당 징계처분에 따라야 한다. 다만, 영창처분에 대한 소청 심사가 청구된 경우에는 이에 대한 결정이 있을 때까지 그 집행을 정지한다.

제8조(보상 및 치료)

① 의무경찰대의 대원으로서 전투 또는 공무수행 중 부상을 입고 퇴직한 사람과 사망

(부상으로 인하여 사망한 경우를 포함한다)한 사람의 유족은 대통령령으로 정하는 바에 따라 「국가유공자 등 예우 및 지원에 관한 법률」 또는 「보훈보상대상자 지원에 관한 법률」에 따른 보상 대상자로 한다.

② 의무경찰대의 대원이 전투 또는 공무수행 중 부상하거나 질병에 걸렸을 때에는 대통령령으로 정하는 바에 따라 국가 또는 지방자치단체의 의료시설에서 무상으로 치료를 받을 수 있다.

「의무경찰대 설치 및 운영에 관한 법률 시행령」

제34조의2(퇴직 보류) 임용권자는 의무경찰이 다음 각 호의 어느 하나에 해당하는 경우에는 퇴직 발령을 하지 아니할 수 있다.

　1. ~ 3. <생략>

　4. 정직 또는 영창 처분을 받은 경우

　5. <생략>

제39조(위원회의 구성)

　① 소속기관등의 장은 제38조의 소청서를 받은 경우에는 7일 이내에 경찰공무원 보통징계위원회(이하 "위원회"라 한다)를 구성하여 소청의 심사를 하게 하여야 한다. 이 경우 위원회는 5명 이상 7명 이하의 위원으로 구성한다.

　② 제1항의 경우에는 소청의 요지를 피소청인에게 통보하여야 한다.

「의무경찰 관리규칙」

제94조(징계사유) 의경이 다음 각호의 1에 해당하는 때에는 징계의결의 요구를 하여야 하고 동 징계의결의 결과에 따라 징계처분을 행하여야 한다.

　1. 의무경찰대 설치 및 운영에 관한 법률과 동법시행령 및 이 규칙(이하 "법령"이라 한다)을 위반한 때와 법령에 의한 명령에 위반하였을 때

　2. ~ 4. <생략>

　5. 상관의 명령에 복종하지 아니하였을 때

　6. ~ 11. <생략>

　12. 기타 제 복무규율을 위반한 때

제95조(징계의결의 요구)

　① 경찰기관의 장은 소속 의경 중 제94조 각호에 해당하는 징계사유가 발생하였을 때에는 지체없이 관할 징계위원회를 구성하여 징계의결을 요구하여야 한다.

　② 제1항의 징계는 소속 경찰기관에서 행한다.

제96조(징계위원회 구성과 징계의결)

　① 의경을 징계하고자 할 때의 징계위원회 구성은 위원장을 포함한 3인 이상 7인 이하의 위원으로 의경 징계위원회(이하 "징계위원회"라 한다)를 구성한다.

　② 제1항의 징계위원회 구성은 경사 이상의 소속 경찰공무원 중에서 당해 징계위원회

가 설치된 경찰기관의 장이 임명한다.

(아래 법령은 현행 법령과 다를 수 있음)

「국민건강보험법」

제41조 (요양급여)

① 가입자와 피부양자의 질병, 부상, 출산 등에 대하여 다음 각 호의 요양급여를 실시한다.

1. 진찰·검사

2. 약제·치료재료의 지급

3. <이하 생략>

② 제1항에 따른 요양급여의 방법·절차·범위·상한 등의 기준은 보건복지부령으로 정한다.

「국민건강보험 요양급여의 기준에 관한 규칙」

(보건복지부령 제377호, 2017. 12. 20. 공포)

제8조(요양급여의 범위 등)

① 법 제41조 제2항에 따른 요양급여의 범위는 다음 각 호와 같다.

1. 법 제41조 제1항의 각 호의 요양급여(약제를 제외한다): 제9조에 따른 비급여대상을 제외한 것

2. 법 제41조 제1항의 2호의 요양급여(약제에 한한다): 제11조의2, 제12조 및 제13조에 따라 요양급여대상으로 결정 또는 조정되어 고시된 것

② 보건복지부장관은 제1항의 규정에 의한 요양급여대상을 급여목록표로 정하여 고시하되, 법 제41조 제1항의 각 호에 규정된 요양급여행위, 약제 및 치료재료(법 제41조 제1항의 2호의 규정에 의하여 지급되는 약제 및 치료재료를 말한다)로 구분하여 고시한다.

제13조(직권결정 및 조정)

④ 보건복지부장관은 다음 각 호에 해당하면 이미 고시된 약제의 요양급여대상여부 및 상한금액을 조정하여 고시할 수 있다.

1. ~ 5. <생략>

6. 최근 2년간 보험급여 청구실적이 없는 약제 또는 약사법령에 따른 생산실적 또는 수입실적이 2년간 보고되지 아니한 약제

부칙

이 규칙은 공포한 날로부터 시행한다.

〈목 차〉

Ⅰ. 甲과 乙의 국회의원직 상실 여부

1. 문제의 소재

A정당의 해산결정에 따라 甲과 乙이 국회의원직을 상실하는지와 관련하여, 헌법재판소 결정으로 해산된 정당에 소속된 국회의원의 의원직이 해산결정에 따라서 어떠한 영향을 받는지가 문제 된다. 이에 관한 명문 규정이 없으므로 학설과 판례에 맡겨진 문제이다. 여기서 위헌정당해산심판제도의 실효성과 국회의원의 지위가 고려되어야 한다.

2. 위헌정당해산제도의 의의와 국회의원의 지위

(1) 위헌정당해산제도의 의의

위헌정당해산제도는 정당의 목적이나 활동이 자유민주적 기본질서에 위배되면, 이러한 정당을 헌법소송절차에 따라 해산시킴으로써 정당 형식으로 조직된 헌법의 적에게서 헌법 침해를 방지하기 위한 헌법내재적 헌법보호수단이다. 이는 헌법 제8조 제4항에 근거한다. 헌법 제8조 제4항은 정당해산에 엄격한 요건과 절차를 요구함으로써 정당에 다른 일반 결사보다 강력한 존속을 가능케 하는 이른바 존립특권을 보장함과 동시에, 정당의 의무와 정당활동 자유의 한계를 명시함으로써 정당 형식으로 조직된 민주주의의 적에게서 자유민주적 기본질서를 수호한다. 따라서 헌법 제8조 제4조의 위헌정당해산제도는 헌법수호수단으로서 방어적 민주주의를 선언한 것으로 이해된다.

(2) 국회의원의 지위

국회의원은 대의제 민주주의에 비추어 국민을 대표하는 국민대표자의 지위가 있다. 국회의원은 먼저 전체 국민의 대표자이고, 정당의 대표자의 지위는 국민대표자의 지위와 조화를 이룰 수 있는 범위에서만 인정된다. 국회의원의 정당기속도 그러한 범위 안에서 인정된다.

3. 학설

(1) 의원직이 상실되지 않는다는 견해

국회의원의 전국민대표성과 자유위임원칙을 강조하는 견해로서, 정당이 해산되어도 해산정당 소속 국회의원들은 의원직을 상실하지 않고 무소속으로 남는다는 견해이다.

(2) 비례대표 국회의원만 의원직을 상실한다는 견해

비례대표 국회의원을 지역구 국회의원과 비교하면, 정당이 작성한 명부에 기초하여 선출되고, 정당이 자기 필요에 따라 직능대표적 성격의 인물을 추천하므로, 정당기속성이 강하다고 보아 정당과 운명을 함께 하여야 한다는 견해이다.

(3) 의원직을 상실한다는 견해

국회의원이 어떤 정당에 소속되어 있다면, 보통 그는 소속 정당에서 일정 수준 이상의 지위를 인정받고 정당의 목적을 설정하거나 정당 활동에도 중요한 역할을 수행한다. 이러한 국회의원이 정당 해산과 무관하게 의원직을 유지한다면, 국회의원으로서 누리는 면책특권, 불체포특권 등을 이용하여 여전히 민주적 기본질서에 위배되는 활동을 계속할 것이다. 이때 위헌정당해산이 과연 실효성이 있을지 의문이다. 따라서 정당해산제도의 실효성을 제고하려면 위헌정당해산의 효과로 소속 의원의 의원직을 자동상실시켜야 한다는 견해이다.

4. 판례

헌법재판소는 헌법재판소 해산결정으로 정당이 해산되면 그 정당 소속 국회의원이 의원직을 상실하는지에 관해서 명문 규정은 없으나, 정당해산심판제도의 본질은 민주적 기본질서에 위배되는 정당을 정치적 의사형성과정에서 배제함으로써 국민을 보호하는 것에 있는데, 해산정당 소속 국회의원의 의원직을 상실시키지 않으면 정당해산결정의 실효성을 확보할 수 없게 되므로, 이러한 정당해산제도의 취지 등에 비추어 볼 때 헌법재판소 정당해산결정이 있으면 그 정당 소속 국회의원의 의원직은 당선 방식을 불문하고 모두 상실되어야 한다고 한다. 즉 헌법재판소 해산결정으로 해산되는 정당 소속 국회의원의 의원직 상실은 정당해산심판제도의 본질에서 인정되는 기본적 효력이라고 한다.

5. 검토와 사견

의원직을 상실시키는 것은 의원의 공무담임권을 제한하는 것이므로 법률상 근거가 필요한데, 정당해산조항만으로 의원직 상실 근거가 된다고 볼 수 없다. 따라서 의원직 상실의 근거규정이 없는 상황에서 정당해산결정의 결과로 의원직이 자동상실된다고 볼 수는 없다. 특히 의원직 상실이라는 효력이 헌법재판소 결정의 효력 중 '형성력'에 해당한다는 점에서 이에 관한 명문 규정이 반드시 필요하다. 그리고 국회의원은 먼저 국민의 대표자이고, 정당의 대표자라는 지위는 국민대표자라는 지위와 조화를 이룰 수 있는 범위에서만 인정된다는 점에서, 특히 국회의원에게는 자유위임이 인정된다는 점에서 정당대표성 때문에 국민대표성이 박탈된다고 보기 어렵다. 따라서 실정법으로 규정되지 않으면, 해산정당 소속 국회의원은 의원직을 상실하지 않는다.

6. 결론

해산정당 소속 국회의원의 의원직 상실에 관한 명문 규정이 없으므로, 甲과 乙은 A정당에 대해서 해산결정이 내려져도 국회의원직을 유지한다.

Ⅱ. 丙이 주장할 수 있는 위헌 논거(헌재 2016. 3. 31. 2013헌바 190 참조)

1. 문제의 소재

사안에서 丙이 「의무경찰대 설치 및 운영에 관한 법률」(이하 '법') 제5조 제1항, 제2항 중 각 '의무경찰에 대한 영창' 부분(이하 '이 사건 영창조항')이 위헌이라고 주장할 수 있는 논거는 영장주의 위배, 적법절차원칙 위배, 과잉금지원칙 위배이다. 이러한 원칙들은 신체의 자유에서 문제 되므로, 이러한 주장을 위한 전제로서 영창처분이 丙의 신체의 자유를 제약하는지가 먼저 확인되어야 한다.

2. 신체의 자유 제약 여부

헌법 제12조 제1항은 "모든 국민은 신체의 자유를 가진다."라고 규정하여 신체의 자유를 헌법상 기본권의 하나로 보장한다. 신체의 자유는 신체적 거동의 임의성이나 자율성을 뜻한다. 신체의 자유는 ① 적극적으로는 어디든 임의적인, 가깝거나 멀리 있는 장소를 찾아갈 권리를 보장하고, ② 소극적으로는 어디든 임의적인 장소를 피할 권리, 즉 머무르고 싶지 않은 장소에 머물지 않을 자유와 현재 있는 장소에 머무를 자유를 보장한다. 헌법재판소는 신체의 자유는 신체의 안정성이 외부의 물리적인 힘이나 정신적인 위험에서 침해당하지 아니할 자유와 신체활동을 임의적이고 자율적으로 할 수 있는 자유를 말한다고 한다. 영창처분은 丙을 일정한 시설에 구금하는 징계벌로서 丙의 신체활동의 자유를 직접 제약한다.

3. 영장주의 위배

(1) 징계절차에 대한 영장주의 적용 가능성

① 헌법 제12조 제3항은 '검사의 신청에 의하여'라고 규정하여 형사절차상 체포·구속만을 염두에 두는 것으로 볼 여지도 있다. 그러나 이 규정의 취지는 모든 영장 발부에 검사의 신청이 필요하다는 것이 아니다. 수사기관의 강제처분에서는 범인을 색출하고 증거를 확보한다는 수사의 목적상 적나라하게 공권력이 행사됨으로써 국민의 기본권을 침해할 가능성이 크고, 이에 따라 법관의 사전적 통제의 필요성이 강하게 요청된다. 따라서 위 규정은 수사단계에서 영장주의를 특히 강조한 것이다. 아울러 위 규정에는 수사단계에서 영장신청권자를 검사로 한정하여 다른 수사기관의 무분별한 영장 신청을 막고자 하는 취지도 있다. 따라서 이러한 문언만으로 헌법 제12조 제3항이 형사절차 이외의 국가권력작용에 대하여 영장주의를 배제하는 것이라 볼 수는 없다.

② 영장주의의 본질은 신체의 자유를 침해하는 강제처분을 할 때 인적·물

적 독립을 보장받는 제3자인 법관이 구체적 판단을 거쳐 발부한 영장에 따라서만 한다는 데 있다. 신체의 자유를 침해하는 강제처분은 형사절차 이외의 국가권력 작용에서도 얼마든지 일어날 수 있다. 근래에는 특히 행정목적을 달성하기 위한 인신구속이 빈번하게 이루어지고, 의무경찰에 대한 영창처분도 그러한 종류 중 하나이다. 공권력 행사로 말미암아 신체를 구속당하는 국민에게는, 그러한 구속이 형사절차에 따른 것이든, 행정절차에 따른 것이든 신체의 자유를 제한당한다는 점에서는 본질적인 차이가 없다. 오히려 신체의 구속에 대한 절차가 구체적으로 형사소송법에 규정되는 형사절차와 달리, 행정절차에서는 그러한 규제가 상대적으로 덜 갖춰져 있어 신체의 자유에 대한 침해가 더 심각하게 발생할 수도 있다. 따라서 행정절차에 따른 구속에 대하여 영장주의가 적용되지 않는다고 해석하면 국민의 기본권 보장에 공백이 발생하게 된다.

③ 헌법 제12조에 규정된 '신체의 자유'를 수사기관뿐 아니라 일반 행정기관을 비롯한 다른 국가기관 등도 직접 제한할 수 있다. 따라서 헌법 제12조 소정의 '체포·구속'도 포괄적인 개념으로 해석하여야 한다. 이러한 점에서 헌법 제12조 제3항의 '체포·구속'도 수사기관뿐 아니라 그 밖의 모든 형태의 공권력 행사기관이 하는 '체포' 또는 '구속'을 포함한다고 보아야 한다.

④ 인신구속에서 구속 사유의 충족 여부, 구속 절차의 하자 여부 등에 대해서 중립적인 법관의 판단을 받는 것이 적법절차의 가장 핵심적인 내용이고, 나머지 절차적 사항은 그와 비교하면 상대적으로 부수적이거나 경미하다고 볼 수 있다. 따라서 행정절차에 따른 구속을 규정하는 법률의 위헌 여부를 심사하면서, 영장주의 위배 여부를 판단하지 않은 채 일반적인 적법절차원칙 위배 여부만을 판단하는 것은 가장 핵심적인 사항에 관해서 판단하지 않는 것이 되어 충분한 심사라고 보기 어렵다.

결국 영장주의는 단순히 형사절차에서 체포·구속에 대한 헌법상 원칙이 아니라, 그 형식과 절차를 불문하고 공권력 행사로 국민의 신체를 체포·구속하는 모든 경우에 지켜야 할 헌법상 원칙이나 원리라고 보는 것이 타당하다. 따라서 행정기관이 체포·구속의 방법으로 신체의 자유를 제한할 때도 원칙적으로 헌법 제12조 제3항의 영장주의가 적용된다. 다만, 행정작용의 특성상 영장주의를 고수하다가는 도저히 그 목적을 달성할 수 없을 때는 영장주의의 예외가 인정될 수 있다. 헌법재판소는 행정상 즉시강제는 그 본질상 급박성을 요건으로 하고 있어 법관의 영장을 기다려서는 그 목적을 달성할 수 없어 원칙적으로 영장주의가 적용되지 않는다고 판단하였다.

(2) 영장주의 위배 여부

이 사건 영창조항을 따르면, '영창'이란 의무경찰대·함정 내 또는 그 밖의 구금장소에 구금하는 것을 말한다. 영창은 소속 경찰기관 장의 징계의결 요구에 따라 의경 징계위원회에서 의결한다. 의경 징계위원회는 경사 이상의 소속 경찰공무원 중에서 해당 징계위원회가 설치된 경찰기관의 장이 임명하는 3인 이상 7인 이하의 위원으로 구성된다. 징계의결을 요구한 경찰기관의 장은 징계위원회 의결에 따라 영창을 집행한다[「의무경찰대 설치 및 운영에 관한 법률 시행령」 (이하 '시행령') 제95조 제1항, 제96조 제1항, 제2항]. 이러한 점에서 이 사건 영창조항에 따른 영창처분은 경찰기관의 장이 전투경찰순경을 구금장에 구금하는 것이다. 따라서 이것은 행정기관에 의한 구속에 해당하여 헌법 제12조 제3항의 영장주의가 적용된다.

영장주의는 공권력의 행사로 국민의 신체를 체포·구속하는 모든 경우에 지켜야 할 헌법상 일반적인 원칙이나 원리이다. 그러므로 경찰조직의 특수성이나 내무생활을 하는 의무경찰의 특수한 지위 등을 이유로 그 적용을 배제할 수 있는 성질의 것이 아니다. 영창처분은 의무경찰의 의무 위반을 이유로 한 징벌의 성질을 지닌 신체의 구속으로서, 그 본질상 급박성을 요건으로 하지 않아 행정상 즉시강제와는 구별된다. 따라서 이것은 영장주의의 예외에 해당되지 않는다. 이처럼 의무경찰에 대한 영창처분에 영장주의가 적용되어야 하는데도, 그 징계의결 요구, 징계의결 및 집행 과정에서 법관의 관여는 전혀 이루어지지 아니한다. 따라서 이 사건 영창조항에 따른 영창처분은 행정기관에 의한 구속에 해당하는데도, 그러한 구속이 법관의 판단을 거쳐 발부된 영장에 의하지 않고 이루어지므로, 헌법 제12조 제3항의 영장주의에 위배된다.

4. 적법절차원칙 위배

(1) 적법절차원칙의 의의

헌법 제12조 제1항은 "… 법률과 적법한 절차에 의하지 아니하고는 처벌·보안처분 또는 강제노역을 받지 아니한다."라고 규정하여 적법절차원칙을 선언한다. 이 원칙은 형사소송절차에 국한되지 않고 모든 국가작용 전반에 대하여 적용된다. 따라서 丙의 인신구금을 내용으로 하는 영창처분에도 헌법상 적법절차원칙이 준수될 것이 요청된다.

적법절차원칙에서 도출할 수 있는 중요한 절차적 요청으로는 당사자에게 적절한 고지를 할 것, 당사자에게 의견 및 자료 제출의 기회를 부여할 것 등을 들 수 있다. 그러나 이 원칙이 구체적으로 어떠한 절차를 어느 정도로 요구하는지는 일률적으로 말하기 어렵고, 규율되는 사항의 성질, 관련 당사자의 사익, 절차 이행으로 제고될 가치, 국가작용의 효율성, 절차에 소요되는 비용, 불복의 기회 등 다양한 요소를 형량하여 개별적으로 판단할 수밖에 없다.

(2) 적법절차원칙 위배 여부

헌법 제12조 제3항은 헌법 제12조 제1항의 특별규정이다. 따라서 이 사건 영창조항이 영장주의에 위배된다고 판단하는 이상 헌법 제12조 제1항의 적법절차원칙 위반 여부는 별도로 판단할 필요는 없다.

5. 과잉금지원칙 위배

(1) 과잉금지원칙의 개념과 내용

국가작용 중 특히 입법작용에서 과잉(입법)금지원칙은 국가가 국민의 기본권을 제한하는 내용의 입법활동을 할 때 준수하여야 할 기본원칙 내지 입법활동의 한계를 의미한다. 따라서 헌법 제37조 제2항에 따라 국민의 기본권을 제한하는 입법은 그 목적이 정당하여야 하고, 방법(수단)이 적합하여야 하며, 침해의 최소성과 법익의 균형성을 갖추어야 한다.

(2) 목적의 정당성

목적의 정당성은 국민의 기본권을 제한하려는 입법의 목적이 헌법 및 법률의 체계상 그 정당성이 인정되어야 한다는 것이다.

이 사건 영창조항은 의무경찰의 복무기강을 엄정히 하여 의무경찰 조직 안의 지휘권을 확립하고 복무규율 준수를 강제하기 위한 것이다. 이러한 입법목적은 질서유지에 해당하는 것으로 정당성이 인정된다.

(3) 수단의 적합성

수단의 적합성은 그 목적의 달성을 위하여 그 방법이 효과적이고 적절하여야 한다는 것이다.

의무경찰에 대한 영창제도는 군의 영창제도에서 유래하는 것이다. 이는 복무규율 위반자의 신체를 구금하는 매우 강력한 제재이므로, 입법목적을 달성하기 위한 효과적인 수단이다. 따라서 수단의 적합성도 인정된다.

(4) 침해의 최소성

침해의 최소성은 입법권자가 선택한 기본권 제한의 조치가 입법목적을 달성하기 위하여 설사 적절하다고 할지라도 더 완화한 형태나 방법을 모색함으로써 기본권 제한은 필요한 최소한도에 그치도록 하여야 한다는 것이다.

신체의 안전이 보장되지 아니한 상황에서는 어떠한 자유와 권리도 무의미해질 수 있으므로, 신체의 자유는 인간의 존엄과 가치를 구현하기 위한 가장 기본적인 최소한의 자유로서 모든 기본권 보장의 전제가 된다. 따라서 신체의 자유는 원칙적으로 최대한 보장되어야 한다. '영창'은 신체의 자유를 직접적·전면적으로 박탈한다. 신체의 자유의 최대한 보장원칙에 비추어 징계로서 이러한 구금을 하는 것은 원칙적으로 허용되어서는 아니 된다. 가사 의무경찰의 특성이나 특수한 지위 등을 고려하여 이러한 구금이 일부 허용될 수 있더라도, 이는 복무규율 유지를 위해 신체구금이 불가피할 정도로 중대한 비위 행위에 대해서 예외적으로만 허용되어야 하며, 다른 모든 징계수단을 동원하여도 소용이 없을 때에 한하여 보충적으로 이루어져야 한다.

법 제5조 제2항에서는 "영창은 휴가 제한이나 근신으로 그 징계처분을 하는 목적을 달성하기 어렵고, 복무규율을 유지하기 위하여 신체 구금이 필요한 경우에만 처분하여야 한다."라고 규정하여 영창처분의 보충적 적용을 규정하고, 법 제6조 제2항 단서에서는 "영창처분에 대한 소청 심사가 청구된 경우에는 이에 대한 결정이 있을 때까지 그 집행을 정지한다."라고 규정하여 영창처분 집행을 정지하는 규정을 두어 신체의 자유를 전면적으로 완화하는 수단을 둔다.

그러나 법관이 관여할 여지가 없는 징계로 신체의 자유를 전면적으로 박탈하는 영창처분을 내릴 수 있는 것 자체가 신체의 자유를 과도하게 제약하는 것이다. 그리고 법 제5조 제1항 제3호는 징계의 종류로서 15일 이내의 영창을 규정할 뿐이고 영창처분이 가능한 구체적인 징계사유나 영창일수 범위에 관해서 규정하지도 않고 하위법규범에 위임하지도 않는다. 그에 따라 「의무경찰 관리규칙」 제94조에서 정한 사유에 해당할 때 징계위원회 의결만 거치면 영창처분이 가능하다. 게다가 「의무경찰 관리규칙」 제94조에서 정한 사유 중 '상관의 명령에 복종하지 아니하였을 때'(제5호) 및 '기타 제 복무규율을 위반한 때'(제12호)와 같은 사유는 지나치게 포괄적이고 그 비위의 정도나 정상의 폭이 매우 넓어서, 비난가능성이 그다지 크지 아니한 경미한 행위들까지 징계 대상이 될 수 있다. 그리고 丙은 허가받지 않고 휴대전화를 부대에 반입하여 사용하였다는 사유로 영창 15일의 징계처분을 받았다. 丙이 휴대전화를 사용하여 의무경찰의 전투력과 작전수행에 어떠한 지장을 초래하였지는 구체적으로 밝혀진 바 없다. 그렇다면 이러한 행위가 복무규율 유지를 위해서 사람의 신체를 15일 동안 구금하는 것이 불가피한 정도의 행위인지, 근신 등 다른 징계처분으로 복무규율을 유지할 수 없는 정도의 행위인지 의문이다. 따라서 이 사건 영창조항은 丙의 신체의 자유를 필요 이상으로 과도하게 제한하므로, 침해의 최소성 원칙에 어긋난다.

(5) 법익의 균형성

법익의 균형성은 그 입법을 통해서 보호하려는 공익과 침해되는 사익을 비교형량할 때 보호되는 공익이 더 커야 한다는 것이다.

이 사건 영창조항은 丙의 신체의 자유를 직접적·전면적으로 박탈한다. 이 사건 영창조항으로 말미암아 제한되는 이러한 사익이 의무경찰의 복무기강을 엄정히 한다는 공익과 비교하여 절대 가볍다고 볼 수 없다. 따라서 이 사건 영창조항은 법익의 균형성을 충족하지 못한다.

(6) 소결

이 사건 영창조항은 침해의 최소성과 법익의 균형성을 충족하지 못하여 과잉금지원칙에 위배된다.

6. 결론

丙은 의무경찰대 설치 및 운영에 관한 법률」제5조 제1항, 제2항 중 각 '의무경찰에 대한 영창' 부분이 영장주의와 과잉금지원칙에 위배하여 자신의 신체의 자유를 침해하여 위헌이라고 주장할 수 있다.

III. 甲 주장의 타당성

1. 문제의 소재

개정된 요양급여규칙에 따라 A약품을 용양급여대상에서 삭제하는 것이 부진정소급입법으로서 신뢰보호원칙에 위배되는지가 문제 된다.

2. 소급입법의 의미와 해당 여부

소급입법은, 신법이 이미 종료된 사실이나 법률관계에 작용하는지, 아니면 현재 진행 중인 사실이나 법률관계에 작용하는지에 따라 진정소급입법과 부진정소급입법으로 구분된다. 진정소급입법은 헌법적으로 허용되지 않는 것이 원칙이고, 특단의 사정이 있는 때만 예외적으로 허용될 수 있다. 하지만 부진정소급입법은 원칙적으로 허용되지만 소급효를 요구하는 공익상 사유와 신뢰보호 요청 사이의 교량과정에서 신뢰보호 관점이 입법자의 형성권에 제한을 가한다.

개정된 요양급여규칙은 2017. 12. 20.에 공포되어 공포한 날부터 시행되었

다. 보건복지부장관은 甲의 A약품이 2016. 1. 1.부터 2017. 12. 31.까지의 2년
간 보험급여 청구실적이 없는 약제에 해당한다는 이유로 개정된 요양급여규칙
에 따라 A약품을 요양급여대상에 삭제하였다. 이것은 개정된 요양급여규칙이
개정된 요양급여규칙이 시행되기 전에 시작하여 시행 이후에 완료한 사실관계
를 규율하는 것으로 부진정소급입법에 해당한다. 따라서 개정된 요양급여규칙
은 신뢰보호원칙에 위배되지 않으면 헌법을 위반하지 않는다.

3. 신뢰보호원칙 위배 여부

(1) 신뢰보호원칙의 의미

신뢰보호원칙이란 헌법에 내재적으로 보장된 법치국가원리에서 도출되는
한 원칙으로서 국민이 국가기관이 한 결정의 정당성 또는 존속성을 신뢰하였
을 때 그 신뢰가 보호받을 가치가 있는 것이면 이를 보호해 주어야 한다는 것
을 말한다. 이 원칙은 법치국가원리의 한 구성요소를 이루는 당사자의 법적 생
활 안정 필요(법적 안정성)에서 나오는 원칙이다.

(2) 신뢰보호원칙 위반의 판단기준

법률의 제정이나 개정 시 구법질서에 대한 당사자의 신뢰가 합리적이고도
정당하며 법률의 제정이나 개정으로 야기되는 당사자의 손해가 극심하여 새로
운 입법으로 달성하고자 하는 공익적 목적이 그러한 당사자의 신뢰 파괴를 정
당화할 수 없다면, 그러한 새 입법은 신뢰보호원칙상 허용될 수 없다. 이러한
신뢰보호원칙 위배 여부를 판단하려면, 한편으로는 침해받은 이익의 보호가치,
침해의 중한 정도, 신뢰가 손상된 정도, 신뢰침해의 방법 등과 다른 한편으로
는 새 입법을 통해 실현하고자 하는 공익적 목적을 종합적으로 비교·형량하여
야 한다.

(3) 사안 검토

개정 전의 요양급여규칙은 품목허가를 받은 모든 약제에 대하여 보험급여
를 인정하고, 최근 2년간 보험급여 청구실적이 없는 약제에 대해서 요양급여대
상 여부를 조정할 수 있다는 규정이 없었다. 그러므로 A약품에 대한 품목허가

를 받은 A약품에 대해서 보험급여를 계속 받을 수 있으리라고 甲이 신뢰한 것은 개정 전의 요양급여규칙에 따른 것으로 합리적이고 정당하여 보호가치가 있다.

개정된 요양급여규칙은 비용 대비 효과가 우수한 것으로 인정된 약제에 대해서만 보험급여를 인정해서 보험재정 안정을 꾀하고 의약품의 적정한 사용을 유도하고자 기존의 보험 적용 약제 중 청구실적이 없는 미청구약제를 삭제하려는 것이다.

甲의 신뢰는 신약 개발 등으로 더 효과적인 약제가 개발될 가능성이 있다는 점에서 크다고 볼 수도 없고 영구적으로 이러한 신뢰를 보호받는다고 믿었다고 볼 수도 없다. 더욱이 최근 2년간 A약품에 대한 보험급여 청구실적이 없다는 점에서 A약품이 보호급여대상에서 삭제되더라도 甲의 피해가 있다고 보기도 어렵다. 이러한 점에서 甲의 신뢰이익이 보험재정 안정이나 의약품의 적정한 사용이라는 공익과 비교해서 크다고 볼 수 없다. 따라서 개정된 요양급여규칙에 따라 A약품을 요양금여대상에서 삭제하여도 신뢰보호원칙에 위배되지 않는다.

4. 결론

개정 전 요양급여규칙이 아니라 개정된 요양급여규칙에 따라 A약품을 요양급여대상에서 삭제한 것은 위법하다는 甲의 주장은 신뢰보호원칙 위반이 인정되지 않아 타당하지 않다.

사례 25 ‖ 국회의 동의권과 국회의원의 심의·표결권

정부는 아랍에미리트 정부와 '유사시 한국군 자동개입 조항'이 들어 있는 군사협정 체결에 합의하여 2009년 11월 1일 국방부 장관 甲이 가서명을 하고, 외무부 장관 乙이 2009년 12월 1일 서명을 하였다. 이 군사협정은 대통령 丙이 2009년 12월 15일 관보에 게재하여 공포하였다. 이에 야당인 국민대표당은 이러한 군사협정은 국회 동의를 얻어야 한다며 문제를 제기하였다. 국방부 장관 甲은 이러한 군사협정을 국회에서 비준 받기 어렵다고 판단하여 군대를 파병하여야 할 일이 아랍에미리트에 생기면 그때 비준을 받을 생각으로 국회 비준 없이 비밀리에 군사협정 체결을 추진하였다고 국회에 나와 답변하였다. 국민대표당은 이러한 군사협정 체결·공포가 국회의 동의권과 국회의원의 심의·표결권을 침해하였다고 주장하면서 대통령을 상대로 헌법재판소에 권한쟁의심판을 청구를 추진하였다. 그러나 국회의원 과반수를 차지하고 있는 여당인 국가우선당의 반대로 권한쟁의심판 청구에 관한 의안이 부결되었다. 이에 국민대표당은 소속 국회의원 전원의 명의로 헌법재판소에 권한쟁의심판을 청구하였다.

1. 이러한 군사협정 체결·공포는 국회의 동의권과 국회의원의 심의·표결권을 침해하는가?
2. 국민대표당이 소속 국회의원 전원의 명의로 한 권한쟁의심판 청구는 적법한가?
3. 국방부 장관 甲에 대한 해임 건의 가능성을 헌법적으로 검토하시오.

〈목 차〉

Ⅰ. 국회의 동의권과 국회의원의 심의·표결권 침해 여부

1. 문제의 소재

먼저 국회의 동의권과 국회의원의 심의·표결권이 무엇인지를 살펴보고 나서 정부가 아랍에미리트 정부와 '유사시 한국군 자동개입 조항'이 들어 있는 군사협정 체결로 이러한 권한이 침해되는지를 살펴보아야 한다.

2. 국회의 동의권 침해 여부

대통령은 조약을 체결·비준한다(헌법 제73조). 그러나 국회는 상호원조 또는 안전보장에 관한 조약, 중요한 국제조직에 관한 조약, 우호통상항해조약, 주권의 제약에 관한 조약, 강화조약, 국가나 국민에게 중대한 재정적 부담을 지우는 조약 또는 입법사항에 관한 조약의 체결·비준에 대한 동의권이 있다(헌법 제60조 제1항).

사안에서 문제 되는 외국과 체결하는 군대 파병을 포함하는 군사협정은 상호원조 또는 안전보장에 관한 조약에 해당하므로 국회 동의 대상이다. 따라서 국회 동의 없이 해당 군사협정을 체결하는 것은 국회의 동의권을 침해한다.

3. 국회의원의 심의·표결권 침해 여부

국회의원은 조약의 체결·비준 동의안에 대한 심의·표결할 권한이 있다(헌법 제40조, 제41조 제1항, 국회법 제93조 및 제109조 내지 제112조).

국회의 동의권과 국회의원의 심의·표결권은 비록 국회의 동의권이 개별 국회의원의 심의·표결절차를 거쳐서 행사되지만, 그 권한의 귀속주체가 다르고, 심의·표결권 행사는 국회 의사를 형성하기 위한 국회 내부 행위로서 구체적인 의안 처리와 관련하여 각 국회의원에게 부여되지만, 동의권 행사는 국회가 그 의결을 통해서 다른 국가기관에 대한 의사표시로서 하며 대외적인 법적 효과가 발생한다는 점에서 구분된다.

따라서 국회의 동의권이 침해되었다고 동시에 국회의원의 심의·표결권이 침해된다고 할 수 없고, 국회의원의 심의·표결권은 국회의 대내적인 관계에서 행사되고 침해될 수 있을 뿐이지 다른 국가기관과 맺는 대외적인 관계에서는 침해될 수 없다. 그러므로 국회의원 상호간이나 국회의원과 국회의장 사이와 같이 국회 내부적으로만 직접적인 법적 연관성이 발생할 수 있을 뿐이고, 대통령 등 국회 이외의 국가기관과 사이에서는 권한 침해의 직접적인 법적 효과가 없다.

결국 정부가 국회 동의 없이 아랍에미리트와 군사협정을 체결한 것은 국회의원의 심의·표결권을 침해하지 않는다.

4. 결론

정부가 국회 동의 없이 아랍에미리트와 군사협정을 체결한 국회의 동의권을 침해한다. 그러나 국회의원의 심의·표결권은 국회 내부적으로만 침해될 수 있어서 대통령 등 국회 이외의 국가기관과 사이에서는 침해되지 않는다.

II. 권한쟁의심판 청구 적법 여부

1. 문제의 소재

권한쟁의심판 청구가 적법하려면 ① 당사자능력, ② 당사자적격, ③ 피청구인의 처분이나 부작위 존재, ④ 권한의 침해나 현저한 침해위험의 가능성, ⑤ 청구기간, ⑥ 심판 청구 이익의 요건을 충족하여야 한다. 따라서 권한쟁의심판 청구가 이러한 요건을 갖추었는지를 살펴보아야 한다.

2. 당사자능력

권한쟁의심판에서는 헌법 제111조 제1항 제4호에 따라서 국가기관과 지방자치단체에게 당사자능력이 인정된다. 헌법재판소법 제62조는 국가기관을 국회, 정부, 법원 및 중앙선거관리위원회로 구체화하여 규정한다. 이와 관련하여 헌법재판소법 제62조 제1항이 한정적·열거적 규정인지 아니면 예시적 규정인지를 먼저 살펴보아야 한다. 헌법 제111조 제1항 제4호가 법률유보조항을 두지 않아서 권한쟁의심판제도를 둔 입법 취지에 비추어 다른 분쟁해결방법이 없는 한 독립한 국가기관 사이의 권한쟁의심판은 인정되어야 한다. 따라서 헌법재판소법 제62조 제1항은 예시적 규정으로 보아야 한다.

예시설을 따르면, ① 헌법에 의해 설립되고 ② 헌법과 법률에 의하여 독자적인 권한을 부여받는 국가기관으로서 ③ 권한쟁의를 해결할 수 있는 적당한 기관이나 방법이 없는지를 종합적으로 고려해 권한쟁의심판의 당사자가 될 수 있는 국가기관에 해당하는지를 판단하여야 한다.

대통령은 헌법재판소법 제62조에 따라 당사자능력이 있다. 국회의원은 ① 헌법 제41조에 의해서 설치된 기관이고, ② 헌법과 국회법에 의하여 독자적인 권한을 부여받고 있으며, ③ 국회의원과 대통령의 권한쟁의를 해결할 적당한 기관이나 방법이 없으므로 국회의원의 당사자능력은 인정된다. 따라서 당사자능력 요건은 충족된다.

3. 당사자적격

헌법과 법률에 따라서 부여받은 권한이 있는 자만 그 권한을 다투며 권한쟁의심판을 청구할 수 있다. 국회의원의 심의·표결권 침해되지 않아서, 국회의원이 국회의 동의권 침해를 주장하여 권한쟁의심판을 청구하려면 제3자 소송담당이 허용되어야 한다.

제3자 소송담당은 권리구체가 아닌 제3자가 자신의 이름으로 권리주체를 위해서 소송을 수행할 수 있는 권능이다. 권리는 원칙적으로 권리주체가 주장하여 소송수행을 하도록 하는 것이 자기책임원칙에 부합하므로, 제3자 소송담당은 예외적으로 법률규정이 있는 때만 인정된다.

여당이 다수당인 국회는 집행부와 권한쟁의를 벌일 가능성이 적고, 다수당도 소수당의 진행 방해로 집행부와 권한쟁의를 벌이기 어려울 수 있으므로, 권한쟁의심판에서 제3자 소송담당은 다수당과 소수당을 불문하고 인정 필요성이 있다. 즉 권한쟁의심판의 실효성을 위해서 제3자 소송담당을 인정하여야 할 것이다. 그러나 헌법재판소는 다수결의 원리와 의회주의의 본질, 남용 가능성을 들어 제3자 소송담당을 인정하지 않는다.

제3자 소송담당이 인정되면 국회의원의 당사자적격이 인정되지만, 제3자 소송담당이 인정되지 않으면 국회의원의 당사자적격은 부정된다.

4. 피청구인의 처분이나 부작위 존재

헌법재판소법 제61조 제2항을 따르면, 피청구인의 '처분 또는 부작위'가 청구인의 권한을 침해할 것이 요구된다. 여기서 처분은 모든 법적 행위뿐 아니라 단순한 사실행위, 대외적일 뿐 아니라 대내적인 행위 그리고 개별적 결정뿐 아니라 일반적 규범 정립까지 포함한다.

사안에서는 대통령의 군사협정 공포라는 처분이 존재한다.

5. 권한의 침해나 현저한 침해위험의 가능성

권한쟁의심판을 청구하려면 청구인의 권한이 '침해되었거나 현저한 침해위험'이 있어야 한다(헌법재판소법 제61조 제2항). 권한의 '침해'는 피청구인의 위헌 또는 위법한 행위로 말미암아 청구인의 권한이 박탈당하거나 권한 일부가 잠식당하거나 권한 행사에 중대한 장애가 발생하는 것 등 청구인의 권한법질서상 지위가 불리해지는 때를 말한다. 현저한 위험은 매우 급하게 조만간 권한 침해에 이르게 될 개연성이 현저히 높은 상황을 이른다.

사안에서는 대통령의 군사협정 공포로 말미암아 국회의 동의권이 침해된다.

6. 청구기간

권한쟁의심판은 그 사유가 있음을 안 날부터 60일 이내, 그 사유가 있는 날부터 180일 이내 청구하여야 한다(헌법재판소법 제63조 제1항).

군사협정이 공포된 2009년 12월 15일 국회의 동의권 침해가 발생한다. 이때부터 60일이 지나지 않은 2010년 1월 20일 권한쟁의심판을 청구하여 청구기간은 준수되었다.

7. 심판 청구 이익

권한쟁의심판은 비록 객관소송이더라도 국가기관과 지방자치단체의 권한쟁의로써 해결하여야 할 구체적 권리보호이익이 있어야 한다.

대통령의 군사협정 공포가 국회의 동의권을 침해된 것이 확인되어 취소되면 국회의 동의권 침해는 사라지므로 심판 청구 이익이 있다.

8. 결론

제3자 소송담당이 허용되어 당사자적격이 인정되면, 다른 요건을 모두 충족하여 국민대표당의 권한쟁의심판 청구는 적법하다.

Ⅲ. 해임 건의 가능성

1. 문제의 소재

국회 비준 없이 비밀리에 군사협정 체결을 추진한 국방부 장관 甲이 국회 비준 없이 군사협정 체결을 추진한 것이 해임 건의 사유에 해당하는지 그리고 해임 건의의 사유와 효력을 살펴보아야 한다.

2. 해임건의제도의 개념

국회는 국무총리 또는 국무위원의 해임을 대통령에게 건의할 수 있다(헌법 제63조 제1항). 해임건의제도는 대통령의 국무총리 및 국무위원 임명권에 대한 국회의 통제장치이다.

3. 해임 건의 사유

해임 건의를 할 수 있는 사유에 관해서는 헌법에 아무런 규정이 없으나 일반적으로 헌법 제65조 탄핵소추 사유보다 훨씬 넓은 것으로 본다. 즉 탄핵사유가 되는 위법행위뿐 아니라 부당한 행위도 해임 건의 사유가 될 수 있다. 따라서 위법행위에 관해서는 탄핵소추할 것인지 해임 건의할 것인지는 국회의 재량 아래에 있다. 구체적으로 ① 직무집행에서 헌법이나 법률 위반이 있는 때, ② 정책의 수립이나 집행에서 중대한 과오를 범한 때, ③ 부하직원의 과오 및 범법행위에 대해서 정치적 책임을 추궁하는 때, ④ 국무회의 구성원으로서 대통령을 잘못 보좌한 때, ⑤ 직무집행에서 능력 부족 등이 해임 건의 사유에 해당한다.

4. 절차

해임 건의는 국회 재적의원 3분의 1 이상 발의와 국회 재적의원 과반수 찬성으로 의결한다(헌법 제63조 제2항). 해임건의안이 발의되면 그것이 본회의에 보고된 때부터 24시간 이후 72시간 이내에 무기명투표로 표결한다. 이 기간 안에 표결하지 아니하면 해임건의안은 폐기된 것으로 본다(국회법 제112조 제7항). 해임건의안 정족수를 가중한 것은 해임건의 중대성에 비추어 신중을 기하고 빈번한 해임건의안 발의로 말미암은 정국 혼란 방지를 위한 것이다.

5. 해임 건의의 효력

해임 건의가 가결되면 대통령이 해당 국무총리나 국무위원을 해임하여야 하는지, 즉 해임 건의의 법적 구속력이 인정되는지에 관해서 다툼이 있다. 집행부를 구성하는 최고 권한은 국민이 직접 대통령에 부여하고, 정부의 구성과 유지가 국회 의사에 구속받는 것은 현행 정부형태상 구조적 모순으로 판단되므로 해임 건의의 법적 구속력은 인정할 수 없다. 그러나 해임 건의를 특별한 가중정족수로 헌법에 제도화한 취지를 고려하여 이 문제를 해결할 필요가 있다. 해임 건의의 정족수는 탄핵소추 의결과 같아서 만일 아무런 구속력이 없는 단순한 건의에 불과한 것으로 해석한다면 이러한 가중정족수를 둔 의미를 살릴 수 없다. 해임 건의는 탄핵소추보다 더 넓은 사유로 발의할 수 있는 것으로 탄핵소추는 할 수 없지만 중대한 하자 있는 행위를 한 국무총리나 국무위원에 대한 해임을 건의함으로써 국정을 견제하는 데 그 취지가 있다고 보아야 한다. 따라서 대통령이 이 건의에 구속되는 것은 아니지만 국회의 공식적인 건의를 무시할 수는 없다고 본다.

6. 사안 검토

행정 각부의 장은 국무위원 중에서 국무총리 제청으로 대통령이 임명한다 (헌법 제94조). 따라서 국방부 장관 甲은 국무위원이라서 해임 건의 대상이 된다. 국방부 장관 甲의 발언은 국회의 동의권을 침해하는 내용이라서 직무집행에서 헌법 위반에 있는 때에 해당한다. 따라서 해임 건의 사유에 해당한다. 여당인 국가우선당이 국회의원 과반수를 차지하여 해임 건의는 의결 가능성이 없다. 해임 건의가 의결되면 대통령이 해임하는 것이 관례이다. 그러나 해임 건의 구속력을 부정하는 견해를 따르면 해임이 강제되지는 않는다.

7. 결론

군사협정 체결을 비밀리에 추진한 국방부 장관 甲의 행위는 헌법에 위반되어 해임 건의 사유에 해당하지만, 여당인 국가우선당이 국회의원 과반수를 차지하여 의결 가능성을 없어 국방부 장관 甲은 해임 건의될 가능성은 희박하다. 설사 해임 건의가 되더라도 대통령이 국방부 장관 甲을 당연히 해임하여야 하는 것은 아니다.

저자소개

학력

고려대학교 법학과 학사/석사, 독일 뮌헨대학교 법학과 박사

경력

성균관대학교 BK21 글로컬(Glocal) 과학기술법전문가 양성사업단 박사학연구원(2008. 9. – 2010. 2.)
고려대학교 법학전문대학원 연구교수(2010. 5. – 2011. 4.)
헌법재판소 헌법재판연구원 책임연구관(2011. 5. – 2016. 8.)
(현) 전남대학교 법학전문대학원 부교수
(현) 한국헌법학회 학술이사
(현) 한국국가법학회 학술이사
(현) 한국비교공법학회 국제이사
(현) 전남대학교 법학연구소 공익인권법센터 센터장
(현) 전남대학교 법학연구소 법학논총 편집부장
(현) 광주광역시 정보공개심의회 위원장
(현) 전남대학교 생명윤리위원회 위원
한국공법학회 신진학술상 수상(2016. 12.)
전남대학교 제23회 용봉학술상 수상(2019. 6.)
전남대학교 우수신임교수상 수상(2019. 6.)

저서

헌법재판소 결정이 입법자를 구속하는 범위와 한계, 전남대학교출판문화원, 2017
헌법재판소 결정의 효력, 전남대학교출판문화원, 2019
헌법소송법, 박영사, 2019
기본권론, 박영사, 2019
허완중 외 13명(공저), 알기 쉬운 헌법, 헌법재판소 헌법재판연구원, 2012(1쇄)/2014(2쇄)
허완중 외 9명(공저), 통일과 헌법재판 4, 헌법재판소 헌법재판연구원, 2017
김현철/남복현/손인혁/허완중, 헌법불합치결정의 기속력과 개선입법의 구제범위에 대한 연구
    (헌법재판연구 제28권), 헌법재판소, 2017
허완중 외 8명(공저), 통일과 헌법재판 3, 헌법재판소 헌법재판연구원, 2018

헌법사례연습

초판발행   2019년 6월 25일

지은이   허완중
펴낸이   안종만 · 안상준

편 집   한두희
기획/마케팅   이영조
표지디자인   박현정
제 작   우인도 · 고철민

펴낸곳   ㈜ **박영사**
             서울특별시 종로구 새문안로3길 36, 1601
             등록 1959. 3. 11. 제300-1959-1호(倫)

전 화   02)733-6771
f a x   02)736-4818
e-mail   pys@pybook.co.kr
homepage   www.pybook.co.kr
ISBN   979-11-303-3434-9 93360

copyright©허완중, 2019, Printed in Korea

정 가   27,000원